DEFIS DU DROIT DES AFFAIRES EN AFRIQUE

Mélanges I

Didier LOUKAKOU et Boubou KEÏTA

DEFIS DU DROIT DES AFFAIRES EN AFRIQUE

Mélanges I

Préface de Gérard BLANC

L'Harmattan

Ouvrage publié par les mêmes auteurs :

Boubou KEITA, Essai sur la contribution de la Commission des sanctions de l'AMF à la régulation financière, IRJS Éditions, collection « Bibliothèque de l'IRJS-André Tunc », Tome 81, 2017

5-7, rue de l'École-Polytechnique 75005 Paris

http://www.librairieharmattan.com

ISBN : 978-2-343-19194-2
EAN : 9782343191942

COMITÉ SCIENTIFIQUE

Président : Alain KENMOGNE SIMO, *Agrégé des facultés de droit, Professeur Titulaire CAMES*

Thiery GRANIER, *Professeur à Aix-Marseille Université, directeur du pôle banque finance patrimoine, Membre du Centre de droit économique (EA 4224)*

Bréhima KAMENA, Maître de conférences agrégé, Université des Sciences Juridiques et Politiques de Bamako

SOMMAIRE

AVANT-PROPOS

Depuis le début des années 2000, l'économie africaine s'est globalement renforcée, à la faveur notamment d'une croissance rapide et soutenue, de cours mondiaux des matières premières très favorables et du dynamisme économique d'un grand nombre de pays du continent. Ce contexte nouveau a conduit certains observateurs à évoquer un véritable tournant dans le processus de développement de l'Afrique, là où d'autres signalent l'émergence d'un nouveau pôle de croissance économique.

En dépit de ces avancées, des conquêtes nouvelles sont attendues afin notamment de juguler le déficit infrastructurel, la faiblesse structurelle des échanges de biens et services entre les différents pays, l'insuffisance des crédits au secteur privé, la faible intégration financière aussi bien en ce qui concerne les marchés financiers que les services bancaires.

Dans ce contexte, l'un des défis majeurs réside dans l'optimisation du financement des économies, à travers notamment une efficace mobilisation de l'épargne, tant intérieure qu'extérieure.

C'est ainsi la question de la nécessité d'un accroissement des investissements en Afrique et, au-delà, de leur sécurisation, qui est posée.

Cette préoccupation centrale place le juriste d'affaires devant de redoutables défis.

La décision de réaliser un ouvrage sur les défis du droit des affaires en Afrique s'inscrit dans le cadre de cette préoccupation. Cette décision procède ainsi d'une double volonté : en premier lieu, un désir d'affirmation du rôle majeur que peut jouer le droit, en ce que, d'une part, il fournit des outils modernes et adaptés à l'organisation et au fonctionnement de l'entreprise, de même qu'il contribue de manière déterminante à l'amélioration du cadre des affaires et, d'autre part, il contribue efficacement à la sécurité juridique d'opérations les plus diverses, en particulier les opérations de financement. En second lieu, compte tenu du poids des besoins et de la complexité des enjeux liés au développement en Afrique, un désir de favoriser la synergie des compétences juridiques.

Le présent ouvrage est destiné à apporter une pierre à l'œuvre de consolidation des dispositifs normatifs encadrant la vie des affaires en Afrique.

Ses promoteurs entendent l'inscrire dans la durée, à travers une production biennale, qui permettra de renouveler, périodiquement, la réflexion sur le rôle du droit et des juristes dans le processus de développement économique du continent africain.

Didier LOUKAKOU Boubou KEITA

PRÉFACE

Disons-le tout net : la publication de cet ouvrage collectif dont l'idée revient à Me D. LOUKAKOU et Me B. KEITA est particulièrement bienvenue. On ne peut donc qu'être particulièrement flatté d'avoir été sollicité pour en rédiger la préface. L'auteur de ces quelques lignes tient donc en premier lieu à remercier les deux initiateurs de ce travail. Peut-être ont-ils voulu honorer celui qui depuis de nombreuses années s'intéresse avec passion à la construction d'un espace juridique commun en Afrique.

A l'heure où la mondialisation notamment économique est parfois remise en cause, c'est en effet à de nouveaux défis que l'Afrique est confrontée. Les interrogations sont nombreuses. Comment faire en sorte que le droit de l'OHADA parvienne à jouer pleinement son rôle en matière de développement économique ? Ce droit qui fête cette année son 26ème anniversaire doit-il peu à peu être étendu à l'ensemble des pays du continent africain ? Comment faire en sorte que les différentes institutions économiques interafricaines parviennent à fonctionner en pleine harmonie ? Comment harmoniser et coordonner le droit OHADA avec les autres sources normatives en Afrique. La réponse à ces questions représente autant de défis à laquelle l'ouvrage s'efforce de répondre à travers ses diverses contributions.

Ces dernières traitent de sujets techniques sur le plan juridique qui constituent autant de difficultés récurrentes que rencontrent les praticiens du droit des affaires en Afrique. Il en est ainsi des techniques de recouvrement des créances et de tous les mécanismes qui permettent de sécuriser les paiements. De même certaines questions relatives au fonctionnement interne des sociétés commerciales ou du bail à usage professionnel dans le droit OHADA ne sont pas ignorées.

En outre la question d'actualité qui demeure en Afrique celle des investissements a été évidemment abordée. Comment promouvoir les investissements en proposant un régime juridique protecteur de l'investisseur et faire en sorte en même temps que l'investissement soit source de développement pour le pays concerné ? Il s'agit de mettre en œuvre un droit qui facilite, voire encourage l'investissement. Cela passe par un droit bancaire simplifié notamment dans ses sources, par des marchés financiers à la fois dynamiques et régulés susceptibles de capter l'épargne tout en assurant sa protection, par des projets d'investissement en particulier énergétiques structurés sur le plan contractuel et des infrastructures de transport s'inscrivant dans un cadre juridique cohérent. Il y aurait sans doute beaucoup à dire sur la nécessité d'un droit commun des investissements au sein de l'OHADA qui sans doute reste à construire. Mais cet ouvrage collectif ne prétend pas à l'exhaustivité. N'a pourtant pas été également omise la nécessité d'un gendarme à travers la référence à un droit pénal des affaires prévoyant des sanctions pénales dans le droit OHADA.

Autant de thèmes abordés dans cet ouvrage par un panel d'auteurs de renom : universitaires, avocats, juristes d'entreprise, magistrat…

Ce travail collectif a enfin le mérite de se projeter dans le futur, certains diraient un futur immédiat. On notera ainsi une contribution portant sur les enjeux de la nouvelle technologie « blockchain » dans le droit africain des affaires et une autre sur le développement du numérique, comme facteur supplémentaire de la croissance économique.

Un certain nombre de défis du droit des affaires en Afrique ont ainsi été pointés avec pertinence par les différents contributeurs. Ils doivent évidemment être relevés tout en sachant que les mutations en cours du continent africain soulèveront d'autres défis qui nécessiteront un traitement spécifique. Cet ouvrage manifestement opportun écrit pour l'essentiel par des juristes africains montre avec quelle intelligence ceux-ci appréhendent ces défis et proposent des solutions. Ce travail collectif appelle donc nécessairement une suite, voire l'élaboration d'une collection car le droit OHADA est en devenir. C'est manifestement le vœu exprimé par les initiateurs de cet entreprise et c'est tout le mal que l'on souhaite à cet ouvrage dont on doit souligner le grand intérêt pour les juristes qui, quelle que soit leur fonction, pratiquent le droit de l'OHADA.

Gérard BLANC

Professeur émérite à la Faculté de droit et de science politique de l'Université d'Aix-Marseille (AMU). Membre du Centre de droit économique. Secrétaire général de l'Observatoire Africain de la Pratique des Affaires (OAPA)

Comment minimiser le risque de non-paiement dans l'espace OHADA[1]?

Arlette BOCCOVI
Juriste de banque et d'affaires, Gérante du Cabinet SIRE-OHADA[2]

La préoccupation première de tout opérateur économique est de s'assurer que son débiteur le paiera. C'est le cas par exemple du banquier prêteur par rapport à son client, du fournisseur et de son acheteur, du bailleur et de son locataire, du prestataire de services par rapport au bénéficiaire.

S'il n'est pas aisé d'éliminer le risque de non-paiement dans les affaires, l'opérateur économique est néanmoins appelé à tenter de prévenir ce risque ; à défaut, cherchera-t-il à se donner les moyens de réussir au mieux le recouvrement de ses créances, le cas échéant.

Comment est-il alors possible de réduire ou de minimiser le risque de non-paiement au sein de l'espace OHADA ?

La procédure des voies d'exécution[3] laissant peu de place à la prévision, elle ne sera pas abordée dans le présent article bien qu'il soit indispensable de la connaître car la prévention d'un risque n'exclut pas nécessairement sa survenance.

---

[1] L'Organisation pour l'harmonisation en Afrique du Droit des Affaires fut créée par un traité de 1993, révisé en 2008 pour donner un cadre juridique sécurisé et attractif aux investisseurs.

[2] Société d'investigations commerciales et de recouvrement de créances –Espace OHADA, www.sire-ohada.com.

[3] A. Boccovi, *De la gestion des risques de non paiement dans l'espace OHADA,* http://biblio.ohada.org; A. A. de Saba, *OHADA, La protection du créancier dans la procédure simplifiée de recouvrement des créances civiles et commerciales*, Les éditions de la Rose Bleue, 2005 ; J. Djogbenou, *L'exécution forcée Droit OHADA*, Editions CREDIJ, 2011.

Il s'agira plutôt par le présent article de permettre à tout opérateur économique d'aborder sereinement sa relation commerciale et de fonder sa stratégie d'un recouvrement éventuel sur une méthode anticipative ; méthode assurément gagnante lorsqu'elle est bien menée. Cette démarche, passe par la sécurisation préventive de sa créance avant même sa naissance (I) et une mise en phase avec le risque contentieux (II).

I/ La sécurisation préventive de la créance par son titulaire potentiel

S'il est évident que toute relation commerciale suppose au préalable une analyse de l'environnement politique, économique et concurrentiel de son futur client[4] par rapport à son secteur d'activité, il paraît également impératif pour l'opérateur économique, avant de contracter avec un futur client, d'accomplir un certain nombre de diligences susceptibles de l'amener à démarrer efficacement sa relation commerciale et de le mettre à l'abri de fâcheuses surprises. Ces diligences vont des investigations diverses à la nécessité de savoir négocier un contrat au sein de l'espace OHADA.

1. La quête d'informations par le créancier sur son débiteur potentiel

Ces investigations à mener par le créancier prennent en compte l'existence réelle de l'entreprise, sa situation financière, ses habitudes de paiement, le respect de ses engagements, ses dirigeants, la qualité de ses relations avec les partenaires et avec les tiers en général.

Sans prétendre à l'exhaustivité, les sources d'informations répertoriées au sein de l'espace OHADA à ce jour peuvent être les suivantes :

- ***Les informations à recueillir auprès du potentiel débiteur***. Celui-ci, à moins qu'il n'opère dans le secteur non structuré[5], dit plus

[4] Nous désignerons par « client », toute entreprise ou personne avec qui un opérateur économique peut traiter et débouchant sur une obligation de lui payer une somme d'argent (acheteur, bénéficiaire de prestation de service……).

[5] Le secteur non structuré représente une part importante de l'économie des pays de l'OHADA. L'impossibilité d'identification au RCCM constitue un réel handicap

couramment informel, devra être immatriculé au Registre du Commerce et du Crédit Mobilier (RCCM)[6]. Le futur créancier y sera très attentif en raison de l'importance du rôle du numéro RCCM dans la recherche d'informations sur le cocontractant au moment opportun. Le futur créancier pourra ainsi exiger de son potentiel débiteur la communication de son numéro d'immatriculation, qui constitue le premier élément important d'identification de toute entité économique, et des éventuelles inscriptions de sûretés sur les actifs de l'entreprise. Tout opérateur économique immatriculé au RCCM, est tenu d'indiquer son numéro sur ses factures, bons de commande, tarifs, documents commerciaux et sur toute correspondance.

Il est à noter que l'importance du RCCM a conduit les instances de l'OHADA à entreprendre son informatisation en vue d'en faciliter les recherches ; ce qui commence à être opérationnel dans certains Etats[7].

Outre son numéro d'immatriculation au RCCM, le cocontractant, opérant au sein de l'espace OHADA, devra être à même de communiquer les documents comptables de l'entreprise rendus obligatoires par l'Acte uniforme relatif au droit comptable et à l'information financière (AUDCIF) et dont un retraitement pourrait incomber à l'investisseur puisqu'il n'est pas rare que les entreprises établissent différents états financiers en fonction des destinataires[8] sans que ceux-ci ne soient frauduleux et dans le respect de l'article 14 de l'AUDCIF[9].

---

pour le recouvrement des créances, tant il est difficile de retrouver les débiteurs au moment opportun.

[6] Le RCCM, prévu par l'Acte uniforme portant sur le droit commercial général (AUDCG) est le répertoire officiel des opérateurs économiques précisant les conditions d'activité et les informations concernant les dirigeants. Ce registre tenu par le greffe de la juridiction compétente renseigne également sur l'existence de contrat de crédit-bail et de sûretés portant sur les actifs d'une entreprise.

[7] http://www.seninfogreffe.sn au Sénégal, https://etribcomweb.tribunalcommerce abidjan.org à Abidjan en Côte d'Ivoire.

[8] Partenaires commerciaux, partenaires financiers, administration fiscale, investisseurs.

[9] L'organisation comptable mise en place dans l'entité doit satisfaire aux exigences de régularité et de sécurité pour assurer l'authenticité des écritures de façon à ce que la comptabilité puisse servir à la fois d'instrument de mesure des droits et obligations des partenaires de l'entité, d'instrument de preuve, d'information des tiers et de gestion.

- ***La possibilité de vérification préalable d'un chèque ou d'une carte bancaire à recevoir en paiement.*** Aussi bien en zone UEMOA[10] qu'en zone CEMAC[11], tout opérateur économique qui se fait régler par chèque ou par carte bancaire a la faculté de s'assurer de sa régularité en consultant la Centrale des Incidents de Paiement (CIP)[12]. Il pourra ainsi savoir, avant même de recevoir ce paiement, que le chèque ou la carte concerné n'est pas déclaré volé, ne fait pas l'objet d'opposition et n'a pas été émis sur un compte clôturé, que l'émetteur du chèque ou le détenteur de la carte bancaire n'est pas interdit bancaire ou judiciaire et qu'il n'est pas sous le coup d'un avertissement pour émission de chèque sans provision. Bien que dénommée « Centrale des Incidents de Paiement », ce dispositif permet de se renseigner uniquement sur la régularité du moyen de paiement tel que expliqué plus haut, mais pas sur l'existence de provision suffisante notamment du chèque au moment où il est émis. Les autorités monétaires prévoient néanmoins une procédure de traitement des chèques impayés et une procédure de recouvrement super simplifiée des chèques sans provision[13] que nous n'évoquerons pas ici.

---

[10] Union Economique et Monétaire Ouest Africaine (UEMOA) qui couvre le Bénin, le Burkina Faso, la Côte d'Ivoire, la Guinée Bissau, le Mali, le Niger, le Sénégal et le Togo.

[11] Communauté Economique et Monétaire de l'Afrique Centrale (CEMAC) qui couvre le Cameroun, la République centrafricaine, la République du Congo, le Gabon, la Guinée Equatoriale et le Tchad.

[12] Consultable par les acteurs économiques de cet espace par serveur vocal, internet et SMS, la CIP – UEMOA a pour vocation la collecte et la diffusion des incidents survenus à l'occasion des paiements par chèque, lettre de change, billet à ordre et carte bancaire. Son fonctionnement implique le Parquet, la Banque Centrale et les établissements teneurs de comptes à savoir les banques, les Centres de Chèques Postaux, le Trésor Public. Les établissements teneurs de comptes déclarent à la Banque Centrale, les interdictions bancaires qu'ils ont prononcées suite à des incidents de paiement, pour plus d'informations, voir le site internet de la BCEAO, www .bceao.int .
Le CIP est prévu par :
- le Règlement n° 15/2002/CM/UEMOA relatif aux systèmes de paiement dans les Etats membres de l'Union Economique et Monétaire Ouest Africaine (UEMOA);
- et le Règlement n° 02/03/CEMAC/UMAC/CM relatif aux systèmes, moyens et incidents de paiement.

[13] Voir Règlements précités.

En tout état de cause, le développement rapide en Afrique de la banque mobile et de la banque par internet réduira considérablement, sans doute à court terme, l'utilisation du chèque qui n'a d'ailleurs jamais connu un franc succès dans les Etats membres de l'OHADA.

- ***Le rapport de solvabilité du potentiel débiteur.*** Depuis l'institution du Bureau d'Information sur le Crédit (BIC)[14] par une loi uniforme de l'UEMOA[15], tout opérateur économique faisant l'objet de collecte d'informations peut solliciter et obtenir le rapport de solvabilité le concernant. Il pourra ainsi le communiquer à son potentiel créancier comme gage de sa solvabilité et de son sérieux. Tout investisseur, dans sa recherche d'informations sur son futur cocontractant peut requérir auprès de ce dernier son rapport de solvabilité.

- ***Les agences de renseignements commerciaux***. Ces agences sont peu nombreuses, mais existantes dans l'espace OHADA. Bien que ces structures travaillent avec des moyens très insuffisants, la connaissance du terrain et la proximité peuvent se révéler des éléments non négligeables pour leur efficacité. La présence d'une entreprise sur internet par exemple n'est pas nécessairement la meilleure preuve de son existence ou de sa situation réelle. Les structures locales spécialisées dans la recherche d'informations peuvent ainsi être, grâce à leurs actions sur le terrain, très utiles au démarrage et tout au long d'une relation commerciale.

---

[14] Le BIC est chargé de collecter des données auprès des organismes financiers, des grands facturiers (sociétés de fourniture d'eau, d'électricité, sociétés de téléphonie, etc.) sur les antécédents de crédit ou de paiement des clients. Le BIC produit des rapports de solvabilité à partir de ces informations qu'il met à la disposition des organismes qui lui fournissent les données. L'objectif du BIC, dont la création a été préconisée par la Banque Mondiale, est d'améliorer l'accès au crédit en détectant les mauvais payeurs.

[15] Décision n° CM/UMOA/007/06/2013 du 28 juin 2013 portant adoption du projet de loi uniforme portant règlementation des Bureaux d'Information sur le Crédit dans les Etats membres de l'Union Economique et Monétaire Ouest Africaine (UEMOA). S'agissant d'un projet de loi uniforme, il appartient à chaque Etat membre de l'adopter au plan interne pour la rendre applicable.

2. La conclusion d'un contrat sécurisant de la créance : pallier l'absence d'un droit communautaire (OHADA) du contrat

Il n'existe pas à ce jour d'Acte uniforme portant sur le contrat en dehors des contrats spéciaux régis ça et là par les différents Actes uniformes en vigueur.[16]

Dès lors, ce sont les règles du Code civil[17] qui s'appliquent aux contrats nationaux. En revanche, dans le cadre d'une relation de commerce international, les parties ont toute latitude pour déterminer leur propre loi à condition de ne pas aller à l'encontre de **l'ordre public**[18]. Elles pourront ainsi fixer librement toutes les clauses constituant la teneur de leur contrat allant des obligations des parties aux modes et conditions du règlement des litiges en passant par la loi applicable, la juridiction compétente et le lieu d'exécution de la décision judiciaire ou de la sentence arbitrale, le cas échéant. En effet, « *le droit n'est plus seulement un droit imposé .... Il est également nourri d'une normativité souple, faite de règles non obligatoires, d'engagements volontaires, dont l'effectivité est paradoxalement parfois plus grande que celle de normes contraignantes. Cette nouvelle normativité présente également l'originalité de ne pas venir exclusivement de l'État, mais du secteur privé* »[19].

---

[16] L'Acte uniforme portant sur le droit commercial général régit la vente commerciale, la cession du fonds de commerce et le bail commercial ; l'Acte uniforme relatif aux contrats de transport de marchandises par route régit le contrat des transports ; l'Acte uniforme portant organisation des sûretés régit le cautionnement, le nantissement et l'hypothèque.

[17] Il s'agit du code civil des pays qui en disposent à savoir à notre connaissance : la Guinée, le Mali et le Sénégal. Concernant les autres pays, c'est le code civil français en vigueur au moment des indépendances qui trouvera application. Voir : B. Daimbou, « De l'application du droit étranger au Mali et par delà dans les pays francophones de l'espace OHADA », RDAA, juill. 2015, (http://www.institut-idef.org/IMG/pdf/2_rdaa_de_1_application_du_droit_eI_tranger_au_mali_b_diambou-01_1_.pdf).

[18] « L'ordre public auquel un contrat international est subordonné est seulement l'ordre public qu'un Etat souverain entend imposer à un tel contrat constituant ce que l'on appelle l'ordre public international étatique », B. Mercadal, *Memento Pratique Droit Commercial*, Ed. Francis Lefebvre, 2018, n° 16656.

[19] J.-B. Racine, Vers un droit mondialisé de l'arbitrage : le rôle de la soft law, Lettre de la Chambre Arbitrale Internationale de Paris, n° 13, avril 2017.

Le moment de la conclusion du contrat est également celui, pour le potentiel créancier, de sécuriser sa future créance au moyen d'une sûreté conventionnelle ou de toute autre technique prévue à cet effet.

Ainsi, l'opérateur économique qui l'aurait jugé utile, peut requérir de son client une sûreté lors de la conclusion du contrat générateur d'une créance. Cette sûreté conventionnelle, lorsqu'elle concerne un bien situé dans l'espace OHADA, sera constituée et régie selon l'Acte uniforme portant organisation des sûretés.

Dans le contexte d'une transaction internationale, le risque de non paiement étant plus élevé du fait de l'éloignement, les techniques de paiement à l'international peuvent être envisagées[20].

L'assurance-crédit[21], proposée par les compagnies d'assurance principalement dans le cadre de l'exportation, pourrait également s'apprécier comme une solution efficace de se prémunir contre le risque de non-paiement de son client.

II/ La mise en phase avec le risque contentieux

Dans l'espace OHADA, s'applique le même droit des affaires dans les matières pour lesquelles il a été légiféré. S'applique également la loi nationale dans la mesure où elle n'est pas contraire aux textes du droit communautaire (OHADA) bénéficiant à ce titre d'une suprématie sur la loi des Etats membres.

Dans l'impossibilité d'aborder, dans le présent article, l'ensemble des hypothèses susceptibles d'être gérées dans le cadre d'un contentieux des affaires, nous nous proposons de circonscrire notre propos à l'organisation de la gestion du risque de non-paiement suite à un droit au paiement fondé sur l'application du droit OHADA, uniquement.

---

[20] Voir P. Garsuault et S. Priami, *Les opérations bancaires à l'international,* Edition Revue banque, Collection Techniques bancaires, 2015, chapitre 6.

[21] Il s'agit d'une assurance qui garantit l'entreprise contre le défaut de paiement survenu pour des motifs déterminés à l'avance.

1. Détermination du lieu d'une éventuelle exécution forcée : Action N° 1

Identifier à l'avance le lieu d'une éventuelle exécution forcée revient en clair à connaitre le lieu où le potentiel débiteur (le contractant) dispose d'actifs saisissables.
L'objectif de cette démarche en amont de la signature d'un contrat commercial permet de se renseigner sur la loi à laquelle le créancier devra se référer dans le cadre d'une éventuelle exécution forcée. En effet, il est primordial de prêter une attention particulière à la loi du pays du lieu d'exécution puisque c'est cette loi qui pourrait accorder l'immunité d'exécution au futur débiteur ou déclarer certains de ses biens insaisissables.

1.1 De l'immunité d'exécution du débiteur potentiel

Dès l'étape des négociations commerciales, l'investisseur cherchera à déterminer si son potentiel débiteur pourrait être bénéficiaire de l'immunité d'exécution faisant obstacle à la saisie de ses biens. L'Acte uniforme portant organisation des procédures simplifiées de recouvrement et des voies d'exécution (AUPSRVE) n'est pas explicite sur ce point. On pourrait déduire de la lecture de ce texte, qu'il s'agirait des personnes morales de droit public et des entreprises publiques dont la définition varie d'un pays à un autre [22]. La jurisprudence existante semble aller dans le sens de cette compréhension en se référant à la loi nationale en la matière. Le port Autonome de Lomé étant une entreprise publique et bénéficiant à ce titre de l'immunité d'exécution au sens de l'article 30 de l'AUPSRVE, la CCJA a confirmé le sursis à exécution prononcé par le juge des référés d'appel de Lomé [23]. Elle a également affirmé dans l'arrêt TOGO TELECOM [24], confirmé plus tard par l'arrêt F.E.R. [25], que

[22] La plupart des pays membres de l'OHADA dispose de loi nationale définissant les critères d'une entreprise publique mais ces critères sont loin d'être homogènes. Sur ce sujet, voir RDAA, Numero spécial, *Synthèse des travaux de la formation numérique IDEF 2018, le Droit en action, pas dans les livres - Comment devenir un juriste abouti, http://www.institut-idef.org/-Publications-.html.*

[23] CCJA, arrêt n° 024/2014, pourvoi n° 022/2008/PC du 21/04/2008 : KOUTOUATI A. AKAKPO Danwodina et 18 autres c/ Société TOGO-PORT dite Port Autonome de Lomé. J-15-115.

[24] CCJA, 7 juillet 2005, Affaire A Y et a, c/ sté Togo Telecom, Ohadata J-06-32.

même relevant du droit privé, les entreprises publiques définies comme telles par la loi nationale bénéficient de l'immunité d'exécution. Cette même Cour, toujours en se fondant sur la loi nationale, a récemment déclaré valables les saisies-attributions pratiquées par un particulier au préjudice de la Société des grands hôtels du Congo, et rejeté le bénéfice de l'immunité d'exécution dont se prévalait cette dernière au motif que son capital social n'est détenu qu'à 47% par l'Etat congolais, 3% par d'autres entités publiques et 50% par des personnes privées. Ainsi pour la CCJA, au sens de la loi congolaise, la Société des grands hôtels du Congo ne répond pas à la définition d'entreprise publique[26].

1.2 De l'insaisissabilité des biens du débiteur potentiel

« *Quiconque s'est obligé personnellement, est tenu de remplir son engagement sur tous ses biens mobiliers et immobiliers, présents et à venir.*[27] ». Mais certains biens peuvent être déclarés insaisissables par une loi nationale. Au sein de l'espace OHADA, c'est en effet, chaque Etat partie qui définit les biens et droits insaisissables[28]. Au Congo par exemple, il a été jugé que *« les biens de l'Entreprise d'Etat sont insaisissables sauf dans les cas prévus par la procédure de liquidation de l'entreprise »*[29].

2. Obtention d'un titre exécutoire : Action N°2

Avant de pouvoir faire exécuter une décision, il est obligatoire pour le créancier de disposer d'un titre exécutoire[30]. L'Acte uniforme donne une énumération des actes constituant, au sein de

---

[25] CCJA, 18 mars 2016, arrêt n° 044/2016 Affaire GNANKOU GOTH Philippe c/ FONDS D'ENTRETIEN ROUTIER dit «FER» et ECOBANK COTE D'IVOIRE.

[26] CCJA, arrêt n°103/2018 du 26 avril 2018, affaire MBULU MUSESO c/ Société des grands hôtels du Congo.

[27] Code civil français, art. 2284.

[28] AUPSRVE, art. 51.

[29] T. com. Brazzaville, ord. Réf., 12-12-2001 : ONPT c./ Ets Air-Mer Congolaise et STHC, Ohadata J-02-73, obs. J. Issa-Sayegh.

[30] Le titre exécutoire est un acte juridique qui constate une créance et qui permet au créancier d'en poursuivre l'exécution forcée sur les biens de son débiteur dans les conditions propres à chaque mesure d'exécution.

l'espace OHADA, des titres exécutoires[31]. Ainsi, *« constitue un titre exécutoire au sens de l'article 33 de l'AUPSRVE, susceptible de servir valablement de fondement à une mesure d'exécution forcée, la gross*e **rendue exécutoire d'un arrêt régulièrement signifié, dès lors que, ... les mentions de cette décision permettent d'identifier le créancier et le débiteur et de déterminer une créance certaine, liquide et exigible du premier sur le second »**[32]. De même, **« un jugement exécutoire par provis***ion sur minute et avant enregistrement est un titre exécutoire au sens de l'article 33*[33] *». « Le procès-verbal de conciliation est un titre exécutoire et comme tel vaut titre constitutif de nantissement*[34] ».

A ce moment précis, il appartient à l'opérateur économique de se mettre en phase avec la législation OHADA ; celle à considérer tenant aux dispositions d'ordre public de cette législation. C'est le cas de celles qui sont expresses ; à défaut d'une telle précision, c'est la règle dont le respect est indispensable à la réalisation de l'objectif d'harmonisation et de développement économique poursuivi par le Traité.

---

[31] Selon l'Article 33 de l'AUPSRVE,, « Constituent des titres exécutoires : 1°) les décisions juridictionnelles revêtues de la formule exécutoire et celles qui sont exécutoires sur minute ;
2°) les actes et décisions juridictionnelles étrangers ainsi que les sentences arbitrales déclarés exécutoires par une décision juridictionnelle, non susceptibles de recours suspensif d'exécution, de l'État dans lequel ce titre est invoqué ;
3°) les procès verbaux de conciliation signés par le juge et les parties ;
4°) les actes notariés revêtus de la formule exécutoire ;
5°) les décisions auxquelles la loi nationale de chaque État partie attache les effets d'une décision judiciaire. »

[32] CCJA, arrêt n° 165/2015, Pourvoi n° 072/2012/PC du 27/06/2012 : Société Omnium de Gestion Immobilière, dite O.G.I Sarl c/ KPOKOU KOMLAN Maurice, Ohadata J-16-158.

[33] CCJA, Arrêt n° 006 du 04/02/2010, Affaire : CLINIQUE PEDIATRIQUE « Fondation Jean François ONDO » C/ ASSUREURS CONSEILS GABONAIS dits ACG-ASCOMA, Ohadata J-11-50.

[34] Cour d'appel de Lomé, arrêt n° 85/06 du 22/06/2006, Liquidation Compagnie Air Afrique / Société Aéroport Lomé Tokoin (SALT), J-10-164. Pour aller plus loin sur ce sujet, voir Code pratique OHADA, Editions Francis Lefebvre, 2016, p. 795 à 802.

3. Exécution du titre exécutoire obtenu : Action N°3

Lorsque le créancier aura obtenu son titre exécutoire, il lui faut savoir comment il le fera exécuter. La réponse n'est pas identique selon qu'il s'agit d'un titre résultant d'une décision de justice ou d'une sentence arbitrale.

3.1 Titre résultant d'une décision de justice

En vertu du traité de l'OHADA[35], les arrêts rendus par la juridiction suprême unique pour l'ensemble des pays membres, la Cour Commune de Justice et d'arbitrage (CCJA)[36], ont l'autorité de la chose jugée et la force exécutoire. Elles sont exécutoires sans exequatur du pays du lieu d'exécution. Elles sont donc exécutables dans chacun des Etats membres de l'OHADA comme le sont les décisions nationales. Toutefois, la partie qui doit exécuter de force une décision de la CCJA[37] doit saisir l'autorité nationale compétente pour solliciter l'apposition de la formule exécutoire. Cette autorité, que chaque Etat désigne, appose la formule sans autre contrôle que celui de la vérification de l'authenticité du titre par l'autorité nationale.

En effet, les arrêts de la CCJA « *ont force obligatoire à compter du jour de leur prononcé* »[38]. Si la formule exécutoire est apposée « *sans autre contrôle que celui de la vérification de l'authenticité du titre par l'autorité nationale* »[39], l'exécution forcée de la décision devra se faire conformément aux règles de la procédure civile en vigueur dans le pays dans lequel elle est pratiquée[40]. Dans le cas où l'exécution est censée s'étendre sur plusieurs pays, il appartiendra au futur créancier de s'informer sur les règles de procédure civile dans chacun de ces pays qui peuvent ne pas être identiques. L'autorité nationale chargée d'apposer la formule exécutoire est variable d'un pays à un autre[41] ; ce

---

[35] Traité relatif à l'Harmonisation du Droit des Affaires en Afrique, art. 20.

[36] La CCJA, dont le siège est à Abidjan en Côte d'Ivoire, intervient comme une juridiction de troisième degré pour les contentieux relevant de l'OHADA, jugés en première instance et en appel par les juridictions nationales.

[37] Cette démarche est également valable pour une sentence arbitrale rendue sous l'egide de la CCJA exequaturée par la CCJA.

[38] Règlement de procédure de la CCJA, art. 41.

[39] Règlement de procédure de la CCJA, art. 46-1.

[40] Règlement de procédure de la CCJA, art. 46-1.

[41] Cette compétence est attribuée :`

qui peut ne pas être neutre quant à la célérité de l'autorité au moment d'accomplir cet acte.

Contrairement à la décision de la CCJA, une décision d'une cour d'appel, même rendue sur le fondement de l'OHADA, ne serait pas susceptible de bénéficier de la force de la chose jugée de plein droit dans les autres Etats de la zone, amenant ainsi le créancier à prévoir une procédure d'exequatur dans le ou les pays d'exécution, s'il est différent du lieu où la décision a été rendue. Le juge de l'exequatur du pays où l'exécution sera demandée ne peut opposer que l'ordre public tiré de la législation de l'OHADA sauf à violer le traité de l'OHADA ayant suprématie sur les droits nationaux.

Un recours contre un éventuel refus du juge de l'exéquatur fondé sur l'ordre public de l'OHADA pourrait d'abord être soumis à la CCJA pour appréciation du bien fondé de l'ordre public retenu. Quant au contenu de ce dernier, pourrait être invoqué l'ordre public qui résulte de la Charte Africaine des Droits de l'Homme et des Peuples qui a une autorité supérieure aux droits nationaux et aux droits des différentes communautés juridiques africaines, dont celle constituée par l'OHADA.

3.2 Titre résultant d'une sentence arbitrale

Selon le régime d'arbitrage auquel les parties vont convenir de se soumettre, les conditions d'une exécution forcée ne seront pas identiques. L'investisseur aurait tout intérêt à le savoir lors de la contractualisation de la relation.

Il peut s'agir de l'un des deux régimes coexistant au sein de l'espace OHADA à savoir, l'arbitrage institutionnel conféré à la CCJA ou l'arbitrage selon l'Acte uniforme ou encore d'un troisième régime d'arbitrage autre que ceux de la législation OHADA.

- au greffier dans les pays suivants : le Cameroun, le Bénin, le Gabon et le Mali;
- au juge dans les pays suivants : la République centrafricaine, le Niger et le Sénégal;
- à l'administration dans les pays suivants : le Burina Faso, la République fédérale islamique des Comores, la République du Congo, la Côte d'ivoire, la Guinée, la Guinée Bissau, la Guinée équatoriale, le Tchad et le Togo.

- Sentence selon le régime de l'arbitrage institutionnel de la CCJA

Les sentences arbitrales de la CCJA rendues conformément aux dispositions du Traité de l'OHADA et au Règlement de l'arbitrage ont « *l'autorité définitive de la chose jugée sur le territoire de chaque État partie au même titre que les décisions rendues par les juridictions de l'Etat. Elles peuvent faire l'objet d'une exécution forcée en vertu d'une décision d'exequatur* »[42]. Dès son prononcé, la sentence arbitrale de l'OHADA est susceptible d'exequatur par la CCJA sous réserve des exceptions prévues par l'article 30.5 du Règlement de d'arbitrage de la CCJA. En effet, l'exequatur ne peut être refusé que :

« *a) si le tribunal arbitral a statué sans convention d'arbitrage ou sur une convention nulle ou expirée ;*
b) si le tribunal arbitral a statué sans se conformer à la mission qui lui avait été conférée ;
c) lorsque le principe de la procédure contradictoire n'a pas été respecté ;
d) si la sentence est contraire à l'ordre public international. »

Si les trois premières exceptions de l'article 30.5 ci-dessus évoqué sont explicites, la quatrième l'est beaucoup moins dans la mesure où il n'est pas aisé de cerner la teneur de l'ordre public au sein du droit OHADA.

Bien que visé par plusieurs dispositions de ses textes, l'ordre public international n'a pas fait l'objet de définition par la législation OHADA. S'agissant d'une sentence arbitrale de la CCJA, il nous semble que cette Cour devra se référer à l'ordre public international de l'OHADA dont il est difficile pour l'investisseur d'en connaître à l'avance les contours. Si ce n'est de se référer à la jurisprudence existante peu abondante pour l'instant.

Dans une affaire dite GETMA, la CCJA, en rejetant la demande d'exequatur qui lui est soumise, sous-entend que la disposition du Règlement d'arbitrage de la CCJA fixant les honoraires des arbitrages serait d'ordre public international et que les parties ne pouvaient pas y

---

[42] Traité relatif à l'Harmonisation du Droit des Affaires en Afrique, art. 25.

déroger en fixant d'autres règles [43]. Dans une autre affaire qu'elle a rendue, la CCJA, considérant *que « l'autorité de la chose jugée, principe fondamental de la justice en ce qu'il assure la sécurité juridique d'une situation acquise, participant de l'ordre public international au sens des 29.2 et 30.6-4 du Règlement d'arbitrage de la CCJA, s'oppose à ce que l'arbitre statue dans la même cause opposant les mêmes parties ;*
Qu'en conséquence, en statuant à nouveau sur la demande de cession forcée des mêmes actions, la sentence du tribunal arbitral porte atteinte à l'ordre public international et doit être annulée[44] ».

A travers ces décisions, il apparaît clairement que la CCJA, tout en se fondant sur l'ordre public international, ne l'a jamais défini. Il conviendrait d'expliciter cette notion dans l'intérêt économique de la zone. Pour l'heure, « *conformément aux règles relatives à la détermination d'un ordre public non établi, son contenu devrait être fonction de l'intérêt général de la zone OHADA et des intérêts particuliers dont la violation ne saurait être supportée par l'ordre juridique de l'OHADA* [45]».

Une fois, la décision de l'exequatur rendue, au vu de l'attestation d'exequatur délivrée conformément au Règlement, c'est l'autorité nationale compétente qui appose la formule exécutoire selon la procédure en vigueur dans le pays concerné. Un recours en révision est possible « en raison de la découverte d'un fait de nature à exercer une influence décisive et qui, avant le prononcé de la sentence, était inconnu du tribunal arbitral ou de la partie qui demande la révision. »[46]

---

[43] CCJA, arrêt n° 139/2015, Rec. n° 130/2014/PC du 25/07/2014 : République de Guinée c/ GETMA International, Ohadata J-16-132.
[44] CCJA, arrêt n° 03, Affaire : Société PLANOR AFRIQUE sa c/ Société ATLANTIQUE TELECOM SA, Ohadata J-12-136.

[45] B. Mercadal, Présentation de l'ordre public, Formation numérique –IDEF 2018 au bénéfice des juristes OHADA.
[46] Règlement d'arbitrage de la CCJA, art. 32.

- ***Sentence selon le régime d'arbitrage de l'Acte uniforme sur l'arbitrage***

L'Acte uniforme relatif au droit de l'arbitrage (AUA)[47], régissant tout arbitrage dont le siège du tribunal arbitral se situe dans l'un des Etats parties, organise la reconnaissance et l'exécution de sentence arbitrale étrangère. Selon ce texte, l'exequatur est accordé par la juridiction compétente de l'Etat partie devant lequel l'on poursuit l'exécution, dès lors que les conditions de justification de l'existence de la sentence arbitrale et de production de pièces sont remplies. Seule une règle d'ordre public international peut faire obstacle à cet exequatur.[48] Le créancier devra suivre la même démarche que dans l'hypothèse d'un titre résultant d'une décision de justice comme mentionné plus haut[49].

On notera qu'alors aucune demande d'exequatur n'est requise concernant l'arbitrage institutionnel de la CCJA, elle sera nécessaire dans chaque Etat où une exécution est envisagée, s'agissant de l'arbitrage organisé selon l'Acte uniforme sur l'arbitrage. Le premier régime présente incontestablement un avantage ; celui du gain de temps par une économie de procédure.

- ***Sentence selon un régime d'arbitrage autre que ceux de la législation OHADA***

Les sentences rendues dans un lieu autre que le territoire des Etats parties, doivent recevoir l'exequatur du juge du for où l'exécution est recherchée. Cet exequatur dépend des conditions prévues par la législation en vigueur dans le lieu où il est demandé.

Au regard de l'article 34 de l'AUA[50], si la sentence est rendue selon une convention internationale ratifiée par le pays dans lequel l'exequatur est demandé, la procédure d'exéquatur devrait être conduite selon les dispositions prévues par ladite convention. Dans

---

[47] Du 11 mars 1999 remplacé par celui du 23 novembre 2017.

[48] AUA, art. 31, al. 4.

[49] Voir supra 3.1 Titre résultant d'une décision de justice.

[50] L'article 34 de l'AUA dispose que : « *les sentences arbitrales rendues sur le fondement des règles différentes de celles prévues par le présent Acte uniforme sont reconnues dans les États parties, dans les conditions prévues par les conventions internationales éventuellement applicables, et à défaut, dans les mêmes conditions que celles prévues aux dispositions du présent Acte uniforme* ».

l'hypothèse où l'Etat concerné n'a pas ratifié la convention internationale, c'est donc la législation en vigueur dans ce pays, c'est-à-dire l'Acte uniforme relatif au droit de l'arbitrage, qui trouvera application. C'est bien ce qui ressort d'un attendu de la CCJA dans l'affaire VODACOM : *« Attendu donc qu'il appert que l'exéquatur des sentences arbitrales rendues dans les Etats tiers à l'OHADA s'opère selon les conventions internationales si l'Etat où la sentence a été rendue et l'Etat partie où la sentence est invoquée sont liés en ce domaine ……………..* »[51].

[51] CCJA, Chambre 2, arrêt n° 003/2017 du 26 janvier 2017 Affaire : Société VODACOM International Limited Contre Société Congolese Wireless Network SPRL.

Les sanctions des incriminations pénales définies dans les Actes uniformes OHADA

Boubacar Sidiki DIARRAH
Docteur d'État en Droit Privé,
Magistrat Grade Exceptionnel,
Directeur des Affaires Juridiques de l'OHADA

Les affaires et le droit pénal ne se sont jamais ignorés. L'exposé du droit commercial rencontrait parfois la sanction pénale et quelques qualifications pénales trouvaient à s'appliquer en présence de certaines façons de pratiquer les affaires. « *Un droit pénal spécifique aux affaires n'est pas né du jour au lendemain*[52]*, par un coup de baguette magique* »[53]. Il est évident que « *Le droit pénal des affaires est un signe des temps. Le monde a rapidement connu une transformation exponentielle liée à l'apparition des progrès de la technologie, des interdépendances des systèmes économiques. A son échelle l'étude du droit* »[54].

De nos jours la globalisation s'empare du droit et provoque en lui des phénomènes de brassage, d'interconnexion, de transversalité qui transforment sa morphologie. Dans la globalisation juridique, les

---

[52]/ Dès le code pénal, voire même peu avant, il existait déjà quelques incriminations nettement orientées vers la sphère des affaires telles que la loi de 1802 relative à l'établissement de bourse de commerce (articles 8 et 9) , loi du 21 mai 1836 portant prohibition des loteries (article 4), loi du 1er août 1905 sur les fraudes et les falsifications en matière de production et de service (article 9), la banqueroute (articles 402 à 404 du code pénal français), la tenue non autorisée des prêts sur gages ou nantissement (article 411 du code pénal français), les entraves apportées à la liberté des enchères (article 412 du code pénal français), la violation d'un secret de fabrique (article 418 du code pénal français). A cette première liste il convient d'ajouter la répression de l'usure par la loi du 3 septembre 1807. Loi de 1802 (28 ventôse An IX.) Source : Extrait de base de données des textes Direction des Journaux Officiels, Paris 15 mars 2001, J.O du 5 août 1905.

[53]/ J. Wilfrid, *Droit pénal des affaires*, 6ème édit., Dalloz, 2005, p. 50.

[54] / J. Wilfrid, *Droit Pénal des affaires*, Dalloz 2è édition, 1996, P.44. **V/ J.** Wilfrid, *Droit pénal des affaires*, Dalloz, 6e édit., 2005, p. 680.

hiérarchies normatives deviennent plus complexes. La répartition des rôles entre droit international et droit interne devient moins claire. L'État partage avec d'autres acteurs, publics ou privés, la fonction de production des normes, sa maîtrise sur le droit décline de manière générale. La globalisation juridique est un défi face à la centralité juridique de l'État, la territorialité du droit et la différenciation des systèmes juridiques nationaux. Elle perturbe les catégories dans lesquelles les réalités juridiques sont habituellement classées et transforme les pratiques du droit. « *L'intégration juridique est souhaitable voire nécessaire, pour plusieurs raisons : l'unité du droit a pour première conséquence de réaliser un environnement juridique commun en atténuant, voire en éliminant les distorsions entre les systèmes juridiques [(...)] »*[55].

L'émergence de l'espace communautaire a eu pour effet la cohabitation de la législation communautaire et de celle nationale. Cette situation s'est traduite par l'avènement d'un droit communautaire aux contours quelque peu ténébreux opérant quelquefois des renvois au droit national pour son effectivité ; ce qui, souvent, a évolué vers une impasse caractérisée par la coexistence de textes ambigus. La cohabitation s'est révélée parfois plus compliquée en raison du renvoi de la législation communautaire au droit national, notamment dans le cadre de l'OHADA où, en matière pénale, les sanctions pénales sont restées hors du champ du droit communautaire. La réfutation de la compétence relative aux sanctions pénales est consubstantielle au Traité OHADA. Aux termes de l'article 5 de ce texte, les Actes uniformes ne déterminent que les incriminations, les sanctions sont laissées à l'appréciation souveraine des États, ce qui ne facilite pas la recherche des règles de fond applicables en matière de délinquance d'affaires dans les États parties.

Le juge Keba M'Baye[56] affirmait à la veille de l'harmonisation du droit des affaires OHADA que « *le droit des affaires se présente dans les pays africains de la zone franc en habit d'arlequin fait de pièce et de morceau. Entre cette diversité de textes, l'on note également leur inadaptation au contexte économique actuel ».* Cette assertion, si elle

---

[55] / J. I. Sayegh, Harmonisation du droit des affaires in *collection droit uniforme*, Ed. Bruyant, 2000, p. 42.

[56] / K. M'Baye, Droit des affaires dans la zone- franc, Acte du séminaire international du droit des affaires dans la zone franc, Abidjan 19 et 20 octobre 1993.

ne convient plus au droit des affaires grâce au fabuleux travail accompli pour l'harmonisation des législations d'affaires, s'apparente à la situation présente du droit pénal des affaires dans l'espace OHADA.

L'insécurité juridique se traduit par l'hétérogénéité des sources du droit applicable qui entraîne à son tour une insécurité judiciaire. Les premières interrogations des pères fondateurs de l'OHADA demeurent, malgré l'harmonisation en demi-teinte [57], à savoir comment sécuriser le monde des affaires si les sanctions infligées aux délinquants d'affaires différèrent d'un pays à un autre. Cette dualité de traitement est susceptible de constituer un obstacle certain pour le traitement efficace de la délinquance d'affaires. Il arrive également que certains dirigeants de sociétés ou d'autres acteurs économiques se cachent derrière ces lacunes juridiques pour échapper à la loi. Cette complexité du dualisme de l'élément légal ne facilite pas le traitement de la délinquance d'affaires dans l'espace OHADA.

L'absence et l'imprécision des sanctions pénales des incriminations contenues dans les Actes uniformes sont filles de l'insécurité juridique et judiciaire (I). D'où la nécessité de règlementer les sanctions pénales domestiques des incriminations OHADA (II), gage d'efficacité et d'essor du droit des affaires.

I- L'absence et l'imprécision des sanctions pénales sont filles de l'insécurité juridique et judiciaire

La délinquance d'affaires se trouve régie par le droit pénal des affaires, dont un pan entier notamment, les sanctions pénales sont restées hors du champ d'application de l'OHADA pour des raisons de « souveraineté nationale », ce qui rend complexe la recherche des règles de fond applicables.

---

[57]/ Terme emprunté à G. J. Okemba Ngabondo, OHADA : Pourquoi l'application en demi-teinte ? *Bulletin OHADA, n°4 février – mars 2001, p 10, Club OHADA Brazzaville.*

A/ La complexité du dualisme de l'élément légal en droit pénal des affaires OHADA

L'intervention timide du droit pénal dans le droit communautaire entraîne l'effritement du principe de légalité. La pénalisation par référence entraîne un affaiblissement[58] considérable de la légalité pénale. Le droit communautaire renvoie aux législations nationales pour la fixation des sanctions, il s'arroge le droit de déterminer les incriminations. L'article 5 du Traité OHADA donne une compétence dualiste. La délinquance d'affaires est sanctionnée par deux textes dans les États, l'un communautaire fixant les incriminations, l'autre national déterminant les sanctions. Le texte d'incrimination peut être incompatible avec le droit interne ou entraîner la modification des composantes de l'infraction. Le texte communautaire dont la violation est pénalement sanctionnée renvoie lui-même à un autre texte national, au point que de renvois en renvois, il devient pratiquement impossible de déterminer avec précision les éléments constitutifs de l'infraction. Cette situation entraîne une difficile émergence d'un droit pénal communautaire des affaires dans l'espace OHADA[59].

Traditionnellement, en droit pénal l'incrimination et la sanction encourue sont contenues dans le même texte[60]. « *L'éclatement de l'élément légal de l'infraction qui résulte de la distinction des normes de sanction conduit tantôt à un affaiblissement du principe de légalité tantôt à une disparité des sanctions applicables [(...)]»*[61]. Il s'opère ainsi un partage de compétence entre la communauté qui peut définir les éléments matériels et moraux de l'infraction et les États parties qui déterminent les sanctions pénales qu'encourent les auteurs.

Ainsi le droit pénal des affaires se trouve éclaté en deux compétences, cette dualité n'est pas sans présenter des inconvénients. D'abord elle oblige les États parties à prévoir des sanctions pour des incriminations

---

58 / N. Diouf, Actes Uniformes et droit pénal des Etats signataires du traité OHADA la difficile émergence d'un droit communautaire des affaires dans l'espace OHADA, Revue Burkinabé de droit numéro spécial 2001, p. 63 à 73.
59 / N. Diouf, Actes Uniformes et droit pénal des Etats signataires du traité OHADA la difficile émergence d'un droit communautaire des affaires dans l'espace OHADA, Revue Burkinabé de droit numéro spécial 2001, p. 63 à 73.

60 / J. Pradel, *Droit Pénal Général*, Cujas 2è édition 1999, n°138 et s P. 37.
61 / N. Diouf, op. cit.

adoptées par la communauté, à défaut les incriminations risquent de demeurer lettre morte. Ensuite elle risque d'entraver l'œuvre d'harmonisation dans la mesure où les infractions sont sanctionnées différemment par les États parties. Cet état de fait introduit des disparités dans la classification des infractions selon que les États adoptent pour une même infraction des sanctions criminelles, délictuelles ou contraventionnelles [62]. Cette stratification est discriminatoire relativement à l'attrait des investissements dans l'espace OHADA.

Il arrive, également, que certains renvois ne correspondent pas avec la situation existante dans le droit national, les dénominations changeant d'un pays à un autre. Ce qui est contraire au principe de la légalité pénale, condition d'existence du droit criminel. Il est à rappeler que le principe de légalité prescrit l'adoption de normes de droit pénal claires, précises et sans équivoque pour éviter l'injustice et l'arbitraire. En ce qui concerne les peines, le législateur doit les fixer de manière limpide et déterminer la fourchette minimum et maximum pour permettre aux citoyens d'être informés sur les conséquences éventuelles de leurs actes. L'incrimination doit être fixée de façon rationnelle et précise et non de façon imprécise ou ambiguë.

Il convient de souligner que les règles pénales sont de plus en plus instables et d'une qualité technique souvent discutable. Il arrive qu'elles se superposent ou se contredisent notamment sous l'influence du droit communautaire. Elles sont de plus en plus d'interprétation et d'appropriation difficiles. Une incertitude qui ne favorise pas les affaires comme l'a fait remarquer Montesquieu : « *les lois inutiles affaiblissent celles qui sont nécessaires* »[63]. « [(…)] *on ne peut pas perdre de vue que dans beaucoup d'autres cas l'identification de la norme de référence suscite les plus grandes difficultés [(...)]*»[64].

L'état des lieux de la législation pénale des affaires fait ressortir le constat qu'il existe des infractions dans les différents textes ou codes nationaux qui n'existent pas et n'ont même pas d'équivalent dans les

---

62 / J. I. Sayegh, Quelques aspects techniques de l'intégration juridique : l'exemple des actes Uniformes de l'OHADA : Revue de droit Uniforme, 1999, 1, P5.

63 / Montesquieu cité par Y. Guyon, De l'inefficacité du droit pénal des affaires : pouvoirs, bilan critiqué, Droit pénal, n°55, 1990, P. 41.

64/ N. Diouf, op.cit

Actes uniformes. L'étude de ces infractions nous révèle qu'elles ne contredisent pas le droit unifié. Dès lors ces infractions doivent être maintenues comme telles dans le droit national et s'ajoutent aux infractions retenues par l'Acte uniforme. Ainsi un État partie peut avoir une législation répressive beaucoup plus importante que celle contenue dans les Actes uniformes ou des dispositions de droit interne identiques à des infractions prévues par l'Acte uniforme. Cette catégorie ne présente aucune difficulté, les infractions étant identiques elles reçoivent application en droit interne. Le texte national peut également contredire l'Acte uniforme. Dans ce cas, les Actes uniformes sont directement applicables et obligatoires dans les États parties en dépit de toute disposition contraire de droit interne, antérieure ou postérieure[65]. Les Actes uniformes peuvent également renvoyer au droit domestique. La technique de renvoi connue des Actes uniformes était jusque-là, le renvoi d'un Acte uniforme à la législation nationale mais l'Acte uniforme relatif au droit des sociétés coopératives adopté le 15 décembre 2010[66], a innové en consacrant également le renvoi d'un Acte uniforme à un autre Acte uniforme, relativement aux incriminations. C'est ainsi que l'article 387 de ce texte dispose : « *Sous réserve des dispositions spécifiques prévues à l'article 386*[67] *ci-dessus, sont applicables aux sociétés coopératives ainsi qu'à leurs unions, fédérations et confédérations, les dispositions non contraires des articles 886*[68] *à 905 de l'Acte uniforme relatif au*

65/ Article 10 du traité.

66/ Acte uniforme relatif au droit des sociétés coopératives adopté le 15 décembre 2010, JO OHADA n°23 du 15 février 2011, p.1 et s. entré en vigueur le 15 mai 2011.

67 /*Article 386 : « Encourt une sanction pénale toute personne qui, sans y être habilitée conformément aux disposition légales et règlementaires applicables à ce type de groupements, aura indûment utilisé les expressions de sociétés coopératives, fédération de sociétés coopératives ou de confédération de sociétés coopératives accompagnées d'un qualificatif quelconque, ainsi que toutes les dénominations de nature à laisser entendre qu'il s'agit d'un des groupements cités dans le présent article ».*

68 /Titre I. Infractions relatives à la constitution des sociétés (article 886 à 887) ; titre II. Infractions relatives à la gérance, à l'administration et à la direction des sociétés (art. 888 à 891-2) ; Titre III. Infractions relatives aux Assemblées générales (art. 891-3 à 892) ; Titre IV. Modification du capital des sociétés anonymes (art. 893 à 896) ; Titre V. Infractions relatives au contrôle des sociétés (art. 897 à 900) ; Titre VI. Infractions relatives à la dissolution des sociétés (art. 901) ; Titre VII. Infractions relatives à la liquidation des sociétés (art. 902 à 904) ; Titre VIII. Infractions en cas d'appel public à l'épargne).

droit des sociétés commerciales et du groupement d'intérêt économique ». Une analyse approfondie des dispositions pénales contenues dans l'Acte uniforme relatif au droit des sociétés coopératives permet d'appréhender qu'elles comportent seulement deux dispositions dont l'une fixant l'incrimination d'une infraction spécifique aux sociétés coopératives et l'autre procédant au renvoi à l'Acte uniforme relatif au droit des sociétés commerciales et du groupement d'intérêt économique. Cette technique peu heureuse n'est pas de nature à faciliter la recherche des règles de fond applicables. Le texte renvoie à dix-neuf (19) articles sans en donner d'autres spécifications que les dispositions non contraires des articles 886 à 905 de l'Acte uniforme relatif au droit des sociétés commerciales et du groupement d'intérêt économique. Quant à l'article 386 cité, il concerne plutôt l'usurpation de titre applicable aux sociétés coopératives.

Le rôle du juge demeure difficile face à une telle ambigüité de la règle de droit, surtout qu'en droit pénal la loi est d'interprétation restrictive et stricte, c'est le principe : *« pas d'infraction sans texte de loi ».*

B/ La difficile identification des règles de fond applicables

L'indétermination du texte de sanction va obliger le juge à faire un choix entre les incriminations. *« Il serait tout de même difficile en effet de concevoir l'application d'un texte destiné à protéger l'intégrité physique d'une personne à un délinquant qui par son comportement, a porté atteinte à la propriété ou a violé la norme morale des affaires [(...)]»*[69].

Il arrive que par l'usage de concepts équivoques, imprécis et vagues, le droit communautaire n'indique pas de façon sûre et nette les incriminations et les sanctions. Cette situation entraîne inexorablement l'arbitraire du juge. *« Une loi inintelligible exprime l'arbitraire du pouvoir en ce sens que, ne fournissant pas au destinataire l'information sur ce qu'elle vise [(...)]»*[70].

---

[69] / N. Diouf, Ibidem.

[70] / F. Roche et W. Baranés, Le principe constitutionnel de l'accessibilité et de l'intangibilité de la loi, D. 2000, chron.

Les articles 243 et 244 de l'Acte Uniforme portant organisation des procédures collectives d'apurement du passif [71] illustrent ce propos. En effet l'article 243 dispose : *« est puni des peines prévues par le droit pénal en vigueur dans chaque État partie pour la commission de l'infraction ci-dessous tout mandataire d'une procédure collective qui : - exerce une activité personnelle sous le couvert de l'entreprise du débiteur masquant ses agissements ; - dispose du crédit ou des biens du débiteur comme ses siens propres ; - dissipe les biens du débiteur ; poursuit abusivement et de mauvaise foi, dans son intérêt personnel, soit directement, une exploitation déficitaire de l'entreprise du débiteur [(...)]»*. L'examen de cet article montre à suffisance qu'il s'agit de l'abus de confiance. Or, à regarder de très près, ces incriminations n'ont presque pas d'équivalent dans le droit national. En guise d'illustration l'article 282 du code pénal malien dispose : « *est qualifié abus de confiance le détournement frauduleux commis au préjudice du propriétaire ou du détenteur d'une somme d'argent, d'un document ou d'un objet mobilier quelconque, qui aurait été confié à quelque titre que ce soit par ledit propriétaire ou détenteur à l'auteur du détournement, à charge, par celui-ci, de le rendre ou de le représenter* ».

Quant à l'article 244 de l'Acte uniforme, il précise : *« est puni des peines prévues par le droit pénal en vigueur dans chaque État partie pour les infractions commises ci-dessous, le créancier qui, sauf disposition contraire du présent Acte uniforme, a : - conclu avec le débiteur ou avec toutes personnes, des avantages particuliers à raison de son vote dans les délibérations de la masse ; -conclu une convention particulière de laquelle il résulterait en sa faveur un avantage à la charge de l'actif du débiteur à partir du jour de la décision d'ouverture de la procédure collective ».* Cet article a fait l'objet de révision, l'ancienne disposition [72] constituait la parfaite

[71]/ Cet acte uniforme a été adopté le 10 avril 1998, J.O. OHADA n° 7, 01/07/98, P.1 et s. Il a été révisé le 10 septembre 2015, publié au J.O n° spécial du 25 septembre 2015, p. 1 et s. Il est entré vigueur le 24 décembre 2015.

[72] /Art. 244 « *Est puni des peines prévues par le droit pénal national en vigueur dans chaque État Partie pour les infractions commises au préjudice d'un incapable, le créancier qui a : - stipulé avec le débiteur ou avec toutes personnes, des avantages particuliers à raison de son vote dans les délibérations de masse ; - fait un traité particulier duquel il résulterait en sa faveur un avantage à la charge de l'actif du débiteur à partir du jour de la décision d'ouverture de la procédure collective* ».

illustration de l'imprécision et de l'affaiblissement du principe de la légalité pénale. Il précisait qu'il fallait infliger les mêmes peines aux contrevenants que celles prévues pour sanctionner les infractions commises au préjudice d'un incapable. Or, dans les États membres de l'OHADA, il existe une panoplie d'infractions commises au préjudice des incapables. La difficulté résiderait dans le choix à opérer entre cette multitude d'infractions.

Au Mali, par exemple on retrouve l'abandon d'incapable qui est puni aux termes de l'article 220 du Code pénal malien d'un à cinq ans d'emprisonnement, de cinq à dix ans d'emprisonnement, et même de mort selon les cas ; l'attentat à la pudeur consommé ou tenté sans violence sur la personne d'un enfant de l'un ou l'autre sexe, âgé de moins de quinze ans, sera puni de cinq à dix ans de réclusion, et facultativement d'un à vingt ans d'interdiction de séjour (article 226 du même code). Il en est de même du viol. Fort heureusement la révision de 2015 a corrigé cette insécurité à la fois juridique et judiciaire.

A la suite des renvois cacophoniques, il devient très difficile de déterminer avec clarté et précision la peine applicable. Il arrive du fait du caractère équivoque de la terminologie usitée que le choix des normes répressives devienne un « parcours de combattant ».

Dès lors *«La recherche du texte applicable est d'autant plus compliquée que si le juge national estime que compte tenu de l'autonomie du droit pénal le mot incapable qu'avait utilisé l'Acte uniforme portant organisation des procédures collectives n'a pas le même sens qu'en droit civil [(...)]»*[73].

Il est constant que le renvoi à un texte préexistant qui introduit une imprécision et une incertitude dans la détermination exacte et sans équivoque de la sanction entraîne un effritement certain du principe de la légalité. Il donne aussi une marge de manœuvre trop étendue au juge, par le mécanisme de l'interprétation exponentielle et finit par conduire à l'injustice. « *Il arrive que, par suite d'un oubli du législateur ou par suite de l'emploi d'une peine par référence à un*

[73] / N. Diouf, op. cit.

texte postérieurement abrogé, des faits incriminés par la loi ne se trouvent frappés d'aucune peine [(...)]».

Les incriminations établies par les Actes uniformes présentent des nuances parfois même des différences avec celles retenues par le droit interne. Dans ce cas, seules doivent être retenues les infractions contenues dans les Actes uniformes. Il existe certaines infractions dans le droit national qui ne constituent pas des incriminations au regard du droit uniforme de l'OHADA. Il s'agit donc d'infractions propres au droit domestique. La Cour suprême du Mali a dans un arrêt[74] décidé ce qui suit : « *Attendu que dans la mesure où il est établi qu'il y a non seulement prescription des poursuites eu égard à la nature de l'infraction mais également absence d'élément matériel et fausse application de la loi aux faits de la cause en ce que les poursuites ont été engagées sur la base de l'article 891 de l'Acte uniforme OHADA relatif au droit des sociétés commerciales et du groupement d'intérêt économique (non encore en vigueur au moment des faits)... l'analyse du moyen est superfétatoire et ne s'impose plus [(...)]. Casse et annule les arrêts déférés ; Dit qu'il n'y a lieu à renvoi* ».

En l'espèce, les faits remontaient à 1995 sous l'empire du code de commerce du Mali, qui lui-même date de 1992, il prévoyait et punissait l'abus de biens sociaux d'un à cinq ans d'emprisonnement. L'Acte uniforme relatif au droit des sociétés commerciales et du groupement d'intérêt économique[75] qui incrimine l'abus de biens sociaux en son article 891[76], a été adopté le 17 avril 1997 et est entré

---

[74] / Ch. crim. arrêt n°41 du 7 juillet 2003, pourvoi n°75, 78 et 79 des 20, 21 et 22 novembre 2001, Abus de biens sociaux, Aff. SOTELMA, inédit, source : B. DIARRAH, thèse de doctorat d'Etat en droit privé, UCAD octobre 2008, Annexe 1. V/ Jugement n°226 du 22 mai 2001, Abus de biens sociaux, source : idem.

[75] / Il a été publié au JO OHADA n°2 du 01/10/97, p. 1 et s. *OHADA, Traité et actes uniformes commentés et annotés*, JURISCOPE 2012, p. 365.

[76] /Article 892 Acte uniforme relatif au droit des sociétés commerciales et du GIE «Encourent une sanction pénale le gérant de la société à responsabilité limitée, les administrateurs, le président directeur général adjoint, l'administrateur général ou l'administrateurs général adjoint qui, de mauvaise foi, font des biens ou du crédit de la société un usage qu'ils savaient contraires à des fins personnelles, matérielles ou morales ou pour favoriser une autre personne morale dans laquelle ils étaient intéressés directement ou indirectement ».

en vigueur le 1er janvier 1998. Les dispositions de l'article 437[77] du code de commerce[78] du Mali qui incriminait et prévoyait déjà à l'époque des faits les sanctions d'abus de biens sociaux, ont été maintenues par le premier juge, parce que non contraires à l'Acte uniforme. La Cour suprême du Mali a estimé que l'incrimination d'abus de biens sociaux, à travers l'Acte uniforme datant de 1998, ne peut être sanctionnée par le code de commerce du Mali, antérieur à cet Acte uniforme, c'est-à-dire datant de 1992, sans violer le principe de la légalité. Or, l'Acte uniforme ne peut abroger que les incriminations contraires et non les sanctions qui mêmes antérieures doivent trouver application parce que ne relevant pas de l'Acte uniforme. Cet arrêt est une parfaite illustration de l'insécurité judiciaire, si l'on sait qu'à ce jour le Mali[79] n'a toujours pas de loi propre sur les sanctions pénales des incriminations contenues dans les Actes uniformes. Au regard de l'article 10 du traité OHADA, ces infractions dès lors qu'elles ne sont pas contraires au contenu des Actes uniformes doivent être maintenues et trouver application en plus des infractions prévues et réglementées par les dispositions de l'OHADA. « *Si dans certains cas l'intervention du législateur national est nécessaire dans d'autres elle ne l'est pas puisque les textes qui existent déjà permettent de sanctionner le comportement considéré* »[80].

Certains auteurs[81] s'accordent à reconnaître que le principe de légalité ne se limite pas seulement à l'exigence d'une loi pour l'établissement

---

[77] /Article 437 al. 3 du code de commerce du Mali : « Seront punis d'un emprisonnement d'1 à 5 ans et d'une amende de 100.000 à 2,5 millions de francs ou de l'1 de ces deux peines : le Président, les administrateurs ou les directeurs généraux d'une société anonyme qui, de mauvaise foi, auront fait des biens ou du crédit de la société un usage qu'ils savaient contraires à l'intérêt de celle-ci à des fins personnelles ou pour favoriser une autre société ou entreprise dans laquelle ils étaient intéressés directement ou indirectement ».

[78] / Loi n°92-002 du 27 août 1992 portant code de commerce en République du Mali, Recueil des codes et textes usuel en République du Mali, tome I et II, 1er trimestre 2000.

[79] / Le projet de loi portant répression des infractions prévues par les Actes uniformes de l'OHADA, a été adopté par le Conseil des Ministres le 28 juin 2017.

[80] / N. Diouf, Actes Uniformes et Droit pénal des États Signataires du Traité de l'OHADA : La difficile émergence d'un droit pénal communautaire des affaires dans l'espace OHADA : Revue Burkinabé de droit n° spécial 2001, p. 63-73.

[81]/ D. Marty et P Truche, Uniformité ou compatibilité des systèmes nationaux : des règles identiques aux principes directeurs, *in quelle politique pénale pour l'Europe,* Economica, 1993, P. 321 ; Favoreu, La constitutionnalité du droit pénal

des incriminations et la détermination des sanctions. Il impose aussi la promulgation de lois suffisamment accessibles, précises et prévisibles dans leurs conséquences. D'où l'impérieuse nécessité de bien règlementer les sanctions pénales des incriminations communautaires.

II- La nécessaire règlementation des sanctions pénales des incriminations contenues dans les Actes uniformes

Dans l'élaboration des mesures d'application, la formule appropriée doit être celle par laquelle les textes nationaux font référence par un renvoi aux dispositions communautaires originaire ou dérivée. Cette technique permet de rappeler la règle appliquée et respecte la nature et l'autonomie et se révèle être une technique de la reproduction de la mesure communautaire dans un texte national et conduit à une « nationalisation » susceptible d'entraver le jeu de la primauté et du renvoi préjudiciel[82]. Cependant, « *la multiplication des références aux dispositions communautaires pouvant rendre le texte national incompréhensible* »[83]. Les États parties doivent mettre à la disposition des normes communautaires l'ensemble du dispositif législatif, règlementaire et institutionnel en vue d'assurer le respect et l'application de l'ordre juridique. L'absence de ces formalités substantielles entraine des conséquences juridique et judiciaire préjudiciables à la vie des affaires.

A/ Les effets de la dilatation pénale en droit OHADA

Il revient sans aucun doute à chaque État membre de désigner les juridictions compétentes et de déterminer les règles de procédure susceptibles d'assurer la sauvegarde des droits résultant de l'applicabilité et de l'effet direct du droit communautaire.

---

contemporain, Mélanges Vitu, 1989, p. 169. V/ Delmas Marty, Code pénal d'hier, droit pénal d'aujourd'hui, matière pénale de demain, Dalloz Sirey 1986, Chronique IV, p. 27-34.

[82]/ *C.J.C.E. 10.11973, Variola, aff.34/73, Rec, 990.*

[83]/ J.-L. Bergel (sous la direction de), Méthode d'intégration du droit communautaire au droit français, Droit prospectif, in Revue de la recherche juridique, 194.4.

1) Les effets juridiques de l'éclatement de l'élément légal

Le renvoi au droit national engendre comme conséquence immédiate que l'efficacité de la norme communautaire est tributaire de la typologie des solutions juridiques dégagées dans l'ordre national. Il est constant que le concept de l'autonomie procédurale et institutionnelle entraînera une diversité de traitement du droit communautaire selon l'État membre dans lequel les droits conférés sont examinés. Le principe du traitement national signifie que les voies de droit national doivent être mises sans discrimination à la disposition du droit communautaire c'est-à-dire, que l'exercice d'un droit communautaire à travers l'environnement national ne doit pas être soumis à des conditions plus rigoureuses que l'exercice du droit correspondant purement national. Il s'ensuit bien sûr que « *tout type d'action prévu par le droit national doit pouvoir être utilisé pour assurer le respect des règles communautaires [(...)]*»[84].

Cette situation interroge la place du droit pénal dans le droit communautaire[85]. Il est constant que le droit pénal a pour objet de définir les règles qui président à la commission de l'infraction et à la répression. Le but du droit pénal est la défense de la société contre des comportements interdits. Il permet à l'État d'organiser une réponse aux phénomènes criminels. C'est un droit régalien qui révèle l'expression de la souveraineté étatique. Cependant, on ne peut exclure, en cette matière l'intervention des conventions internationales, mais elles portent en général sur les points de procédure tels que l'extradition, l'entraide judiciaire, ou le droit pénal spécial tels que les définitions uniformes de l'infraction.

Certains législateurs de l'espace OHADA soucieux des difficultés engendrées par le vide juridique relatif à l'absence des sanctions pénales des incriminations des Actes uniformes, ont adopté des lois spécifiques[86]. Le Sénégal a actualisé sa loi relative aux sanctions

---

84/ C.J.C.E., 7 juillet 1981, Aff. Rewe, 158/80, Rec.1805.

85 / Terminologie empruntée à N. Diouf : la place du droit pénal dans le droit communautaire RSDA numéros 4, 5, 6 et 7, 2007.

86 / **(Sénégal) :** Loi n°2018-13 du 27 avril 2018 relatif à la répression des infractions prévues par les Actes uniformes adoptés, en application du Traité relatif à l'harmonisation du droit des affaires en Afrique, abrogeant la loi n°98-22 du 26 mars 1998 portant sur les sanctions pénales applicables aux infractions contenues

pénales des incriminations des Actes uniformes après l'adoption de l'Acte uniforme relatif au droit des sociétés commerciales et du groupement d'intérêt économique[87], le 30 janvier 2014, de l'Acte uniforme portant organisation des procédures collectives d'apurement du passif[88], le 10 septembre 2015 et de l'Acte uniforme relatif au droit comptable et à l'information financière[89], le 26 janvier 2017.
L'exposé des motifs de la loi sénégalaise est très édifiant à ce sujet, il précise qu'en application de l'article 5 du traité instituant l'OHADA le Sénégal avait a adopté la loi 98-22 du 26 mars 1998, portant sur les sanctions pénales applicables aux infractions contenues dans l'Acte uniforme relatif au droit des sociétés commerciales et du groupement d'intérêt économique mais que ce texte a un champ d'application

---

dans l'acte uniforme relatif au droit des sociétés commerciales et du groupement d'intérêt économique ; **(Cameroun)** : Loi n°2003/008 du 10 juillet 2003 portant répression des infractions contenues dans certains actes uniformes (OHADA) ; **(Côte d'Ivoire) :** Loi n°2017-727 du 9 novembre 2017 portant répression des infractions prévues par les Actes uniformes du Traité relatif à l'harmonisation du droit des Affaires, J.O n° 100 du 14 décembre 2017 ; **(Niger)** : Loi n° 2017-10 du 31mars 2017, modifiant et complétant celle n° 61-27 du 15 juillet 1961 portant institution du Code pénal Titre IV-bis, articles 377.1 à 377.43 ; **(Tchad)** : Loi n° 01 portant code pénal, promulguée le 8 mai 2017 , Livre 7 comportant les articles 473 à 517 qui traitent des peines applicables aux infractions prévues par les Actes uniformes OHADA ; **(Benin) :** Loi n°2011-20 du 12 octobre 2011 portant lutte contre la corruption et autres infractions ; **(Centrafrique)** : Loi n°10.001 du 6 janvier 2010 portant code pénal centrafricain, JORCA n° spécial 2010 ; **(Togo) :** code pénal du 24 novembre 2015, articles 1103 à 1160 relatifs aux infractions à l'OHADA.
Il convient d'indiquer qu'au nombre des pays ayant édicté le droit pénal interne complémentaire des incriminations contenues dans les Actes uniformes, on peut citer : le Bénin, le Burkina Faso, le Cameroun, la Centrafrique, le Congo, la Côte d'Ivoire, le Gabon, la Guinée, le Niger, le Sénégal, le Tchad et le Togo. Ces pays ont ainsi mis leur droit pénal interne en conformité avec les Actes uniformes OHADA même si plusieurs doivent être actualisées pour tenir compte des réformes récentes du droit OHADA.
[87] / Il a été publié au JO OHADA n° spécial du 4 février 2014, p. 1 et s. et entré en vigueur le 5 mai 2014.
[88] / Il a été publié au JO OHADA n° spécial du 25 septembre 2015, p. 1 et s. et entré en vigueur le 24 décembre 2015.
[89] / Il a été publié au JO OHADA n° spécial du 15 février 2017, p. 1 et s. et entré en vigueur le 1er janvier 2018 pour les comptes personnels des entités, et entrera en vigueur le 1er janvier 2019 pour les comptes consolidés, les comptes combinés et les états financiers selon normes IFRS, au 1er janvier 2019 (art. 113).

limité en ce qu'il ne s'intéresse pas aux incriminations prévues dans les autres Actes uniformes. [90]

Le législateur sénégalais a pris soin d'actualiser les sanctions pénales des incriminations contenues dans les Actes uniformes et même d'effectuer un travail de recherche et de collecte des renvois de l'Acte uniforme relatif au droit des sociétés coopératives, à l'Acte uniforme relatif au droit des sociétés commerciales et du groupement d'intérêt économique. Il y a consacré le Chapitre 6, page 4, de la loi citée intitulée les sanctions des incriminations contenues dans l'Acte uniforme relatif au droit des sociétés coopératives. Ce chapitre comprend 15 articles (article 13 à 28).

Il convient de relever avant de le déplorer que tandis que le législateur communautaire n'a consacré que deux articles dont un relatif à l'usurpation de titre de société coopérative et un autre opérant des renvois à l'Acte uniforme relatif au droit des sociétés commerciales et du groupement d'intérêt économique, le législateur sénégalais en a consacré 15 articles se référant aux renvois du texte d'incrimination. Si ce travail peut être considéré comme celui du législateur, il n'en est pas de même du juge qui n'est pas un législateur. Par conséquent, son rôle surtout en matière pénale n'est pas la recherche du texte applicable par des alchimies ou d'autres artifices atypiques.

Les disparités de législations favorisent l'émergence de pays « paradis pénaux » ou de pays « enfer », car l'opérateur économique comparera les différentes législations et choisira le pays où il existe une impunité et ou la loi pénale est plus douce. La mise en place d'un dispositif équilibré de réflexion, de décision et d'interprétation, de nature à surmonter les obstacles sans pour autant heurter les sensibilités nationales a été un objectif atteint par le droit des affaires, pourquoi pas le droit pénal des affaires, qui donne force et vie au premier ?

---

[90]/ Il s'agit des Actes uniformes portant sur le droit commercial général, organisation des procédures simplifiées de recouvrement et des voies d'exécution, organisation des sûretés, organisation des procédures collectives d'apurement du passif ainsi que ceux relatifs au droit des sociétés coopératives, au droit comptable et à l'information financière comportent des incriminations voir Exposé des motifs du projet de loi relatif à la répression des infractions prévues par les Actes uniformes adoptés en application du Traité relatif à l'Harmonisation du Droit des Affaires en Afrique, présenté lors de l'adoption de la loi n° 2018-13, p.1, document inédit.

2/ Les effets judiciaires de la dilatation pénale

L'article 5 de l'Acte originel OHADA dispose : « [(...)] *Les Actes uniformes peuvent inclure des dispositions d'incrimination pénale. Les États Parties s'engagent à déterminer les sanctions pénales encourues* » et l'article 14 du même texte ajoute que *« [(...)] Saisie par la voie du recours en cassation, la Cour se prononce sur les décisions rendues par les juridictions d'appel des États parties dans les affaires soulevant des questions relatives à l'application des actes uniformes et des règlements prévus au présent Traité à l'exception des décisions appliquant des sanctions pénales [(...)] ».*

La Cour Commune de Justice et d'Arbitrage de l'OHADA (CCJA) a dans une décision [91] affirmé : « *qu'un arrêt ayant prononcé des sanctions pénales ne peut, quelles qu'en soient les motivations, être soumis à l'appréciation de la CCJA. [(...)] Attendu que la Cour se déclarant incompétente, il n'y a pas lieu de faire droit à la demande tendant à l'organisation d'une procédure orale ».*

Cette décision de la haute juridiction met un terme jurisprudentiel aux controverses doctrinales sur la compétence de la Cour en présence d'une décision de relaxe, d'acquittement ou d'admonestation, qui ne sont pourtant pas des décisions appliquant des sanctions pénales, comme l'exige l'article 14 du Traité. Il convient d'indiquer que l'article 14 du texte originel devrait être révisé afin de mieux élucider la question pénale. Il devrait évoquer plutôt le concept de droit pénal que de sanction pénale qui ne constitue qu'un pan du droit pénal, lequel comprend à la fois les incriminations et les sanctions.

La Cour de justice des Communautés Européennes[92], quant à elle a décidé que la communauté Européenne « *avait compétence pour prendre les mesures en relation avec le droit pénal nécessaires pour assurer l'effectivité du droit communautaire ».* Il s'agit de définir des

---

[91] / CCJA, Assemblée plénière, arrêt n°143/2016 du 14 juillet 2016, décision attaquée arrêt n°02 rendu le 23 mars 2015 par la Cour de répression de l'enrichissement illicite du Sénégal (CREI) dans l'affaire opposant Ibrahima ABOUKHALIL dit Bibo Bourgi et Karim Meïssa WADE et autres à l'Etat du Sénégal, Arrêt inédit : source CCJA.

[92]/ Arrêt en date du 9 décembre 2005, communiqué de presse Memo/05/437.

sanctions pénales pour la lutte contre la fausse monnaie, la corruption, le transit entre autres domaines sur lesquels l'Union Européenne a compétence, et donc, sur lesquels le droit communautaire prime sur les droits nationaux.

Ramu de Bellescize commentant l'arrêt de la Cour de Justice des Communautés européennes (CJCE) du 13 septembre 2005[93] déclarait que *« la souveraineté des États en matière pénale vient d'être écornée par les magistrats européens. Jusqu'au 13 septembre 2005 le droit pénal relevait de la compétence des États membres. [(...)] la Cour de justice des communautés européenne [(...)] a jugé que la Communauté avait le droit de proposer des sanctions pénales lorsque ces dernières lui permettaient de faire respecter sa législation ».* En l'espèce le 27 janvier 2003, le Conseil adoptait à l'unanimité de ses quinze membres une décision-cadre par laquelle il obligeait les États à adopter de façon concertée des sanctions pénales à l'encontre des auteurs d'atteintes à l'environnement. L'Union Européenne entendait réagir à l'augmentation préoccupante des infractions commises au détriment de l'environnement.

La communautarisation du droit a entraîné un transfert de compétence de l'État dans plusieurs domaines : législatif, judiciaire et exécutif. Le droit pénal classique s'est métamorphosé surtout au niveau de l'élément légal de l'infraction. « *Cette dilatation de la légalité criminelle se manifeste d'abord au niveau des sources. D'un point de vue externe, le développement du droit international et du droit européen entame progressivement l'autonomie et la souveraineté des parlements nationaux en matière pénale [(...)]*»[94].
Le principe de légalité pénale signifie que la loi pénale est d'interprétation stricte et restrictive. « *Tout acte contraire à l'ordre social, aussi grave soit-il n'expose pas nécessairement son auteur à une sanction pénale. [(...)]. Dès lors, le juge ne saurait être autorisé à interpréter largement une disposition pénalement sanctionnée, car cela reviendrait à lui permettre de créer une norme* »[95].

93/ R. de Bellescize, Commentaire sous arrêt du 13 septembre 2005, Droit pénal n°12, décembre 2005.

94/ M. V. de Kerchove, Une légalité dilatée *in* La place du droit pénal dans la société contemporaine, Rev. Sc. Crim (1), janv. – mars 2000, p. 8.

95/ G. Stéfani, G. Levasseur, B. Bouloc, *Droit pénal général*, Dalloz, 1997, p. 119. V/ B. Bouloc, G. Levasseur, G. Stéfani, 19e éd, Dalloz, 2005.

La loi pénale est une manifestation de la prérogative de la puissance publique. L'emprise de la justice pénale s'étend sur le territoire national. Il revient au législateur d'ériger un comportement, une action ou une omission en infraction. En l'absence de texte ou d'autre instrument juridique, la relaxe ou l'acquittement s'impose de droit. L'infraction ne se présume point. Elle trouve son fondement dans un support textuel. Le principe de légalité concerne aussi bien la définition des infractions que les peines applicables. Le choix est laissé au juge national en ce qui concerne le type de sanction à infliger et le quantum de la peine. Mais il arrive que le législateur communautaire donne des injonctions et cible la peine applicable. C'est le cas de l'article 236 de l'Acte uniforme organisant les procédures collectives qui renvoie aux peines de la banqueroute simple ou de la banqueroute frauduleuse[96]. Certains Actes uniformes ont pris le soin d'indiquer de manière transparente le texte d'incrimination tout en laissant la latitude aux États la faculté de fixer les sanctions. Ce procédé aussi présente des conséquences en ce sens qu'il donne la possibilité de sanctionner d'une manière différente le même comportement. On assiste ainsi à un traitement « *deux poids deux mesures* » qui est susceptible d'annihiler tout effort d'harmonisation ou d'unification et créer des pays « *paradis pénaux* ».

La tâche du juge parait simple si la loi est claire, précise et complète. La fonction devient rude lorsque la loi est ambiguë. La loi pénale est réfractaire à l'interprétation large, elle n'admet que l'interprétation stricte. Les lacunes de la loi ne sauraient en matière pénale être comblées par un recours à la technique de l'analogie.

Ce principe de droit se comprend aisément dans la mesure où le juge pénal a entre ses mains la vie, l'honneur et la dignité des citoyens. On ne saurait faire en droit pénal une réflexion par présomption ou analogie. Plusieurs autres raisons militent en faveur du principe décrit. Il ne faut pas aussi laisser le juge créer, à la limite inventer de toute pièce des remèdes circonstanciés qui conduiraient à la condamnation injustifiée des présumés coupables. Le juge n'est pas un législateur, il

96 / Art. 236 : « *Une condamnation pour banqueroute simple ou frauduleuse ou pour délit assimilé à la banqueroute simple ou frauduleuse peut être prononcée même si la cessation des paiements n'a pas été constatée dans les conditions prévues par le présent acte uniforme* ».

n'est donc pas habilité à créer la loi. Son rôle est d'interpréter et non de faire la loi.

B/ Le stratagème de l'OHADA en vue du dépassement du morcellement pénal

Le droit pénal n'est que peu touché par les normes internationales. En principe, les institutions communautaires n'ont pas d'influence dans cette discipline, qui reste un domaine réservé des États membres. On constate cependant des limites à ce principe c'est le cas de l'incrimination par renvoi qui fait dépendre une norme pénale interne du contenu d'une norme communautaire.

L'objectif d'unité de marché et d'égalité des opérateurs économiques, implique une harmonisation aussi bien dans la définition de l'infraction que dans la détermination des sanctions. Cette réponse pénale ne devrait pas appeler de développement spécifique, mais relever de l'application des principes généraux du droit pénal et de la procédure applicables aux affaires, ce qui serait de nature à faciliter la mission du juge.

A ce propos Mireille Delmas Marty[97] affirmait que *« le droit pénal est le symbole le plus éclatant de la souveraineté nationale, or c'est peut-être en droit pénal que l'internalisation du droit se manifeste avec le plus de vigueur [(...)] ».*

Certains auteurs se sont interrogés en ces termes : « *Le droit communautaire peut-il se construire dans le droit pénal ? Une réponse négative s'impose, si l'on en juge par l'expérience vécue en Europe. [(...)] les États qui s'engagent dans l'œuvre de construction de la Communauté acceptent difficilement d'abdiquer leur souveraineté [(...)]»*[98].

Le droit pénal est traditionnellement une affaire nationale. L'espace OHADA se caractérise par un morcellement pénal. Il est apparu que

---

97/ M. D. Marty, les contradictions du droit pénal in la place du droit pénal dans la société contemporaine,
Rev. Sc. Crim (1), janv – mars 2000, p. 3.
98/ N. Diouf op. cit., p. 1.

cette hétérogénéité du droit est un facteur d'incohérence des politiques pénales, de rupture d'égalité entre les citoyens et de développement de réseaux criminels transfrontaliers. Ainsi, la délinquance financière et économique prospère en l'absence d'un système judiciaire harmonisé. Le projet de loi modèle[99] sur la répression des infractions prévues dans les Actes uniformes[100], pourrait permettre l'harmonisation des sanctions pénales, si les États qui ne sont pas obligés d'adopter les mêmes peines, s'agissant de « *Soft Law* », ne modifient pas les sanctions au Parlement. Il est apparu que les États membres s'en inspirent largement, comme l'attestent suffisamment les différentes lois adoptées et citées plus haut.

La Résolution sur la mise en œuvre du droit des affaires dans les États membres de l'OHADA[101], quant à elle invite les États à adopter des sanctions pénales relatives aux incriminations contenues dans les Actes uniformes en ces termes : « *[(...)] Considérant, en outre, que les incriminations pénales contenues dans les Actes uniformes appellent, de la part de chaque État, la fixation des sanctions correspondantes, conformément à l'article 5 du Traité OHADA* ».

Cependant, il convient de relever que le principe de la loi modèle n'est pas consacré par le Traité de l'OHADA, qui ne prend en compte que les Actes uniformes[102], les Règlements et les décisions[103].

L'usage des lois modèles ou textes d'orientation, trouvent sa source dans une pratique institutionnelle, qui remonte à la session du Conseil

---

99/ Projet mis à la disposition des États par le Secrétariat Permanent de l'OHADA, le 7 mars 2013 (lettre n°155/SP/OHADA/ 2013), conformément aux prescriptions de la session du Conseil des Ministres de Bissau des 16 et 17 juin 2011.

100 / Ce projet de loi modèle fixe les peines applicables aux infractions prévues dans le cadre de l'OHADA par les Actes uniformes: portant sur le droit commercial général ; portant organisation des sûretés ; relatif au droit des sociétés commerciales et du groupement d'intérêt économique ; portant organisation des procédures collectives d'apurement du passif ; portant organisation des procédures simplifiées de recouvrement et des voies d'exécution ; relatif au droit comptable et à l'information financière; relatif au droit des sociétés coopératives.

101/ Résolution dite de Yaoundé adopté par le Conseil des Ministres de l'OHADA, le 25 juillet 2015, à Yaoundé (République du Cameroun).

102 / Article 5 du Traité, *OHADA Traité et actes uniformes commentés et annotés*, JURISCOPE, 2016, P. 30.

103 / Article 4 du Traité, *OHADA Traité et actes uniformes commentés et annotés*, JURISCOPE, 2016, P. 32.

des Ministres de l'OHADA tenue à Brazzaville (République du Congo), les 16, 17 et 18 févier 2002. Cette session a instruit le Comité des Experts lors de sa réunion du 10 au 12 septembre 2002 tenue à Brazzaville, à l'effet de procéder à l'adoption du texte d'orientation relatif à la création, aux attributions, à l'organisation et au fonctionnement des Commissions nationales de l'Organisation pour l'Harmonisation en Afrique du Droit des Affaires (OHADA). C'est ce texte qui a permis de mettre en place dans les États membres, les Commissions nationales de l'Organisation.

Bien que n'étant pas consacré par le Traité, les textes d'orientation ou autres lois modèles se sont révélés comme des méthodes douces et stratégiques d'harmonisation dans des domaines qui échappent souvent à la compétence de l'OHADA, soit parce que très sensibles, ou pour des raisons de souveraineté (droit pénal) et afin de gérer quelque fois des susceptibilités, ou même dans des domaines transversaux qui confèrent au droit OHADA, une certaine effectivité (droit des obligations, droit des contrats, de la preuve…).
La Conférence des Chefs d'État et de Gouvernement tenue le 17 octobre 2018, à Ouagadougou (Burkina Faso) a pris l'ampleur de ce problème et l'importance de cette méthode douce et allégée d'harmonisation des législations dans des domaines parfois compliqués. Dans son communiqué final, « *elle prescrit au Conseil des Ministres de poursuivre l'effort d'harmonisation en cours en élaborant, en cas de besoin, des cadres d'orientation* ». Cette haute instruction des Chefs d'État et de Gouvernement de l'OHADA consacre ainsi une pratique institutionnelle en exigence opérationnelle chaque fois que de besoin. Néanmoins, la faiblesse de cette méthode tient au fait qu'il ne s'agit que d'une *Soft Law*, qui n'a aucun effet contraignant pour les États membres. Ce qui explique le fait qu'après une décennie, certains États [104] continuent de trainer le pas pour l'adoption de sanctions pénales des incriminations contenues dans les Actes uniformes.

[104]/ Cinq sur dix-sept voir supra les lois et codes adoptés par certains États.

Il convient paradoxalement de relever que, certaines Organisations d'intégration qui comprennent quasiment les mêmes États membres que l'OHADA, ont fixé des incriminations et des sanctions dans certains textes. Il s'agit notamment : de l'U.E.M.O.A avec les instruments de paiements, cartes de crédits et chèques[105], de la CIMA[106], de l'OAPI[107] avec les sanctions de la contrefaçon, de la CEMAC à travers le Règlement[108] CEMAC sur la lutte contre le blanchiment de capitaux et le financement du terrorisme. Il n'est nul doute que « *la sécurisation du droit des affaires ne repose pas uniquement sur l'intention prescriptive [(...)] le législateur de l'OHADA doit prévenir les écarts en légiférant sur les infractions et rationaliser les sanctions pour échapper à la tentation d'une surenchère autour du « marché de la loi »*[109]. L'on peut s'interroger s'il apparaît plus aisé de fixer à la fois les incriminations et les sanctions dans des domaines sectoriels du droit des affaires ne relevant pas du juge communautaire comme c'est le cas des organisations citées, plutôt que dans les domaines d'ordre général, comme c'est le cas de l'OHADA, ou si la souveraineté pénale est plus une règle d'or dans certaines Organisations que dans d'autres.

En tout état de cause, il est absolument nécessaire de parachever l'harmonisation des dispositions pénales dans l'espace OHADA, pour le dynamisme et l'effectivité du droit des affaires.

En définitive, quelle que soit la technique ou la méthode employée la rencontre des Actes uniformes avec les législations internes semble inévitable. « *Cette rencontre révélatrice de la perméabilité du droit pénal aux sources du droit international peut parfois être à l'origine des plus grandes difficultés* »[110].

105/ L'article 83 du Règlement 15/2002/CM/UEMOA relatif aux systèmes de paiement dans les États de l'Union Économique et Monétaire Ouest Africaine (UEMOA).

106/ L'article 333-9 du code CIMA intitulé sanctions des règles relatives à la constitution, et aux souscriptions.

107/ L'article 58 (Annexe I) de l'Accord de Bangui du 2 mars 1977 instituant une organisation africaine de la propriété intellectuelle

108/ Règlement n°01/CEMAC/UMAC/CM du 11 avril 2016 portant prévention et répression du blanchiment des capitaux et du financement du terrorisme et de la prolifération en Afrique Centrale.

109/ Cissé, op. cit., p. 222.

110/ N. Diouf, ibid.

Conclusion

Le dépassement du morcellement des systèmes pénaux est indispensable, si l'on souhaite ouvrir le champ de compétence du droit communautaire en matière pénale. Il serait judicieux de s'accorder sur les infractions susceptibles de donner lieu à des poursuites mais aussi d'harmoniser les sanctions comme le propose le projet de loi modèle évoqué. Il conviendrait d'instituer un modèle communautaire de textes pénaux, socle des droits fondamentaux. L'instauration d'une nouvelle politique pénale dans l'espace OHADA, est un impératif et les circonstances sont favorables au parachèvement de l'harmonisation des législations pénales. Cette exigence est une réponse à une nécessité généralement perçue et reconnue tant par les acteurs du droit des affaires que par les juges. « *La maîtrise des risques inhérents à l'hétérogénéité des règles juridiques en présence dans les États membres de l'OHADA inspire un processus de réorganisation du paysage normatif [(...)]*»[111]. Il conviendrait, à cet effet, comme l'a fait remarquer Philippe Tiger, « *de faire évoluer, dans l'avenir, les règles de l'OHADA dans le sens d'une autonomie africaine plus marquée [(...)]. Il appartiendra au législateur communautaire de donner corps progressivement à cette vision d'un droit des affaires africain original* ».[112]

[111] / C. Abdoullah, Harmonisation du code de commerce du Mali avec les Actes uniformes de l'OHADA, Étude PDSF, p. 219, Bamako sept. 2002.

[112]/ P. Tiger, *L'Afrique subsaharienne – De la crise à une croissance durable Que sais-je ? le droit des affaires en Afrique, OHADA,* PUF, 2000.

Défi de développement du numérique et croissance économique : les perspectives camerounaises

Justine DIFFO TCHUNKAM
Maître de conférences des universités

La grande conversion numérique a une histoire qui s'écrit au quotidien en suscitant des nouvelles réalités dans pratiquement tous les domaines de la vie sociale : politique, économique et juridique. Fortement exaltée dans la littérature économique (David et Wright, 1999 ; David, 2001 ; Von Tunzelman, 2003 ; Bayer, 2002), y voyant une nouvelle révolution industrielle[113] portée par la grande conversion numérique, cette mutation qui affecte même les théories les plus orthodoxiques de la science du droit, ne laisse personne indifférent.

En effet, les technologies numériques, pense-t-on[114], sont responsables de la radicale transformation des modes de production, de consommation et d'échanges. Et on parle alors d'économie numérique, référence faite à l'emploi devenu quasi-incontournable des technologies de l'information et de la communication dans pratiquement tous les secteurs de la vie économique[115]. Ainsi, le numérique est dorénavant mis en rapport avec, entre autres, les performances macro-économiques au rang desquelles la croissance économique (OCDE, 1999 ; Gordon, 2000 ; Artus, 2002 ; Boyer, 2002 ; Petit, 2003 ; Mairesse, 2003 ; Gilles et l'Horthy, 2003)[116]. Perçu comme un élément de la performance ou, tout simplement de la compétitivité d'une économie, le concept de croissance économique ne saurait être retenu restrictivement comme l'augmentation de

---

[113]- A. Ben Youssef, *TIC et croissance économique : La diversité des fractures numériques. Enseignements tirés des pays du sud et de l'est de la méditerranée*, Research gate, 2014, p. 2. Disponible sur : http://www.researchgate.net/publication/237500843.

[114]- Idem, p.2

[115]- G. Dejo et M. Nsaikila, « *Economie numérique au Cameroun : challenges et perspectives* », Nkafu Policy Institute, août 2017, p. 2.

[116]- A. Ben Youssef, art. préc.

l'activité d'un ensemble économique et social[117], mais plutôt de façon extensive comme une augmentation des biens et services de la production nationale[118]. Du point de vue économique, le vocable *croissance* communément utilisé pour désigner la croissance économique s'entend de l' «*augmentation soutenue, pendant une période longue, de la production d'un pays* »[119]. Et le Produit Intérieur Brut (PIB) est généralement retenu comme indicateur de cette croissance. Consacré dans les pays africains, et particulièrement au Cameroun à travers le Document de Stratégie pour la Croissance et l'Emploi[120] comme le principal *cheval de bataille*, la croissance économique actuellement mise en rapport avec le numérique suggère dans le contexte camerounais que l'on se pose la question de savoir si le développement du numérique peut contribuer à l'objectif de croissance économique. Le principal défi de l'OHADA, qui se traduit en termes d'efficacité et de compétitivité[121] de la règle de droit, serait donc entre autres de rassurer les Etats parties par la qualité de sa législation, sur sa capacité à accompagner la croissance structurelle des Etats grâce à l'intégration systématique du numérique dans les réformes économiques et financières des Etats[122].

A cette interrogation, une réponse par l'affirmative se dégage de l'analyse des travaux de la doctrine et surtout, de l'expérience des pays d'outre-Atlantique[123]. Considéré en effet comme *levier*[124] et

---

117- Voir *Dictionnaire Larousse de Poche*, 2007, p. 199.

118 Idem.

119- C.-D. Echaudemaison (dir), *Dictionnaire d'économie et des sciences sociales*, Nathan, 1996, p. 103. Voir dans le même sens, D. Clerc et J. P. Piriou, *Lexique des sciences économiques et sociales*, 9e éd. (mise à jour), La Découverte, 2011, p. 49 ; et A. Beitone, A. Cazorla, C. Dollo et A.-M. Drai, *Dictionnaire de science économique*, 4e éd., Armand Colin, Paris, 2013, p. 129.

120 - DSCE

121 - Conf. : J. Diffo Tchunkam, sous la direction, *L'OHADA au service de l'économie et de l'entreprise : efficacité et compétitivité (1993-2013)*, Ouvrage collectif des manifestations scientifiques commémoratives du 20e anniversaire de l'OHADA au Cameroun, Ed° du Centre of Comparative Law in Africa, JUTA 2015.

122 - A cette préoccupation prégnante, l'on pourrait soulever avec intérêt le défi de la croissance économique par la Zone de Libre Echange Continentale africaine (ZLEC), outil d'intégration économique des Etats au service de l'émergence d'une zone de développement économique et commerciale en Afrique.

123- Référence faite aux Etats-Unis et aux pays de l'OCDE. Voir A. Ben youssef, art. préc.

accélérateur[125] de la croissance des pays en voie de développement, le numérique pourrait constituer un sérieux *vecteur* de croissance de l'économie camerounaise [126] . Il semble dorénavant clair que l'hypothèse d'un nouveau régime de croissance économique tiré par les technologies de l'information et de la communication est devenu crédible ; suite à l'accélération des performances macro-économiques en termes de croissance et productivité des Etats-Unis (Gordon, 2002) et plus généralement dans les pays de l'OCDE (Colecchia et Schreyer, 2002). Cina LAWSON [127] ne soutenait-elle pas à l'occasion d'un entretien accordé à Forbes que le numérique doit être au cœur du développement social et économiques des pays africains[128] ?

Cette réflexion a le mérite de proposer aux partenaires de développement du Cameroun que sont l'OHADA, l'Etat et le secteur privé, une grille de lecture du processus de destruction créatrice porté par le développement du numérique ; de même que son apport dans la stratégie d'amélioration des performances du pays, quand on sait qu'en favorisant l'accroissement de la productivité et du potentiel de croissance [129] , le numérique va permettre aux pays en voie de développement de rattraper leur retard de croissance[130]. Ce qui a fait parler de *dividende du numérique*[131].

Vu sous cet ange, il y a tout lieu de penser qu'un développement effectif du numérique est susceptible, dans cette quête de croissance

---

124- Voir S. d'Amour, S. Roche, J.-Y. Roy et V. Tanguay, « *Le numérique : un levier de croissance économique et de développement durable pour le Québec* » ; F. Brunet, *Le numérique, levier d'une nouvelle croissance*, rapport (présenté et adopté à l'Assemblée générale de la CCI), Paris Ile-de-France, 19 décembre 2013, 39 pages.

125- S. d'Amour, S. Roche, J.-Y. Roy et V. Tanguay, art. préc.

126- R. N. Okomen Tsague, *La dématérialisation de l'activité économique amorcée par l'AUDCG-enjeux économiques et défis juridiques dans l'espace OHADA*, Editions Universitaires Européennes(EUE), Beau Bassin, 2018. Disponible sur : *www.morebooks.fr* .

127- Diplômée de Havard Kennedy School et à lors, ministre des postes et de l'économie numérique au Togo.

128- G. Dejo et M. Nsaikila, « *Economie numérique au Cameroun : challenges et perspectives* », Nkafu Policy Institute, août 2017, p. 2.

129- A. Ben Youssef, art. préc.

130- G. Dejo et M. Nsaikila, « *Economie numérique au Cameroun : challenges et perspectives* », Nkafu Policy Institute, Août 2017, p. 3.

131- A. Ben Youssef, art. préc.

économique, en améliorant la gouvernance économique (**I**), d'entrainer une transformation structurelle de l'économie camerounaise (**II**).

I. L'amélioration de la gouvernance économique à l'ère du numérique

Considérée du point de vue juridique comme ce terme de prestige véhiculant un concept anglo-saxon mais qui, interférant avec la notion de pouvoir dans l'Etat et au sein de l'entreprise, nourrit une réflexion en vogue sur une certaine façon de prendre les décisions et d'harmoniser les intérêts moyennant un renforcement de la concertation et de la négociation entre partenaires sociaux, et pour le bien commun, de la transparence et du contrôle[132]. Par ailleurs et sur le plan purement économique, si ce n'est un ensemble de méthodes par lesquelles les individus et les institutions gèrent les affaires communes[133], la gouvernance proche de l'anglicisme gouvernance, s'entend d'un ensemble de règles et d'institutions qui contribue à piloter et à réguler[134].

L'environnement économique camerounais, à l'heure actuelle objet d'une crise de gouvernance du fait de l'opacité, du laxisme et bien d'autres dysfonctionnements structurels[135], a mal à sa croissance économique dont la moyenne annuelle sape toutes les prévisions du Document de Stratégie pour la Croissance et l'Emploi (DSCE). En effet, pour la période de 2010-2020, il était attendu un taux de croissance du Produit Intérieur Brut (PIB) réel de 5,5% en moyenne annuelle. Cependant, sur la période de 2010-2016, ce taux accuse un

---

132- G. Cornu, (Dir), *Vocabulaire juridique*, Association Henry CAPITANT, 10e éd., Quadrige-PUF, Paris, 2014, p. 495.

133- A. Beitone, A. Cazorla, C. Dollo et A.-M. Drai, *Dictionnaire de science économique*, 4e éd., Armand Colin, Paris, 2013, p. 274.

134- D. Clerc et J. P. Piriou, *Lexique des sciences économiques et sociales*, 9e éd. (mise à jour), La Découverte, 2011, p. 84.

135- Voir C. Penda Ekoka, « *Avant-propos* », In J. Diffo Tchunkam, *Doing business in Africa – Analyse des performances du Cameroun sur les dix dernières années (2008-2017). Que peut-on faire, ensemble, pour améliorer le climat des affaires au Cameroun ?*, Afrédit, Yaoundé, juillet 2018, OAPA/ABCS, pp. 23 et s.

gap d'environ 0,7 points ; se situant autour d'une moyenne de 4,8%[136].

Pourtant, on peut convenir avec Gaëlle DEJO et Melaine NSAIKILA qu'une bonne implémentation de la politique du numérique peut permettre de juguler les pesanteurs de la croissance économique[137]. Et dans ce sens, il y a lieu de se féliciter que les pouvoirs publics au Cameroun aient définitivement intégré le numérique dans la stratégie de développement[138]. Il va sans dire que dans l'optique d'amélioration de la gouvernance économique, gage de la croissance économique, le développement effectif du numérique va, en suscitant un regain de transparence dans la gouvernance économique (A), déboucher sur une simplification des procédures dans le cadre de l'économie camerounaise (B).

A. Le regain de transparence

Il semble clair que l'apport du numérique dans le sens de l'amélioration de la gouvernance économique au Cameroun implique un regain de transparence devant se traduire par, d'une part, l'accessibilité de l'information économique ; et d'autre part, le probable renforcement de l'inclusion économique.

1. L'accessibilité de l'information économique

L'un des nombreux apports du numérique en matière de gouvernance économique pourrait être l'accessibilité de l'information économique.

On peut saisir la notion d'accessibilité, au sens du Pr. AKAM AKAM André dans sa conception de l'accessibilité à la loi, comme la possibilité d' « *appréhension matérielle* »[139]. En effet, elle suppose

---

[136]- J. Diffo Tchunkam, *Doing business in Africa – Analyse des performances du Cameroun sur les dix dernières années (2008-2017). Que peut-on faire, ensemble, pour améliorer le climat des affaires au Cameroun ?*, Afrédit, Yaoundé, juillet 2018, OAPA/ABCS, p. 36.

[137]- G. Dejo et M. Nsaikila, « *Economie numérique au Cameroun : challenges et perspectives* », Nkafu Policy Institute, août 2017, p. 3.

[138]- Voir DSCE, pp. 15 et 60.

[139]- A. Akam Akam, « *Libre propos sur l'adage « nul n'est censé ignorer la loi »* », RASJ, FSJP/UYII, Vol.4, n°1, 2007, p. 35 ; dans le même sens, voir, J. Diffo

une transposition en la forme de signes linguistiques compréhensibles, ou tout au moins, lisibles. Ce qui laisse entrevoir que plus grandes sont les possibilités de mise à disposition, mieux serait garantie l'accessibilité dont s'agit. D'ailleurs, il est incontestable que la numérisation va sensiblement accroître l'accès aux informations et renseignements économiques.

Et ainsi, sur le terrain de l'amélioration de la gouvernance économique, le développement au Cameroun de l'outil numérique pourrait déboucher sur une véritable logique d'aménagement constant d'un système d'information et de renseignement économique. Dans ce sens, peut-on penser, que l'emploi du numérique, compte tenu de sa nature centralisatrice, est susceptible de garantir une accessibilité tout azimut aux informations et renseignements économiques ; véritable gage de transparence de l'économie camerounaise. Toute chose pouvant contribuer à endiguer les fléaux divers de corruption et népotisme qui minent l'espace économique camerounais, provoquant une crise de gouvernance.

Au demeurant, s'il semble acquis que le regain de transparence favorable à l'amélioration de la gouvernance de l'économie au Cameroun découle à l'ère du numérique économique de l'accessibilité de l'information économique, que dire de la possibilité de renforcement de l'inclusion économique placé au cœur de la logique de bonne gouvernance ?

2. Le renforcement probable de l'inclusion économique

La gouvernance implique dans la gestion des affaires communes, la recherche de solutions qui recoupent un minimum de consensus ; et donc, un certain esprit de collaboration. Ainsi, on peut lire ici et là, l'emploi récurrent des vocables « méthode participative », « stratégie concertée » ou « méthode inclusive » ; pour mettre en exergue la nécessité à l'heure de la bonne gouvernance de développer les vertus de l'écoute et du partage. Et dès lors, il apparaît clair que le développement du numérique dans un contexte économique en mal de gouvernance, préjudiciable à sa croissance, serait propice à une

---

Tchunkam, *Droit des Activités économiques et du commerce électronique dans l'espace OHADA,* Etudes Juridiques, Ed° l'Harmattan, 2012, pp. 63 et ss.

amélioration de la gouvernance économique ; tout au moins, en renforçant autant que faire se peut l'inclusion économique actuellement recherchée.

En effet, la numérisation de l'espace économique camerounais, en garantissant une large diffusion d'informations et de renseignements économiques, va, compte tenu de la nature interactive des TIC, faciliter l'évaluation d'impact des choix de politique économique et même des options managériales sur le quotidien du citoyen ou du consommateur ; voire, d'autres structures en raison des réseaux d'interconnexion et d'interdépendance. Les réactions des uns et des autres devant pouvoir conforter ou revoir les positions sur les questions économiques d'envergure. Le numérique est, pour ainsi dire, un facteur de réduction des fractures sociales[140].

Quoiqu'il en soit, à l'ère du numérique, ce regain perceptible de transparence traduit par l'accessibilité de l'information économique et par un renforcement de l'inclusion économique ne saurait occulter la simplification attendue des procédures.

B. La simplification des procédures

La simplification des procédures, qui elle aussi est susceptible de participer à l'amélioration de la gouvernance de l'économie camerounaise, découle des possibilités qu'offre le numérique en termes de dématérialisation des formalités administratives d'une part et des procédures fiscalo-douanières d'autre part.

1. La dématérialisation des formalités administratives

Dans un environnement gouverné par la logique de corruption et de népotisme doublée de laxisme du fait des lourdeurs bureaucratiques, il est important d'envisager de façon sérieuse le processus de dématérialisation des procédures. D'ailleurs, au-delà de l'ensemble des réformes prises par les pouvoirs publics camerounais, et tendant à réduire les tracasseries, en l'occurrence, en matière de création d'entreprises, il est clair que l'usage du numérique ou tout simplement

[140]- G. Dejo et M. Nsaikila, « *Economie numérique au Cameroun : challenges et perspectives* », Nkafu Policy Institute, août 2017, p. 2.

la numérisation de ces processus est porteur d'avantages en termes de réduction de l'éloignement entre les administrations et les usagers, de réduction du temps de livraison du service. Toute chose qui, en réduisant de façon significative le coût de l'observation de l'obligation administrative, favoriserait dans l'espace camerounais des affaires la migration des acteurs économiques du secteur informel vers le secteur formel.

Au regard de ce qui précède, que dire de la dématérialisation, cette fois, des procédures fiscales et douanières ?

2. La dématérialisation des procédures fiscalo-douanières

Il est attendu à l'ère du numérique, une généralisation des échanges électroniques entre contribuables et administrations fiscales [141]. L'administration fiscale camerounaise, en initiant le système de *mobile tax*[142], s'est engagée depuis quelques années dans un processus de dématérialisation des documents fiscaux et comptables ; voire, de numérisation complète de la chaîne de fiscalisation de l'activité économique. Dans ce sens, en adhérant à l'Alliance Africaine pour le Commerce Electronique (AACE), il est mis en place, en matière de commerce transfrontalier, un guichet unique du commerce extérieur opérant par la voie électronique (e-GUCE).

En outre, le système fiscal camerounais, dans l'optique de réduire le coût de la discipline fiscale et d'accélérer les échanges avec les contribuables, offre la possibilité à ces derniers de produire par la voie électronique leur déclaration d'impôt : on parle de *télédéclaration.* A cet effet, on peut lire dans le Code Général des Impôts camerounais que « *les déclarations peuvent être faites par la voie électronique dans les conditions déterminées par acte réglementaire* » [143]. De même, il est pleinement envisagé que le règlement de la dette fiscale procède par un transfert électronique. Il s'agit là du *e-payment* ou

141- M. Cozian, *Précis de fiscalité des entreprises*, Paris, Litec fiscal, 29e éd., 2005-2006, Etude n°9 : « *la fiscalité des échanges électroniques* », n°2810, p. 542.

142- Cela au regard la possibilité offerte par la Direction Générale des Impôts de régler les dettes fiscales par mobile.

143- Art. L2, Paragraphe 2 du Livre de procédures fiscales, Deuxième livre du Code Général des Impôts camerounais, Editions officielles, 2016 (Mise à jour au 1er janvier 2016). Disponible sur : www.impôts.cm.

télépaiement consistant en un « *ordre de paiement donné à distance par l'intermédiaire d'un système informatique* »[144]. On pourrait dans la suite, envisager des possibilités de *téléconseil fiscal*.

Il semble clair, au demeurant, que l'avènement du numérique au Cameroun peut favoriser une certaine simplification des procédures à travers la dématérialisation aussi bien des formalités administratives que fiscales ; de même qu'un regain de transparence dans la gestion des questions économiques d'envergure, participant de fait à l'amélioration de la gouvernance économique au Cameroun. Mais, doit-on perdre de vue que le développement du numérique offre des passerelles de transformation structurelle de l'économie camerounaise ?

II. La transformation structurelle de l'économie camerounaise à l'ère du numérique

L'impact du numérique sur la croissance économique est, sans doute, le fait de profondes mutations qu'il induit dans la sphère économique. On peut observer que le potentiel qu'offrent les technologies de l'information et de la communication n'a rien de comparable avec les formules diverses mises en pratique auparavant jusque dans les enceintes internationales (Organisation Mondiale du Commerce, Banque Mondiale, Fonds Monétaire International, etc.) pour tenter d'accélérer la croissance économique dans les pays en voie de développement[145].

Il semble admis que les TIC constituent un outil de rationalisation et de renouvellement de la production, des circuits de distribution et de l'ensemble des chaînes de création de valeurs[146]. D'ailleurs, BEN YOUSSEF Adel, en parcourant la littérature économique consacrée à l'apport des technologies numériques dans la croissance, relève que six canaux irriguent les rapports entre numérique et croissance économique[147]. Ce sont :

144- G. Cornu, (Dir), *Vocabulaire juridique*, Association Henry CAPITANT, 10e éd., Quadrige-PUF, Paris, 2014, p. 1018.
145 A. Ben Youssef, art. préc., p. 4.
146 Ibidem, p. 4.
147 Ibidem, p. 4.

- l'effet *multiplicateur* dû à l'investissement en TIC ;

- l'effet *déflateur* résultant de la maitrise de l'inflation suite à la baisse des prix dans le secteur du numérique et qui se répercute dans les autres secteurs ;

- l'effet de *substitution capital/travail* qui se traduit par une amélioration du rendement du travail ;

- l'effet *qualité* traduisant les conséquences de l'amélioration des caractéristiques des TIC sur la production des biens et services ;

- l'effet *production globale des facteurs* reflétant l'accélération de la productivité suite à l'investissement en TIC, et enfin l'effet *Spillovers,* désignant les externalités technologiques dans l'économie et l'augmentation du niveau de l'innovation dans les autres secteurs.

A. Le renouvellement de l'employabilité

Le constat du renouvellement de la *capacité à obtenir un emploi*[148] au Cameroun à l'ère du numérique pourrait découler d'un processus de destruction créatrice, bien illustré dans la théorie de Joseph SCHUMPETER qui remarquait que l'activité économique est marquée par « *des cycles longs (...) dont le déterminant est une innovation technologique majeure qui irrigue toute une série d'applications portées par les entreprises et suscite des vagues successives d'investissements* »[149]. Le même auteur, en égrainant le chapelet de formes d'innovation y afférentes[150], précise que les

---

148- Désignant l'employabilité. Voir dans ce sens, A. Beitone, A. Cazorla, C. Dollo et A.-M. Drai, *Dictionnaire de science économique*, 4e éd., Armand Colin, Paris, 2013, p. 212. Voir aussi D. Clerc et J. P. Piriou, *Lexique des sciences économiques et sociales*, 9e éd. (mise à jour), La Découverte, 2011, p.69.

149 J.-Y. Kitantou, *Le numérique. Une révolution industrielle en marche !*, Analyse, CPCP, Coll. « *Au quotidien* », 2016, p.11. Disponible sur www.cpcp.be/etudes-et-prospectives .

150- Ibidem

périodes de croissance sont suivies d'une phase de stabilisation, puis d'une longue phase de déclin jusqu'à l'avènement d'une nouvelle révolution technologique[151]. Cette théorie, s'avère-t-il, s'applique à la révolution numérique.

C'est ainsi que l'on observe, face au développement du numérique, au-delà de la disparition de certains métiers, comme une prolifération de nouveaux profils d'emplois.

1. La disparition de certains métiers

En amont du processus de destruction créatrice qu'est susceptible d'engendrer la révolution numérique, on peut observer comme une disparition des métiers à faible qualification et bien d'autres, tels que les métiers de la presse et de la finance. Cet aspect douloureux de la restructuration du secteur productif de l'économie est certainement le fait du gain de productivité induit par l'innovation et la tendance à l'automatisation de la production.

En outre, le développement effectif de l'axe du numérique est susceptible de remettre en cause les circuits classiques d'intermédiation ; faisant disparaitre des intermédiaires classiques. C'est dire à quel point l'avènement du numérique économique pourrait impacter sur la classe moyenne (on parle d'environ 70% en Belgique)[152], même si par contrecoup il y a lieu d'observer comme une prolifération de nouveaux profils d'emplois.

2. La prolifération de nouveaux emplois

La révolution numérique, comme toute autre, est porteuse de nouveaux emplois. En effet, dans un environnement économique qui se numérise, l'exigence de ressources humaines qualifiées va en s'accroissant. D'ailleurs, il faut voir en l'économie numérique une

---

[151]- Ibidem

[152]- Voir « *ING et Record Bank, 3158 emplois menacés en Belgique : appel à la grève* », Lalibre.be, 5 octobre 2016. Consultable sur : http://www.lalibre.be/economie/libre-entreprise/ing-et-record-bank-3-158-emplois-menaces-en-belgique-apppel-a-la-greve-57f1e4f5cd7oe-9985fe8fcob ; cité par J.-Y. Kitantou, *Le numérique. Une révolution industrielle en marche !*, Analyse, CPCP, Coll. « *Au quotidien* », 2016, p. 11. Disponible sur *www.cpcp.be/etudes-et-prospectives.*

véritable *niche* d'emplois pour les jeunes[153] ; au regard des possibilités d'auto-emplois et de création d'emplois qu'offre le numérique. Statistiquement, la perte d'un emploi à l'ère du numérique est très vite compensée par le gain d'au moins quatre autres.

Dès lors, il importe pour les pouvoirs publics de mettre en place un cadre favorable à l'innovation[154]. Ceci d'autant plus qu'il incombe à l'Etat les missions de formation et de perfectionnement de la ressource humaine ; de stimulation de la recherche ; de promotion de l'innovation et de développement des infrastructures performantes. Il lui incombe par ailleurs, de mettre en place un cadre normatif incitatif.

Au-delà donc de ce renouvellement perceptible de l'employabilité à l'ère du numérique, on peut observer comme une réorganisation de la chaîne de production et de distribution.

B. La réorganisation de la chaîne de production et de distribution

Un autre aspect de la transformation structurelle du secteur productif de l'économie camerounaise à l'aune du numérique réside dans la réorganisation observable des chaînes de production et de distribution. En effet, l'usage du numérique, en favorisant une sorte de personnalisation de la production, va certainement engendrer un raccourcissement des circuits de distribution.

1. La personnalisation de la production

La tendance à la personnalisation de la production est l'un des avantages de l'usage du numérique dans la sphère économique au Cameroun. En effet, faut-il le dire, le développement et l'usage du numérique vont entrainer une certaine prise en compte dans le processus de production des centres d'intérêt de la clientèle[155].

153- Le Président de la République le signalait déjà à l'occasion de son message à la nation camerounaise en décembre 2017.

154- M. Langeneger, « *Le numérique : facteur de croissance économique* », In *La vie économique*, nov. 2015, p. 9.

155- R. E. Okomen Tsague, *La dématérialisation de l'activité économique amorcée par l'AUDCG-enjeux économiques et défis juridiques dans l'espace OHADA*,

D'ailleurs, le numérique offre d'immenses possibilités de captage et de stockage d'informations sur les consommateurs. Informations dont une bonne exploitation serait favorable à une personnalisation des biens et services fournis. Toute chose qui, en améliorant les offres existantes, va favoriser le lancement de produits innovants [156]. D'ailleurs, ne dit-on pas que celui qui détient l'information détient le pouvoir ?

2. Le raccourcissement des circuits de distribution

On peut par ailleurs attendre du développement du numérique une réorganisation de la chaîne de production et de distribution en termes de raccourcissement des circuits de production et de distribution. Cela est le fait de la tendance, à l'ère du numérique, à la désintermédiation des opérations économiques et le recours quasi-systématique à la technique de cybermarketing[157].

Rendu au terme de cette étude mettant en exergue la contribution du numérique à l'objectif de croissance de l'économie camerounaise, il apparaît clairement qu'une bonne implémentation de la politique de développement du numérique initiée au Cameroun peut, en améliorant la gouvernance économique, participer à une transformation structurelle du secteur productif de l'économie camerounaise. En effet, l'amélioration de la gouvernance économique pourra se traduire par un regain de transparence, favorisant l'accessibilité de l'information économique et le renforcement de l'inclusion économique d'une part ; et par la simplification des procédures sur fond de dématérialisation des formalités administratives et fiscales, d'autre part.

L'idée d'une transformation structurelle du secteur productif de l'économie camerounaise à l'ère du numérique, en revanche, repose sur le renouvellement de l'employabilité caractérisé par la disparition de certains métiers suivie de la prolifération de nouveaux profils d'emplois ; l'impact inattendu serait perceptible sur une véritable réorganisation de la chaîne de production et de distribution impliquant

---

Editions Universitaires Européennes(EUE), Beau Bassin, 2018, n°103, p. 38. Disponible sur : www.morebooks.fr .

[156]- R. E. Okomen Tsague, op. cit., n°118 et 119, p. 42.

[157]- R. E. Okomen Tsague, op. cit., n°107, p. 39.

à la fois une personnalisation de la production et un raccourcissement des circuits de production et de distribution.

Il apparaît donc, compte tenu de ce qui précède, que le développement du numérique constituerait un vecteur de la croissance économique. Et dans ce sens, Mme Axelle LEMAIRE[158] affirmait déjà « *l'économie numérique est un facteur de croissance* »[159]. L'OHADA ayant creusé les sillons de la cyberéconomie dans la réforme du Droit commercial général et du Droit des sûretés en 2010, s'est résolument engagée dans la modernisation du climat des affaires[160] par le numérique[161]. Le défi du numérique est un enjeu de croissance économique à la portée de l'OHADA.

158- Alors, Secrétaire d'Etat en charge du numérique dans le Gouvernement de la République française.

159- Propos repris et cité par R. E. Okomen Tsague, op. cit., n°100, p. 37.

160 - Voir à ce sujet, J. Diffo Tchunkam, *Doing Business in Africa ; Analyse des performances du Cameroun sur les dix dernières années (2008-2017)*, Que peut-on faire, ensemble, pour améliorer le climat des affaires au Cameroun ?, Afrédit, Yaoundé, juillet 2018, OAPA/ABCS, pp. 99 et ss. Voir des extraits sur le site ; www.oapa-abcs.org ; www.doingbusinessinafrica.biz .

161 - https://www.ohada.org/index.php/fr/actualite/dernieres-nouvelles/3287-asmi-pour-selection-d-un-cabinet-charge-de-realiser-une-etude-exploratoire-et-un-projet-d-acte-uniforme-relatifs-aux-transactions-electroniques .

Les enjeux de l'appréhension de la technologie blockchain par le droit africain des affaires

Thierry GRANIER
Professeur à Aix-Marseille université, directeur du pôle banque finance patrimoine,
Membre du centre de droit économique (EA 4224)

L'utilisation et la maîtrise des outils numériques constituent un véritable défi pour les juristes de tous les continents. Ils doivent faire face à des questions souvent connues, mais posées de manière inhabituelle. Ils auront également à tenir compte du fait que les moyens technologiques devront s'insérer dans un système préexistant. En Afrique, à certains égards, le contexte peut se révéler favorable. En effet, l'expérience a montré que l'absence d'infrastructure et d'organisation lourde peut permettre un recours rapide à des outils numériques. L'exemple le plus significatif est celui du développement remarquable du paiement par téléphone mobile sur l'ensemble du continent africain. L'utilisation de ce mode de paiement y est bien plus importante qu'en Europe par exemple. La sous-bancarisation a finalement conduit les acteurs à s'appuyer sur des instruments permettant de faciliter les flux financiers et de compenser ainsi la faiblesse du quadrillage territorial par les intermédiaires traditionnels que sont les établissements bancaires.

Sur le plan juridique, une partie du continent africain au moins, est également dans une situation intéressante. En effet, depuis la mise en place du traité d'harmonisation du droit des affaires en Afrique (traité OHADA), il est possible d'avoir une idée relativement claire du droit applicable en droit des affaires dans la zone couverte par le traité. Au fil du temps, des actes uniformisant les règles ont été adoptés dans les domaines essentiels non seulement du droit des affaires traditionnels (droit des sociétés, droit commercial général, droit des entreprises en difficulté), mais aussi dans des matières complémentaires importantes telles que le droit des sûretés, le droit du recouvrement et les voies d'exécution, le droit des transports, le droit comptable et de l'information financière. Les règles concernant le contentieux ont également été envisagées par les actes uniformes relatifs à la médiation et à l'arbitrage. De plus, les traités de l'Union économique ouest africaine (UEMOA) et de la communauté économique et monétaire de l'Afrique centrale (CEMAC) ont contribué à l'harmonisation des règles régissant, notamment, les secteurs de la banque, de l'assurance et de la finance.

La grande ouverture à l'utilisation des moyens numériques des acteurs économiques africains pour compenser certaines insuffisances structurelles et l'existence d'un droit régional[162] peuvent certainement être considérées comme des atouts pour l'intégration de la technologie blockchain qui pourrait aider à surmonter diverses difficultés. Elle présente donc un véritable intérêt dans la zone OHADA (I). Cependant, il ne serait pas pertinent de prétendre d'y voir une solution miracle compte tenu de certaines expériences. Le recours à cette technologie comporte des risques dont il faut tenir compte. Ainsi, une évolution saine et maitrisée impose de prendre quelques précautions dans sa mise en œuvre (II).

I. L'intérêt de l'utilisation de la technologie blockchain dans la zone OHADA

La technologie blockchain peut prendre plusieurs formes et peut servir dans différents domaines qu'il convient de rappeler (A), avant d'envisager quelques exemples d'utilisation dans la zone OHADA (B).

A. Rappel des domaines d'utilisation de la technologie blockchain

En préalable, il est nécessaire de donner une définition sommaire du terme « Blockchain ». A la lecture de différents travaux[163], il apparait que la technique peut être décrite comme une chaîne de blocs de codes

---

162 L'utilisation du numérique a souvent pour conséquence d'être transfrontière : l'existence d'un droit régional peut permettre de prévoir une régulation sur l'ensemble d'une zone qui comprend plusieurs pays.

163 M. Mekki, Les mystères de la blockchain, D. 2017, p. 2160 ; X. Delpech, La délicate appréhension de la Blockchain par le droit, AJ contrat d'affaires-concurrence- distribution, n° 6, 2017, p. 244 ; F. Creux-Thomas, La blockchain va bouleverser le monde du droit, JCP G 2017, 1026-1027.

informatiques. Chaque bloc contient des attributs relatifs à une ou plusieurs transactions (expéditeur, destinataire, montant…) qui sont horodatés, validés puis cryptés. Ce cryptage va être intégré dans un autre bloc de transaction, lui-même validé puis crypté différemment pour être relié à un autre bloc et ainsi de suite. Ainsi chaque bloc sera uni au précédent par des données cryptées portant des informations propres au bloc précédent et il comprend également des informations liées au bloc suivant sur la Blockchain. L'ensemble est sécurisé car pour modifier une information incluse dans un des blocs, il faudrait surmonter l'obstacle des cryptages, ce qui est techniquement quasiment impossible en l'état actuel des puissances de calcul du matériel informatique existant. La validation des transactions est effectuée par ce qu'il est convenu d'appeler les « mineurs », qui vont analyser la chaîne de blocs entière. Ces « mineurs » sont rémunérés pour faire ce travail de validation. Cette technologie peut s'exprimer de diverses manières, une des distinctions importantes est celle entre les blockchains dits « ouverts » parce qu'accessibles à tous et les blockchains dits « fermés » car accessibles simplement aux membres d'une communauté déterminée.

Au-delà des explications relatives à la description technique du procédé, certains travaux proposent des définitions synthétiques[164] en indiquant que les « *chaînes de blocs ou blockchains sont des technologies de stockage et de transmission d'informations, permettant la constitution de registres répliqués et distribués (*distributed ledgers*), sans organe central de contrôle, sécurisées grâce à la cryptographie, et structurées par des blocs liés les uns aux autres, à intervalles de temps réguliers* ». Pour compléter cette définition, il est utile d'évoquer les trois fonctions généralement attribuées au mécanisme blockchain. La première est la plus évidente : il s'agit de la fonction de registre. En effet, l'inscription des

[164] Deux rapports parlementaires français contiennent des développements importants sur la technologie blockchain et peuvent permettre d'entrer dans la matière : « Rapport d'information sur les chaînes de blocks (blockchains) » présenté par Madame Laure De La Raudière et Monsieur Jean-Michel Mis, Doc. Assemblée Nationale n° 1501, 12 déc. 2018 ; Rapport au nom de l'office parlementaire d'évaluation des choix scientifiques et technologiques sur les enjeux technologiques des blockchains (chaînes de blocs) présenté par C. De Gany et R. Le Gleut, Doc. Assemblée nationale n° 1092 et Doc. Sénat n° 584, 20 juin 2018. Ces documents sont disponibles sur le site de l'assemblée nationale : http://www.assemblee-nationale.fr.

transactions, leur validation et leur sécurisation permettent de mettre en place un registre de ces transactions extrêmement fiable de manière décentralisée. Une deuxième fonction permettant de mettre en œuvre des instructions automatisées peut être envisagée. Il s'agit de la mise en place d'un programme relatif à une transaction passée par un des acteurs du système, on parle à cet égard de « smart contract » de manière, certainement, un peu abusive... il ne s'agit pas véritablement d'une opération contractuelle et elle n'est pas « intelligente ». Pour illustrer ce que l'on vise par l'expression de « smart contract », on peut citer l'exemple d'un assureur qui a enregistré un contrat d'assurance sur la blockchain et programmé un remboursement automatique en cas de retard d'un vol d'avion. Les deux premières fonctions qui viennent d'être évoquées conduisent à la possibilité de mettre en place une troisième fonction qui consiste en l'organisation de paiements[165].

Cette présentation sommaire suggère la possibilité de mettre en œuvre la blockchain dans plusieurs secteurs. C'est ainsi que les pouvoirs privés et les pouvoirs publics se sont intéressés au procédé. En ce qui concerne les acteurs privés, les plus actifs ont d'abord été les établissements bancaires et financiers ainsi que les entreprises d'assurances. Par exemple, la banque JP Morgan a créé un réseau comprenant 75 banques pour réfléchir à l'utilisation de la blockchain pour accélérer les transactions financières internationales [166]. De même, IBM a lancé une solution blockchain pour les paiements internationaux qu'elle propose aux banques[167]. Dans plusieurs Etats, des réflexions ont été produites sur différentes utilisations de la technologie blockchain. Sans être exhaustif car la presse se fait l'écho de manière récurrente d'explorations en ce domaine [168], il est

[165] Il convient de préciser que les trois fonctions peuvent être mises en œuvre simultanément ou non.

[166] D. Cuny, JP Morgan fédère 75 banques autour de sa blockchain de paiement, La tribune, 27/9/2018, https://www.latribune.fr/entreprises-finance/banques-finance/jp-morgan-federe-75-banques-autour-de-sa-blockchain-de-paiements-791721.html.

[167] « Le géant IBM lancera prochainement ''world Wire'', une plateforme de paiement s'appuyant sur la blockchain Sellar », blog Crypto-France : https://www.crypto-france.com/ibm-world-wire-plateforme-paiement-blockchain-stellar/

[168] Voir une étude du laboratoire de « Cyberjustice » intitulée : « Panorama des expérimentations blockchain dans le secteur public, menées en Australie, Estonie, États-Unis et Canada », publié sur le site : www.cyberjustice.ca.

intéressant là également de citer quelques exemples. Une entreprise publique australienne a réalisé une étude proposant au gouvernement la mise en œuvre de cette technologie pour un système d'identité numérique et de vote électronique. L'Estonie, pays ayant massivement investi pour la mise en place de moyens numériques, est en train d'installer un système notarial public pour les e-résidents, qui leur permettra d'enregistrer sur la blockchain leurs certificats de naissance, de mariage, leurs titres de propriété, leurs contrats… Aux Etats-Unis, le "*United States Department of Defense Transportation Command*" réfléchit sur un recours potentiel à la blockchain afin de sécuriser des transactions logistiques et de transport. En résumé, il ressort que la technologie blockchain est un phénomène mondial, à l'image de nombre innovations numériques, dont les potentialités de base suggèrent qu'elle peut être utilisée de multiples manières et dans de nombreux secteurs. Les réflexions et les expérimentations sont encore naissantes, il est trop tôt pour être en mesure d'apprécier sérieusement l'ampleur que peut prendre son utilisation. C'est dans ce contexte à la fois neuf et non balisé, qu'il faut placer l'apparition de cette technique sur le continent africain qui, pour sa part, a également commencé à travailler sur la question.

B. Les exemples d'utilisation dans la zone OHADA

Le caractère mondial du phénomène blockchain étant de dimension mondiale a naturellement conduit certains acteurs du continent africain à envisager l'utilisation de cette technologie dans leur zone d'activité. Diverses applications ont été appréhendées pour répondre à des problèmes spécifiques rencontrés dans plusieurs pays africains. Par exemple, l'absence d'enregistrement systématique des terres dans un cadastre officiel pose de nombreuses difficultés pour la détermination de l'étendue de la propriété et des propriétaires. C'est ainsi que l'ONG Bitland propose aux personnes qui le souhaitent, après arpentage des terres concernées, d'enregistrer les actes fonciers en résultant sur une blockchain. Ainsi, sont consignés les actes fonciers associés à des coordonnées GPS qui, une fois inscrits dans une blockchain appelée Bitshare, sont immuables sans un transfert de propriété en bonne et due forme. L'utilisation de la technologie semble apparaître comme une solution pour réaliser un progrès considérable en ce domaine, pour l'instant défaillant ou hors de portée dans de vastes périmètres. Techniquement, la solution semble tout aussi efficace que la mise en place d'un cadastre traditionnel[169] et les enjeux sont extrêmement importants en termes de refondation de l'agriculture qui souffre de sous-investissements[170].

Le secteur bancaire et financier est également un terrain favorable pour l'utilisation de la technologie blockchain[171]. En effet, la faible bancarisation sur le continent africain a conduit à un essor remarquable du paiement par téléphone mobile. Certains opérateurs ont eu l'idée d'utiliser la technologie blockchain dans ce domaine. Précisément la société Danapay a créé un service de paiement qui permet de payer de façon instantanée chez tout acteur économique acceptant Danapay comme moyen de paiement. Le système mis en place permet également de retirer des espèces auprès de distributeurs partenaires. Le dispositif est intéressant aussi bien pour les particuliers, que pour les commerçants car il rend possible une réception des fonds sur un portefeuille électronique limitant ainsi le recours aux espèces, qui peuvent cependant être également utilisées[172]. Le mécanisme repose sur la technologie blockchain, la mise en œuvre d'un registre décentralisé pour réaliser l'ensemble de ces transactions permet de baisser les coûts tout en garantissant un bon niveau de sécurité.

La technologie blockchain a de plus permis la mise en œuvre d'un procédé innovant en matière de levées de fonds. Concrètement, ces levées de fonds interviennent par l'émission de *tokens* ou jetons acquis par des investisseurs en crypto-monnaie dans le cadre d'un

---

[169] Actualité du droit LAMY, La blockchain, clef de la sécurisation du secteur foncier et du système cadastral dans les pays en développement, juin 2018, https://www.actualitesdudroit.fr/browse/afrique/droits-nationaux/14144/la-blockchain-clef-de-la-securisation-du-secteur-foncier-et-du-systeme-cadastral-dans-les-pays-en-developpement.

[170] Barbant, G. Dutheuil, « Une ''révolution verte'' en Afrique grâce à la blockchain ? », Le Monde, https://www.lemonde.fr/idees/article/2018/10/12/une-revolution-verte-en-afrique-grace-a-la-blockchain_5368265_3232.html.

[171] La Banque de France, par exemple, a testé la blockchain pour la gestion du référentiel des identifiants des créanciers pour l'organisation des paiements dans la zone européenne. Chaque banque attribue en effet un identifiant à chaque créancier pour effectuer un prélèvement, cet identifiant étant unique, voir M. Escuyer et S. Kunesh, Le premier blockchain mis en production par une banque centrale, Revue Banque, n° 827-828, janvier 2019, p. 124.

[172] Danapay réinvente les services financiers en Afrique grâce à la blockchain, voir le site startup info : https://startup.info/fr/danapay.

registre distribué (blockchain). Ces jetons portent des droits que peuvent exercer leurs acquéreurs. Ces droits peuvent être comparables à ceux que confèrent les droits financiers (titres de capital ou tires de créance) ; ils peuvent également être très différents et octroyer, par exemple, une ou plusieurs prestation(s) de service. Ce système est communément désigné par l'expression « *Initial Coin Offering* » (ICO)[173] en rappel des offres de titres au public qui sont parfois appelées : « *Initial Public Offering* » (IPO). L'intérêt pour les utilisateurs de cette pratique est d'échapper à toute la réglementation visant les offres de tires financiers dans le public qui généralement, quel que soit le pays, s'accompagne logiquement d'une obligation d'information de l'investisseur à la charge de l'émetteur, l'accomplissement de cette obligation étant placée sous la surveillance d'un régulateur financier. En Europe ou aux Etats-Unis, ces procédures sont lourdes et couteuses et peuvent prendre du temps. Le droit OHADA a mis en place également un droit de l'appel à l'épargne publique : si les titres financiers sont émis sur des marchés financiers, les traités UEMOA et CEMAC ont harmonisé les règles applicables qui sont conformes aux standards internationaux. Autrement dit, les levées de fonds par cette voie sont également complexes. La pratique de l'ICO est de fait plus rapide et moins lourde[174], puisqu'elle n'est pas encore encadrée de manière structurée. Ce temps non régulé et l'enthousiasme concernant l'utilisation des moyens numériques constaté sur le continent africain ont conduit plusieurs opérateurs à mettre en place des plateformes permettant les échanges en crypto-monnaie sur lesquelles il est possible d'organiser des levées de fonds et même un marché secondaire en Afrique. Pour l'instant, la zone OHADA n'apparaît pas comme la plus dynamique dans ce domaine. Cependant, il est à prévoir que des projets significatifs voient le jour dans l'avenir.

---

[173] Voir par exemple : D. Legeais, Regards sur une opération juridique non identifiée : les ICOs, Dalloz IP/IT, 2018, p. 113 ; A. Maréchal, Le dilemme de la règlementation des ICO la solution innovante proposée par l'AMF, Revue Lamy droit des affaires, n° 140, 2018, p. 19 ; F. G. Sell, La règlemention des ICO : survol comparatif, Revue Lamy droit des affaires, n° 140, 2018, p. 24 ; Fr. Drummond, ICO - Le législateur introduit des jetons dans le code monétaire et financier, JCP G n° 52, 2018, doctr. 1395.

[174] M. Verdier, La blockchain et l'intermédiation financière, Revue d'économie financière, 2018/1, n° 129, p. 67.

L'ensemble des potentialités de la technologie blockchain n'a pas été exposé dans les quelques rappels qui précèdent. De nombreux chroniqueurs soulignent sa pertinence dans des secteurs économiques stratégiques pour l'Afrique, comme pour les autres continents : la traçabilité des produits agricoles, la sécurisation des chaînes de distribution, la logistique, le transport, la santé[175], les assurances, le monde des brevets, les registres… peuvent également avoir recours à cette technologie. A bien des égards, elle semble porteuse de solutions en Afrique qui, en raison de défis importants, peinait à investir dans des infrastructures lourdes ou des intermédiations publiques ou privées. Cependant, même si la tentation est grande d'apporter des réponses rapides à ces difficultés, comme pour la plupart des innovations, il faut prendre différentes précautions dans son utilisation.

II. Les précautions d'utilisation de la technologie blockchain

Les règles de prudence qu'il convient d'adopter sont fonction des risques portés par la technologie blockchain (A), le défi à relever en Afrique sera celui de trouver une régulation efficace en la matière (B).

A. Les risques juridiques portés par la technologie blockchain

Comme cela a été souligné, la technologie blockchain peut être utilisée pour faire circuler des flux financiers : une telle circulation entraîne des risques d'intégrer dans ces flux des sommes d'argent issues d'activités illégales. En principe, l'utilisation de la blockchain n'implique pas l'anonymat, les transactions fonctionnent avec une clef dite publique qui est normalement reliée à l'identité d'une personne et une clef privée que l'utilisateur possède seul. La clef publique étant accessible à tous, il est ainsi possible de tracer les opérations faites par l'utilisateur. A première vue donc, il s'agit d'un outil intéressant pour éviter la fraude. Cependant, il est techniquement envisageable de concevoir des mécanismes qui empêchent d'identifier à la fois l'émetteur et le destinataire de la transaction, ce qui favoriserait le

[175] La blockchain pourrait contribuer à sécuriser le processus d'homologation des médicaments par exemple, v. J.-M. Huet et M. Etoke Eyaye, Blockchain et pays émergents : le secteur de la santé, Finyear, 18 février 2019 : https://www.finyear.com/Blockchain-et-pays-emergents-le-secteur-de-la-sante_a40617.html

blanchiment d'argent. Dans un rapport rendu par le Service du traitement du renseignement et action contre les circuits financiers clandestins (TRACFIN) [176], cette institution a constaté que des opérateurs ont réussi à organiser des transferts de paiement s'appuyant sur la technologie blockchain où il était difficile d'identifier les émetteurs et les bénéficiaires[177]. Ce risque plausible, est donc déjà avéré. Dans ce même rapport, d'autres types d'escroquerie impliquant la blockchain sont également mentionnés. Par exemple, des acteurs ont proposé aux investisseurs d'acheter sur internet des unités de monnaie virtuelle alors que la blockchain qui devait les accueillir n'était pas en place. Le manque d'information, l'absence de cadre sont automatiquement sources d'escroquerie en matière de levée de fonds. Le droit financier historiquement s'est construit sur la lutte contre ce type d'actions. Autrement dit, de manière classique, l'avènement de cette nouvelle technologie va accroitre le champ des possibles en matière d'escroquerie.

Au-delà du risque de fraude, comme pour toutes les technologies numériques, la blockchain souffre d'une absence de régime juridique spécifique. Ainsi, les utilisateurs peuvent être en insécurité au cas où le droit commun ne suffirait pas. En effet, de multiples questions se posent au regard de certains fondamentaux du droit. Par exemple, les personnes participant à une blockchain doivent passer un contrat concernant l'opération en cause, la question de l'étendue du consentement des co-contractants peut-être soulevée au regard des opérations prises en charge dans le cadre de la blockchain [178]. De même, on doit s'interroger sur la nature, le régime de responsabilité qu'il faudra mettre en jeu en cas de dysfonctionnement du système Par

---

[176] Ce service est un organisme du ministère de l'Économie et des Finances français, chargé de la lutte contre la fraude, le blanchiment d'argent et le financement du terrorisme. Pour consulter le rapport cité, voir le lien suivant : https://www.economie.gouv.fr/files/rapport-analyse-tracfin-2016.pdf.

[177] Sur ce thème, voir également : S. Praicheux, Les fintech et le dispositif de lutte contre le blanchiment de capitaux et le financement du terrorisme – Points de discussion et orientation, Revue internationale de la compliance et de l'éthique des affaires, 2017, n° 27, p. 34 ; Hélène Lefebvre et Simon Polrot et Charles Abitbol, Blockchain : premier (s) pas vers la réglementation des « cryptomonnaies » et autres actifs numériques, JCP E, n° 19, 2017, 1255.

[178] Par exemple, certaines modalités d'exécution d'un contrat peuvent être mises en œuvre dans le cadre d'une blockchain, il conviendra de vérifier que les parties ont consenti en connaissance de cause à ces modalités…

ailleurs, la participation à une blockchain se traduit par une inscription de transactions sur un registre, pour l'instant la force probante de cette inscription n'est pas établie. Lorsqu'il y a émission de jetons pour une levée de fonds, ces derniers ne sont pas définis par les textes, ce qui rend leur régime instable. Une autre illustration des lacunes de nos réponses juridiques à cet égard peut être citée : la crypto-monnaie et les jetons sont bien des actifs, est-il possible de les donner en garantie ? Sur le plan comptable, il faudra donner diverses précisions en édictant des normes adaptées afin de pouvoir placer ces actifs dans les comptabilités des utilisateurs. De plus, la dimension internationale de la mise en œuvre de la technologie blockchain va poser des problèmes de loi applicable, ceci d'autant plus que dans divers pays, il n'y a pas de texte particulier. Enumérer ces différentes interrogations sur le régime juridique applicable à cette technologie permet de comprendre [179] l'importance de penser la mise en place d'une régulation de la matière dans la zone OHADA. Cette perspective constitue un véritable défi.

B. Les défis de la régulation de la technologie blockchain

Un des premiers aspects de la régulation de la technologie blockchain peut être constitué par un effort de définition des éléments nécessaires à ce mécanisme. Ainsi, tout d'abord la notion de crypto monnaie mérite d'être délimitée afin d'être mieux appréhendée. Ensuite, le *token* ou jeton, utilisé pour porter des droits et émis dans le cadre d'une blockchain aurait intérêt à être qualifié par les textes. A priori, nous sommes en présence d'actifs numériques qu'il convient au moins de consacrer. Par ailleurs, la blockchain ayant une fonction importante de registre, il paraît important de préciser la force probante de l'inscription sur ce registre. Ainsi, même s'il n'est peut-être pas utile de prévoir une règlementation trop lourde susceptible de freiner le développement de la pratique, il est préférable de déterminer les composantes essentielles du système. En droit africain, il serait pertinent d'envisager une réaction législative au niveau du traité OHADA, comme cela a été souligné, la technologie blockchain se développe au niveau international, une initiative au niveau régional a

[179] Voir : J.-P. Pinte, Les risques liés à la blockchain, Revue Lamy droit des affaires, n° 140, 2018, p. 30.

donc plus de chance d'être efficace que des textes nationaux[180]. La même leçon devrait être tirée en Europe.

Ainsi, un des actes uniformes pourrait prendre en compte ces éléments. Par exemple, l'acte relatif au droit des sociétés établit le régime propre aux titres sociaux. La nature et les règles relatives à la négociabilité et la cessibilité de ces titres pourraient être aménagées. Il serait en effet possible d'introduire à ce niveau la notion de jetons émis dans le cadre d'une blockchain en évoquant ceux d'entre eux qui répondraient aux mêmes règles que les titres sociaux car ils en ont les caractéristiques. En prolongement, il serait envisageable de définir le mécanisme blockchain et de donner une place à la crypto-monnaie en droit OHADA. Un problème peut se poser si des plateformes installées dans la zone organisent dans celle-ci des échanges de jetons. Il faudrait alors envisager la question dans le cadre des traités UEMOA et CEMAC qui encadrent les mécanismes de marchés financiers [181]. On pourrait imaginer l'instauration d'un agrément spécifique pour ces plateformes qui peuvent organiser des échanges de jetons comparables à des titres financiers. Cet agrément pourrait également comprendre un volet visant les plateformes organisant l'émission et la circulation de jetons portant des droits plus amples que ceux caractérisant les titres financiers. Il semble préférable de prévoir une règlementation homogène des jetons. Il faudrait dans cette hypothèse articuler les différents traités pour que les définitions retenues dans le droit OHADA soient également reconnues dans l'ensemble de la zone.

Ces éléments mettent en lumière le second aspect de la régulation de la technologie blockchain, celui du suivi de la mise en œuvre des règles posées par un régulateur. Lorsque, les jetons sont assimilables à des titres financiers, qu'ils servent à la mise en œuvre de levée de

---

[180] Le professeur Dominique Legeais a souligné de manière pertinente que la réflexion sur la question de la technologie blockchain doit être conduite au niveau régional, mais aussi au niveau international, il propose même un code de règles et usances propre à cette technologie étant entendu que la réflexion est liée à celle sur les crypto-monnaies qui elle aussi ne peut qu'être envisagée à l'échelle internationale, voir D. Legeais, Regards sur une opération juridique non identifiée : les ICOs, Dalloz IP/IT, 2018, p. 113 (précité).

[181] A. N'Diaye, Recherches sur la sécurisation des marchés financiers dans l'espace OHADA, Thèse Aix Marseille Université, 2018.

fonds et qu'il y a mise en place d'un marché secondaire de ces jetons, la logique voudrait que les régulateurs financiers existants assurent la surveillance de ces opérations. Ainsi, le Conseil régional de l'épargne publique et des marchés financiers (CREPMF) devenu l'Autorité des marchés financiers de d'Union monétaire ouest africaine (AMF-UMOA) et la Commission de surveillance du marché financier de l'Afrique centrale (COSUMAF) pourraient édicter des normes dans leurs règlements respectifs visant les transactions financières utilisant la technologie blockchain.

Cependant, il a été souligné que cette technologie ne concernait pas seulement les activités financières, la question se pose donc de savoir s'il est pertinent de prévoir la mise en place d'un organisme spécifique pour suivre le développement de l'utilisation de ce système. Certains arguments militent pour une réponse positive. En effet, même si la technologie blockchain ne se développait pas, il est tout de même préférable de se préoccuper de l'utilisation du numérique qui modifie les modalités de nombreuses transactions, le droit doit prendre en compte le phénomène ne serait que pour éviter les pratiques risquées. En effet, dans la zone OHADA comme sur l'ensemble du continent africain, l'expérience montre que les opérateurs économiques et les particuliers ont facilement recours aux moyens numériques pour compenser les difficultés liées aux infrastructures encore insuffisantes (communications encore en développement, sous-bancarisation précédemment citée…). L'attrait, déjà souligné pour l'utilisation des téléphones mobiles pour effectuer des paiements et le possible développement de la technologie blockchain pourraient ainsi conduire les autorités régionales non seulement à envisager une réglementation adaptée, mais aussi à réfléchir sur l'instauration éventuelle d'un régulateur des prestations numériques…

Réflexion sur le contrôle effectué par le conseil d'administration

Bréhima KAMENA
Maître de conférences agrégé, Université des Sciences Juridiques et Politiques de Bamako

« *La confiance n'exclut pas le contrôle* » dit-on. Le contrôle effectué par le conseil d'administration constitue une illustration en droit des sociétés de cet adage populaire.

Le conseil d'administration, comme son nom l'indique, est un organe d'administration. Il constitue avec l'administrateur général les deux modes d'administration de la société anonyme. [182] Dans la société anonyme avec administrateur général, celui-ci constitue le seul organe de gestion et d'administration. Quant à la société anonyme avec conseil d'administration, elle est dotée d'un directeur général et d'un conseil d'administration dont les membres sont appelés administrateurs. Le conseil d'administration est composé de trois membres au moins et de douze membres au plus.[183] L'article 435, en ses alinéas 1er et 2, de l'Acte uniforme relatif au droit des sociétés commerciales et du GIE précise ses attributions : « *Le conseil d'administration détermine les orientations de l'activité de la société et veille à leur mise en œuvre. Sous réserve des pouvoirs expressément attribués aux assemblées d'actionnaires et dans la limite de l'objet social, il se saisit de toute question intéressant la bonne marche de la société (...) procède aux contrôles et vérifications qu'il juge opportuns.* ». Le contrôle est l'une des attributions importantes du conseil d'administration ; d'où la présente étude intitulée « *Réflexion sur le contrôle effectué par le conseil d'administration* ».

---

[182] Acte uniforme relatif au droit des sociétés commerciales et du GIE du 30 janvier 2014, article 414.

[183] Acte uniforme relatif au droit des sociétés commerciales et du GIE du 30 janvier 2014, article 416. Toutefois, comme le prévoit l'article 418 du même acte uniforme, le nombre des administrateurs de la société anonyme peut être provisoirement dépassé, en cas de fusion.

Même si l'article 435 précité ne le précise pas, le contrôle porte sur la gestion assurée par le président directeur général ou par le directeur général. Il a un caractère permanent. Il a pour but de donner une assurance raisonnable quant à la réalisation des priorités de la société et à la sincérité des chiffres publiés. Son efficacité repose sur le statut et le comportement des administrateurs. Le conseil d'administration veille, d'une part, à ce que les actes de gestion ou de réalisation des opérations ainsi que le comportement du directeur général et de ses collaborateurs s'inscrivent dans le cadre défini par les lois et règlements applicables ainsi que par les valeurs décrites dans la charte de conduite d'affaires, normes et règles internes de la société. D'autre part, il vérifie que les informations comptables et financières sont conformes aux normes en vigueur.

Le contrôle effectué par le conseil d'administration se distingue de celui exercé par le commissaire aux comptes. Tout d'abord, ce dernier est un organe de contrôle externe, alors que le conseil d'administration est un organe de contrôle interne. Ensuite et surtout, le contrôle effectué par le commissaire aux comptes diffère de celui exercé par le conseil d'administration par son objet. Il porte principalement sur le contrôle des comptes[184] et accessoirement sur l'établissement de rapports spéciaux[185] et l'alerte.[186]

Le contrôle exercé par le conseil d'administration diffère également de celui effectué par les actionnaires eux-mêmes. Ce dernier n'est pas un contrôle permanent. Il s'exerce de manière épisodique et dans les cas spécifiés par l'Acte uniforme relatif au droit des sociétés commerciales et du GIE. Il s'agit notamment de l'alerte[187] et de l'expertise de gestion[188].

Tous les types de contrôle précités diffèrent à leur tour du contrôle pris dans le sens de pouvoir de décision. En ce sens, le contrôle d'une société est, selon l'article 174 de l'Acte uniforme relatif au droit des sociétés commerciales et du GIE, la détention

---

184 *Ibidem*, articles 710, 712 et 713, alinéa 1er.
185 *Ibidem*, notamment articles 440, 630, 691 et 838.
186 *Ibidem*, articles 153 et s.
187 Acte uniforme relatif au droit des sociétés commerciales et du GIE du 30 janvier 2014, article 158.
188 *Ibidem*, articles 159 et 160.

effective du pouvoir de décision au sein de cette société.[189] Monsieur Champaud parlait de « *pouvoir de diriger à son gré l'administration du patrimoine social* ».[190]

Le droit de la gouvernance des sociétés a connu deux étapes dans son évolution correspondant à deux conceptions.

La première conception a été consacrée par l'Acte uniforme relatif au droit des sociétés commerciales et du GIE du 17 avril 1997. C'est la conception classique française qui prévalait avant l'introduction des règles de gouvernement d'entreprise. Il a été reproché à cette conception son inefficacité en raison du fait qu'elle n'offrait pas assez d'indépendance aux administrateurs et assez de rempart face aux conflits d'intérêts. En France, le conseil d'administration avait été alors qualifié de « *chambre d'enregistrement* » des décisions du président directeur général. Il lui avait été également reproché son manque de réactivité.[191] On lui reprochait aussi de ne pas être assez réactif face aux comportements délictueux de certains dirigeants qui transmettaient de fausses informations aux actionnaires ou se livraient à de la rétention de données.[192] C'est ainsi qu'en 1997, le fonds de pension américain Calpers –qui avait investi 1,9 milliards de dollars en actions françaises – menaçait de revoir sa politique d'investissements en France, si rien n'était fait en matière de gouvernement d'entreprise dans les deux ans qui suivaient.[193] Dans l'espace OHADA, plusieurs études consacrées à

---

[189] L'article 175 de l'Acte uniforme relatif au droit des sociétés commerciales et du GIE du 30 janvier 2014 précise qu'une personne physique ou morale est présumée détenir le contrôle d'une société lorsqu'elle détient, directement ou indirectement ou par personne interposée, plus de la moitié des droits de vote de cette société ou lorsqu'elle dispose de plus de la moitié des droits de vote de cette société en vertu d'un accord ou d'accords conclus avec d'autres associés.

[190] Cl. Champaud, *Le pouvoir de concentration de la société par actions*, Paris, Sirey, 1962, p. 107, n° 108. Pour une analyse plus récente du contrôle, v. spécialement A. Sakho, *Les groupes de sociétés en Afrique, droit, pouvoir et dépendance économique*, Karthala-CRES, 2010.

[191] A. Sabrina, V. Cibert-Goton, et C. Rousset, Le contrôle de l'information. La réorganisation du conseil d'administration, La Revue des Sciences de Gestion, vol. 245-246, n° 5, 2010, p. 43-48.

[192] S. Alioui et alii, Le contrôle de l'information. La réorganisation du conseil d'administration, La Revue des Sciences de Gestion, 2010/5, vol. 245-246, p. 162.

[193] Cf. G. Sengès, L'américain Calpers relance le débat sur le gouvernement des entreprises en France, Les Echos, 28 et 29 mars 1997, p. 25. Sur application des

la gouvernance des sociétés commerciales ont relevé les insuffisances de l'Acte uniforme relatif au droit des sociétés commerciales et du groupement d'intérêt économique du 17 avril 1997 en la matière.[194]

Quant à la seconde conception, elle est celle consacrée par le « *gouvernement d'entreprise* ». Cette expression est une traduction approximative de l'expression anglo-saxonne « *corporate governance* » dont la signification n'est elle-même pas très claire. Elle a été, cependant, définie comme « *le système par lequel les entreprises sont dirigées et contrôlées* ».[195] Le gouvernement d'entreprise est né dans les pays anglo-saxons à la suite de la montée en puissance des investisseurs institutionnels, et spécialement des fonds de pension. Ceux-ci ont conduit les dirigeants sociaux à élaborer des règles de conduite selon un double principe : rééquilibrer le pouvoir dans les sociétés et rendre le contrôle plus effectif. A l'origine de cette conception, les travaux de certains économistes qui ont mis en évidence la dissociation croissante entre la propriété du capital et l'exercice du pouvoir dans l'entreprise. [196] Cette dissociation commence à se produire dès que la société fait appel à des capitaux anonymes dont les détenteurs ne sont pas directement associés à la gestion de l'entreprise.

---

principes de gouvernement d'entreprise, v. spécialement R. Nemedeu, *Le contrôle des dirigeants de la société anonyme*, th., Université de Strasbourg, 2000.

[194] M. Mendy, Les pratiques de gouvernement des entreprises africaines, entre africanisation et occidentalisation : le cas des pays membres de l'OHADA, in *7ème Conférence Internationale de Gouvernance d'Entreprise*, Bordeaux les 4 et 5 juin 2008, http://www.ifge-online.org/docftp/meyliancige2008.pdf (consulté le 2 septembre 2018) ; P. S. A. Badji, Ohada et bonne gouvernance d'entreprise, Revue de l'ERSUMA : Droit des affaires - Pratique Professionnelle, n° 2, mars 2013, p. 2 ; A. Sakho, Modernisation et efficacité du droit OHADA des sociétés, A propos de la révision en 2014 de l'acte uniforme sur les sociétés commerciales, in *Mélanges Pr Dominique Sarr*, p. 2, https://www.google.com/interstitial?url=http://afrilex.u-bordeaux4.fr/sites/afrilex/IMG/pdf/Pr_Abdoulaye_SAKHO_Melanges_Dominique_SARR.pdf , consulté le 22 août 2018.

[195] Rapport Cadbury, décembre 1992, Burgess Science Press, Londres, 1992. Le Code des bonnes pratiques de gouvernement d'entreprise de l'ISA (Institut Sénégalais des Administrateurs) retient la même définition, http://www.rse-et-ped.info/wp-content/uploads/2012/11/Code-de-Gouvernance-Senegal.pdf (consulté le 28 août 2018).

[196] Notamment Berle et Means en 1932 (The modern Corporation and Private Property) ; Jales Burnam en 1947 (L'ère des organisateurs) ; Galbraith en 1968 (Le nouvel Etat industriel (cités par Ph. Bissara, Les véritables enjeux du débat sur « *le gouvernement de l'entreprise* », Rev. sociétés, 1998, p. 5).

Depuis 1995, plusieurs rapports se sont succédé, en France, avec tous l'ambition de préconiser une meilleure application des principes de gouvernement d'entreprise. On peut citer notamment les rapports Vienot I[197], Marini[198], Vienot II[199], Bouton[200] et les rapports AFEP-MEDEF [201]. Quant à l'Union européenne, elle ne s'est préoccupée que tardivement de conduire une action relative au gouvernement d'entreprise. Le sujet n'a pas été un véritable centre d'intérêt jusqu'au plan d'action pour les sociétés annoncé le 21 mai 2003. [202] En revanche, les initiatives ne cessent de se multiplier depuis cette date.[203] La Commission européenne a publié, en février 2015, un important livre vert sur les marchés de capitaux.[204]

Suite aux Etats occidentaux, les Etats membres de l'OHADA semblent trouver aujourd'hui dans les principes de gouvernement

---

[197] Rapport Viénot I sur le conseil d'administration des sociétés cotées, AFEP-CNPF, éd. ETP, juillet 1995.

[198] Ph. Marini, *La modernisation du droit des sociétés*, Collection des rapports officiels, La Documentation française, 1996.

[199] Rapport Viénot II, AFEP-MEDEF, juillet 1999.

[200] D. Bouton, Pour un meilleur gouvernement d'entreprise, rapport AFEP-AGREF, Revue Lamy Droit des affaires, novembre 2002.

[201] V. spécialement le Troisième rapport annuel sur l'application du code AFEP-MEDEF (Rapport AFEP-MEDEF, novembre 2011). Dans ce rapport, les deux organisations patronales françaises ont continué de démontrer l'engagement des entreprises françaises en faveur d'un gouvernement d'entreprise transparent et exigeant. V. aussi Code de gouvernement d'entreprise des sociétés cotées, AFEP-MEDEF, version initiale de décembre 2008 et version revisée, ainsi que le Guide d'application.

[202] "*Modernisation du droit des sociétés et renforcement de gouvernement d'entreprise dans l'Union européenne. Un plan pour avancer*", Communication de la commission au Conseil et au parlement européen, Bruxelles, 21 mai 2003 – Com. (2003) 284 final. Sur ce plan d'action, v. notamment G. Goffaux-Callebaut, Le plan d'action de la Commission européenne en droit des sociétés : une approche française, Bull. Joly, 2003, p. 997. V. aussi le Livre vert de la Commission européenne relatif à la gouvernance d'entreprise, Bruxelles, 5.4.2011 COM (2011) 164 final. Après une première consultation sur la gouvernance concernant les seuls établissements financiers, la Commission européenne a étendu sa réflexion à l'ensemble des sociétés. A l'occasion de la publication de ce livre vert sur la question, elle a insisté sur la nécessité de renforcer le gouvernement d'entreprise pour tirer les leçons des crises qui avaient alors défrayé la chronique.

[203] B. Lecourt, Livre vert « *Construire l'Union des marchés des capitaux* », Rev. sociétés, 2015, p. 338.

[204] Livre vert « *Construire l'Union des marchés des capitaux* », 18 févr. 2015, COM(2015), 63 final, cf. B. Lecourt, *Ibidem*.

d'entreprise des solutions à de nombreux problèmes soulevés en droit des sociétés. En effet, l'Acte uniforme relatif au droit des sociétés commerciales et du GIE du 30 janvier 2014 a consacré certains principes de gouvernement d'entreprise comme les comités spécialisés et le principe « *appliquer ou expliquer* ».[205]

Pourtant, l'application des principes de gouvernement d'entreprise n'a pas manqué, non plus, de susciter la polémique dans les Etats occidentaux. En effet, les scandales financiers survenus en Occident[206] ont montré les limites de ces principes et ont eu de sérieuses répercussions sur la confiance des investisseurs et des épargnants. Les membres de la haute direction des entreprises et de leur conseil d'administration ont été soupçonnés d'être principalement à l'origine de cette crise de confiance, bien que les autorités réglementaires aient également été reconnues d'avoir la lourde responsabilité d'instaurer une saine régie d'entreprise dans le meilleur intérêt de l'ensemble des actionnaires.[207]

La problématique principale qui se dégage de la présente étude est la suivante : l'évolution récente du droit OHADA de la gouvernance des sociétés est-elle de nature à améliorer le contrôle effectué par le conseil d'administration ?

La présente étude portera sur l'espace OHADA. Toutefois, en raison des liens historiques et actuels entre les droits OHADA et français, des questions seront analysées à la lumière de ce dernier.

Dans les Etats membres de l'OHADA, on rencontre dans la pratique deux catégories de gouvernance d'entreprise : la gouvernance familiale ou entrepreneuriale et le la gouvernance managériale[208] La première catégorie qui concerne une grande partie

---

[205] Cf. Acte uniforme relatif au droit des sociétés commerciales et du GIE du 30 janvier 2014, article 437 relatif aux comités spécialisés ; article 831-2, alinéa 2, relatif au principe « *appliquer ou expliquer* », etc.

[206] Notamment Enron, Adelphia, Tyco, Parmalat et WorldCom. V. spécialement M.-A. Frison-Roche (s dir.), *Les leçons d'Enron. Autour du rapport du Sénat américain*, collection "Découvertes", éd. Autrement, 2003.

[207] Commission bancaire de l'Afrique centrale - COBAC, Gouvernance d'entreprise dans la CEMAC, 2009, p. 3.

[208] Sur cette distinction, v. notamment R. S. Fotso, *L'efficacité de la structure de contrôle des entreprises camerounaises, Gestion et management*, Université de

des entreprises africaines est constituée surtout de petites et moyennes entreprises familiales ou individuelles. C'est pour des raisons de commodité que celles-ci adoptent, lorsqu'elles sont enregistrées officiellement, la forme juridique de société anonyme. Cependant, le conseil d'administration mis en place et constitué d'administrateurs cooptés ou d'actionnaires prête-noms est passif en ce sens qu'il est à la solde du dirigeant-propriétaire. Quant à la seconde catégorie d'entreprises, elle est caractérisée par la séparation entre la propriété et le contrôle. C'est le cas, essentiellement, des sociétés qui font un appel public à l'épargne et surtout celles qui sont cotées et dont l'objectif principal est la maximisation de la valeur actionnariale. Les pratiques de gouvernance de ces entreprises ne diffèrent pas de celles observées dans les pays occidentaux.[209] Dans cette seconde catégorie de société, l'amélioration du contrôle effectué par le conseil d'administration est indispensable pour attirer les investisseurs, contrairement à la première catégorie qui y voit peu d'intérêt.

La présente étude constitue une contribution à l'amélioration de la gouvernance des sociétés dans l'espace OHADA. Elle permet spécialement de vérifier si le droit OHADA de la gouvernance d'entreprise est en phase avec les grandes orientations ou grands principes modernes et postmodernes qui devraient constituer son essence. Elle vise à réduire les risques de scandales financiers.

En réponse à la question posée, l'on peut affirmer que l'évolution récente du droit OHADA de la gouvernance des sociétés n'est pas totalement satisfaisante. En effet, le contrôle effectué par le conseil d'administration reste compromis par différents facteurs (I). Cependant, il peut être amélioré (II).

I. Un contrôle compromis

Le contrôle effectué par le conseil d'administration est doublement compromis : il est, d'abord, entravé par le défaut d'indépendance (A) et, ensuite, émaillé de conflits d'intérêts (B).

Franche-Comté, 2011, p. 18 ; M. Mendy, Les pratiques de gouvernement des entreprises africaines, entre africanisation et occidentalisation : le cas des pays membres de l'OHADA, précité.

[209] R. S. Fotso, *Ibidem* ; M. Mendy, *Ibidem*.

A. Un contrôle entravé par le défaut d'indépendance

Un rapport, publié le 21 février 2015, examinait si les administrateurs dits « *indépendants* » méritaient pleinement ce qualificatif. À cette fin, il avait étudié pendant deux ans les cinquante plus grandes sociétés cotées européennes qui appartiennent au STOXX 50, ainsi que les liens passés ou actuels entre leurs 445 dirigeants exécutifs (« *executive directors* ») et leurs 476 administrateurs non exécutifs (*non « executive directors* »). Le constat est apparu « *alarmant* ». Au 1er janvier 2015, sur les 121 administrateurs non exécutifs qualifiés d'« *indépendants* » par leur société, 55 (soit 44 %) présentaient au moins un lien avec l'un de leurs dirigeants. Le rapport en concluait que tels administrateurs ne sont pas « *indépendants* » mais « *socialement dépendants* » (« *socially dependent* »).[210]

Pourtant, le défaut d'indépendance n'est pas une question spécifique aux administrateurs dits indépendants. Chez les administrateurs en général, il peut être illustré par la révocabilité ad nutum (1) et l'insuffisance de pouvoirs propres (2).

1. La révocabilité ad nutum des administrateurs

L'article 433, alinéa 2, de l'Acte uniforme relatif au droit des sociétés commerciales et du GIE dispose : « *les administrateurs peuvent être révoqués à tout moment par l'assemblée générale ordinaire* ». Et l'Acte uniforme, contrairement à ce qui prévaut pour le directeur général[211], ne prévoit pas expressément que cette révocation peut donner lieu à des dommages et intérêts si elle est décidée sans justes motifs. On peut en déduire que les administrateurs sont révocables ad nutum. La révocation ad nutum est une révocation discrétionnaire. Elle est faite sans motif, sans préavis et sans indemnité. [212] C'est en raison de ce principe que le conseil

---

[210] B. François, Rapport sur les administrateurs indépendants, Rev. sociétés, 2015, p. 265 ; Sur des réserves relatives à l'indépendance des administrateurs, v. aussi A. Bebe Epale, L'administrateur inerte, Petites affiches, 3 octobre 2011, n° 196, p. 6.

[211] Acte uniforme relatif au droit des sociétés commerciales et du GIE du 30 janvier 2014, article 492, alinéa 2.

[212] Pour des analyses de la révocation ad nutum, v. notamment J-L. Aubert, La révocation des organes d'administration des sociétés commerciales, RTD com.,

d'administration n'est pas tenu d'inscrire à l'ordre du jour de l'assemblée un projet de résolution tendant à la réélection éventuelle des administrateurs sortants.

Dès lors, le sort des membres du conseil d'administration reste entre les mains de l'actionnaire ou du groupe d'actionnaires qui détient le contrôle de la société. Cette situation compromet l'indépendance des membres du conseil d'administration et par ricochet le contrôle effectué par ceux-ci.

Même les comités spécialisés récemment prévus par l'article 437 de l'Acte uniforme relatif au droit des sociétés commerciales et du GIE ne suffisent pas à rendre plus effective l'indépendance des administrateurs. A propos de ces comités, tout en énonçant que leur composition et leurs attributions sont fixées par le conseil d'administration, les nouvelles dispositions de l'article 437 prévoient que ce dernier ou son président peut leur soumettre des questions pour avis. Il s'agit notamment de l'examen des comptes, du suivi de l'audit interne, de la sélection des commissaires aux comptes, de la politique de rémunération et des nominations des administrateurs et des dirigeants mandataires sociaux. Toutefois, la création de ces comités ne dessaisit pas le conseil lui-même qui a seul le pouvoir légal de décision.

En outre, les membres de ces comités ne sont pas non plus à l'abri de la révocation ad nutum et de l'influence du président directeur général ou du directeur général de la société. Une affaire d'abus de pouvoirs survenue en France illustre bien ce propos. Dans cette affaire, la Cour d'appel de Versailles a, par un arrêt du 19 mai 2011, motivé l'infraction d'abus de pouvoirs en ces termes : « *un président et directeur général ayant usé de son statut et de l'influence*

1968. 977 ; Ph. Reigné, Révocabilité ad nutum des mandataires sociaux et faute de la société, Rev. sociétés, 1991, p. 449 ; K. Adom, La révocation des dirigeants de sociétés commerciales, Rev. sociétés, 1998, p. 488 ; M-H. De Laender, La révocation des dirigeants sociaux, Dr. sociétés, mai 2000, p. 4 ; F-X. Lucas, L'avenir de la révocabilité ad nutum des dirigeants sociaux, Dr. Sociétés, novembre 2001, p. 3. Et pour une analyse spécifique au Droit OHADA, v. A. Dione, La révocation des dirigeants des sociétés anonymes et des sociétés à responsabilité limitée à la lumière de l'acte uniforme relatif au droit des sociétés commerciales et de groupement d'intérêt économique, Rev. EDJA (Dakar), n° 54 (juillet-août-septembre), 2002. 55.

qui en découle, pour faire avaliser, par le conseil d'administration, le renouvellement complet du comité des rémunérations pour priver ces deux organes de leur indépendance nécessaire au bon fonctionnement de la société et pour en faire les instruments de son propre intérêt, de tels agissements motivés par la recherche d'un enrichissement personnel ont constitué des actes contraires et déviants par rapport au pouvoir légal qui lui avait été confié dans l'intérêt social. »[213] Cette affaire montre bien les limites des comités spécialisés tels que préconisés actuellement par les principes de gouvernement d'entreprise. La mise en place de ces comités ne garantit pas l'indépendance des administrateurs. Dans l'affaire citée, les trois membres du comité qui voulaient continuer à plafonner la rémunération du président directeur général ont été révoqués et remplacés par trois autres personnes acquises aux desiderata de celui-ci.

Quels que soient les fondements avancés pour justifier la révocation ad nutum, l'on doit convenir qu'elle met l'administrateur à la merci de celui qui détient le pouvoir de décision dans la société. Or, c'est celui-là même ou un de ses proches qui occupe généralement le poste de président directeur général ou celui de directeur général.

Ainsi, la menace de révocation ad nutum qui plane sur la tête des administrateurs peut les dissuader d'accomplir efficacement leur mission de contrôle de la gestion effectuée, selon le cas, par le président directeur ou le directeur général.

Dès lors, on peut dire que la révocation ad nutum porte atteinte à l'indépendance des administrateurs. A ce titre, elle compromet l'effectivité du contrôle effectué par le conseil d'administration.

La révocation ad nutum aurait moins d'incidences négatives sur la qualité du contrôle effectué par le conseil d'administration si les textes avaient accordé des pouvoirs propres suffisants aux administrateurs. Or, tel n'est pas le cas.

---

213 Versailles, 19 mai 2011, n° 10/01523, Z., Bull. Joly, 1er juillet 2011, n° 7, p. 597, note B. Dondero ; Rev. sociétés, 2012, p. 99, obs. P. Le Cannu. Plus tard, le pourvoi contre cet arrêt a été rejeté (Cass. crim., 16 mai 2012, 11-85.150).

2. L'insuffisance de pouvoirs propres des administrateurs

Comme des auteurs l'ont déjà souligné, « *le conseil d'administration ne peut agir que comme corps, organe, en prenant des décisions. Aucun administrateur n'a de pouvoirs propres, sauf bien évidemment le PCA* ». [214] Cette situation laisse subsister la question suivante : les membres du conseil d'administration peuvent-ils, sans disposer de pouvoirs propres, être réellement indépendants dans l'exercice de leur mission de contrôle ?

Certes l'Acte uniforme relatif au droit des sociétés commerciales et du GIE confère des pouvoirs au conseil d'administration, dans ses rapports aussi bien avec les tiers qu'avec les actionnaires. L'article 121 dispose à cet effet : « *à l'égard des tiers, les organes de gestion, de direction et d'administration ont, dans les limites fixées par le présent acte uniforme pour chaque type de société, tout pouvoir pour engager la société, sans avoir à justifier d'un mandat spécial.* » Cependant, les pouvoirs sont accordés au conseil d'administration en tant qu'organe et non aux administrateurs individuellement. Dès lors, un administrateur ne peut si cela n'est pas décidé par le conseil d'administration mettre en œuvre individuellement lesdits pouvoirs, aussi bien à l'égard des tiers, qu'à celui des actionnaires et de la société elle-même. Seul le président du conseil d'administration a des pouvoirs propres : « *à toute époque de l'année, le président du conseil d'administration opère les vérifications qu'il juge opportunes et peut se faire communiquer par le directeur général, qui y est tenu, tous les documents qu'il estime utiles à l'accomplissement de sa mission.* »[215]

Cependant, dans sa rédaction du 30 janvier 2014, l'article 435, alinéa 3, de l'Acte uniforme relatif au droit des sociétés commerciales et du GIE a reconnu un droit d'information des administrateurs en ces termes : « *Le Président du conseil d'administration de la société est*

---

[214] F. Anoukaha, A. Cissé, N. Diouf, J. Nguebou Toukam, P-G. Pougoué, M. Samb, *OHADA, Sociétés commerciales et G.I.E.*, Bruylant, 2003, p. 420, n° 898. V. aussi A. Akam Akam, V. Bakreo, *Droit des sociétés commerciales OHADA*, L'Harmattan, 2017.

[215] Acte uniforme relatif au droit des sociétés commerciales et du GIE du 30 janvier 2014, article 480, alinéa 3.

tenu de communiquer à chaque administrateur tous les documents et informations nécessaires à l'accomplissement de sa mission. »[216] Ce droit repose sur deux fondements distincts mais complémentaires.[217]

Le premier de ces fondements est constitué par le principe délibératif du conseil d'administration. Pour délibérer effectivement, chaque administrateur doit recevoir une information suffisante. Un administrateur qui n'a pas bénéficié d'une information suffisante ne peut forger son opinion personnelle et donc participer utilement aux décisions que le conseil d'administration doit prendre. Or, les informations fournies en réunion ne suffisent toujours pas à l'éclairer. Elles doivent être complétées par celles communiquées avant.

Le second fondement du droit à l'information de l'administrateur réside dans la responsabilité qu'il peut encourir. Les articles 161 et 162 de l'Acte uniforme relatif au droit des sociétés commerciales et du GIE prévoient, en effet, que chaque dirigeant social est responsable individuellement des fautes qu'il commet dans l'exercice de ses fonctions, cette responsabilité pouvant être individuelle ou solidaire. Or, un administrateur ne saurait être responsable que s'il a eu la possibilité de se former une opinion éclairée sur les questions dont il a eu à connaître et sur lesquelles il s'est prononcé. Le droit à l'information constitue la contrepartie indispensable de la responsabilité qui incombe à l'administrateur s'il ne remplit pas sa mission.

Même si le président du conseil d'administration communiquait aux administrateurs toutes les informations nécessaires, la lecture de certains documents peut se révéler ardue pour des administrateurs qui ne sont pas spécialistes. Et ici, non seulement l'Acte uniforme relatif au droit des sociétés commerciales et du GIE n'oblige pas le président du conseil à accompagner ces informations d'explications permettant de les apprécier, mais n'autorise pas un administrateur à se faire assister individuellement par un expert. Seuls

---

[216] Cette règle est déjà consacrée en France par l'article L225-35, alinéa 3, du Code de commerce.

[217] Sur les fondements du droit à l'information des administrateurs, v. B. Rose-Marie, Le droit d'information individuel des administrateurs de société anonyme, Bull. Joly, 1er octobre 1997, n° 10, p. 843 ; v. aussi Cass. com., 29 janvier 2008, obs. J.-P. Mattout, Rev. sociétés, 2008, p. 363.

les comités spécialisés peuvent recueillir l'avis d'experts non administrateurs sur autorisation du conseil d'administration.[218]

L'accès de l'administrateur à l'information se heurte également à des barrières dès lors que ces informations sont détenues par des personnes extérieures à la société. L'administrateur peut se voir opposer le secret professionnel auquel sont tenues certaines personnes, parmi lesquelles le banquier ou les commissaires aux comptes de la société. Or, le secret ne peut être levé que dans des cas expressément prévus par la loi ou sur autorisation de la société en tant que client. L'Acte uniforme relatif au droit des sociétés commerciales et du GIE ne prévoit aucune possibilité de levée du secret au profit de l'administrateur pris individuellement.

Par ailleurs, pour participer effectivement à la réunion du conseil d'administration, chaque administrateur doit être préalablement informé des points de l'ordre du jour de celle-ci. Or, l'Acte uniforme relatif au droit des sociétés commerciales et du GIE laisse aux statuts le soin de fixer le mode et les délais de convocation du conseil d'administration.[219] La mention d'un ordre du jour n'est imposée expressément dans la convocation que lorsque celle-ci est faite à l'initiative de plus d'un tiers des administrateurs.[220] Dès lors, le président du conseil d'administration peut convoquer une réunion sans en communiquer l'ordre du jour aux autres administrateurs. Même si l'ordre du jour est communiqué à l'avance, aucune disposition n'interdit au conseil d'administration de délibérer valablement sur les questions non indiquées dans la convocation.

Enfin, aucune disposition ne permet non plus à l'administrateur d'opérer des vérifications et des contrôles jugés opportuns. Il s'agit ici du droit d'investigation nécessaire à l'accomplissement effectif de la mission de contrôle de l'administrateur.

Il résulte de tout ce qui précède que l'insuffisance de pouvoirs propres reconnus à l'administrateur peut compromettre

---

[218] Acte uniforme relatif au droit des sociétés commerciales et du GIE du 30 janvier 2014, article 437, alinéa 3.

[219] *Ibidem*, article 453, alinéa 1er.

[220] *Ibidem*, article 453, alinéa 3.

dangereusement le contrôle que le conseil d'administration est sensé effectuer.

Par ailleurs, le contrôle effectué par le conseil d'administration peut être émaillé de conflits d'intérêts.

B. Un contrôle émaillé de conflits d'intérêts

Certes, certaines dispositions de l'Acte uniforme relatif au droit des sociétés commerciales et du GIE prennent en compte les conflits d'intérêts (1). Cependant, le traitement de ces derniers reste insuffisant (2).

1. La prise en compte des conflits d'intérêts par certaines dispositions

L'Acte uniforme relatif au droit des sociétés commerciales et du GIE prévoit un certain nombre d'obligations visant à prévenir les conflits d'intérêts.

Il s'agit, d'abord, de l'obligation pour les candidats administrateurs d'indiquer à l'assemblée générale tous les mandats sociaux qu'ils exercent ou ont exercé depuis cinq ans.[221]

C'est aussi l'obligation de faire approuver toutes les rémunérations des dirigeants sociaux, quelle que soit leur forme, par le conseil d'administration. Le dirigeant concerné ne prend pas part au vote et sa voix, s'il est administrateur, est exclue pour le calcul du quorum et de la majorité.[222]

Il s'agit, en outre, d'une série d'obligations relatives aux conventions règlementées. Ainsi, les administrateurs intéressés sont tenus d'informer le conseil d'administration dès qu'ils ont connaissance d'une convention soumise à autorisation.[223] La nouvelle rédaction de l'article 440, alinéa 1er, ajoute que l'administrateur « *indique, en particulier, sa situation et son intérêt personnel au regard*

---

[221] Acte uniforme relatif au droit des sociétés commerciales et du GIE du 30 janvier 2014, article 523.
[222] *Ibidem*, articles 467, 474, 482, 490.
[223] *Ibidem*, article 440, alinéa 1er.

de ladite convention, en précisant ses participations, son rôle et ses liens personnels avec les autres parties à la convention et la mesure dans laquelle il pourrait en tirer un avantage personnel ». L'administrateur intéressé dans une convention règlementée ne participe pas au vote et sa voix est exclue pour le calcul du quorum et de la majorité.[224] On constate le renforcement du rôle du commissaire aux comptes et l'importance de son rapport spécial par la précision de la sanction qui est la nullité des conventions en cas de non-respect de ces dispositions.[225] Ces obligations spécifiques aux conventions réglementées permettent sans doute de préserver la société d'éventuels conflits d'intérêts.

Il en est de même de l'obligation d'agir dans l'intérêt de la société qui résulte de l'article 891 de l'Acte uniforme relatif au droit des sociétés commerciales et du GIE relatif à l'abus des biens ou du crédit de la société. Aux termes de cet article, « *Encourent une sanction pénale le gérant de la société a responsabilité limitée, les administrateurs, le président directeur général, le directeur général, le directeur général adjoint, le président de la société par actions simplifiée, l'administrateur général ou l'administrateur général adjoint qui, de mauvaise foi, font des biens ou du crédit de la société, un usage qu'ils savent contraire à l'intérêt de celle-ci, a des fins personnelles, matérielles ou morales, ou pour favoriser une autre personne morale dans laquelle ils sont intéressés, directement ou indirectement.* »

Cette disposition permet de préserver la société d'éventuels conflits d'intérêts auxquels peuvent être exposés les administrateurs collectivement ou individuellement. Il semble qu'elle protège aussi les intérêts des tiers qui peuvent également exercer l'action concernée. En effet, la jurisprudence française relative à l'action pour abus des biens ou du crédit fait référence à divers intérêts et spécialement à ceux des tiers. La chambre criminelle de la Cour de cassation a maintes fois décidé que l'incrimination d'abus des biens ou du crédit de la société « *a pour but de protéger non seulement les intérêts des associés, mais*

---

[224] *Ibidem*, article 440, alinéa 5.
[225] Acte uniforme relatif au droit des sociétés commerciales et du GIE du 30 janvier 2014, article 440, alinéa 7.

aussi le patrimoine de la société et les intérêts des tiers qui contractent avec elle »[226].

Par ailleurs, l'interdiction de certifier les comptes infidèles prévue par l'article 890 de l'Acte uniforme relatif au droit des sociétés commerciales et du GIE est aussi illustrative. L'article 890 dispose : « *Encourent une sanction pénale, les dirigeants sociaux qui auront sciemment, même en l'absence de toute distribution de dividendes, publié ou présenté aux actionnaires ou associés, en vue de dissimuler la véritable situation de la société, des états financiers de synthèse ne donnant pas, pour chaque exercice, une image fidèle des opérations de l'exercice, de la situation financière et de celle du patrimoine de la société, à l'expiration de cette période.* ». Cette disposition interdit, en matière de comptes sociaux, le silence et le mensonge des administrateurs. À ce titre, elle permet de prévenir les conflits d'intérêts et, par conséquent, de garantir l'effectivité du contrôle effectué par le conseil d'administration.

Enfin, l'indiscrétion des administrateurs est interdite par l'article 455 de l'Acte uniforme relatif au droit des sociétés commerciales et du GIE qui prévoit : « *les administrateurs ainsi que toute personne appelée à participer aux réunions du conseil d'administration sont tenus à la discrétion à l'égard des informations présentant un caractère confidentiel et données comme telles par le président de séance.* » Cette disposition protège la société d'une éventuelle fuite des informations confidentielles acquises par les administrateurs dans le cadre de leurs fonctions.

Ces règles prévues par l'Acte uniforme relatif au droit des sociétés commerciales et du GIE permettent sans doute de préserver la société de certains conflits d'intérêts. Cependant, elles ne sont pas suffisantes.

---

[226] Cass. crim., 8 mars 1967, Bull. crim., n° 94; D., 1967, p. 587, note A. Dalsace ; Cass. crim., 19 octobre 1971, Bull. crim., n° 272 ; Cass. crim., 20 avril 1977, J.–Cl. Pénal, Annexes, V° Sociétés, fasc. H, n° 84; Cass. crim., 3 octobre 1983, D., 1984, IR, p. 48; Cass. crim., 30 septembre 1991, Rev. sociétés, 1992, p. 356, note B. Bouloc; Bull. Joly, 1992, p. 153, note D. Baraderie. Pour une analyse de l'abus de biens sociaux en France et dans l'espace OHADA, v. B. Kaména, *La situation de l'associé minoritaire en France et dans l'espace OHADA*, th., Université Grenoble II, 2005, p. 173 et s., n° 102 et s.

2. Un traitement insuffisant des conflits d'intérêts

L'Acte uniforme relatif au droit des sociétés commerciales et du GIE ne prévoit aucune infraction relative à l'abus de pouvoir. Celui-ci consiste, de la part des dirigeants, à « *faire, de mauvaise foi, des pouvoirs qu'ils possèdent ou des voix dont ils disposent, en cette qualité, un usage qu'ils savent contraire aux intérêts de la société, à des fins personnelles ou pour favoriser une autre société ou entreprise dans laquelle ils sont intéressés directement ou indirectement* ».[227] Pourtant, cette infraction est très importante pour préserver la société d'éventuels conflits d'intérêts des administrateurs. C'est sur son fondement que la Cour d'appel de Versailles a pu, dans l'arrêt précité du 19 mai 2011, condamner un président de conseil d'administration qui avait révoqué et remplacé des administrateurs qui refusaient d'augmenter sa rémunération.[228]

Par ailleurs, les incompatibilités et les interdictions aux fonctions d'administrateur actuellement prévues par les textes ne suffisent pas à mettre les administrateurs à l'abri des conflits d'intérêts et, par conséquent, à garantir l'effectivité du contrôle effectué par le conseil d'administration.

En premier lieu, elles ne tiennent pas compte des liens de parenté, d'alliance ou de subordination que les administrateurs peuvent avoir avec les dirigeants de la société contrôlée. Or, ces liens sont de nature à susciter des conflits d'intérêts. En effet, un administrateur qui doit contrôler la gestion effectuée par un parent ou un allié ou même par un supérieur hiérarchique est enclin à préserver l'intérêt personnel de ce dernier qui peut coïncider avec le sien propre.

En deuxième lieu, l'Acte uniforme relatif au droit des sociétés commerciales et du GIE n'interdit pas aux administrateurs d'occuper certaines fonctions dans la société contrôlée. Or, l'occupation par un administrateur de certaines fonctions dans la société fait de lui à la fois un juge et une partie. Il en est ainsi notamment du cumul des fonctions de président du conseil d'administration et de celles de directeur général et du cumul des fonctions d'administrateur et de

---

[227] Code de commerce français, article L. 242-6, 4°.
[228] Versailles, 19 mai 2011, précité.

celles de directeur général ou de directeur général adjoint. Dans ces deux cas, celui qui effectue le contrôle de la gestion est en même temps celui dont la gestion est contrôlée.

En troisième lieu, l'analyse de la structure du conseil d'administration montre que les administrateurs qui sont en même temps directeur ou directeur général adjoint influencent fortement les orientations du conseil d'administration et ont un poids considérable dans les délibérations de celui-ci.[229] Compte tenu du rôle que le conseil d'administration est appelé à jouer, la présence en son sein d'administrateurs impliqués dans la gestion ne lui permet pas d'assumer ses fonctions de contrôle de manière efficace.

Une telle situation diminue considérablement l'effectivité du contrôle que le conseil d'administration est sensé effectuer. Elle constitue une insuffisance de l'Acte uniforme relatif au droit des sociétés commerciales et du GIE.

Cette insuffisance, cependant, est « congénitale ». Elle résulte de la source d'inspiration même des dispositions relatives au conseil d'administration, c'est-à-dire le droit français[230].

Le défaut d'indépendance des administrateurs et les risques de conflits d'intérêts, même s'ils constituent souvent des tares congénitales, ne sont pas pour autant incurables, le contrôle pouvant être amélioré.

II. Un contrôle pouvant être amélioré

Le contrôle effectué par le conseil d'administration peut être amélioré non seulement par l'application de principes supplémentaires de gouvernement d'entreprise (A), mais aussi par la possibilité de s'inspirer du droit classique des sociétés (B).

---

[229] Sur cette analyse, V. I. Chouchane, Les déterminants de la présence des administrateurs indépendants dans les conseils d'administration des sociétés françaises, La Revue des Sciences de Gestion, 2010/5-6.

[230] Sur cette inspiration, v. F. Anoukaha, A. Cissé, N. Diouf, J. Nguebou Toukam, P-G. Pougoué, M. Samb, ouvrage précité, p. 416, n° 890 ; J. Paillusseau, L'Acte uniforme sur le droit des sociétés, Petites affiches, 13 octobre 2004, n° 205, p. 19.

A. L'application de principes supplémentaires de gouvernement d'entreprise

Les principes de gouvernement d'entreprise sont prévus de manière éparse (1) dans différents codes de gouvernement d'entreprise et, parfois, dans des textes législatifs et règlementaires. Il est nécessaire d'en rechercher les meilleures voies de mise en œuvre effective (2).

1. Des principes prévus de manière éparse

Dans l'espace OHADA, les principes de gouvernement d'entreprise sont prévus, de manière éparse, notamment par l'Acte uniforme relatif au droit des sociétés commerciales et du GIE du 30 janvier 2014, le Règlement 04/08/CEMAC/UMAC/COBAC du 6 octobre 2008 relatif au gouvernement d'entreprise dans les établissements de crédit de la CEMAC, la Circulaire n° 005-2011/CB/C du 4 janvier 2011 relative à la gouvernance des établissements de crédit de l'Union monétaire ouest-africaine (UMOA) ; les codes de gouvernement d'entreprise élaborés par des organisations nationales, et les codes et chartes élaborés individuellement par certaines sociétés. Aujourd'hui, encore, d'autres codes sont en cours d'élaboration.

L'Acte uniforme relatif au droit des sociétés commerciales et du GIE du 30 janvier 2014 : Il n'a consacré que quelques règles de gouvernement d'entreprise. On peut citer notamment celles relatives aux comités spécialisés[231] et au principe « *appliquer ou expliquer* »[232].

Le Règlement 04/08/CEMAC/UMAC/COBAC du 6 octobre 2008 relatif au gouvernement d'entreprise dans les établissements de crédit de la CEMAC : Ses dispositions sont contenues dans 65 articles répartis dans 15 chapitres et un préambule. Il institue des administrateurs indépendants. Les administrateurs sont choisis sur la base d'une procédure formalisée, rigoureuse et transparente de sélection. Les fonctions de président du conseil d'administration et de

[231] Acte uniforme relatif au droit des sociétés commerciales et du GIE du 30 janvier 2014, article 437.

[232] *Ibidem*, article 831-2, alinéa 2 ; cf. infra 2. La mise en œuvre effective des principes.

directeur général sont séparées. Le Règlement pose également un certain nombre d'obligations à la charge du conseil d'administration et de ses membres. Il consacre au bénéfice de ces derniers de nombreux privilèges et prérogatives dont certains sont classiques parce que relevant du droit commun. Il fait obligation au conseil d'administration de mettre en place au moins quatre comités spécialisés. Il prévoit que la rémunération des administrateurs doit refléter leur implication effective en temps et en responsabilité dans les travaux du conseil. Il prévoit aussi des règles relatives à la gestion des conflits d'intérêts. Il instaure le principe de l'évaluation annuelle des organes sociaux et de leurs membres. Toutefois, comme son nom l'indique, ce règlement est spécifique aux établissements de crédit.

La Circulaire n° 005-2011/CB/C du 4 janvier 2011 relative à la gouvernance des établissements de crédit de l'Union monétaire ouest-africaine (UMOA) : Elle est censée être, dans l'espace UMOA, l'équivalent du Règlement 04/08/CEMAC/UMAC/COBAC du 6 octobre 2008. Cependant, il n'en est rien car elle prévoit peu de règles de gouvernement d'entreprise. En outre, ses règles sont moins contraignantes. Par exemple, à la différence du Règlement 04/08/CEMAC/UMAC/COBAC du 6 octobre 2008, il n'interdit pas le cumul des fonctions de président de conseil d'administration et de directeur général, mais recommande simplement leur séparation.

Les codes de gouvernement d'entreprise élaborés par des organisations nationales : On peut citer, par exemple, le Code ivoirien de Gouvernance d'entreprises de la Confédération Générale des entreprises de Côte d'Ivoire (CGECI) [233] et le Code des bonnes pratiques de gouvernance de l'Institut Sénégalais des Administrateurs (ISA) [234] . Ce dernier est largement inspiré des principes de

[233] Ce code élaboré par la Confédération Générale des entreprises de Côte d'Ivoire (CGECI) est consultable à l'adresse suivante : http://www.traore-gouvernance.org/publications/doc_download/52-le-code-ivoirien-de-gouvernance-dentreprise-et-de-responsabilite-societale (consulté le 28 août 2018) ; Total Côte d'Ivoire se réfère à ce code, v. spécialement rapport annuel, exercice 2015, de Total Côte d'Ivoire - https://www.brvm.org/fr/rapports-societes-cotees , consulté le 5 août 2018.

[234] Ce Code est consultable à l'adresse suivante : http://www.rse-et-ped.info/wp-content/uploads/2012/11/Code-de-Gouvernance-Senegal.pdf (consulté le 28 août 2018).

l'Organisation de Coopération et de Développement Economique (OCDE)[235].

Ces codes, comme ceux dont ils s'inspirent, ne sont, en aucune manière, contraignants. Ils laissent un grand choix aux entreprises de s'y conformer ou non. Cependant, dans certains pays, comme au Sénégal, leurs auteurs recommandent à leurs autorités nationales de les reconnaître comme codes de gouvernance de référence. Ces codes mettent également en place des outils d'évaluation et de mise à jour aux fins de les adapter à l'évolution des pratiques juridiques et de la vie des affaires.

Les codes et chartes élaborés individuellement par certaines sociétés : C'est le cas, par exemple, de « *Code of Business Conduct and ethics* » et de « *Corporate Governance Guidelines* », deux codes adoptés par Crown Holdings inc., la société-mère de CROWN SIEM CI, une société cotée à la Bourse Régionale des Valeurs Mobilières de l'UEMOA (BRVM).[236]

Les codes en cours d'élaboration : C'est le cas, par exemple, du Code de bonne gouvernance des sociétés cotées de la BRVM.[237]

Les textes et codes précités ne sont pas adoptés ex nihilo. Ils s'inspirent largement des codes de gouvernement d'entreprise élaborés en dehors de l'espace OHADA. En plus du code de l'OCDE précité, on peut citer, spécialement, en France, le code AFEP-MEDEF qui est le résultat d'un véritable travail de synthèse et de mise à jour.[238]

---

[235] Ce code de l'OCDE est consultable à l'adresse suivante : http://www.oecd.org/daf/ca/Corporate-Governance-Principles-FRA.pdf (consulté le 28 août 2018).

[236] V. spécialement rapport annuel, exercice 2015 de CROWN SIEM CI - https://www.brvm.org/fr/rapports-societes-cotees (consulté le 5 août 2018).

[237] Le 21 septembre 2017, s'est tenu à Abidjan (Côte d'Ivoire) à l'initiative de la BRVM et de la Société financière internationale (SFI) un atelier sur ce code.

[238] C'est un ensemble de principes de gouvernement d'entreprise issus des rapports Vienot de juillet 1995 et de juillet 1999, du rapport Bouton de septembre 2002 ainsi que des recommandations de janvier 2007 et d'octobre 2008. Il a été élaboré en 2008 par des groupes de travail de l'Association Française des Entreprises Privées (AFEP) et du Mouvement des Entreprises de France (MEDEF) et révisé notamment en juin 2013, novembre 2016 et juin 2018.

Les principes prévus par les différents textes et codes de gouvernement d'entreprise peuvent sans doute contribuer à augmenter l'efficacité du contrôle effectué par le conseil d'administration. Encore faudrait-il que l'OHADA, en raison de ses objectifs et de son statut, trouve les meilleures voies de leur mise en œuvre effective.

2. La mise en œuvre effective des principes

Il existe trois modèles de mise en œuvre que sont le recours direct à la loi, la référence à un code désigné par la loi et la référence à un code désigné par la société elle-même. L'OHADA opte rarement pour le premier modèle[239] et n'a jamais consacré le deuxième. Il privilégie surtout le dernier modèle.

L'article 831-2, alinéa 2, de l'Acte uniforme relatif au droit des sociétés commerciales et du GIE prévoit, en effet, que les sociétés cotées qui se réfèrent volontairement à un code de gouvernement d'entreprise élaboré par les organisations représentatives des entreprises, doivent faire état de manière précise, dans le rapport annuel du président du conseil d'administration, de l'application des recommandations et expliciter, le cas échéant, les raisons pour lesquelles elles n'auraient pas mis en œuvre certaines d'entre elles. Il s'agit là de la consécration de la règle fondamentale de gouvernement d'entreprise « *appliquer ou expliquer* » (« *comply or explain* »). Selon la même disposition, lorsque la société ne se réfère à aucun code de gouvernement d'entreprise, le rapport précité indique les règles retenues en complément des exigences requises par la loi. L'article 831-2, alinéa 2, consacre ainsi l'auto-édiction normative.[240]

Dans l'espace OHADA, le principe « *appliquer ou expliquer* » est souvent mal appliqué dans la pratique. Certaines sociétés cotées à la BRVM se contentent d'énumérer les grandes lignes des codes auxquels elles se réfèrent sans pour autant préciser si elles en

---

[239] C'est le cas par exemple pour les comités d'audit qui sont obligatoires dans les sociétés faisant appel public à l'épargne (Acte uniforme relatif au droit des sociétés commerciales et du GIE du 30 janvier 2014, article 829-1).

[240] Sur cette question, v. Ch. Donzel-Taboucou, Le principe « *appliquer ou expliquer* » en France, Rev. sociétés, 2015, p. 347.

respectent ou non toutes les règles.[241] D'autres ne font référence à aucun code.[242] La plupart des sociétés cotées à la BRVM n'ont pas publié sur le site de cette dernière leurs rapports annuels depuis l'avènement de l'Acte uniforme relatif au droit des sociétés commerciales et du GIE du 30 janvier 2014.[243] En Europe, plusieurs études ont dénoncé également les insuffisances du principe « *appliquer ou expliquer* ».[244] En France, spécifiquement, dans son rapport relatif à l'application du code AFEP-MEDEF, l'AMF a dû constater, à plusieurs reprises, l'absence d'explications « *circonstanciées et adaptées à la situation de la société* ».[245]

L'OHADA devrait alors adopter une bonne combinaison des différents modèles.

Tout d'abord, elle élaborera un « *Code de gouvernement d'entreprise OHADA* » qui serait le socle sur lequel chaque

---

[241] V. notamment les derniers rapports annuels publiés sur le site de la BRVM : rapport annuel, exercice 2015, de Total Côte d'Ivoire qui se réfère au Code ivoirien de Gouvernance d'entreprises précité, sans préciser le site sur lequel ce code est consultable, http://www.brvm.org/fr/rapport-annuel-exercice-2015-total-ci ; rapport annuel, exercice 2015, de CROWN SIEM CI qui se réfère au « *Code of Business Conduct and ethics* » et qui précise le site sur lequel ce code est consultable. https://www.brvm.org/fr/rapports-societes-cotees , consulté le 5 août 2018.

[242] V. les derniers rapports annuels publiés sur le site de la BRVM : notamment les rapports annuels, exercice 2015, de BICI CI, UNILEVER CI, BOAD, CIE CI, ECOBANK TG, FILTISAC CI, NESTLE CI et ONATEL, le rapport annuel, exercice 2016 de PALM CI et les rapports annuels, exercice 2017 de CORIS BANK et de NSIA BANQUE CI, https://www.brvm.org/fr/rapports-societes-cotees , consulté le 5 août 2018 (les rapports ultérieurs ne sont pas publiés sur le site).

[243] Il s'agit notamment de AIR LIQUIDE CI, BANK OF AFRICA BF, BANK OF AFRICA BN, BANK OF AFRICA CI, BANK OF AFRICA ML, BANK OF AFRICA NG, BANK OF AFRICA SN, BERNABE CI, BHB, BIDC, BOLLORE TRANSPORT & LOGISTICS, CAA BENIN, CFAO MOTORS CI, CRRH-UEMOA, ECOBANK CI, MOVIS CI, NEI-CEDA CI, VIVO ENERGY CI, ORAGROUP, Port Autonome d'Abidjan et Port Autonome de Dakar, https://www.brvm.org/fr/rapports-societes-cotees , consulté le 5 août 2018.

[244] V. spécialement Ch. Donzel-Taboucou, Le principe « *appliquer ou expliquer* » en France, Rev. sociétés, 2015, p. 347. Sur les sanctions en cas d'absence totale de rapport du président, de rapport incomplet ou inexact : P. Le Cannu et B. Dondero, Le non-respect des dispositions relatives au rapport du président sur la gouvernance d'une société cotée, RTDF, n° 2, 2010, p. 108 ; V. Magnier, Les manquements des sociétés cotées à la règle de conformité, JCP E 2010. 1234, n° 16 et s.

[245] AMF, Rapport 2013 VaMP, p. 27, 44 et 67, cité par Ch. Donzel-Taboucou, article précité, p. 347.

groupement professionnel ou organisation représentative des entreprises pourrait s'appuyer.[246] Ensuite, elle recommandera aux sociétés cotées de se référer directement à ce code ou à un code élaboré par un groupement professionnel ou une organisation représentative des entreprises se référant à ce code. A défaut, elles doivent s'expliquer et préciser le code auquel elles souhaitent se référer. Elles doivent aussi, le cas échéant, expliciter les raisons pour lesquelles elles n'auraient pas mis en œuvre certaines ou toutes les recommandations du code de référence. L'OHADA complètera ce dispositif par des dispositions législatives complémentaires.[247]

Ainsi, elle pourra prévoir qu'au cas où une explication doit être fournie, celle-ci doit être compréhensible, pertinente et circonstanciée et être étayée ou adaptée à la situation particulière de la société. En outre, il faudra prévoir que la société concernée doit décrire les actions qui permettent de maintenir la conformité avec l'objectif poursuivi par la disposition concernée du code.[248]

Par ailleurs, l'OHADA pourra mettre en place une autorité de contrôle de l'application des principes de gouvernement d'entreprise.[249] Celle-ci aura pour mission notamment de proposer des mises à jour du code OHADA et d'assurer le suivi de l'application de

---

[246] L'élaboration de code par groupements professionnels est d'autant plus nécessaire qu'elle permet de prendre en compte les spécificités de la profession, comme par exemple, en matière bancaire ou d'assurance. A cet égard, M. Sakho propose l'élaboration du « *Code de Gouvernance CIMA* » - A. Sakho, La gouvernance d'entreprise et la responsabilité des administrateurs et dirigeants d'entreprise d'assurances, troisième édition, Forum des marchés, FANAF, Ouagadougou, 20-21 octobre 2016 (http://fanaf.org/article_ressources/file/2016_Pesentation_Sakho.pdf , consulté le 5 août 2018).

[247] L'on sait qu'au-delà des règles d'ordre interne aux sociétés, le gouvernement d'entreprise a fait l'objet d'une consécration législative notamment aux Etats-Unis (loi Sarbanes-Oxley) et en France (spécialement loi sur la sécurité financière et textes subséquents).

[248] V. en ce sens notamment Code AFEP-MEDEF, art. 25.1. ; Commission européenne, Recommandation sur la qualité de l'information sur la gouvernance d'entreprise (« *appliquer ou expliquer* »), 2014/208/UE, JOUE 12 avr. 2014, L. 109/43, section III (B. Lecourt, Code de gouvernement d'entreprise : recommandation de la Commission européenne sur le principe « *appliquer ou expliquer* », Rev. sociétés, 2014, p. 683).

[249] Le code AFEP-MEDEF a mis en place en 2013 le « *Haut Comité de suivi de l'application du code de gouvernement d'entreprise des sociétés cotées* » (HCGE).

tous les codes de référence par les sociétés. À cet effet, seront prévues son auto-saisine et sa saisine par les sociétés et les actionnaires. L'autorité proposée pourra mettre en œuvre le principe « *désigner et blâmer* » - « *name and shame* » en anglais. Cette pratique d'inspiration anglo-saxonne est censée agir comme un élément de contrainte favorisant le suivi des règles de bonne gouvernance.

Les autorités boursières de l'espace OHADA devraient, de leur côté, dans un rapport annuel sur_le gouvernement d'entreprise, désigner nommément les sociétés qui ne se conforment pas aux recommandations du code auquel elles se réfèrent.[250]

Il faudra aussi instaurer le principe d'une auto-évaluation annuelle des organes sociaux[251] dont les actionnaires sont informés chaque année dans un rapport et, le cas échéant, des suites données. Cette autoévaluation, si elle est faite de manière objective, peut permettre de détecter les insuffisances dans le fonctionnement du conseil d'administration et donc améliorer le contrôle.

Outre les règles de gouvernement d'entreprise, l'on pourrait aussi adopter de nouvelles règles inspirées du droit classique des sociétés.

B. La possibilité de s'inspirer du droit classique des sociétés

Offrent beaucoup plus d'indépendance à leurs titulaires le statut légal des commissaires aux comptes et celui des gérants de la

---

[250] V. en ce sens les rapports de l'AMF sur le gouvernement d'entreprise depuis 2013. Cette façon de procéder a été efficace et a eu un évident effet disciplinant : les sociétés ont, par crainte ou par mimétisme, été incitées à adopter les pratiques les meilleures (B. François, Rapport 2017 de l'AMF sur le gouvernement d'entreprise et Recommandation AMF consolidée DOC-2012-02, Rev. sociétés, 2018, p. 69). Le Haut Comité de gouvernement d'entreprise a utilisé la même méthode dans son rapport annuel d'octobre 2017 et a nommé les sociétés peu vertueuses (Haut comité de gouvernement d'entreprise, Rapport du Haut Comité de gouvernement d'entreprise, oct. 2017, p. 11 et 12).

[251] V. également en ce sens Règlement 04/08/CEMAC/UMAC/COBAC du 6 octobre 2008 relatif au gouvernement d'entreprise dans les établissements de crédit de la CEMAC qui laisse le soin à chaque établissement de crédit de définir la période de référence, article 56 ; Code AFEP-MEDEF, article 9.

SARL. Il faut alors analyser la possibilité d'un rapprochement du statut des administrateurs, d'une part, de celui des commissaires aux comptes (1) et, d'autre part, de celui des gérants de la SARL (2).

1. La possibilité de s'inspirer du statut des commissaires aux comptes

Les administrateurs n'ont pas le même statut que les commissaires aux comptes. C'est pourquoi, on ne saurait transposer aux premiers toutes les dispositions relatives aux seconds. Cependant, certaines de ces dispositions peuvent, si elles sont transposées aux administrateurs, améliorer considérablement l'indépendance de ces derniers. Il s'agit spécialement de celles relatives à l'interdiction faite à certaines catégories de personnes d'exercer les fonctions de commissaires aux comptes dans une société.[252]

De la même manière, on peut interdire à certaines catégories de personnes d'occuper les fonctions d'administrateur. Ce sont, tout d'abord, le directeur général et le directeur général adjoint de la société, ainsi que ceux de la société mère et des filiales de cette dernière, ainsi que leur conjoint, leurs parents et alliés jusqu'au quatrième degré inclusivement. Ce sont, ensuite, les personnes qui, directement ou indirectement, ou par personne interposée, reçoivent de la première catégorie de personnes un salaire ou une rémunération quelconque en raison d'une activité permanente.

Ces interdictions impliquent la séparation des fonctions de président du conseil d'administration et de celles de directeur général ou de directeur général adjoint.[253]

Nous pensons qu'il n'est pas nécessaire d'exiger, comme c'est le cas pour les commissaires aux comptes, un délai de cinq ans entre la cessation d'une fonction et l'accès à une autre. En effet, s'agissant en réalité d'une incompatibilité, il suffit que les deux fonctions ne soient pas exercées en même temps. En outre, cela compliquerait

[252] Acte uniforme relatif au droit des sociétés commerciales et du GIE du 30 janvier 2014, articles 698 et 699.

[253] Sur la question en France, v. P.-H. Conac, La dissociation des fonctions de président du conseil d'administration et de directeur général des sociétés anonymes selon la loi relative aux nouvelles régulations économiques, Droit 21, 2001, ER 052, Transactive, 2000-2001.

inutilement l'application de la règle. Ainsi, pour le directeur général et le directeur général adjoint, l'interdiction cessera à la fin de leurs fonctions dans la société concernée. Et pour les parents et alliés, l'interdiction prendra fin à la cessation des fonctions de leur parent ou allié dans la société concernée. Toutefois, pour les alliés, l'interdiction cessera, en outre, à la rupture des liens d'alliance. De la même manière, celui qui n'exerce plus les fonctions d'administrateur dans une société peut être désigné directeur général ou directeur général adjoint de cette société. Il en est de même pour ses parents et alliés.

Peut également contribuer à améliorer le contrôle effectué par le conseil d'administration l'extension aux administrateurs de certains pouvoirs conférés par l'Acte uniforme relatif au droit des sociétés commerciales et du GIE aux commissaires aux comptes. Il s'agit notamment du droit d'investigation et du droit de se faire assister par un expert prévus par les articles 718 et 720 et du droit d'être obligatoirement convoqué à toutes les assemblées d'actionnaires prévu par l'article 721.

En contrepartie des pouvoirs propres qu'il faut conférer aux administrateurs, on doit mettre à la charge de ces derniers certaines obligations incombant aux commissaires aux comptes.

Il s'agit, tout d'abord, de l'obligation de signaler à l'assemblée générale les irrégularités et les inexactitudes relevées par eux au cours de l'accomplissement de leur mission.[254] Toutefois, l'administrateur ne doit dénoncer les irrégularités et les inexactitudes à l'assemblée générale que si, alors qu'il les a signalées au conseil d'administration, elles n'ont pas fait l'objet de régularisation et que celui-ci n'en fait pas mention dans son rapport annuel. De plus, nous pensons que l'obligation de dénonciation des faits délictueux au ministère public[255] doit être réservée au président du conseil d'administration qui représente le conseil d'administration vis-à-vis des tiers.

Ensuite, on peut étendre aux administrateurs, ainsi qu'aux experts qu'ils solliciteront pour les assister, l'obligation au secret professionnel prévue par l'article 717 de l'Acte uniforme relatif au

---

[254] Acte uniforme relatif au droit des sociétés commerciales et du GIE du 30 janvier 2014, article 716, alinéa 1er.

[255] Acte uniforme relatif au droit des sociétés commerciales et du GIE du 30 janvier 2014, article 716, alinéa 2.

droit des sociétés commerciales et du GIE pour le commissaire aux comptes et ses collaborateurs. Cette obligation est la contrepartie nécessaire du droit à information et du pouvoir d'investigation qui sont proposés en faveur des administrateurs. Toutefois, elle ne concernera pas la révélation des irrégularités et des inexactitudes au conseil d'administration et à l'assemblée générale.

Enfin, pour garantir le respect des obligations proposées, il faudra étendre aux administrateurs, outre la responsabilité pénale pour le non-respect de la réglementation sur les incompatibilités[256], deux autres infractions relatives aux commissaires aux comptes et prévues par les articles 899 et 900 de l'Acte uniforme relatif au droit des sociétés commerciales et du GIE.[257]

L'article 899 dispose : « *encourt une sanction pénale, tout commissaire aux comptes qui, soit en son nom personnel, soit à titre d'associé d'une société de commissaires aux comptes, a sciemment donné ou confirmé des informations mensongères sur la situation de la société ou qui n'a pas révélé au ministère public les faits délictueux dont il a eu connaissance.* » Ce dernier élément de l'infraction doit concerner uniquement le président du conseil d'administration. La disposition de l'article 899 sanctionne le mensonge et le silence du commissaire aux comptes. Il est d'autant plus nécessaire qu'on l'étende aux administrateurs car l'infraction de présentation ou publication de comptes infidèles ne prend pas en compte tous les cas de mensonge et de silence des administrateurs. Elle ne concerne, comme son nom l'indique, que les comptes.

Quant à l'article 900, il sanctionne toutes les personnes au service de la société « *qui, sciemment, ont fait obstacle aux vérifications ou au contrôle des commissaires aux comptes ou qui ont refusé la communication, sur place, de toutes les pièces utiles à l'exercice de leur mission...* ». Cette disposition garantit le droit à l'information et le pouvoir d'investigation du commissaire aux comptes. Une disposition similaire peut garantir également la mise en œuvre des droits propres des administrateurs proposés plus haut.

---

[256] *Ibidem*, article 898.

[257] Sur les infractions pénales dans l'entreprise, v. spécialement D. Nzouabeth, L'activité de l'entreprise saisie par le droit pénal, Revue CAMES/SJP, n°001/2017, p. 187-217.

Ces propositions, cependant, ne suffisent pas. Cette insuffisance peut être corrigée grâce à un rapprochement du statut des administrateurs de celui des gérants de la SARL.

2. La possibilité de s'inspirer du statut des gérants de la SARL

Il s'agit d'étendre aux administrateurs les règles relatives à la révocation des gérants de la SARL pour juste motif, non seulement par l'assemblée générale, mais aussi par la juridiction compétente.

Ces règles sont prévues par l'article 326 de l'Acte uniforme relatif au droit des sociétés commerciales et du GIE qui dispose : « *le ou les gérants statutaires ou non sont révocables par décision des associés représentant plus de la moitié des parts sociales. Toute délibération prise en violation du présent alinéa est nulle. Si la révocation est décidée sans juste motif, elle peut donner lieu à dommages et intérêts. En outre, le gérant est révocable par la juridiction compétente, dans le ressort de laquelle est situé le siège social, pour juste motif, à la demande de tout associé.* ».

Le non respect des dispositions de l'article 326 est sanctionné par la nullité de la délibération. Quant au juste motif, il peut s'agir d'une faute de gestion, d'une violation de la loi ou des statuts, d'un empêchement non fautif comme par exemple une maladie grave ou même de motifs d'économie justifiant la suppression de l'un des postes de gérant de la société.[258] La révocation décidée sans juste motif ouvre droit à l'indemnisation du dirigeant, à l'exclusion, cependant, de toute possibilité de réintégration dans ses fonctions.[259]

Il faut remarquer, toutefois, que le gérant n'étant pas interdit de vote, s'il a par exemple plus de 50 % du capital social, il est à l'abri d'une mesure de révocation. C'est pourquoi l'article 326 précité prévoit, en outre, la révocation judiciaire. Cette faculté de révocation peut être mise en œuvre par tout associé, même s'il ne possède qu'une seule part sociale. Il suffit qu'il y ait un juste motif. Quant au juge compétent, l'article 326, qui prévoit « *la juridiction compétente* », vise

[258] Pour cette dernière hypothèse, v. Cass. com., 16 mars 1954, JCP, 1954, I, 8172.
[259] Cass. Com., 22 novembre 1977, Rev. sociétés, 1978, p. 483.

une juridiction statuant au fond et dénie, par conséquent, toute compétence du juge des référés[260]. En outre, la révocation est une décision grave qui paraît excéder la compétence du juge de l'urgence. Celui-ci ne saurait prendre que des mesures conservatoires telle la suspension des fonctions du gérant ou la limitation de ses pouvoirs en attendant que la juridiction de fond se prononce.[261]

Pour justifier la révocabilité ad nutum, certains auteurs ont invoqué la théorie du mandat selon laquelle le mandant peut à tout moment révoquer le mandat. Cette opinion étant contestée par la théorie de l'institution, d'autres auteurs ont essayé de la fonder sur le nécessaire équilibre qu'il convient d'établir dans les rapports entre les organes de direction ou d'administration et les actionnaires, l'instabilité des fonctions des premiers étant la contrepartie des pouvoirs accrus qui leur sont reconnus par la loi. D'autres, enfin, ont tenté de justifier la révocabilité ad nutum par le caractère discrétionnaire du droit reconnu aux associés de mettre fin aux fonctions des dirigeants sans condition.[262]

Pourtant, l'institution de règles propres de révocation à chaque type de société ne saurait être justifiée par la forme des sociétés ou la nature des rapports que les dirigeants entretiennent avec les associés ou actionnaires.[263] Il est donc nécessaire de procéder à l'unification des deux régimes de révocation.

S'inspirant de la loi française n° 2001- 420 du 15 mai 2001 relative aux nouvelles régulations économiques[264], l'Acte uniforme du

---

[260] CCJA, 24 avril 2003, n° 008/2003, in *Les grandes décisions de la Cour Commune de Justice et d'Arbitrage de l'OHADA*, sous la direction de P. G. Pougoué et S. S. Kuaté Tamegué, L'Harmattan, 2010, p. 187, obs. A. Kenmogne Simo.

[261] V. en ce sens A. Akam Akam, La cessation des fonctions des dirigeants des sociétés commerciales en droit OHADA, Afrilex, p. 19, n° 34.

[262] Sur ces théories v. A. Akam Akam, article précité, p. 10, note 62.

[263] V. également en ce sens A. Akam Akam, article précité, p. 3, n° 6 ; K. Adom, article précité, n° 4 et s.

[264] En France, la loi n° 2001- 420 du 15 mai 2001 relative aux nouvelles régulations économiques a modifié l'article L225-55, alinéa 1er, du code de commerce comme suit : « *Le directeur général est révocable à tout moment par le conseil d'administration. Il en est de même, sur proposition du directeur général, des directeurs généraux délégués. Si la révocation est décidée sans juste motif, elle peut*

30 janvier 2014 a procédé à cette unification en ce qui concerne les directeurs généraux. Il prévoit, respectivement en ses articles 475, alinéa 2 ; 492, alinéa 2 ; 509, alinéa 2 et 515, alinéa 2, la révocation pour juste motif du directeur adjoint, du directeur général, de l'administrateur général et de l'administrateur général adjoint.

Le rapprochement du régime de révocation des administrateurs de celui des gérants de la SARL permet de remédier au défaut d'indépendance des administrateurs qui résulte de la révocation ad nutum.[265] A ce titre, il permet de rendre le contrôle effectué par le conseil d'administration plus effectif.

Conclusion

Ainsi, avec un peu de retard certes, les questions de gouvernance et particulièrement de gouvernement d'entreprise agitent le législateur et l'élite managériale de l'OHADA.

Si le mouvement du gouvernement d'entreprise a eu des mérites, c'est celui d'avoir relancé partout et avec vigueur le débat sur la bonne gouvernance des entreprises. Au surplus, il est le symptôme de la vigueur de la conception moderne de gouvernance qui tend à se substituer au système classique français, même si celui-ci demeure encore une source d'inspiration.

La prise en compte des réformes proposées constituera sans doute une nouvelle avancée dans la voie de la modernisation du droit OHADA des sociétés. Le conseil d'administration cessera, peut-être, d'être une simple chambre d'enregistrement des décisions du président-directeur général et deviendra alors un organe cardinal de la bonne gouvernance, déterminant les orientations de l'activité de la société et mettant en question la gestion des dirigeants.

Sur le plan macro-économique, les réformes proposées permettront de remplir trois fonctions essentielles : la restauration de

donner lieu à dommages-intérêts, sauf lorsque le directeur général assume les fonctions de président du conseil d'administration. »

[265] V. supra I. A. 1. La révocabilité ad nutum des administrateurs.

la confiance des investisseurs, l'amélioration des performances économiques des sociétés de l'espace OHADA, surtout de celles qui sont cotées, et la stabilité de ses systèmes économiques.

Il faut, cependant, se garder de l'inflation législative qui donne l'impression d'une navigation législative à vue. Pour un meilleur résultat, on peut préconiser l'évaluation ex-post qui consiste à vérifier a posteriori l'adéquation de la réglementation ou des principes de gouvernement d'entreprise avec la situation qu'ils régissent. A cet égard, on peut saluer l'étude récemment lancée par l'ERSUMA et portant sur la « *portée économique des actes uniformes de l'OHADA* ».

Néanmoins, il faut toujours avoir à l'esprit ces mots de Claude Bébéar : « *Mais, au-delà des réglementations, la chute d'Enron doit d'abord nous rappeler que ce sont les individus qui sont les meilleurs garants, et en définitive les seuls responsables possibles d'un gouvernement d'entreprise à la hauteur des défis d'aujourd'hui.* ».[266]

Aujourd'hui, un autre défi pour l'OHADA constitue les investissements environnementaux et sociaux.[267]

[266] Cf. Cl. Bébéar, Avant-propos, in M.-A. Frison-Roche (s dir.), Les leçons d'Enron. Autour du rapport du Sénat américain, ouvrage précité ; cité par A. Sakho, Modernisation et efficacité du droit OHADA des sociétés, A propos de la révision en 2014 de l'acte uniforme sur les sociétés commerciales, article précité, p. 3.
[267] Cf. A. Wong et U/ K.-S. Yameogo, *Les responsabilités sociétales des entreprises en Afrique francophone*, Le livre blanc, éd. Charles Léopold Mayer, 2011.

Les défis de la régulation des marchés financiers dans l'espace OHADA

Boubou KEITA
Docteur en droit
Avocat au Barreau de Paris
Enseignant à l'Université des sciences juridiques et politiques de Bamako

L'espace OHADA est doté de deux places boursières : la Bourse Régionale des Valeurs Mobilières (ci-après désignée, « la BRVM »)[268] pour l'Union Économique et Monétaire Ouest Africaine (ci-après désignée, « l'UEMOA ») et la Bourse des Valeurs Mobilières de l'Afrique Centrale (ci-après désignée, « la BVMAC »)[269] pour la Communauté Économique et Monétaire de l'Afrique Centrale (ci-après désignée, « la CEMAC »). La régulation de ces marchés est assurée d'une part, par le Conseil régional de l'épargne publique et des marchés financiers (ci-après désigné, « le CREPMF »)[270], devenu l'Autorité des Marchés Financiers de l'UMOA (AMF-UMOA)[271] et d'autre part, par la Commission de

[268] La BRVM, c'est une capitalisation boursière de 8.181 milliards de FCFA au 31 décembre 2018 ; 8.594 milliards de FCFA de levées de fonds depuis sa création en 1998 ; 864 milliards de FCFA levés par le biais de 5 émissions obligataires islamiques ; 1.084,64 milliards de FCFA de levées de fonds en 2018, 44 lignes obligataires au 31 décembre 2018 ; 198 acteurs agréés au 31 décembre 2018 ; et 45 sociétés cotées au 31 décembre 2018, cf. CREPMF, Rapport annuel 2018, p. 28.

[269] La BVMAC a connu très peu d'activité depuis sa création. Préalablement à la fusion, seule une société était cotée sur le compartiment actions avec une capitalisation boursière de 113 milliards de FCFA au 30 juin 2015, cf. Rapport d'activités de la COSUMAF, exercice 2015, p. 18.

[270] Le CREPMF est un organe de l'Union Monétaire Ouest Africaine chargé, d'une part, d'organiser et de contrôler l'appel public à l'épargne et, d'autre part, d'habiliter et de contrôler les intervenants sur le marché financier régional, cf. Traité de l'Union Monétaire Ouest Africaine, art. 24.

[271] Cette décision a été prise à l'issue de la 20ème session Ordinaire de la Conférence des chefs d'État et de gouvernement de l'UEMOA, tenue à Lomé, le 30 juillet 2018. L'entrée en vigueur de cette réforme est cependant subordonnée à la modification du Traité de l'Union Monétaire Ouest Africaine, cf. CREPMF, Rapport Annuel 2018, p. 23.

surveillance du marché financier de l'Afrique Centrale (ci-après désignée, « la COSUMAF »)[272].

Dans l'espace CEMAC, le Cameroun présentait la particularité de disposer d'une place boursière nationale (Douala Stock Exchange) et d'un régulateur national (la Commission des marchés financiers). Cette coexistence de deux places boursières au sein d'un même espace d'intégration économique constitua un frein au développement de chacun de ces marchés financiers. C'est dans ce contexte que les États membres de la CEMAC ont décidé l'unification des deux marchés, qui s'est traduite par la fusion des deux bourses, des régulateurs et des dépositaires centraux [273]. Cette fusion s'inscrit dans un vaste mouvement de réformes et de modernisation de la place financière régionale visant à orienter l'épargne vers le financement des projets de développement économique et social dans un contexte marqué par la raréfaction des financements bancaires et la baisse des revenus pétroliers de certains États membres.

À l'instar de la CEMAC, l'UEMOA est également engagée dans une véritable dynamique de réformes de sa place financière visant à assurer un meilleur financement des acteurs de la région (États, collectivités territoriales et acteurs économiques). C'est ainsi que plusieurs réformes y ont récemment vu le jour notamment en matière d'appel public à l'épargne, de gestion collective, de finance islamique, de répression administrative des manquements financiers[274] et d'audit des comptes des établissements bancaires et financiers [275]. Des

[272] La COSUMAF est une institution financière spécialisée de l'Union Monétaire de l'Afrique Centrale, cf., Convention régissant l'Union Monétaire de l'Afrique Centrale (UMAC), art. 10. Elle est en charge du bon fonctionnement du marché financier de la CEMAC, cf., Règlement n° 06/03-CEMAC-UMAC portant organisation, fonctionnement et surveillance du marché financier de l'Afrique Centrale, art. 11.

[273] Acte Additionnel n° 06/17-CEMAC-COSUMAF-CCE-SE du 19 février 2018 portant unification du marché de la Communauté Économique et Monétaire de l'Afrique Centrale (CEMAC) et mesures d'accompagnement.

[274] Sur ces réformes, voir, B. Keita, L'année 2018 : une année particulièrement riche de réformes dans l'Union Économique et Monétaire Ouest Africaine, Revue Internationale des Services Financiers, 2019/1, p. 44 et s.

[275] Instruction n°58/CREPMF/2019 relative à l'exercice du commissariat aux comptes auprès des structures agréées et des sociétés cotées du marché financier régional de l'UMOA.

réformes en cours visent à moderniser le cadre juridique de l'appel public à l'épargne[276], celui de l'information financière devant être publiée par les sociétés dont les titres sont admis à la négociation sur le marché financier régional[277] ou encore celui des émissions de titres publics[278]. Par ailleurs, le régulateur et la bourse ont entrepris une série d'actions en faveur du développement de la culture boursière qui constitue un préalable au développement des marchés financiers.

En outre, le droit OHADA et plus précisément, l'Acte uniforme relatif au droit des sociétés commerciales et du groupement d'intérêt économique (ci-après désigné, « l'AUDSCGIE »), régit les marchés financiers de la CEMAC et de l'UEMOA, à travers les règles relatives à l'appel public à l'épargne et aux valeurs mobilières.

En fin, certains aspects de la réglementation des marchés financiers relève de la compétence des États membres de la CEMAC ou de l'UEMOA soit par renvoi du droit communautaire soit en vertu de la Constitution de chacun de ces États. Il en résulte une pluralité des sources de la réglementation des marchés financiers dans l'espace OHADA.

Dès lors, comment cohabitent-elles ces réglementations ?

Loin d'être théorique, cette question est au cœur des réflexions au sein de l'OHADA et des deux communautés d'intégration économique que sont la CEMAC et l'UEMOA. En effet, le développement des marchés financiers et les objectifs d'intégration économique assignés à ces marchés se heurtent à certaines dispositions du droit OHADA tandis que les renvois faits aux législations nationales par le droit communautaire, en matière boursière, ne sont pas toujours pris en compte par les États membres. À ces difficultés, s'ajoutent des divergences substantielles entre les réglementations boursières en

---

[276] Projet d'Instruction n°36/2009 (révisée) relative à l'appel à l'épargne sur le marché financier régional de l'Union Monétaire Ouest Africaine (UMOA).

[277] Projet d'Instruction n°….relative à la communication financière des entités ayant fait appel public à l'épargne sur le marché financier de l'UMOA.

[278] Projet d'Instruction n°…/CREPMF/2019 régissant les conditions d'enregistrement et de réalisation des émissions de titres publics sur le marché financier régional de l'UMOA.

vigueur dans la CEMAC et l'UEMOA, ce qui nuit à l'objectif d'intégration juridique poursuivi par l'OHADA.

La présente étude se propose de répondre à la question susvisée à travers l'analyse du droit OHADA et des réglementations en vigueur dans la CEMAC et l'UEMOA. En raison des liens étroits qu'entretiennent ces réglementations avec le système juridique français, l'analyse portera également sur certains aspects de ce système.

Dans la réalisation de l'objectif de modernisation et d'intégration des places boursières, la question de l'articulation des sources de la réglementation des marchés financiers mérite d'occuper une place de premier rang (I). Les difficultés d'articulation de ces sources et les divergences réglementaires invitent à une harmonisation des cadres juridiques des marchés financiers en vue d'une meilleure intégration de ces marchés et d'une meilleure intelligibilité du droit financier (II). Il s'agit de deux principaux défis que doivent relever les acteurs dotés de pouvoirs normatifs en matière boursière.

I. Le défi d'une meilleure articulation des sources du droit financier

La cohabitation du droit OHADA et des droits nationaux, d'une part (A), et du droit OHADA et des droits des organisations d'intégration économique, d'autre part (B), est loin d'être paisible et harmonieuse.

A. La difficile articulation du droit OHADA et des droits nationaux

La question du conflit entre le droit OHADA et les droits nationaux ne pose pas de difficulté particulière en raison de la primauté du droit OHADA consacrée par le Traité OHADA [279]. Dès lors, toute disposition nationale contraire au droit OHADA sera écartée au profit de ce dernier[280]. Cette hypothèse paraît en principe marginale en matière boursière dans la mesure où les États membres de l'OHADA

---

[279] Art. 10.

[280] A. Cissé, L'harmonisation du droit des affaires en Afrique : l'expérience de l'ohada à l'épreuve de sa première décennie, Revue Internationale de Droit Économique, 2004, p. 197, spéc. p. 209 et s.

ne disposent pas de marchés financiers nationaux[281] et où les sources de la réglementation boursière sont essentiellement d'origine communautaire. Il en va différemment des renvois faits par le droit OHADA aux droits nationaux. Ces renvois ne sont pas toujours pris en compte par les législations nationales. La question du gouvernement d'entreprise (1.) et celle de la définition du régime des contrats financiers (2.) en sont l'éclatante illustration.

1. Les insuffisances en matière de gouvernement d'entreprise

Le gouvernement d'entreprise, ou *corporate governance*, en anglais, a émergé autour des années 1960, dans les pays anglo-saxons en réaction à divers scandales financiers et à certains dysfonctionnements relevés dans la gouvernance des entreprises notamment celles réunissant un nombre important d'actionnaires [282]. Technique d'anticipation des risques et de sécurisation de la propriété économique [283], le gouvernement d'entreprise « *s'entend des structures, procédures et pratiques qui précisent le fonctionnement des organes de direction de façon à ce que soient préservés les intérêts des parties prenantes* »[284]. En effet, les rapports entre les actionnaires et les dirigeants sont dominés, dans la littérature économique anglo-saxonne, par « *cette idée de relations contractuelles procédant d'une sorte de mandat* » [285]. C'est l'émergence de la théorie dite de l'agence dont l'aspiration centrale

---

[281] Le seul État membre de l'OHADA qui disposait d'un marché national était le Cameroun. Ce marché a été absorbé par le marché financier de l'Afrique Centrale, cf. Acte Additionnel n°06/17-CEMAC-COSUMAF-CCE-SE du 19 février 2018 portant unification du marché financier de la CEMAC et mesures d'accompagnement.

[282] P. Bissara, R. Foy et A. de Vauplane, Droit et pratique de la gouvernance des sociétés cotées. Conseils et comités, Joly éditions-ANSA, 2007, p. 2; A. Couret, Le gouvernement d'entreprise : la *corporate governance*, D. 1995, p. 163 ; J.-P. DOM, Le gouvernement d'entreprise, technique d'anticipation des risques, JCP E n° 24, 14 juin 2012, 1387 ; K. J. Hopt, Le gouvernement d'entreprise. Expériences allemandes et européennes, Revue des sociétés 2001, p. 1 ; N. Rontchevsky, Le gouvernement d'entreprise à la française. Brèves observations sur le volet société de la loi « NRE », D. 2001, p. 2578 ; J. Delga, Éthique, éthique d'entreprise, éthique du gouvernement d'entreprise, D. 1999, p. 397.

[283] J.-P. Dom, art. préc.

[284] Ibid.

[285] A. Couret, art. préc.

est de mettre en lumière les conflits d'intérêts inhérents au mandat de gestion en vue d'une meilleure prise en compte des intérêts des actionnaires par les dirigeants. Ces conflits sont d'une acuité particulière dans les grosses entreprises et notamment celles dont les titres sont admis à la négociation en bourse en raison de « *la dissociation intégrale ou partielle de la propriété du capital et de l'exercice du pouvoir dans la société* » qui caractérisent ces structures [286]. Dans ces conditions, les dirigeants qui détiennent généralement une fraction infime du capital, sont moins enclins à gérer la société dans l'intérêt des actionnaires[287].

Ces préoccupations sont également au cœur du droit OHADA où la réforme de l'AUDSCGIE a conduit à un renforcement des règles de gouvernement d'entreprise [288]. Ces règles visent à améliorer le fonctionnement du conseil d'administration et la transparence au sein des entreprises, à assurer un meilleur encadrement des rémunérations des mandataires sociaux et à lutter contre les conflits d'intérêts[289].

La question du gouvernement d'entreprise n'est également pas absente des préoccupations des organisations d'intégration économique. Dans la CEMAC, la Commission Bancaire a adopté un certain nombre de textes intéressant le gouvernement d'entreprise dont le Règlement n° 0408 CEMAC/UMAC/COBAC relatif au gouvernement d'entreprise dans les établissements de crédit de la Communauté économique et monétaire de l'Afrique Centrale et le Règlement COBAC EMF R-2017/04 relatif au gouvernement d'entreprise dans les établissements de micro finance. Dans l'UEMOA, la Commission Bancaire a adopté la Circulaire n° 01-2017/CB/C relative à la gouvernance des établissements de crédit et des compagnies financières de l'UEMOA. Le champ d'application de ces différents textes demeure limité aux établissements de crédit et de micro finance.

Au-delà de ces règles, les réglementations en vigueur dans l'espace OHADA demeurent timides sur la question de la gouvernance des

---

[286] P. Bissara, R. Foy et A. de Vauplane, *op. cit.*, p. 7.

[287] A. Couret, art. préc.

[288] A. T. Traoré, La promotion d'une meilleure gouvernance des sociétés commerciales, Droit et Patrimoine, n° 239, septembre 2014.

[289] Ibid.

sociétés dont les titres sont cotés en bourse alors même que les spécificités de ces acteurs ont conduit à l'adoption, dans plusieurs systèmes juridiques étrangers, d'un corps de règles spécifiques à ces sociétés[290]. La principale disposition en vigueur en droit OHADA est l'article 831-2 de l'AUDSCGIE qui prévoit, à la charge des sociétés faisant appel public à l'épargne, une obligation de transparence relativement à l'application des principes du gouvernement d'entreprise. Ce texte dispose que lorsqu'une société se réfère volontairement à un code de gouvernement d'entreprise élaboré par les organisations représentatives des entreprises, le rapport du président du conseil d'administration sur la composition du conseil, les conditions de préparation et d'organisation des travaux du conseil, les procédures de contrôle interne et de gestion des risques, précise également les dispositions qui ont été écartées et les raisons pour lesquelles elles l'ont été. C'est l'application du principe *comply or explain (« appliquer ou expliquer »).* D'origine anglo-saxonne, ce principe fut introduit en droit français par l'article 26 de la loi n° 2008-649 du 3 juillet 2008 portant diverses dispositions d'adaptation du droit des sociétés au droit communautaire[291]. Les organisations représentatives des entreprises ont saisi cette opportunité pour contribuer à l'amélioration de la gouvernance des sociétés cotées à travers la publication d'un certain nombre de codes. C'est le cas de l'Association Française des Entreprises Privées (AFEP) et du Mouvement des Entreprises de France (MEDEF) qui ont publié un Code de gouvernement d'entreprise des sociétés cotées [292] et de MiddleNext, qui a publié un Code de gouvernement d'entreprise destiné aux petites et moyennes entreprises[293].

---

[290] Sur cette question, voir, B. Lecourt, Les codes de gouvernement d'entreprise dans l'Union européenne, Revue des sociétés 2016, p. 695 ; P. Bissara, R. Foy et A. de Vauplane, *op. cit.*

[291] Ce principe est codifié à l'article L. 225-37-4 du Code de commerce. Sur cette question, voir notamment, P. Durand-Barthez, Règle « comply or explain » - Le principe « appliquer ou expliquer ». Réflexions sur ses fondements et sa mise en œuvre dans le domaine du gouvernement d'entreprise, Cahiers de droit de l'entreprise n° 2, mars 2016, dossier 11.

[292] AFEP, MEDEF, Code de gouvernement d'entreprise des sociétés cotées, disponible sur : https://afep.com/wp-content/uploads/2018/06/Code-Afep_Medef-révision-du-20-juin_VF.pdf, consulté le 2 janvier 2019.

[293] Middlenext, Code de gouvernement d'entreprise, disponible sur : http://www.middlenext.com/IMG/pdf/2016_codemiddlenext-pdf_version_finale.pdf, consulté le 2 janvier 2019. Sur ce code, voir, B. François,

Dans l'espace OHADA, des codes de gouvernement d'entreprise ont été adoptés au Sénégal[294] et en Côte d'Ivoire[295]. Les autres États membres de l'OHADA ne disposent pas, à notre connaissance, d'un tel code. Il en va de même des législations boursières élaborées par les régulateurs financiers et les États membres de l'OHADA. À ces vides réglementaires, s'ajoute l'absence d'action des régulateurs financiers spécifique à la gouvernance d'entreprise. Or, la spécificité des sociétés cotées en bourse et l'importance de la gouvernance en matière d'attractivité des places boursières et de création de la valeur actionnaire invitent à l'adoption d'un cadre de gouvernance d'entreprise propre à ces acteurs et à son effectivité dans l'espace OHADA. En effet, « *pour pouvoir pleinement bénéficier de la mondialisation des marchés de capitaux et attirer des capitaux ''patients'' à long terme, les pays doivent se doter de régimes de gouvernement d'entreprise crédibles et lisibles à l'étranger et respecter un socle minimum de principes reconnus* »[296]. Aussi, dans le cadre de sa dynamique de promotion et de développement de la place financière de l'UEMOA, la BRVM a-t-elle entrepris de doter ladite place, d'un code de gouvernement d'entreprise propre aux sociétés cotées à travers la conclusion, le 10 janvier 2019, d'un accord avec l'*International Finance Corporation*[297]. La même démarche mérite d'être adoptée dans la CEMAC.

Nouveau code de gouvernement d'entreprise Middlenext, Revue des sociétés 2016, p. 632.

[294] Institut Sénégalais des Administrateurs, Code de gouvernance des entreprises, disponible sur : https://issuu.com/garecgo/docs/name107f44, consulté le 8 octobre 2019.

[295] CAGO, Code ivoirien de gouvernance d'entreprise et de responsabilité sociétale, en vente chez CAGO (Centre Africain d'Expertise en Gouvernance des Organisations), voir : http://www.traore-gouvernance.org/code-ivoirien.

[296] *Principes de gouvernement d'entreprise de l'OCDE*, avril 2004.

[297] BRVM, Le bureau exécutif de l'ASEA en visite de travail à la BAD, disponible sur : https://www.brvm.org/fr/mediacentre/actualites/le-bureau-executif-de-lasea-en-visite-de-travail-la-bad ; IFC and West African Stock Exchange Partner to Strengthen Corporate Governance, disponible sur : https://ifcextapps.ifc.org/IFCExt/Pressroom/IFCPressRoom.nsf/0/144ACB77EC2B187B8525837E0052504A, consulté le 11 janvier 2019 ; J.-M. Konandi, BRVM : vers la mise en place d'un code de gouvernance d'entreprise, disponible sur : https://www.financialafrik.com/2019/01/11/brvm-vers-la-mise-en-place-dun-code-de-gouvernance-dentreprise/, consulté le 11 janvier 2019.

Ces développements révèlent l'insuffisance des réglementations financières en matière de gouvernement d'entreprise et la nécessité d'une intervention législative. Il en va de même s'agissant des contrats financiers.

2. L'introuvable régime des contrats financiers dans les droits nationaux

La notion de « ***contrats financiers*** » est une spécificité du droit français consacrée par l'OHADA lors de la réforme de l'AUDSCGIE. L'article 744 de ce texte dispose que les « *sociétés anonymes peuvent (...) conclure des ''contrats financiers'' également dénommés ''instruments financiers à terme'', le cas échéant, dans les conditions fixées par l'autorité compétente de chaque État partie* ». Ainsi, le droit OHADA consacre la notion de contrat financier sans la définir et encore moins, en préciser le régime. Un renvoi est, à cet égard, fait aux droits nationaux, qui, sauf erreur de notre part, n'ont cependant pas pris en compte un tel renvoi alors même que l'utilité économique des contrats financiers demeure incontestable dans la vie des affaires. Il en résulte une incertitude sur la notion et le régime du contrat financier en droit OHADA, ce que les praticiens n'ont pas manqué de dénoncer[298] : le *« caractère sommaire de l'introduction des contrats financiers dans la nouvelle rédaction de l'article 744 de l'AUDS laisse le goût prononcé d'une réforme bien inachevée. La situation induite est analogue à celle qu'aurait créée un législateur qui mettrait à la disposition des acteurs économiques la seule définition juridique d'opérations aussi risquées que les opérations de banque ou d'assurance sans l'encadrement et les protections nécessaires »*[299].

Plusieurs questions méritent dès lors d'être posées. Qu'est-ce qu'un contrat financier ? Dans quelles conditions peut-il être conclu ? Quelles sont les règles de protection des parties à ce contrat ?

En l'absence de réponse en droit OHADA et dans les droits nationaux, le recours au droit français, source d'inspiration de l'OHADA, paraît

[298] S. Agbayissah, Les contrats financiers dans l'espace OHADA : une réforme bien inachevée, Revue de droit bancaire et financier, mai-juin 2016, étude 16.
[299] Ibid.

nécessaire à la compréhension de la notion de contrat financier et à l'identification de son régime juridique.

En droit français, les contrats financiers constituent avec les titres financiers, des instruments financiers[300]. Ces contrats font l'objet d'une énumération[301]. Ce sont des instruments de spéculation et de couverture. Plus précisément, ils « *permettent à une personne de transférer à une autre, qui l'accepte, moyennant une prime ou un engagement similaire mais inverse, de transférer des risques d'ordre financier (baisse ou hausse du prix d'un actif, d'un taux, risque d'insolvabilité de l'émetteur d'un titre, etc.) soit qu'il s'agisse de spéculer sur ce risque, soit qu'il s'agisse de se couvrir contre les conséquences financières de la réalisation de ce risque* »[302]. Ainsi et à titre d'exemple, si au cours de l'hivernage, la tonne du blé coûte 5000 euros, l'agriculteur qui craint la baisse de ce prix au moment des récoltes, pourra au moyen d'un contrat financier, vendre à l'avance sa future production, au prix de 5000 euros la tonne. Cet agriculteur se trouve ainsi protégé contre toute baisse des prix. De même, une personne ayant contracté un prêt à taux variable et qui souhaite se protéger contre une hausse des taux, pourra en vertu d'un contrat financier, échanger son taux d'intérêts variable contre un taux fixe ou se couvrir contre une hausse des taux.

Les contrats financiers sont des instruments, qui à la différence des titres financiers (actions, obligations), « *ne sont pas ''émis'' (créés par un groupement de personnes), ni inscrits en compte, ni négociables* », *ils* « *s'analysent en des formules types de contrat proposées aux investisseurs et ''activées'' par la rencontre des consentements de deux opérateurs souscrivant au contrat en sens opposé*[303] ». La principale caractéristique de ces instruments réside dans le fait que « *la portée de l'engagement pris positivement ou négativement par un contractant dépend (dérive) d'un élément sous-jacent*[304] » dont la nature peut être extrêmement diverse[305]. L'actif

[300] Code monétaire et financier, art. L. 211-1.
[301] Code monétaire et financier, art. D211-1 A.
[302] S. Praicheux, Instruments financiers à terme, Répertoire des sociétés, Dalloz.
[303] T. Bonneau et F. Drummond, *Droit des marchés financiers*, 3ème éd., Economica, 2010, n° 148. Adde, *Lamy droit du financement*, éd. 2016, n° 1029.
[304] A. Couret, H. Le Nabasque et alii, *Droit financier*, préc., n° 965.
[305] T. Bonneau, P. Pailler et alii, *Droit financier*, LGDJ, 2017, n° 736.

sous-jacent pourrait être une matière première (par ex. le blé, l'or, le diamant) ou un indice financier. La « *valeur du contrat financier dépend de l'évolution du cours de cet actif sous-jacent qui, techniquement, cristallise les projections des opérateurs à terme, qui prennent position à terme à la hausse ou à la baisse en fonction des anticipations qu'ils font de l'évolution du cours de ce sous-jacent* »[306].

Cette réglementation a permis le développement, en France, d'un véritable marché de produits dérivés et inspiré certaines législations étrangères dont notamment celles du Maroc[307] et de l'OHADA. Cela étant, à la différence de l'OHADA, qui a simplement consacré la notion de contrat financier sans la définir, le Maroc dispose d'une législation mieux aboutie en la matière avec la définition de la notion d'instrument financier à terme [308] et la création d'un marché à terme d'instruments financiers (sur lequel peuvent être négociés les instruments financiers à terme)[309] et d'une chambre de compensation « *chargée de l'organisation de la compensation des transactions enregistrées sur le marché et la livraison éventuelle des actifs et du règlement des espèces* »[310].

Au regard de l'utilité économique des contrats financiers et de l'insécurité juridique inhérente au dispositif en vigueur en droit

---

[306] T. Bonneau, P. Pailler et alii, op. cit., n° 736.

[307] Loi n° 42-12 relative au marché à terme d'instruments financiers.

[308] Loi n° 42-12, préc., art. 3 : « Pour l'application de la présente loi, on entend par instruments financiers à terme :

- les contrats financiers à terme fermes sur tous effets, valeurs mobilières, indices et devises ;
- les contrats à terme sur taux d'intérêt ;
- les contrats d'échange ;
- les contrats à terme sur marchandises, soit lorsqu'ils font l'objet, en suite de négociation, d'un enregistrement auprès d'une chambre de compensation d'instruments financiers ou d'appels de couvertures périodiques, soit lorsqu'ils offrent la possibilité que les marchandises sous-jacentes ne soient pas livrées moyennant un règlement monétaire par le vendeur ;
- les contrats d'option d'achat ou de vente d'instruments financiers.

Les caractéristiques de chaque catégorie d'instruments financiers à terme sont fixées dans le règlement général de la société gestionnaire du marché à terme prévu à l'article 9 de la présente loi ».

[309] Ibid., art. 8.

[310] Ibid., art. 28.

OHADA, une intervention législative paraît plus que nécessaire. Une telle réforme permettrait d'assurer une meilleure articulation du droit OHADA et des réglementations boursières dans le contexte actuel marqué par un infléchissement des règles du droit OHADA, par les autorités de régulation financière, au nom d'impératifs boursiers et économiques.

B. La difficile cohabitation du droit OHADA et des droits des organisations d'intégration économique

La cohabitation du droit OHADA et des droits des organisations d'intégration économique est loin d'être paisible et harmonieuse. L'inadaptation de certaines dispositions du droit OHADA aux activités financières et les impératifs boursiers et financiers ont pu justifier certaines entorses au droit OHADA (2.). L'absence de hiérarchie entre ces normes supranationales est de nature à accroître ces difficultés de cohabitation (1.).

1. Une cohabitation rendue difficile par l'absence de hiérarchie entre les différentes normes

La réglementation applicable aux marchés financiers de l'espace OHADA résulte tant du droit OHADA que de celui des organisations d'intégration économique. Le droit OHADA régit ces marchés à travers notamment les règles relatives à l'appel public à l'épargne et aux valeurs mobilières que peuvent émettre les sociétés par actions. Par ailleurs, la CEMAC et l'UEMOA ont consacré un véritable corpus réglementaire en matière boursière, appelé à se renforcer avec les importantes réformes en cours dans les deux zones économiques. La question de l'articulation de ces normes avec le droit OHADA occupe une place centrale dans le cadre de ces réformes. S'agissant de l'application des dispositifs en vigueur, ladite question se pose avec une acuité particulière en raison de potentiels conflits de normes et des entorses apportées au droit OHADA.

Juridiquement, la résolution de tels conflits paraît délicate dans la mesure où « *il est difficile d'envisager une hiérarchie entre des systèmes juridiques découlant tous de traités internationaux* »[311]. Aussi et afin de sortir de cette impasse, la doctrine a-t-elle proposé des critères de résolution desdits conflits. C'est notamment le cas du principe *specialia generalibus derogant* qui permet de faire prévaloir le système dont les normes présentent un caractère spécial par rapport à celles des autres systèmes. Il en va de même du principe *lex posterior derogant priori* qui confère la primauté à l'instrument juridique le plus récent[312]. La mise en œuvre de chacun de ces critères paraît cependant délicate en présence de systèmes juridiques mettant en présence des États souverains et visant à promouvoir des objectifs spécifiques qui ne sont pas nécessairement conciliables. Dans ces conditions, aucun des systèmes ne saurait l'emporter. D'où l'intérêt des règles de conflits de lois prévues par les différents textes et du cadre permanent de concertation entre l'OHADA et les organes et institutions communautaires dotés de pouvoirs normatifs dans les États membres de l'OHADA.

En droit OHADA et dans le souci de préserver les spécificités des marchés financiers, plusieurs dispositions renvoient à la réglementation boursière élaborée par les autorités de marché. C'est le cas de l'alinéa premier de l'article 823 de l'AUDSCGIE qui dispose que « *sans préjudice des dispositions pouvant régir la bourse des valeurs mobilières et l'admission de valeurs mobilières à cette bourse, les sociétés constituées ou en cours de formation faisant appel public à l'épargne par l'émission de titres sont à la fois régies par les règles générales gouvernant la société anonyme et les dispositions particulières du présent titre* ». Ce dispositif fut invoqué par l'UEMOA, lors de l'adoption du mécanisme de fractionnement des titres[313] et l'assouplissement de l'exigence de capital social minimum en matière d'appel public à l'épargne[314]. Le dernier alinéa de l'article 744 de l'AUDSCGIE qui dispose que les « *sociétés anonymes peuvent*

[311] G. Ngoumtsa Anou, Organisation pour l'Harmonisation en Afrique du Droit des Affaires (OHADA)-Présentation générale, JurisClasseur Droit international, Fasc. 170.
[312] Ibid.
[313] Instruction n° 48/2012 relative au fractionnement des titres des sociétés inscrites à la cote de la Bourse Régionale des Valeurs Mobilières (BRVM) de l'Union Économique et Monétaire Ouest Africaine (UEMOA).
[314] Conseil des Ministres, Décision n° CM/PCR/10/09/2018 portant fixation du capital social minimum des entités faisant appel public à l'épargne sur le marché financier régional de l'UMOA.

aussi conclure des contrats financiers, également dénommés ''instruments financiers à terme'', le cas échéant dans les conditions fixées par l'autorité compétente de chaque État partie » reconnaît également la spécificité des marchés financiers. Il en va de même du troisième alinéa de l'article 744-1 de l'AUDSCGIE qui dispose qu'en cas « *de cession de valeurs mobilières admises aux opérations d'un dépositaire central ou livrées dans un système de règlement et de livraison agréé par l'organe compétent de chaque État partie, cette inscription est effectuée à la date et dans les conditions définies par l'autorité de marché compétente* ». Ces textes reconnaissent ainsi la spécificité de la réglementation des marchés financiers et la compétence normative de la CEMAC et de l'UEMOA en matière financière.

Quant au droit de la CEMAC, il contient une disposition réglant les conflits entre la réglementation des marchés financiers et le droit OHADA. Il s'agit de l'alinéa premier de l'article 8 du Règlement n° 06/03-CEMA-UMAC portant organisation, fonctionnement et surveillance du Marché Financier de l'Afrique Centrale qui dispose que la COSUMAF exerce ses activités dans le respect « *des dispositions relatives à l'appel public à l'épargne telles que fixées dans l'Acte Uniforme OHADA du 17 avril 1997 relatif au droit des sociétés commerciales et du groupement d'intérêt économique, dont elle contribue à la mise en œuvre et en contrôle l'application, à condition que lesdites dispositions ne soient pas incompatibles avec celles du présent Règlement, de ses textes d'application ou de toute autre disposition régissant le Marché Financier Régional* ». Ce texte consacre ainsi la spécificité de la réglementation financière, spécificité justifiant la mise à l'écart du droit OHADA lorsqu'il paraît incompatible avec la réglementation boursière en vigueur dans la CEMAC. Il a le mérite de poser clairement une règle de résolution des conflits pouvant naître entre les différentes réglementations et de permettre l'adoption par la CEMAC d'un cadre juridique propre au marché financier et affranchi de toute entrave pouvant résulter du droit OHADA. En cela, il est porteur de sécurité de juridique pour les acteurs de la CEMAC. Cela étant, cet outil mérite d'être manié avec beaucoup de précaution afin de ne pas vider le droit OHADA de sa substance dans l'espace CEMAC. L'intervention de la CEMAC doit dès lors se limiter au strict minimum réglementaire nécessaire au développement de son marché financier et à la protection des investisseurs.

Aux cotés de ces règles, existe depuis 2015, un cadre permanent de concertation entre l'OHADA et les organes et institutions communautaires dotés de pouvoirs normatifs dans les États membres de l'OHADA et ayant notamment pour mission de « *favoriser la concertation, les échanges et la coopération entre les différents membres en vue d'éviter des conflits dans le cadre de l'élaboration des normes relevant de leur compétence, dans les États parties à l'OHADA* »[315]. Ce cadre permet ainsi la prise en compte des spécificités des secteurs régulés, spécificités qui justifient certaines entorses au droit OHADA.

2. Les infléchissements apportés au droit OHADA par les réglementations boursières

Les marchés financiers poursuivent le financement des projets de développement économique et social dans le contexte actuel de raréfaction des financements bancaires. La réalisation de cet objectif se heurte cependant à certaines dispositions du droit OHADA, ce qui a pu justifier certains infléchissements de ces règles.

Ces infléchissements concernent en premier lieu l'APE. L'APE est régi par le droit OHADA[316] et les réglementations élaborées par les autorités de régulation boursière. Réservé en principe aux sociétés anonymes ayant un capital social minimum de 100 millions de FCFA, aux États et collectivités territoriales, l'APE se traduit par l'admission de valeurs mobilières à la négociation sur le marché financier d'un État partie ou l'offre au public d'un État partie, de valeurs

---

[315] Ce cadre mis en place en 2015, comprend l'OHADA, la Banque Centrale des États de l'Afrique de l'Ouest, la Banque des États de l'Afrique Centrale, la Commission de l'Union Économique et Monétaire Ouest Africaine, la Commission de la Communauté Économique et Monétaire de l'Afrique Centrale, la Commission Bancaire de l'Union Monétaire Ouest Africaine, la Commission Bancaire de l'Afrique Centrale, la Conférence Interafricaine des Marchés d'Assurances, la Conférence Interafricaine de Prévoyance Sociale, le Conseil Régional de l'Épargne Publique et des Marchés Financiers, la Commission de Surveillance du Marché Financier de l'Afrique Centrale, la Banque Centrale du Congo, la Banque Centrale de Guinée et la Banque Centrale de l'Union des Comores.

[316] AUDSCGIE, art. 81 à 96-1 et 823 à 852.

mobilières[317]. Les sociétés faisant APE doivent, outre l'exigence de capital social minimum précitée, faire preuve d'une transparence accrue à l'égard du marché[318] à travers la publication d'informations permanentes[319] et périodiques[320], sous le contrôle des régulateurs boursiers. Dans l'UEMOA, les opérations d'emprunts obligataires sont en outre soumises à la production d'une notation financière ou d'une garantie à première demande par l'émetteur[321].

La réglementation de l'APE cherche ainsi à concilier l'accès des entreprises au financement avec l'impératif de protection des investisseurs. Cela étant, ces contraintes réglementaires qui sont de nature à renchérir le coût des levées de fonds ne constituent-elles pas l'un des obstacles majeurs au développement de nos marchés ? Cette interrogation n'est pas seulement celle de l'universitaire ou du praticien du droit financier, elle est cœur des réflexions en cours au sein des régulateurs boursiers. Ainsi, et à titre d'exemple, l'exigence de capital social minimum en matière d'APE prévue par le droit OHADA[322] est considérée comme l'un des obstacles majeurs à l'accès

[317] AUDSCGIE, art. 81.

[318] Sur ce dispositif, voir B. Keita, La protection de l'investisseur dans les sociétés faisant appel public à l'épargne dans l'espace OHADA, Revue internationale des services financiers, 2017/4, février 2018, p. 48 ; COSUMAF, Règlement général, art. 67 et s.

[319] CREMPF, Règlement général, art. 132 ; CREPMF, Instruction n° 52/2017 applicable aux émetteurs faisant appel public à l'épargne dans le cadre de l'admission au Troisième Compartiment de la BRVM, art. 13.

[320] Acte uniforme révisé relatif au droit des sociétés commerciales et du groupement d'intérêt économique, art. 847 et s. ; CREMPF, Règlement général, art. 126 et s. ; CREPMF, Instruction n° 52/2017 applicable aux émetteurs faisant appel public à l'épargne dans le cadre de l'admission au Troisième Compartiment de la BRVM, art. 13 ; CREPMF, Circulaire relative aux formats de présentation des informations diffusées par les émetteurs et les investisseurs sur le marché financier régional ; COSUMAF, Instruction n° 02-12 du 29 juin 2012 relative aux informations périodiques exigées des sociétés faisant appel public à l'épargne sur le marché financier de l'Afrique Centrale.

[321] CREPMF, Instruction n° 36/2009 portant modification et annulation de l'Instruction n° 33/2006 relative à l'appel public à l'épargne au sein de l'UMOA, art. 8.

[322] AUDSCGIE, art. 824 qui prévoit un capital social minimum de 100 millions de FCFA.

des PME aux marchés financiers [323], ce qui a justifié son assouplissement par l'UEMOA[324].

Les infléchissements apportés au droit OHADA concernent en deuxième lieu les valeurs mobilières. Les valeurs mobilières sont des titres financiers émis par les sociétés par actions et conférant à leurs titulaires des prérogatives d'ordre politique et/ou financier. Aux termes de l'article 744 de l'AUDSCGIE, les valeurs mobilières sont des titres conférant des droits identiques par catégorie et donnant accès directement ou indirectement à une quotité du capital de la société émettrice, ou à un droit de créance général sur son patrimoine. Au regard de cette définition, deux critères essentiels caractérisent les « *valeurs mobilières* » : la fongibilité des titres émis et la possibilité qu'ils offrent à leurs titulaires de détenir une quotité du capital de la société émettrice ou un droit de créance général sur son patrimoine. À ces critères, s'ajoute celui de la négociabilité des valeurs mobilières, qui se traduit par leur circulation, cession ou transmission selon des modes simplifiés, en l'occurrence le virement de compte à compte.

L'article 744 de l'AUDSCGIE n'est cependant pas sans soulever des difficultés dans la mesure où il ne s'applique pas aux titres émis par d'autres entités dont notamment les États et les organismes de placement collectif en valeurs mobilières et répondant pourtant à la qualification de valeurs mobilières. Aussi, les régulateurs boursiers ont-ils étendu cette qualification à des titres émis par des entités autres que les sociétés de capitaux.

Dans la CEMAC, le Règlement n° 01/14/CEMAC-UMAC-CM/ portant institution d'un régime d'inscription en compte des valeurs mobilières et autres instruments financiers, assimile aux valeurs

---

[323] CREPMF, Rapport annuel 2018, p. 58. Adde, B. Keita, La protection de l'investisseur dans les sociétés faisant appel public à l'épargne dans l'espace OHADA, préc., spéc. p. 54.

[324] Décision n° CM/PCR/10/09/2018 portant fixation du capital social minimum des entités faisant appel public à l'épargne sur le marché financier régional de l'UMOA, texte ayant consacré un capital social minimum de 10 millions de FCFA. Sur cette réforme, voir CREPMF, Rapport annuel 2018, p. 13 ; B. Keita, L'année 2018 : une année particulièrement riche de réformes en matière de réglementation financière dans l'Union Économique et Monétaire Ouest Africaine, RISF 2019/1, p. 44, spéc. p. 50 et s.

mobilières[325], les bons du trésor, les obligations du trésor et tout autre instrument financier émis par la Banque des États de l'Afrique Centrale, par un État membre de la CEMAC ou un démembrement de cet État, les actions ou parts d'organismes de placement collectif en valeurs mobilières, les parts de fonds communs de créances et tout autre instrument financier émis dans le cadre d'un appel public à l'épargne.

Dans une logique similaire, dans l'UEMOA, le Règlement général du CREPMF[326] définit les valeurs mobilières comme les « *titres émis par les personnes morales publiques ou privées, transmissibles par inscription en compte ou par tradition, qui confèrent des droits identiques par catégorie et donnent accès directement ou indirectement à une quotité de capital de la personne émettrice, à un droit de créance général sur son patrimoine* ». L'Instruction n° 45/2011 du CREPMF relative à l'organisation, au fonctionnement et la gestion des organismes de placement collectif en valeurs mobilières sur le marché financier régional de l'UEMOA assimile[327] les parts des fonds – entités dépourvues de la personnalité morale – à des valeurs mobilières.

Les infléchissements apportés au droit OHADA concernent en troisième lieu le fractionnement des titres. Le fractionnement est une technique consistant à abaisser la valeur nominale de l'action d'une société afin d'accroitre sa liquidité sur le marché boursier. Il permet en outre aux sociétés cotées de se conformer à leur obligation de diffuser un pourcentage minimal de leur capital dans le public (le flottant)[328].

La mise en œuvre de ce mécanisme se heurtait cependant aux dispositions des articles 387 et 750 (anciens) de l'AUDSCGIE qui fixaient à 10 mille FCFA, la valeur nominale minimale de l'action

---

[325] Art. 3.

[326] Art. 111.

[327] Art. 3. Dans le même sens, voir : Décision n° CM/SJ/001/03/2016 relative à la mise en œuvre du dispositif des sanctions pécuniaires applicables sur le marché financier régional de l'UMOA, art. 1.

[328] En 2018, sur le marché régional, 8 sociétés cotées ont procédé au fractionnement de leurs titres pour se conformer à leur obligation de diffuser un pourcentage minimal de leur capital dans le public, cf. CREPMF, Rapport annuel 2018, 46.

d'une société anonyme. Aussi, le CREPMF a-t-il abrogé cette exigence s'agissant des titres admis à la négociation sur le marché financier régional[329]. L'OHADA lui a emboité le pas lors de la réforme de l'AUDSCGIE[330]. Au 31 décembre 2018, 43 opérations de fractionnement ont été réalisées sur le marché financier régional[331], ce qui témoigne de l'intérêt du marché pour ce mécanisme[332].

Ces différents exemples illustrent les entorses apportées par les réglementations boursières au système juridique de l'OHADA et la difficile cohabitation de ces différentes normes auxquelles s'ajoutent des divergences fondamentales entre les normes issues des différentes réglementations boursières. Une harmonisation de ces réglementations paraît dès lors nécessaire.

II. Le défi de l'harmonisation des réglementations boursières

L'examen de la question de l'harmonisation des réglementations boursières requiert le choix de l'instrument juridique ou de la méthode à même d'assurer cette harmonisation (A) et la définition des principes directeurs devant présider à l'élaboration de la future réglementation (B).

A. Le choix de l'instrument juridique

L'harmonisation des réglementations boursières pourrait se traduire par l'adoption d'un acte uniforme en matière financière ou la convergence des réglementations boursières. La première méthode

[329] Instruction n° 48/2012 relative au fractionnement des titres des sociétés inscrites à la cote de la Bourse Régionale des Valeurs Mobilières (BRVM) de l'Union Économique et Monétaire Ouest Africaine (UEMOA).
[330] AUDSCGIE, art. 387, nouveau.
[331] CREPMF, Rapport annuel 2018, p. 46.
[332] À ce chiffre s'ajoute le fractionnement des titres de la société *Tratafric Mortors Côte d'Ivoire* annoncé pour le 25 octobre 2019, cf., A. Savana, Automobiles : fractionnement prochain des actions de la société Tractafric Motors Côte d'Ivoire, disponible sur ; https://www.financialafrik.com/2019/10/14/automobiles-fractionnement-prochain-des-actions-de-la-societe-tractafric-motors-cote-divoire/, consulté le 15 octobre 2019.

nous paraît inopportune (1), à la différence de la seconde qui mérite d'être privilégiée (2).

1. De l'inopportunité d'un acte uniforme en matière financière

L'adoption d'un acte uniforme en droit financier, branche par excellence du droit des affaires, paraît juridiquement concevable. En effet, si le traité OHADA n'a prévu d'acte uniforme en droit financier, son article 2 dispose cependant que le droit des affaires comprend les règles relatives au droit des sociétés et au statut juridique des commerçants, au recouvrement des créances, aux sûretés et aux voies d'exécution, au régime du redressement des entreprises et de la liquidation judiciaire, au droit de l'arbitrage, au droit du travail, au droit comptable, au droit de la vente et des transports, et **toute autre matière que le Conseil des Ministres déciderait, à l'unanimité, d'y inclure**. L'adoption d'un acte uniforme en droit financier contribuera à l'intégration juridique des États membres entreprise par l'OHADA et présentera l'avantage de :

- faire de l'espace OHADA un espace financier intégré ;

- permettre aux sociétés dont les titres sont admis à la négociation sur la place boursière de l'UEMOA ou de la CEMAC, de bénéficier d'un même régime juridique et faciliter les doubles cotations de titres ;

- faciliter la commercialisation d'organismes de placement collectif en valeurs mobilières dans l'espace OHADA par le mécanisme du passeport qui permet la reconnaissance par chaque régulateur des produits financiers agréés par son homologue ;

- faciliter la prestation de services financiers au sein de l'espace OHADA grâce au mécanisme de la liberté d'établissement qui permettra à un prestataire de services financiers agréé par l'un des régulateurs de pouvoir exercer librement son activité dans la CEMAC et l'UEMOA.

Certaines dispositions du droit de la CEMAC témoignent déjà de la volonté du régulateur boursier d'accueillir les instruments financiers émis en dehors de l'Union ou d'autoriser les fonds créés dans l'Union, à investir dans des titres émis en dehors de l'Union. C'est le cas de :

- l'article 290 du Règlement général de la COSUMAF qui prévoit la commercialisation, dans l'espace CEMAC, d'organismes de placement collectif en valeurs mobilières étrangers, suivant une procédure simplifiée ;

- l'article 255 du même Règlement qui dispose que le règlement du fonds ou les statuts de la société d'investissement à capital variable peuvent prévoir des opérations d'achat ou de vente de titres sur des marchés situés en dehors de la CEMAC ;

- l'article 312 du même Règlement qui prévoit la possibilité pour les organismes de placement collectif en valeurs mobilières d'avoir dans leurs actifs, des titres émis sur un marché situé en dehors de l'Union.

L'adoption d'un acte uniforme en droit des marchés financiers risque cependant de se heurter à trois principales difficultés.

La première tient à l'absence d'objectifs d'intégration économique communs à l'ensemble des États membres de l'OHADA ou aux organisations d'intégration économique (CEMAC et UEMOA). En effet, chaque place boursière poursuit essentiellement un objectif de financement des économies de la sous-région. Cet objectif paraît très clairement à l'analyse des textes de l'UEMOA et notamment de ceux qui réservent l'admission d'instruments financiers à la négociation sur la BRVM, aux seules sociétés établies dans l'UEMOA[333] ou à celle des règles définissant la composition de l'actif des organismes de placement collectif qui ne visent que les seuls titres émis dans l'UEMOA[334]. Dans ces conditions, les organisations d'intégration

[333] Règlement général du CREPMF, art. 174.

[334] Règlement général du CREPMF, art. 75 ; Instruction CREPMF n° 46/2011 (révisée) relative à la classification et aux règles d'allocation d'actifs des organismes de placement collectif sur le marché financier régional de l'UMOA.

économique seront peu enclines à autoriser le financement des projets étrangers sur leurs marchés financiers.

La deuxième difficulté réside dans la lourdeur du processus d'adoption des actes uniformes[335] et le rythme des réformes du droit OHADA[336] qui semblent difficilement compatibles avec l'évolution constante des pratiques financières et la nécessité d'adapter sans cesse la réglementation à cette évolution.

La dernière difficulté réside dans la présence, dans l'espace OHADA, d'États n'ayant pas de place boursière. C'est le cas de la Guinée, de la République Démocratique du Congo et de l'Union des Comores qui ne sont ni membres de la CEMAC ni membres de l'UEMOA. Dans ces conditions, le chemin vers l'adoption d'un acte uniforme en matière boursière paraît long et loin des préoccupations de certains États membres. En outre et même dans les zones CEMAC et UEMOA, les États peinent à adapter leurs législations aux évolutions du droit OHADA et à celui des organisations d'intégration économique en matière boursière. Ainsi, et à titre d'exemple, seuls le Cameroun[337] et le Mali[338] disposent, à notre connaissance, d'une réglementation relative aux infractions boursières alors même que la répression de ces infractions est de nature à contribuer à l'intégrité du marché et à son attractivité auprès des investisseurs. De même, dans l'UEMOA, la Directive portant harmonisation de la fiscalité applicable aux valeurs mobilières est loin d'être effective dans tous les États membres[339]. Dans ces conditions, l'adoption d'un acte uniforme en matière financière semble difficilement compatible avec les spécificités de ce secteur, ce qui nous conduit à écarter cette option. Dès lors, la voie de la convergence des réglementations boursières au moyen d'une action concertée des régulateurs boursiers mérite d'être privilégiée.

---

[335] Sur cette question, voir Traité relatif à l'harmonisation du droit des affaires en Afrique, art. 6 et s.

[336] À titre d'exemple, l'Acte uniforme relatif au droit des sociétés commerciales et du groupement d'intérêt économique a été réformé près de sept ans après son adoption et l'Acte uniforme relatif au droit commercial général, plus de trois ans après son adoption.

[337] Loi n° 2016/007 du 12 juillet 2016 portant Code pénal, art. 135-1 et 135-2.

[338] Code pénal, art. 301 à 303.

[339] CREPMF, Rapport annuel 2018, p. 67.

2. De la nécessaire convergence réglementaire en matière financière

Les réglementations boursières élaborées par la CEMAC et l'UEMOA comportent un certain nombre de divergences relatives au statut des acteurs et au régime de l'appel public à l'épargne qui nuisent à la lisibilité de notre droit financier et rendent nécessaire la convergence des réglementations en vigueur dans ces zones.

L'analyse du statut des acteurs agréés ou approuvés par les régulateurs et intervenant sur les marchés financiers de la CEMAC et de l'UEMOA révèle des divergences réglementaires assez importantes. En effet, tandis que la règlementation en vigueur dans l'UEMOA prévoit 14 acteurs[340], celle en vigueur dans la CEMAC n'en comporte que 8[341]. La spécificité de certains acteurs de l'UEMOA – dont les *listings sponsors*[342], les apporteurs d'affaires[343] et les garants[344] – qui n'ont pas d'équivalent dans la CEMAC, paraît dès lors manifeste.

À cette première différence, s'ajoute la différence terminologique. À titre d'exemple, s'agissant des entités investies du monopole de négociation des transactions en bourse, il convient de relever les sociétés de bourse, pour la CEMAC[345] et les sociétés de gestion et d'intermédiation, pour l'UEMOA[346], ce qui est de nature à nuire à la lisibilité de notre droit. Ces acteurs doivent, lorsqu'ils souhaitent exercer leur activité d'intermédiation au delà de l'espace d'intégration économique auquel ils appartiennent, solliciter un nouvel agrément, ce

[340] BRVM, Dépositaire Central/ Banque de Règlement, sociétés de gestion et d'intermédiation, sociétés de gestion de patrimoine, organismes de placement collectif en valeurs mobilières, sociétés de gestion d'OPCVM, banques teneurs de comptes et conservateurs, apporteurs d'affaires, conseils en investissements boursiers, démarcheurs, sociétés de gestion de fonds communs de titrisation de créance, garants, agences de notation et listing sponsors.

[341] BVMAC, Dépositaire Central, sociétés de bourse, établissements de crédit, sociétés de gestion de portefeuille, démarcheurs, apporteurs d'affaires, organismes de placement collectif.

[342] CREPMF, Instruction n° 55/2018 relative aux conditions d'agrément et d'exercice de l'activité de listing sponsor sur le marché financier régional.

[343] CREPMF, Règlement général, art. 90.

[344] CREPMF, Instruction n° 38/2009 relative à l'approbation des garants dans le cadre des opérations d'appel public à l'épargne sur le marché financier régional.

[345] COSUMAF, Règlement général COSUMAF, art. 140.

[346] COSUMAF, Règlement général CREPMF, art. 37.

qui est de nature à renchérir le coût de l'accès à nos marchés. Ces griefs méritent également d'être réitérés à l'égard des règles relatives à l'appel public à l'épargne.

Outre les divergences relatives au statut des acteurs, l'analyse des réglementations boursières en vigueur dans la CEMAC et l'UEMOA révèle un certain nombre de divergences en matière d'appel public à l'épargne.

Ces divergences portent en premier lieu sur la question précédemment évoquée du montant du capital social minimum exigé en matière d'APE, fixé à 100 millions de francs FCA dans la CEMAC et à 10 millions de francs CFA dans l'UEMOA. Des réformes en cours dans la CEMAC prévoient cependant l'alignement de la réglementation sur celle de l'UEMOA quant à l'exigence de capital social minimum en matière d'APE.

Elles portent en deuxième lieu sur les garanties exigées des sociétés faisant APE. L'UEMOA à la différence de la CEMAC, exige la production par l'émetteur faisant APE, d'une notation financière délivrée par une agence de notation dûment agréée par le CREPMF[347]. En cas d'émission de titres de créance par APE, l'émetteur doit produire une note de la catégorie d' « *investment grade* » attribuée par une agence de notation dûment agréée, ou constituer, au bénéfice des souscripteurs, une garantie à première demande. Ces exigences sont facultatives pour les sociétés candidates à l'admission de leurs titres sur le Troisième Compartiment de la BRVM, réservé aux PME[348].

Elles portent en dernier lieu sur le régime des « APE extracommunautaires ». Cette notion désigne par exemple l'APE dans l'UEMOA par une société établie dans la CEMAC ou inversement, l'APE dans la CEMAC, par une entité établie dans l'UEMOA. Les réglementations en vigueur dans la CEMAC[349] et l'UEMOA[350]

---

[347] CREPMF, Instruction n° 36/2009 portant modification et annulation de l'Instruction n° 33/2006 relative à l'appel public à l'épargne au sein de l'UMOA, art. 8.
[348] CREPMF, Instruction n° 52/2017 applicable aux émetteurs faisant appel public à l'épargne dans le cadre de l'admission au Troisième Compartiment de la BRVM.
[349] COSUMAF, Règlement général, art. 61.
[350] CREPMF, Règlement général, art. 176.

soumettent la sollicitation du public par des entités non résidentes à l'autorisation des régulateurs. Cela étant, à la différence de la CEMAC, l'UEMOA réserve l'admission à la négociation sur le marché financier régional, aux seuls titres émis par les entités résidentes. En conséquence, aucun titre émis hors de l'Union par une entité privée ou publique ou un OPCVM non résident ne peut faire l'objet d'une inscription à la cote de la BRVM[351].

Ces spécificités réglementaires du marché financier de l'UEMOA, si louables soient-elles, ne sont pas sans susciter des réserves dans la mesure où elles ne s'appliquent pas dans l'espace CEMAC. Il en résulte l'application de deux régimes distincts en matière d'appel public à l'épargne, ce qui est regrettable au regard de l'objectif d'intégration juridique poursuivi par l'OHADA. Aussi, une convergence des différentes réglementations paraît-elle plus que nécessaire.

Les canaux de coopération et de concertation existant entre les régulateurs pourraient utilement contribuer à la réalisation de cet objectif.

La coopération s'organise à travers certaines instances internationales et régionales dont l'Organisation Internationale des Commissions de Valeurs (l'OICV)[352], le Comité Régional Afrique et Moyen-Orient des Régulateurs des marchés de capitaux (l'AMERC)[353], l'Institut Francophone de la Régulation Financière (l'IFREFI)[354] ou encore l'Association des Autorités de Régulation des Marchés Financiers de l'Afrique de l'Ouest (l'ARMFAO)[355]. Elle a permis la création d'un cadre de concertations et d'échanges entre les régulateurs en matière

---

[351] Ibid., art. 174.

[352] Créée en 1983, elle constitue l'organisation internationale des régulateurs des marchés financiers en charge de développer les meilleurs standards internationaux en matière de régulation financière.

[353] Créé en 1992 par le Comité des Présidents de l'OICV, il regroupe les régulateurs de l'Afrique et du Moyen-Orient.

[354] Créé en 2000, il a pour mission de promouvoir la formation, la coordination, la coopération technique entre ses membres, ainsi que l'étude de toute question relative à la régulation financière.

[355] Créée le 8 juillet 2015, elle réunit la Securities and Exchange Commission (SEC) du Ghana, la Securities and Exchange Commission (SEC) du Nigéria et le Conseil Régional de l'Épargne Publique et des Marchés Financiers (CREPMF).

de régulation financière et l'adoption, sous l'égide de l'OICV, d'un socle commun de règles et de bonnes pratiques par les régulateurs des différents continents et dénommé *Objectifs et principes de la régulation financière*. Il s'agit de trente principes visant à assurer la protection des investisseurs, à garantir l'équité, l'efficacité et la transparence des marchés et à réduire les risques systémiques[356]. Cette convergence réglementaire mérite d'être poursuivie dans l'espace OHADA. La voie a été tracée par le CREPMF dans son plan stratégique : « *il sera question pour les deux régulateurs, le CREPMF et (...) la (COSUMAF), d'envisager à court et moyen terme, en coordination avec les deux banques centrales, une sorte de convergence des réglementations financières, en vue de permettre ou de faciliter, la commercialisation croisée des produits financiers sur les deux marchés financiers de l'UEMOA et de l'Afrique Centrale* »[357].

L'institution d'un cadre de concertation entre les deux régulateurs pourrait contribuer à la convergence des réglementations, à la supervision des entreprises systémiques et de sociétés dont les titres sont cotés sur les différentes places financières tout en assurant l'efficacité des contrôles et enquêtes. À cet égard, méritent d'être rappelés, les articles 376 et 381 du Règlement général de la COSUMAF qui prévoient la coopération entre la COSUMAF et ses homologues étrangères en matière de contrôle et d'enquête.

Dans la recherche de cette convergence réglementaire, une attention particulière mérite d'être accordée à certains principes de la régulation financière.

B. Les principes directeurs de la réglementation financière

La présente étude n'a pas la prétention de constituer un projet de réglementation financière. Il s'agit plutôt de dégager quelques principes ou règles de la régulation financière qui méritent, selon nous, d'occuper une place centrale dans le futur corpus réglementaire.

---

[356] Organisation internationale des commissions de valeurs, *Objectifs et principes de la régulation financière,* septembre 1998, p. i.

[357] CREPMF, Plan stratégique 2014-2021 du marché financier régional de l'Union Monétaire Ouest Africaine, p. 44.

Il en est ainsi, d'une part, de la protection des investisseurs et du développement de la culture boursière (1) et d'autre part, du respect des droits processuels fondamentaux des acteurs économiques (2).

1. Le renforcement de la protection des investisseurs et le développement de la culture boursière

La protection de l'investisseur est un pilier central du dispositif de régulation financière inscrit au premier rang des missions des régulateurs [358] et indispensable au développement de nos places financières.

La protection des investisseurs est largement tributaire du renforcement de l'indépendance et des moyens des régulateurs. Cette protection revêt une importance particulière dans l'espace OHADA caractérisé par l'existence de deux régulateurs communautaires (la COSUMAF et le CREPMF) chargés respectivement de veiller à la protection de l'épargne investie dans les six États membres de la CEMAC[359] et les huit États membres de l'UEMOA[360]. L'effectivité de la surveillance dans ces États suppose que le régulateur soit doté de moyens à la hauteur des enjeux. La création dans les États, d'antennes nationales du régulateur dotées des compétences et moyens nécessaires à l'accomplissement de leur mission, pourrait utilement contribuer à l'effectivité de la surveillance dans les États membres.

Cette protection des investisseurs va de pair avec le développement de la culture boursière. En effet, « *l'éducation financière, au-delà d'une amélioration de la gestion de son budget et de son épargne, est un facteur favorable à la prise individuelle de risque professionnel* »[361]. Or, des études ont démontré que le niveau « *d'éducation financière* » des populations, y compris dans certains pays développés, est

---

[358] Règlement général de la COSUMAF, art. 3.

[359] Cameroun, Congo, Gabon, Guinée Équatoriale, Tchad, République Centrafricaine.

[360] Bénin, Burkina Faso, Cote d'Ivoire, Guinée Bissau, Mali, Niger, Sénégal, Togo.

[361] R. Ophèle, Éducation financière : des épargnants avisés, acteurs de l'économie de demain », discours – Assises Européennes de la Gestion », mercredi, le 10 octobre 2018, disponible sur : www.amf-france.org, consulté le 25 mars 2019.

relativement bas[362]. Cette question est d'une acuité particulière dans le contexte africain caractérisé par une faible bancarisation des populations [363] et une forte méconnaissance des mécanismes des marchés financiers. Dans l'UEMOA, la faiblesse de la culture boursière est considérée par le régulateur financier comme l'« *un des principaux freins au développement du marché financier régional* »[364]. Aussi, la Conférence des chefs d'État de l'UEMOA a-t-elle récemment invité le CREPMF à poursuivre ses actions en matière d'éducation financière[365].

Sur ce point, la BRVM a entrepris un véritable travail de sensibilisation des PME, populations des États membres et investisseurs étrangers sur le potentiel que leur offre le marché financier régional[366]. À cet égard, il convient de relever la création du Compartiment de la BRVM dédié aux PME[367] et le lancement du

---

[362] Autorité des marchés financiers, Pour l'éducation économique et financière des épargnants, Rapport du groupe de travail sur l'éducation des épargnants, 18 mai 2005, disponible sur : www.amf-france.org, consulté le 25 mars 2019 ; La culture financière des Français – Etude réalisée à la demande de l'Institut pour l'Éducation Financière du Public (La Finance pour tous), en partenariat avec l'Autorité des marchés financiers, publié le 9 novembre 2011, disponible sur : www.amf-france.org, consulté le 25 mars 2019 ; G. Ramex, Discours de clôture du Colloque du Conseil scientifique de l'AMF, L'éducation financière à l'ère du digital, quels enjeux pour l'épargne ? 20 juin 2016, disponible sur : www.amf-france.org, consulté le 25 mars 2019.

[363] Sur le taux de bancarisation dans l'UMOA et la CEMAC, voir, BCEAO, Rapport sur la situation de l'inclusion financière dans l'UEMOA au cours de l'année 2008, juillet 2019, p. 15 et 16, disponible sur : https://www.bceao.int/sites/default/files/2019-10/Rapport_Annuel_2018_Situation_Inclusion_Financiere.pdf., consulté le 25 octobre 2019 ; A. M. PIBASSO, La BEAC enquête sur l'inclusion financière en zone CEMAC, disponible sur : https://www.financialafrik.com/2019/10/23/la-beac-enquete-sur-linclusion-financiere-en-zone-cemac/, consulté le 25 octobre 2019.

[364] CREPMF, Plan stratégique 2014-2021 du marché financier régional de l'UMOA, 60.

[365] 20ème session ordinaire de la Conférence des chefs d'État et de gouvernement de l'Union Économique et Monétaire Ouest Africaine, communiqué final, Lomé, le 30 juillet 2018.

[366] D. DJAGOUÉ, Le directeur de la BRVM à Paris pour vendre la destination boursière de l'UEMOA, disponible : https://www.financialafrik.com/2019/10/17/le-directeur-de-la-brvm-a-paris-pour-vendre-la-destination-boursiere-de-luemoa/, consulté le 25 octobre 2019.

[367] CREPMF, Instruction n° 52/2017 applicable aux émetteurs faisant appel public à l'épargne dans le cadre de l'admission au troisième compartiment de la BRVM ;

Programme ELITE BRVM LOUNGE qui « *est un écosystème dynamique, bâti autour de l'entreprise pour soutenir et favoriser l'innovation, l'entrepreneuriat et la croissance. A travers ce programme, la BRVM entend contribuer au renforcement des capacités des entreprises à fort potentiel de croissance de la sous-région en vue de leur offrir une nouvelle source de financement par le Marché Financier Régional de l'UEMOA* »[368]. Plus précisément, ce programme « *a pour objectif principal la mise à niveau des entreprises les plus ambitieuses, ayant un business model solide, une stratégie de croissance claire et un leadership dans leur domaine, afin qu'elles aient les capacités requises pour lever les fonds nécessaires à leur développement, si elles sont prêtes, via une introduction au Troisième Compartiment de la BRVM* »[369].

De même, des initiatives en cours visent à la création de produits financiers innovants dont notamment les *diaspora bonds*[370], les obligations vertes (*green bonds*) et les obligations sociales (*social bonds*).

Ces initiatives sont entrain de porter leurs fruits avec la réalisation, ces dernières années, de cinq émissions d'obligations souveraines en matière de finance islamique pour un montant total de plus de 864 milliards de FCFA[371], faisant de la BRVM la pionnière en matière de finance islamique en Afrique[372]. Méritent également d'être relevées, l'inscription de 30 entreprises au Programme ELITE BRVM

BRVM, Instruction n° 02-2017/ BRVM / DG relative aux conditions d'admission au troisième compartiment de la BRVM.

[368] Programme ELITE BRVM LOUNGE : la BRVM lance sa première cohorte, disponible sur : http://www.brvm.org/fr/mediacentre/actualites/programme-elite-brvm-lounge-la-brvm-lance-sa-premiere-cohorte, consulté le 2 janvier 2019.

[369] BRVM, Avis à manifestation d'intérêt pour la sélection des entreprises éligibles : Programme ELITE BRVM LOUNGE, disponible sur : http://www.brvm.org/sites/default/files/elite_brvm_lounge_iv_avis_a_manifestation_dinteret_0.pdf, consulté le 2 janvier 2019.

[370] Diaspora Bonds la BRVM se rêve en premier de cordée, disponible sur : https://www.brvm.org/fr/mediacentre/actualites/diaspora-bonds-la-brvm-se-reve-en-premier-de-cordee.

[371] CREPMF, Rapport annuel, p. 28.

[372] Sur cette question, voir B. Keita, Réflexions sur la réglementation de la finance islamique dans l'Union Monétaire Ouest Africaine, Revue Internationale des Services Financiers 2018/4, p. 48, spéc. p. 50.

LOUNGE[373] et la réalisation par la Banque de l'Habitat du Sénégal de la toute première opération d'émission de *diaspora bonds* par appel public à l'épargne[374], opération souscrite à hauteur de 113,9%, entre le 16 mai et le 30 juin 2019[375]. S'agissant de cette dernière opération, la presse fît état d'un taux de souscription de 24% par des personnes physiques, soit « *le plus haut niveau jamais atteint, lors d'une opération financière sur le Marché Financier Régional* »[376].

Par ailleurs, il convient de relever l'admission à la négociation sur le marché régional des titres de certains grands groupes bancaires dont *Coris Bank International du Burkina Faso*, *d'Ecobank Côte d'Ivoire* et d'*Oragroup*[377] ou encore, la réalisation en 2018, par *Oragroup*, de la plus importante offre publique de vente de titres sur le marché financier[378]. Il en résulte une progression du volume des activités ainsi que l'amélioration de la liquidité du marché[379]. Ces différents exemples témoignent de l'importance de l'éducation financière dans le développement et le dynamisme des places boursières.

Par ailleurs, et à la différence du marché des produits de consommation, les marchés financiers n'attirent les investisseurs que

---

373 Programme ELITE BRVM LOUNGE : une nouvelle cohorte de 10 PME lancée, disponible sur : http://www.brvm.org/fr/mediacentre/actualites/programme-elite-brvm-lounge-une-nouvelle-cohorte-de-10-pme-lancee, consulté le 9 octobre 2019.

374 CREPMF, Décision n° PCR/DE/2019/075 portant autorisation de l'émission de l'emprunt obligataire par appel public à l'épargne de la Banque de l'Habitat du Sénégal de type diaspora bonds ''BHS 6,25% 2019-2024 sur le marché financier régional, disponible sur : http://www.crepmf.org/Wwwcrepmf/Emetteurs/pdf/VISA_2019-073.pdf, consulté le 9 octobre 2019.

375 BRVM : la Diaspora Bonds BHS clôturée avec succès, disponible sur : https://www.financialafrik.com/2019/09/12/brvm-la-diaspora-bonds-bhs-cloturee-avec-succes/, consulté le 9 octobre 2019.

376 BRVM : la Diaspora Bonds BHS clôturée avec succès, disponible sur : https://www.financialafrik.com/2019/09/12/brvm-la-diaspora-bonds-bhs-cloturee-avec-succes/, consulté le 9 octobre 2019.

377 Oragroup, Communiqué de presse : Oragroup annonce sa prochaine introduction à la Bourse régionale des valeurs mobilières (BRVM) d'Abidjan, Lomé, le 19 octobre 2018.

378 CREPMF, Rapport Annuel 2018, p. 30.

379 LesEchos.fr, Les ambitions contrariées des Bourses de l'Afrique de l'Ouest, disponible sur : https://www.lesechos.fr/finance-marches/marches-financiers/0600036549279-les-ambitions-contrariees-des-bourses-de-lafrique-de-louest-2217134.php, consulté le 30 octobre 2018.

si ces derniers y trouvent réellement un intérêt. Aussi, l'adoption de mesures incitatives et notamment fiscales est-elle nécessaire au développement de nos places boursières. À cet égard, les régimes fiscaux adoptés par l'UEMOA et la CEMAC ont rapidement montré leurs limites. Dans l'UEMOA, la Directive portant harmonisation de la fiscalité applicable aux valeurs mobilières est loin d'être effective dans tous les États de la zone ainsi que l'a relevé le CREPMF dans son dernier rapport annuel[380]. Il en est de même de la réglementation fiscale applicable dans la CEMAC qui n'a pas atteint les objectifs qui lui ont été assignés[381]. Aussi, les deux régulateurs prévoient-ils leur réforme.

Outre l'éducation financière, une attention particulière mérite d'être accordée au respect des droits processuels fondamentaux des acteurs économiques.

2. L'adaptation du droit répressif aux standards internationaux

Le respect des standards internationaux en matière de répression boursière suppose que les infractions soient précisément définies afin que les acteurs du marché soient épargnés de tout risque d'arbitraire et que la procédure de sanction de ces infractions soit équitable.

Les sanctions sont consubstantielles à la régulation financière en ce qu'elles signalent la présence du régulateur sur les marchés et produisent un effet dissuasif à l'égard des intervenants du marché. Plus précisément, elles poursuivent une double finalité : « [la] prévention particulière, *qui s'applique au délinquant individuel ; et [la]* prévention générale, *qui s'applique à tous les membres de la communauté sans exception »*[382].

L'analyse des textes de la CEMAC et de l'UEMOA révèle cependant un certain nombre de lacunes dans la définition des infractions

---

[380] P. 67.

[381] Règlement n° 14/07-UEAC-175-CM-15 portant institution d'un régime fiscal spécifique applicable aux opérations cotées à la Bourse des Valeurs Mobilières de l'Afrique Centrale (BVMAC).

[382] *Œuvres de Jérémie Bentham, Tome 2, Théorie des peines et des récompenses*, 3ème éd., Société Belge de Librairie, 1840, p. 10.

financières[383]. En effet, certaines infractions boursières dont la recommandation d'une opération financière par le détenteur d'une information privilégiée ou encore la tentative de commission des infractions boursières échappent au champ de la répression. Aussi, une redéfinition du régime de ces infractions s'impose-t-elle[384]. À cet égard, il convient de relever la publication, en juillet 2019, par le CREPMF, d'un projet de loi uniforme portant définition et procédure de répression des infractions boursières et assimilées dans l'UEMOA[385]. Présenté aux acteurs de la Place, lors des séminaires des 8 et 9 juillet 2019, ce projet comporte des innovations majeures relatives notamment à la responsabilité pénale des personnes morales[386], à la tentative[387], à la déclaration d'opérations suspectes par les acteurs du marché[388], aux listes d'initiés que doivent établir certains acteurs du marché[389], au délit de recommandation de la réalisation d'une opération financière par l'initié[390], à la règle de non-cumul des sanctions pénales et administratives[391]. Ce projet sera soumis au Conseil des Ministres de l'UEMOA en vue de son adoption et de sa transposition dans les législations nationales.

Outre une meilleure définition des infractions, une attention particulière mérite d'être accordée à la question du procès équitable. En effet, une répression n'est légitime que si elle s'exerce dans le respect des droits processuels fondamentaux des personnes mises en cause.

Sur ce point, les réglementations en vigueur dans l'espace OHADA souffrent d'un certain nombre d'insuffisances relevées par la

---

[383] B. Keita, La protection de l'investisseur dans les sociétés faisant appel public à l'épargne dans l'espace OHADA, préc.

[384] Sur les pistes de réformes, voir, B. Keita, La protection de l'investisseur dans les sociétés faisant appel public à l'épargne dans l'espace OHADA, préc.

[385] Disponible sur : http://www.crepmf.org/Wwwcrepmf/Consultations/pdf/Rapport09072019_2.pdf, consulté le 10 octobre 2019.

[386] Art. 2.

[387] Art. 3.

[388] Art. 4.

[389] Art. 7.

[390] Art. 9-2.

[391] Art. 27.

doctrine[392]. Sans prétendre à l'exhaustivité, il convient de relever le cumul au sein du même organe (le régulateur), des fonctions d'enquête, de poursuite et de jugement, du moins dans la CEMAC, l'imprescriptibilité des manquements et le cumul des sanctions pénales et administratives.

La procédure de sanction du CREPMF vient de connaître une évolution sur la question de la séparation des fonctions de poursuite et de jugement avec la publication, le 2 novembre 2018, de l'Instruction n° 56/2018[393]. Sous l'empire du dispositif antérieur[394], les membres du CREPMF supervisaient les opérations d'enquête, ouvraient la procédure de sanction et statuaient sur les griefs notifiés au mis en cause. L'Instruction n° 56/2018 vient de mettre un terme à cette situation. Elle procède à une réorganisation de la procédure en dotant le secrétaire général des pouvoirs d'enquête et de poursuite et, le CREPMF, du pouvoir de se prononcer sur les griefs notifiés par le secrétaire général[395]. La réforme demeure cependant imparfaite en raison du sentiment qui pourrait légitimement naître chez les acteurs quant au cumul, au sein d'un même organe – le CREPMF – des pouvoirs d'enquête, de poursuite et de sanction. Aussi, la création aux côtés du CREPMF, d'un organe en charge de la répression des manquements paraît-elle souhaitable.

Par ailleurs, les règles en vigueur dans la CEMAC et l'UEMOA demeurent silencieuses sur la question du cumul des sanctions pénales et administratives. Or, l'on sait que le principe *ne bis in idem* fait obstacle à la double répression d'un même fait. Aussi, l'adoption d'un mécanisme d'aiguillage permettant d'orienter les poursuites vers la voie pénale ou administrative serait-elle de nature à garantir le respect de ce principe. À cet égard, l'article 27 du projet de loi uniforme portant définition et procédure de répression des infractions boursières

---

[392] B. Keita, La protection de l'investisseur dans les sociétés faisant appel public à l'épargne dans l'espace OHADA, préc.

[393] CREPMF, Instruction n° 56/2018 relative à la procédure de prise de sanctions par le Conseil Régional de l'Épargne Publique et des Marchés Financiers.

[394] CREPMF, Instruction n° 49/2016, préc.

[395] Sur cette réforme, voir B. Keita, L'année 2018 : une année particulièrement riche de réformes en matière de réglementation financière dans l'Union Économique et Monétaire Ouest Africaine, RISF 2019/1, p. 44, spéc. p. 45 et s.

et assimilées dans l'UEMOA, inspiré du droit français[396], consacre de manière tout à fait intéressante, le mécanisme d'aiguillage. Ce texte consacre à la charge du CREPMF, l'obligation de donner avis aux organes de poursuites compétents et de leur transmettre tous renseignements, procès-verbaux et actes afférents aux faits dont il a eu connaissance dans le cadre de ses attributions et susceptibles de constituer une infraction prévue par la loi uniforme. Les organes de poursuites compétents disposeront d'un délai d'un mois pour faire connaître au CREPMF, leur intention de mettre en mouvement l'action publique. En cas de mise en mouvement de l'action publique par les organes de poursuites compétents, le CREPMF ne pourra, pour les mêmes faits et à l'égard des mêmes personnes, exercer son pouvoir de sanction. Si, dans le délai imparti, les organes de poursuites font connaitre leur intention de ne pas mettre en mouvement l'action publique ou ne la font pas connaitre, le CREPMF pourra exercer son pouvoir de sanction, ce qui fera obstacle à toute poursuite ou sanction pénale en raison de ces faits et à l'encontre des personnes mises en cause devant le régulateur financier.

Ce dispositif souffre cependant de deux imperfections majeures qui méritent d'être relevées.

La première imperfection a trait à l'absence de consécration d'un principe général faisant obstacle à la double répression d'un même fait dans l'UEMOA. En effet, le projet de réforme inspiré du dispositif français n'a pas véritablement pris en compte le contexte communautaire dans lequel il s'inscrit. Dans la mesure où l'UEMOA comprend 8 États membres, consacrer un principe de non-cumul des sanctions pénales et administratives en raison d'un même fait, n'est pas suffisamment respectueux du principe *ne bis in idem* dans la mesure où deux ou plusieurs États peuvent, au nom de leur souveraineté, infliger des sanctions pénales à l'auteur d'une même infraction boursière.

La seconde imperfection a trait à l'absence de disposition prévoyant la désignation obligatoire dans chaque État, d'une juridiction compétente en matière de répression des infractions financières. La consécration d'une telle solution présenterait l'avantage, d'une part, de réserver à

[396] Code monétaire et financier, art. L. 465-3-6.

ce contentieux particulier, un traitement spécialisé[397] et d'autre part, de faciliter l'identification par le CREPMF, de l'organe ou des organes de poursuites compétents. En effet en l'état du projet de texte, cette identification ne manquera pas de poser des difficultés en raison de la spécificité du mode opératoire de la délinquance financière marqué par le recours aux nouvelles technologies de communication et du contexte international dans lequel elle opère. L'on mesure dès lors la difficulté de la tâche du CREPMF consistant à scruter le droit pénal de chaque État membre pour vérifier la compétence des juridictions de cet État relativement aux faits qu'il entend porter à leur connaissance.

[397] En France, le tribunal correctionnel de Paris a une compétence exclusive en matière de poursuite, d'instruction et de répression des abus de marché, cf. Code de procédure pénale, art. 705-1.

Les défis de la pluralité des sources du droit dans le domaine bancaire et financier dans la CEMAC et l'UEMOA

Alain KENMOGNE SIMO
Agrégé des Facultés de Droit
Professeur Titulaire CAMES

Avec la fin de l'époque où la règle de droit était la même pour tous, il y a eu le développement de règles applicables à certaines situations ou professions particulières. Ce qui a donné naissance à la distinction entre droit commun[398] et droits spéciaux[399]. C'est ainsi que, bien que les établissements de crédit soient des sociétés (commerciales), la spécificité de leur activité, a imposé l'édiction d'un corpus de règles qui leur est spécifique. Mais ces règles ne constituent pas un droit autonome car il ne s'agit pas d'un droit entièrement coupé du droit commun [400] . Certaines dispositions de ce dernier demeurent applicables[401]. De ce fait, pour l'activité bancaire, il y a coexistence de deux types de règles : d'une part les règles du droit des affaires qui

[398] Sur la notion de droit commun, voir N. Balat, Essai sur le droit commun, thèse, Panthéon-Assas, avril 2014, 520p.

[399] Il convient de signaler d'ailleurs qu'un droit peut être à la fois droit commun et droit spécial : par exemple, si le droit des sociétés commerciales peut être considéré comme un droit spécial par rapport au droit civil, il apparaît comme le droit commun par rapport au droit bancaire.

[400] Sur la relativisation de l'autonomie des droits spéciaux, voir F. Grua, « Les divisions du droit », *RTD Civ*, 1993, p. 59. L'auteur donne l'exemple du droit cambiaire, qui est assurément l'une des matières spéciales les plus autonomes, mais qui emprunte pourtant au droit commun des obligations.

[401] Sur les rapports entre le droit commun et le droit spécial de manière générale, lire J. P. Chazal, « Réflexions épistémologiques sur le droit commun et les droits spéciaux », Etudes de droit de la consommation, Liber amicorum Jean CALAIS-AULOY, Dalloz, pp. 280 et s. ; S. Mauclair, Recherche sur l'articulation entre le droit commun et le droit spécial en droit de la responsabilité civile extracontractuelle, thèse, Orléans, 2011, 507 p. ; N. Delegove, Le droit commun et le droit spécial, thèse, Paris 2, 2011 ; C. Goldie-Genicon, « Droit commun et droit spécial », *RDA* n°7, févr. 2013, pp. 29 et s.

constituent le droit commun et, d'autre part, les règles du droit bancaire qui forment le droit spécial. Les deux corps de règles proviennent d'autorités différentes. D'où l'idée de pluralité de sources. En s'en tenant aux sources communautaires ou régionales, qui en constituent à l'heure actuelle les principales dans les deux domaines[402], le droit commun des affaires provient des autorités de l'OHADA et le droit bancaire de celles de la CEMAC[403] ou de l'UEMOA[404]. Cette coexistence de règles provenant de sources différentes semble inévitable ici dans la mesure où aucun des deux corps de règles ne peut suffire à lui tout seul pour régir les établissements de crédit et leurs activités. En effet, alors que le droit commun peut être partiellement inadapté, le droit spécial quant à lui est nécessairement et logiquement incomplet[405].

Du fait de la spécificité de l'activité bancaire[406], il est peu probable que toutes les règles prévues par le droit commun puissent convenir à ce domaine. Pour qu'il en soit ainsi, il faudrait que le législateur commun descende dans les détails pour saisir les particularités de chaque situation ou activité. Ce qui reviendrait soit à mettre dans le même texte des dispositions spéciales, soit à faire des textes particuliers émanant des mêmes autorités que le législateur commun. La première option est difficilement concevable compte tenu de la pluralité d'activités qu'il y aurait à saisir dans un texte unique et la seconde solution est d'une efficience douteuse puisqu'il serait difficile à un législateur unique de légiférer avec un égal bonheur des activités techniques, complexes et parfois très différentes. Certaines règles pourraient alors manquer de pertinence. Il est donc souhaitable non seulement qu'une seule autorité ne régisse pas toutes les activités

[402] On assiste à un transfert des compétences des autorités nationales aux autorités communautaires dans les deux domaines, surtout depuis les années 1990.

[403] Communauté Économique et Monétaire de l'Afrique Centrale.

[404] Union Économique et Monétaire Ouest-africaine.

[405] J. Stoufflet affirmait déjà il y a une quarantaine d'années : « régler directement des situations concrètes, c'est se condamner à ne faire qu'une œuvre contingente et presque inévitablement incomplète » (« Le particularisme des contrats bancaires », in *Mélanges A. JAUFFRET*, Aix-en-Provence, 1974, pp. 635 et s.).

[406] Sur l'affirmation de cette spécificité, voir, entre autres, le préambule du règlement n°02/14 relatif au traitement des difficultés des établissements de crédit dans la CEMAC et le commentaire fait de ce texte à la revue internationale des services financiers (2014/4, pp. 75 à 83 et 2015/02, pp. 69 à 74).

humaines, mais aussi que les textes régissant ces différentes activités ne proviennent pas d'une seule et même autorité[407].

A l'inverse, l'incomplétude du droit spécial tient au fait qu'un législateur spécial ne peut s'occuper que soit de ce qui n'est pas réglé par le droit commun, soit de ce qui dans le droit commun n'est pas adapté à la situation particulière. C'est dire qu'il ne doit intervenir que si et dans la mesure où cela est nécessaire. Or, assez souvent, il y a des aspects qui ne nécessitent pas une particularisation. C'est ainsi que, quel que soit le contrat, il ne peut être valablement formé que s'il y a échange des consentements des parties. Il n'y a aucun intérêt à le redire dans le cadre d'un texte spécial. Par contre, il est possible et compréhensible pour un législateur spécial d'aménager un processus différent d'échange de ces consentements ou des sanctions particulières en cas de non-respect.

En tout état de cause, la diversité de sources apparait inévitable. Mais, bien qu'étant inévitable, elle pourrait être source de difficultés car si elle n'est pas organisée, elle pourrait se transformer en duel de sources et constituer ainsi un obstacle aux objectifs poursuivis par le droit, notamment l'ordre, la sécurité et la justice.

Dès lors, les défis se résument essentiellement à comment bien organiser la pluralité des sources dans le domaine bancaire. L'organisation actuelle est-elle de nature à réduire le risque que la dualité des sources ne se transforme en duel entre celles-ci ? Pour esquisser une réponse à cette importante et complexe question, nous nous limiterons aux deux grandes sources du droit que sont la loi et la jurisprudence. A ce sujet, la pluralité engendre le risque d'un double conflit de compétences : un conflit entre législations (ou conflit d'attributions) et un conflit entre juridictions[408]. Le problème aurait pu

[407] Il convient néanmoins de ne pas exagérer cette exigence dans la mesure où les organes compétents de ces organisations communautaires (conseil ou comité des ministres) peuvent, en réalité, être constitués des mêmes responsables. Il n'en demeure pas moins que le conseil des ministres de l'OHADA ne sera pas le Comité ministériel de l'UMAC, par exemple.

[408] Dans l'espace OHADA, la question a déjà donné lieu à plusieurs contributions. Voir, entre autres, F. M. Sawadogo, « Les conflits entre normes communautaires : aspects positifs et prospectifs », www.ohada.com, Ohadata D-12-29 ; O. R. Fofana, « Conflits de juridictions », www.ohada.com, Ohadata D-11-96 ; B. Diarrah,

être assez simple si l'on était en présence d'un seul ordre juridique[409] ou si les différents ordres juridiques en présence formaient un système juridique[410]. A défaut, il aurait aussi pu être simple si toutes les règles classiques de solution des problèmes de conflits pouvaient s'appliquer ici[411]. Or, du fait que les conflits dans le domaine imposent de plus en plus des sources communautaires à d'autres sources communautaires, il n'est plus possible d'invoquer la suprématie du communautaire qui prévaut sur le national[412]. Le fait que ces ordres juridiques ne forment pas un système juridique ôte toute idée de hiérarchie. Il ne reste plus donc qu'à construire une bonne organisation à partir du conflit entre le commun et le spécial. De ce point de vue, si le conflit entre législations ou sources d'édiction des normes peut apparaître comme étant mieux maîtrisé du fait d'une organisation améliorée de la pluralité des sources (I), il n'en est pas de même du conflit entre juridictions dont l'organisation demeure à améliorer (II).

I – Une pluralité de sources d'édiction des normes probablement moins conflictogène

Il est possible de considérer aujourd'hui qu'après une période au cours de laquelle le législateur commun et les législateurs spéciaux (ou spécialisés) semblaient se défier[413], chacun montrant un peu ses muscles, on assiste aujourd'hui à une accalmie qui pourrait traduire

---

« Conflits de compétences entre juridictions communautaires OHADA – UEMOA », www.ohada.com, Ohadata D-11-71.

[409] Au sens où G. Isaac l'entendait, à savoir un « ensemble organisé et structuré de normes juridiques possédant ses propres sources, doté d'organes et procédures aptes à les émettre, à les interpréter ainsi qu'à en faire constater et sanctionner, le cas échéant, les violations » (*Droit communautaire général*, Paris, Masson, 1983, p.105).

[410] Pour Carbonnier, il s'agit d'un ensemble de règles juridiques liées par une cohérence interne ou une interdépendance (*Droit civil, Introduction*, Paris, PUF, 1991, 20e éd., n°105, p. 184).

[411] Ce que l'appartenance à un même ordre juridique aurait rendu possible.

[412] Encore que, même à ce sujet, l'arrêt rendu récemment par la Cour constitutionnelle béninoise au sujet d'un professeur de droit qui sollicitait son inscription au barreau (arrêt Éric DEWEDI) semble être interprété par certains comme constituant une remise en cause de cette suprématie.

[413] Il suffit de se rappeler le conflit entre l'OHADA et l'UEMOA pour ce qui est du système comptable.

une véritable pacification des rapports entre ces deux autorités[414]. Cela devrait se manifester par un respect mutuel plus perceptible (A) et par un partage adéquat des domaines de compétence (B).

A) Un respect mutuel plus perceptible

Dès l'adoption de ses premiers actes uniformes en 1997, l'OHADA certes ne faisait pas table rase de l'existant. Pour ce qui est des règles du droit commun, elles n'étaient maintenues que si et dans la mesure où elles étaient compatibles avec les dispositions OHADA. Il y avait donc une suprématie du droit OHADA sur le droit antérieur. C'est ainsi que l'article 1er alinéa 3 de l'Acte uniforme relatif au droit des sociétés commerciales et du groupement d'intérêt économique (AUDSCGIE) disposait que ces groupements étaient en outre « *soumis aux lois non contraires au présent acte uniforme qui sont applicables dans l'Etat partie où se situe leur siège social* »[415]. Cette suprématie du droit OHADA devrait-elle s'exercer par rapport à toute norme applicable dans les Etats parties ou ne devrait-elle concerner que les lois nationales ? En effet, les établissements de crédit étant des sociétés commerciales, le droit OHADA des sociétés commerciales leur est en principe applicable. Mais le droit spécial en la matière émanant de moins en moins de « lois », mais plutôt de textes communautaires[416], la question pouvait bien se poser de savoir si le droit OHADA supplantait aussi ce droit d'origine supranationale. Si l'article 916 alinéa 1 de l'Acte uniforme cité ci-dessus[417] disposait que ce texte n'abroge pas les dispositions législatives auxquelles sont assujetties les sociétés soumises à un régime particulier, un doute pouvait exister quant à savoir quelles sont les sociétés susceptibles d'être considérées comme relevant d'un régime particulier. Le législateur OHADA n'en donnait aucune indication[418].

---

[414] Il faut se souvenir que dans une de ses décisions en 2001, le Conseil des Ministres de l'OHADA avait retenu le droit bancaire parmi les matières sur lesquelles l'organisation allait légiférer. Ce qui, certainement, n'a pas plu aux autorités bancaires.

[415] Cette disposition est reprise à l'identique dans la réforme de 2014.

[416] Notamment les règlements et, pour ce qui est de l'UEMOA, les lois uniformes.

[417] Qui est également repris mot pour mot dans la nouvelle version de 2014.

[418] Ce qui, en soi, aurait pu ne pas constituer un problème ou, en tout cas un problème majeur, puisqu'il n'appartient pas (toujours) au législateur d'aller dans les détails ou de tout définir ; le juge devant pouvoir aussi jouer sa partition. Portalis ne conseillait-il pas au sujet du Code civil d'abandonner certaines matières à la

Il n'est pas possible de dire que le législateur OHADA ignorait le secteur bancaire (et les autres activités sectorielles). Mais il est juste de remarquer qu'il ne faisait pas explicitement référence à ce secteur. Ce qui a d'ailleurs engendré un contentieux d'interprétation dans certains cas. C'est le cas, par exemple, de l'article 449 AUDSCGIE qui soumet la souscription par la société anonyme de garanties en faveur des tiers à l'autorisation préalable du conseil d'administration. La question qui s'est posée de savoir si cette exigence concernait les établissements de crédit ne pourrait plus se poser aujourd'hui puisque ces entités font partie de celles qui sont explicitement exemptées dans le nouvel article 449[419]. Un respect mutuel devrait se traduire par la modestie dans l'intervention mais aussi la prise en compte et la reconnaissance explicite de l'autre. Fort heureusement, c'est la voie empruntée depuis quelque temps. Et, à ce sujet l'Acte uniforme portant organisation des procédures collectives d'apurement du passif (AUPOPCAP) constitue une excellente illustration. Lorsque l'on compare la disposition consacrée à la détermination du champ matériel dans l'ancienne et dans la nouvelle version, le changement d'attitude apparait clairement : alors que l'ancien acte ne faisait pas explicitement cas des établissements de crédit, l'article 1-1 alinéa 2, après avoir déclaré que le texte ne s'applique aux personnes morales de droit privé qui exercent une activité soumise à un régime particulier que « *lorsqu'il n'en est pas disposé autrement dans la réglementation spécifique régissant la dite activité* », l'article ajoute que les activités soumises à un régime particulier au sens de cet acte sont notamment celles des établissements de crédit au sens de la loi bancaire. Si l'on peut considérer l'affirmation du caractère supplétif de l'acte uniforme comme étant d'importance négligeable puisque même une bonne et saine application des règles régissant les conflits entre normes aurait abouti à la même solution, l'affirmation du rattachement du secteur bancaire est probablement d'une importance plus grande car elle enlève tout risque de discussion. En tout cas, ne serait-ce que de manière symbolique, elle manifeste la prise en compte de l'existence d'autres autorités compétentes dans ce secteur. Et cette prise en compte est bilatérale puisque les autorités bancaires n'ignorent pas le

---

jurisprudence ? (*Discours préliminaire*, Locré, t.1, p. 265, n°18). Voir également, G. Cornu, « L'art d'écrire la loi », *Pouvoirs,* n°107, septembre 2003, pp. 5-10.

[419] Ce texte précise, fort à propos, qu'il concerne les garanties souscrites par les sociétés autres que celles exploitant des établissements de crédit, de microfinance ou d'assurance caution dûment agréés.

législateur OHADA dans les textes qu'elles prennent. Quitte à dire aussi des évidences, comme l'application de l'AUPOPCAP aux établissements de crédit *« tant qu'il n'y est pas dérogé par les dispositions du présent règlement »*[420].

En effet, lorsque l'on regarde les textes bancaires récents, une référence explicite est faite à l'OHADA. C'est ainsi que pour la forme juridique imposée aux établissements de crédit, il s'agit de société anonyme dotée d'un conseil d'administration au sens de l'Acte uniforme OHADA relatif au droit des sociétés commerciales et du groupement d'intérêt économique[421]. D'ailleurs, dès son préambule, ce texte vise explicitement le traité OHADA et ses actes uniformes. Il en est de même du règlement N°02/14 cité ci-dessus. Et même dans son contenu, ce texte fait des renvois au droit OHADA. En plus de l'article 85 déjà mentionné, on peut citer les articles 91 alinéa 2 et 134 qui renvoient à l'AUPOPCAP le premier pour affirmer son application[422] et le second pour y déroger[423].

Il y a donc indiscutablement une présence de chaque autorité dans les textes élaborés par l'autre. Cette présence semble ne pas être accidentelle. La récurrence semble traduire plutôt une réelle réciproque prise en compte de l'autre par chacun. Ce que confirme la mise en place depuis quelque temps d'un cadre de concertation. En

---

[420] Cf. article 85 du règlement n°02/14/CEMAC/UMAC/COBAC/CM relatif au traitement des établissements de crédit en difficulté dans la Communauté Économique et Monétaire de l'Afrique Centrale.

[421] A titre d'illustration, voir articles 8 du règlement COBAC R-2009/02 portant fixation des catégories des établissements de crédit, de leur forme juridique et des activités autorisées et 5 du règlement n°02/15/CEMAC/UMAC/COBAC modifiant et complétant certaines conditions relatives à l'exercice de la profession bancaire dans la CEMAC.

[422] Après avoir disposé dans son alinéa 1er que la procédure de redressement judiciaire visant un établissement de crédit est ouverte, sous réserve de l'avis conforme de la COBAC, l'article 91 ajoute dans son alinéa 2 que la COBAC est saisie, pour son avis conforme, par une demande écrite du Président de la juridiction compétente exposant la situation financière de l'établissement de crédit et comportant ***les documents prévus aux articles 26 et 27 de l'Acte uniforme OHADA portant procédures collectives d'apurement de passif***.

[423] En vertu de l'article 134, les déposants sont dispensés de la ***déclaration prévue à l'article 78 de l'Acte uniforme OHADA du 10 avril 1998 portant organisation des procédures collectives d'apurement du passif, pour leurs créances entrant pour tout ou partie dans le champ d'intervention du FOGADAC.***

effet, il existe un cadre permanent de concertation regroupant l'OHADA et les organes et institutions communautaires dotés de pouvoirs normatifs dans les États membres de l'OHADA. A défaut d'être à l'origine de ce mouvement de reconnaissance mutuelle, ce cadre devrait pouvoir au moins contribuer à son renforcement en permettant aux membres grâce aux échanges de bien se connaître et de mieux saisir les enjeux. C'est ainsi que l'on peut mettre à l'actif de ce cadre la renonciation de l'OHADA à prendre un acte uniforme en matière de crédit-bail et d'affacturage. En effet, face à la difficulté de faire un acte uniforme sur le droit des contrats, l'OHADA s'était résolue à avoir des actes uniformes régissant certains contrats spéciaux. Et parmi les premiers contrats retenus, figuraient l'affacturage et le crédit-bail. Mais au cours de la troisième réunion du comité tenue à Dakar le 12 février 2019, les banques centrales et les commissions bancaires ayant remarqué qu'il s'agissait d'opérations de crédit conformément à la réglementation bancaire, les membres ont convenu qu'il ne devrait pas y avoir d'actes uniformes sur ces deux matières. Ce faisant, les matières relèveront de la compétence des autorités bancaires.

En plus de cet instrument formel que constitue le cadre permanent de concertation[424], il convient de signaler que des échanges avaient déjà lieu entre l'OHADA et les autorités bancaires communautaires[425]. Les commissions bancaires prennent d'ailleurs part aux travaux des instances de l'OHADA en qualité d'observateurs. Ce mutuel respect que l'on dénote de plus en plus entre ces deux autorités pourrait faciliter un bon partage des compétences.

B) Un partage adéquat des compétences

Étant donné qu'il coexiste deux groupes d'autorités ayant compétence pour légiférer en matière bancaire, un défaut de délimitation des

[424] Il faudrait indiquer qu'en plus du toilettage des compétences, « Les forces vives de l'OHADA » avaient recommandé l'institutionnalisation de concertations périodiques et préalables des différentes organisations sur leur activité normative (Recommandation faite lors de leur réunion de Douala, les 8-10 novembre 2007).

[425] Cette attitude rejoint la solution recommandée par « les forces vives de l'OHADA », mais aussi par le regretté J. Issa-Sayegh, à savoir la coopération entre ces organisations (« Conflits entre droit communautaire et droit régional dans l'espace OHADA », www.ohada.com, Ohadata D-06-05, pp. 4-5).

domaines et de coordination pourrait nuire à l'harmonie nécessaire pour le déploiement optimum des établissements de crédit. A ce sujet, la principale règle devrait être la modestie. Celle-ci devrait dissuader chacune des autorités de la tentation de tout légiférer et imposer une légifération raisonnable. De ce fait, le législateur spécial ne devrait intervenir que pour aménager ou remplacer les dispositions du droit commun qui sont inadaptées par rapport au secteur bancaire ou combler les vides. Lorsqu'une disposition du droit commun convient au secteur bancaire, il serait inutile de la reprendre dans le texte spécial ou de l'évincer. Le droit commun ne doit pas être totalement évacué[426]. C'est pourquoi le droit spécial doit savoir garder le silence chaque fois qu'une règle du droit commun peut convenir. Il devient compréhensible que le règlement relatif au traitement des établissements de crédit en difficulté, par exemple, n'ait consacré que cinq (5) articles aux procédures de règlement préventif et de redressement judiciaire.

S'agissant de l'aménagement, plusieurs dispositions régissant la naissance, la vie ou les difficultés des établissements de crédit pourraient être rangées ici.

En ce qui concerne le capital minimum, par exemple, si le droit commun impose un seuil de 10 millions pour les SA ordinaires et de 100 millions pour celles qui font appel public à l'épargne, le droit bancaire impose plutôt un capital de 10 milliards pour les banques et de 2 milliards pour les établissements financiers.

Pour ce qui est de la forme et de l'organisation juridiques, pour une meilleure conciliation des intérêts en présence, le droit spécial impose un mode d'administration là où le droit commun laisse la liberté aux promoteurs. En effet, alors que dans le droit commun un choix peut leur être offert entre SA avec conseil d'administration et SA avec administration, le droit bancaire impose la première forme. De plus, dans le droit commun, lorsque les parties ont opté pour la forme SA

[426] Voir Francis Grua, « Le code civil, code résiduel ? », *RTD Civ* 2005, pp. 253 et s. Dans l'article « Les divisions du droit » cité ci-dessus, cet auteur écrit « aucune matière ne peut être régie uniquement par des règles spéciales. Subsistent toujours des vides et des silences qu'il faut combler au moyen de règles générales. D'où l'indispensable recours au droit commun, droit de superposition ». Le droit commun serait donc un droit de secours (cf. C. Goldie-Genicon, op. cit., n°290).

avec conseil d'administration, elles peuvent choisir entre la formule d'un président directeur général et celle d'un président du conseil d'administration plus un directeur général ; dans le domaine bancaire, ce choix ne leur est pas offert puisque les fonctions de PCA et de DG ne doivent pas être exercées par une même personne[427].

Pour ce qui est des procédures collectives d'apurement du passif, non seulement la cessation des paiements qui constitue le critère d'ouverture de la procédure connaît un dédoublement[428] et a une connotation particulière[429], mais aussi, l'ouverture de la procédure est soumise à un certain contrôle des autorités bancaires. C'est ainsi que pour le règlement préventif, la saisine du tribunal est subordonnée à l'autorisation préalable de la commission bancaire[430]. Pour le redressement judiciaire, cela se traduit par l'exigence de l'avis conforme de la COBAC[431]. Compte tenu de la spécificité des activités bancaires, il pourrait être risqué de faire ouvrir une procédure à l'égard d'un établissement de crédit sans que les autorités du secteur se soient prononcées sur sa situation. Même si rien n'interdirait au juge saisi de choisir la COBAC comme expert. Mais non seulement la désignation de l'expert n'est qu'une faculté, en plus, le juge n'est pas tenu par le rapport d'expertise. Dans certains cas, le droit spécial opère

---

427 Cf. article 22 du règlement relatif au gouvernement d'entreprise dans les établissements de crédit de la CEMAC.

428 Il semble y avoir deux types de cessation des paiements : une cessation des paiements économique, avec une connotation particulière contenue dans l'article 86 alinéa 1 et une cessation des paiements réglementaire prévue à l'alinéa 2 de l'article 86.

429 Aux termes de l'article 40 AUPOPCAP, il s'agit de l'impossibilité de faire face à son passif exigible avec son actif disponible, à l'exclusion des situations où les réserves de crédit ou les délais de paiement dont le débiteur bénéficie de la part de ses créanciers lui permettent de faire face à son passif exilé. Pour le droit bancaire, les établissements de crédit sont en état de cessation des paiements « lorsqu'ils ne sont pas en mesure d'assurer leurs paiements, immédiatement ou dans un délai de trente jours » (cf. article 86 alinéa 1er).

430 Aux termes de l'article 88 du règlement, « le représentant légal d'un établissement de crédit qui envisage de déposer une requête tendant à l'ouverture de la procédure de règlement préventif doit obtenir l'autorisation de la COBAC, avant toute saisine de la juridiction compétente ».

431 Selon l'article 91 du règlement, « la procédure de redressement judiciaire visant un établissement de crédit est ouverte, sous réserve de l'avis conforme de la COBAC ».

plus qu'un simple aménagement du droit commun ; il y déroge profondément ou le remplace.

C'est ainsi qu'il instaure un contrôle de l'actionnariat et des modifications structurelles des établissements de crédit, pose des exigences de qualification et d'honorabilité pour diriger ou administrer un établissement de crédit, réglemente de manière précise et pointilleuse l'organisation du contrôle interne, impose des ratios dont le non-respect est assorti de sanctions[432]. En ce qui concerne la liquidation des biens, le règlement lui-même précise qu'il institue une procédure spécifique dérogatoire au droit commun destinée à préserver la confiance dans le secteur bancaire et à assurer la sécurité des déposants (cf. art. 93 alinéa 1). Les marqueurs de ce caractère dérogatoire sont assez nombreux. On peut citer, à titre d'illustration le fait que l'ouverture de la procédure ne puisse résulter que d'une décision de retrait de l'agrément de l'établissement (cf. art 94), la distinction du patrimoine de l'établissement en liquidation en deux compartiments distincts (cf. art. 95 et s.) ….

Pour ce qui est hypothèses dans lesquelles le droit spécial vient compléter le droit commun, on peut mettre en évidence la formalisation : à côté de leur inscription au registre du commerce et du crédit mobilier, les établissements de crédit font l'objet d'un enregistrement au Conseil national du crédit. On peut ajouter également toutes les mesures de prévention des difficultés qui viennent en complément de l'alerte et de l'expertise de gestion prévues par le droit commun (devoir dictionnaire, solidarité de place, prêteur en dernier ressort…).
Au total, par rapport au potentiel de conflit résultant de la pluralité de sources législatives, le risque semble plutôt bien contenu, et même de mieux en mieux contenu. On ne peut malheureusement en dire autant pour le moment en ce qui concerne l'organisation de la pluralité des sources juridictionnelles.

---

432 Alors qu'ils ne sont généralement que des indicateurs permettant de s'assurer ou de vérifier la bonne marche de l'affaire.

II- Une pluralité de sources juridictionnelles encore douée d'un potentiel conflictuel élevé

L'une des particularités actuelles semble être la tendance pour chaque organisation régionale ou sous-régionale à se doter d'un organe juridictionnel compétent pour l'interprétation et l'application de ses textes et le règlement des litiges entre ses institutions[433]. C'est ainsi qu'à l'OHADA, il y a la Cour commune de justice et d'arbitrage (CCCJA) et à la CEMAC et à l'UEMOA, la Cour de justice communautaire (CJC). De ce fait, un litige impliquant un établissement de crédit peut, *a priori*, relever de la compétence de l'une ou l'autre de ces deux juridictions. Dès lors, une juridiction d'un système donné peut-elle trancher un litige en appliquant le droit issu d'un autre ?[434] Concrètement, saisie d'un litige impliquant au moins un établissement de crédit de la zone CEMAC, la CCJA peut-elle le trancher en appliquant le droit de cette organisation et vice-versa ?[435] Que se passerait-il si l'une des parties porte la contestation devant la CCJA alors que l'autre saisit plutôt la CJC ? Qu'adviendrait-il si des interprétations divergentes du même texte sont adoptées par ces juridictions communautaires ? Le conflit est d'autant plus difficile à résoudre ici qu'il n'est pas possible d'invoquer la suprématie du communautaire sur le national puisqu'on est en présence de deux juridictions communautaires[436].

---

[433] Voir K. Kouadio, « Conflits de normes et application du droit communautaire dans l'espace OHADA », www.ohada.com, Ohadata D-13-29. L'auteur rappelle que les organisations d'intégration sectorielle (CIMA et OAPI, notamment) sont en marge de ce mouvement (p.9, note de bas de page n°18).

[434] Il convient de signaler que dans un avis consultatif émis le 2 février 2000, la Cour de justice de l'UEMOA affirme qu'elle ne peut être saisie en renvoi préjudiciel par la CCJA puisque celle-ci n'est pas une juridiction nationale, et que l'interprétation par elle des actes uniformes OHADA porterait atteinte à l'exclusivité de la CCJA en la matière. Ce qui signifie que cette juridiction se refuserait à interpréter ou appliquer le droit OHADA.

[435] La question concerne essentiellement le conflit entre juridictions communautaires puisque le contentieux visé ici échappe généralement aux juridictions suprêmes nationales et, quand bien même celles-ci seraient compétentes, elles sont habilitées, comme toutes les juridictions nationales, à appliquer aussi bien le droit commun que le droit spécial.

[436] Le principe d'autonomie s'y oppose. Voir F. K. Deckon, « Les conflits de compétences », www.ohada.com, Ohadata D-11-69, p.1 et K. Kouadio, *op. cit.*, pp. 9 et s.

Pour éviter le règne de l'insécurité juridique et judiciaire, il faudrait que des règles assez précises puissent être dégagées pour régir la matière. Des solutions ont déjà été proposées. C'est ainsi qu'au cours de leur réunion de Douala citée ci-dessus, les « forces vives de l'OHADA » ont proposé un réaménagement des compétences pouvant passer par la spécialisation des juridictions et la coordination des instances et la possibilité d'une réunion des chambres mixtes composées paritairement des juges des juridictions concernées. Le règlement pourrait être bâti autour de l'objet (A) et de la nature (B) du litige.

A) La répartition des compétences fondées sur l'objet du litige

Il s'agit ici de savoir si le litige met en cause le droit commun ou le droit spécial. Et à ce sujet, deux situations peuvent se présenter, la première étant plus simple que la deuxième.

Premièrement, il est possible que la réclamation soit fondée uniquement sur le droit commun ou le droit spécial. Dans ce cas, le litige portant uniquement sur le droit commun devrait être porté devant la CCJA et le litige portant uniquement sur le droit spécial devant la CJC. Malheureusement, les choses ne se présentent pas toujours aussi simplement. Non seulement par méconnaissance ou par astuce une partie peut ignorer le caractère complexe du litige, mais aussi, celui-ci peut n'apparaître que devant le juge. Quelle est la juridiction compétente pour trancher ce litige qui mêle à la fois le droit commun et le droit spécial ? Il convient de rappeler qu'une telle question s'est posée même dans le cadre des rapports entre la CCJA et les juridictions nationales suprêmes lorsqu'un litige soulevait à la fois l'application d'un acte uniforme et celle d'un texte national. Les juridictions nationales suprêmes sont incompétentes pour l'interprétation et l'application des actes uniformes alors qu'elles sont compétentes pour les textes nationaux. Peuvent-elles trancher le litige en invoquant le fait qu'il met aussi en cause un texte national, surtout si celui-ci ne relève pas du domaine du droit des affaires ? La solution consistant à « rendre à chacun le sien » en faisant en sorte que chacun applique à ce litige le droit pour lequel il est compétent ne nous semble pas viable d'abord parce qu'un litige n'est pas aussi facilement sécable et aussi parce qu'il faudrait encore déterminer dans quel ordre les différentes juridictions doivent intervenir. Est-ce la CCJA qui interviendrait en premier ou la CJC ?[437] Pour ce qui est du conflit ayant opposé la CCJA aux juridictions suprêmes nationales, une cour suprême s'était déclarée compétente sur la base du critère de prépondérance. Elle avait estimé que c'est l'application du texte national qui était prédominante en l'espèce[438]. Aussi séduisant que soit ce critère, il est difficile de le suivre dans la mesure où cette prépondérance ne pouvant être évaluée avec certitude dans tous les cas, le critère risque de donner lieu à une compétition entre les juridictions concernées, chacune déclarant le litige comme soulevant prépondéremment l'application du droit du système dont elle relève. Il est bon qu'un critère précis soit adopté[439]. A ce sujet, en s'inspirant de la solution retenue par la jurisprudence pour les actes mixtes, une solution possible pourrait être de tenir compte de la qualité du demandeur. Si celui-ci est l'établissement de crédit, il pourrait lui être imposé la compétence de la juridiction du droit commun (CCJA) ; s'il s'agit du client de l'établissement, le choix pourrait lui être offert. Une autre solution possible pourrait dépendre de la nature du litige.

B) La répartition des compétences fondées sur la nature du litige

La prise en compte de la nature du litige reviendrait à distinguer selon que le conflit est intraprofessionnel ou mixte. Le premier type de litige opposerait uniquement des litigants appartenant à la profession alors que le second impliquerait une partie qui n'est pas de la profession.

---

[437] Faut-il en faire une question préjudicielle de nature à imposer à l'une des juridictions de surseoir à statuer en attendant que l'autre tranche la question relevant d'elle ?

[438] Il s'agit de la Cour suprême du Niger qui avait refusé de renvoyer l'affaire devant la CCJA parce que le pourvoi, selon elle, était fondé de façon prépondérante sur la violation des règles du Code civil et du Code CIMA (arrêt n°01-158/C, 16 août 2001, SNAR LEYMA c/ Groupe HIMA SOULEY, www.ohada.com, ohadata-J-02-28).

[439] Pour le conflit entre CCJA et juridictions nationales suprêmes, depuis l'arrêt rendu par la CCJA dans l'affaire Amani Yao sa compétence semble s'imposer dès que le litige soulève un problème d'interprétation et d'application d'un acte uniforme (CCJA, arrêt n°021/2007, 31 mai 2007, www.ohada.com, ohadata-J-08-223).

En ce qui concerne le litige intraprofessionnel, il peut opposer des autorités bancaires entre elles, une autorité bancaire à un établissement de crédit ou des établissements de crédit entre eux. Les deux premiers types de litige pourraient relever de la juridiction spéciale puisque le traité qui institue la Cour de justice de la CEMAC, par exemple, lui donne compétence pour ces litiges. Quant au troisième type de litige (celui qui oppose deux établissements de crédit), la solution pourrait dépendre de l'objet du litige. On pourrait alors avoir deux cas de figure :

- si l'objet est unique parce que le litige soulève uniquement l'application du droit commun ou du droit spécial, compétence serait donnée à la juridiction concernée à savoir, CCJA s'il s'agit du droit commun et CJC s'il s'agit du droit spécial ;
- si l'objet est mixte parce que le litige mêle à la fois droit commun et droit spécial, la compétence pourrait être donnée à la juridiction spéciale puisque ce type de juridiction est essentiellement professionnelle.

S'agissant des litiges de nature mixte qui opposeraient un professionnel à un client, la compétence devrait être celle de la juridiction commune. L'exclusion de la juridiction spéciale pourrait s'expliquer par le fait qu'il s'agit d'une juridiction ayant un caractère professionnel assez marqué. Mais le choix pourrait être offert au client lorsqu'il est le demandeur et si le litige porte uniquement sur le droit spécial.

Il apparaît que lorsque la nature et l'objet du litige sont uniques, la solution paraît plus simple que lorsqu'ils sont mixtes.

En conclusion, le risque de conflits de compétences apparaît, *a priori,* comme étant moins compliqué à régler pour ce qui est de l'édiction des normes. Déjà, un bon ordonnancement pourrait permettre de l'éviter en amont. Pour cela, il suffirait que chacun des législateurs respecte quelques principes, notamment la modestie et le respect mutuel. Pour le législateur du droit commun, par exemple, cela se traduirait par l'absence « d'esprit d'envahissement ». Autrement dit, il ne devrait pas chercher à tout régler dans le détail. Pour le législateur spécial, il n'interviendrait que si et dans la mesure où cela est nécessaire. Lorsque le conflit s'avère inévitable, le principal défi est celui de la cohérence dans le partage des interventions. Pour ce qui est du conflit entre juridictions, la solution paraît plus compliquée.

Le clair-obscur du nantissement de compte de titres financiers en droit OHADA

Didier LOUKAKOU
Docteur en droit privé, Directeur des Affaires Juridiques et de la Réglementation à la Commission de Surveillance du Marché Financier de l'Afrique Centrale (COSUMAF), Chargé d'enseignement à BGFI Business School, Libreville (Gabon), ancien avocat au Barreau de Paris

L'acte uniforme OHADA [440] du 15 décembre 2010 portant organisation des sûretés (AUS)[441] est entré en vigueur le 15 mai 2011. Ce texte a abrogé, purement et simplement, l'Acte uniforme initial du 17 avril 1997[442].

Il était notamment reproché au régime des sûretés de comporter des lourdeurs rédhibitoires affectant les modalités de constitution desdites sûretés et d'être entaché d'inefficacité grevant leurs modalités de réalisation. Les créanciers étaient en effet, souvent, confrontés à l'impossibilité de réaliser leurs sûretés.

La réforme introduite en 2010 est ambitieuse. Elle répond au souci d'adaptation du régime des sûretés aux meilleures pratiques internationales et aux exigences liées au financement de l'économie, avec des finalités s'articulant notamment autour d'une plus grande sécurité juridique des instruments, d'une efficacité renforcée des mécanismes de réalisation des sûretés et, *in fine*, une plus grande

[440] Organisation pour l'Harmonisation en Afrique du Droit des Affaires.
[441] Le sigle AUS est employé dans la présente étude pour désigner l'Acte uniforme portant organisation des sûretés, aussi bien dans sa version initiale du 17 avril 1997 que dans sa version actuelle adoptée le 15 décembre 2010.
[442] Art. 227 de l'AUS révisé. Toutefois, les sûretés constituées antérieurement à l'adoption du texte nouveau et conformément à la législation alors en vigueur restent soumises à cette législation jusqu'à leur extinction.

mobilisation du crédit, enjeux ayant largement interpellé la doctrine[443].

A la faveur de cette réforme, de nouveaux acteurs sont apparus, tel l'agent des sûretés, et de nouveaux mécanismes ont été consacrés, telle la propriété-sûreté, à travers l'introduction de la réserve de propriété[444], de la cession de créance à titre de garantie[445] et du transfert fiduciaire d'une somme d'argent[446]. En permettant aux créanciers de se prévaloir de la propriété comme garantie de leur créance, la consécration de la propriété-sûreté a ouvert de larges perspectives pour le financement des entreprises dans l'espace de l'OHADA. D'autres mécanismes ont été introduits, à savoir le pacte commissoire[447], le nantissement de compte bancaire[448] et le nantissement de compte de titres financiers[449], objet de la présente réflexion.

---

443 Boubacar S. Diarrah, Les innovations introduites dans l'Acte uniforme portant organisation des sûretés, Contribution aux Journées annuelles de l'Association Professionnelle des Juristes de Banques et Etablissements financiers (APJBEF), Bamako, 27-29 avril 2011, Ohadata D-12-23 ; M. Brou Kouakou, Le nouvel Acte uniforme portant organisation des sûretés et l'accès au crédit dans l'espace OHADA, Juris Ohada 2012, n°1, p. 3., Ohadata D-12-09, p. 4 ; M. Sakho, « Le nouvel Acte uniforme OHADA portant organisation des sûretés : Propos introductifs autour d'une refonte d'envergure du droit des sûretés », *Revue de l'Ersuma : Droit des affaires - Pratique Professionnelle*, n° Spécial - nov-déc 2011, *Législation* ; A. Lo Ba, Quelques réflexions sur le nouvel Acte uniforme des sûretés : un vrai « dolly » juridique, contribution publiée sur Ohada.com ; P. Crocq (dir.), L. Black Yondo, M. Brizoua-Bi, O. Fille Lambie, L.-J. Laisney, A. Marceau-Cotte, *Le nouvel Acte uniforme portant organisation des sûretés*, éd. Lamy, 2012, manuel qui consacre de longs développements au contexte de la réforme, en faisant état du diagnostic et des débats l'ayant suscitée ; A. Sunkam Kamdem, Le nantissement de compte de titres financiers dans l'espace OHADA : regard sur une sûreté nouvelle dans un contexte d'émergence des marchés financiers, Revue de l'Ersuma, Droit des affaires-Pratique professionnelle, N°3, sept. 2013, p. 1 et s. ; Y. R. Kalieu Elongo, A la recherche du particularisme du nantissement de compte de titres financiers en droit OHADA, Revue Togolaise des Sciences Juridiques n°7, janv.-juin 2015, p. 3 et s.

444 Art. 72 et s. AUS.

445 Art. 80 et s. AUS.

446 Art. 87 et s. AUS.

447 A. Fénéon, Le pacte commissoire : une innovation importante du nouvel acte uniforme sur les sûretés, Penant n° 877, oct.-déc. 2011, p. 429.

448 Art. 136 et s. AUS.

449 Art. 146 et s. AUS.

Sous l'empire de l'AUS du 17 avril 1997, en matière de nantissement de titres, le législateur avait prévu un mécanisme unique, le nantissement des droits d'associés et valeurs mobilières[450]. En d'autres termes, il s'agissait pour l'essentiel d'un nantissement de parts sociales, d'actions et d'obligations. Ces dispositions devaient être combinées avec celles de l'Acte uniforme sur le droit commercial général, qui précisaient également le régime du nantissement des actions et des parts sociales[451]. Cependant, l'assiette du nantissement des titres était très limitée. Le législateur, en effet, réduisait l'assiette à des instruments particuliers et ne prévoyait pas le nantissement d'un ensemble de valeurs interchangeables ou d'un compte. Qui plus est, n'étaient compris dans cette assiette que les titres eux-mêmes. L'acte uniforme était muet sur le sort des sommes d'argent, fruits ou revenus résultant des titres. En outre, alors même que l'Acte uniforme relatif au droit des sociétés commerciales et du groupement d'intérêt économique du 17 avril 1997 (AUDSCGIE)[452] admettait la possibilité, pour les seules sociétés anonymes faisant appel public à l'épargne qui le désiraient, d'une inscription en compte de leurs titres ou valeurs mobilières[453], l'Acte uniforme sur les sûretés de 1997 n'avait pas prévu le nantissement d'un compte et n'autorisait que le nantissement de valeurs mobilières particulières, isolément nanties.

L'AUS du 15 décembre 2010, tirant les leçons de certaines faiblesses, a consacré le nantissement de compte de titres financiers, qui est défini à l'article 146 AUS comme « *la convention par laquelle le constituant affecte en garantie d'une obligation l'ensemble des valeurs mobilières et autres titres financiers figurant dans ce compte* ».

---

[450] Art. 64 et s. AUS du 17 avril 1997. Les dispositions relatives au nantissement des droits d'associés et valeurs mobilières étaient intégrées à un chapitre sur les « nantissements sans dépossession ».

[451] Art. 44 et 45 AUDCG.

[452] Le sigle AUDSCGIE est employé dans la présente étude pour désigner l'Acte uniforme relatif au droit des sociétés commerciales et du groupement d'intérêt économique, aussi bien dans sa version initiale du 17 avril 1997 que dans sa version actuelle du 30 janvier 2014.

[453] Art. 747 et 764 AUDSCGIE ancien.

L'objet de ce nouveau nantissement, le compte de titres financiers, soulève de nombreuses questions, liées notamment à des imprécisions sur la notion de titre financier.

Les titres financiers ne font l'objet, en droit OHADA, d'aucune définition ni même de la moindre énumération, de sorte qu'ils ne sont pas clairement identifiés par le législateur. De ce fait, leur évocation, d'abord dans l'AUS du 15 décembre 2010 à travers la consécration du nantissement de compte de titres financiers et, ensuite, à l'article 747 de l'Acte uniforme relatif au droit des sociétés commerciales révisé[454], a de quoi dérouter l'observateur dans la mesure où rien n'est dit dans ces textes sur la nature et le régime des titres financiers. Pour mémoire, le législateur français, principale source d'inspiration de l'OHADA, a consacré, dans le cadre de la loi de modernisation des activités financières de 1996, la catégorie générique des instruments financiers, certes sans en donner une définition *erga omnes*, mais en les énumérant[455], ce qui donne une claire indication des éléments composant l'assiette du nantissement de compte-titres.

Le nantissement de compte de titres financiers est une sûreté dont la création résulte en droite ligne de la dématérialisation des titres[456]. Il convient de rappeler qu'à la faveur de leur dématérialisation, les valeurs mobilières et autres titres ont fait l'objet d'un changement

[454] Acte uniforme du 30 janvier 2014 relatif au droit des sociétés commerciales et du groupement d'intérêt économique, entré en vigueur le 5 mai 2014.

[455] Art. L. 211-1 Code monétaire et financier.

[456] En France, la dématérialisation des titres et leur inscription obligatoire en compte résultent des dispositions de l'article 94-II de la loi n° 91-1160 du 30 décembre 1981. Dans l'espace de l'OHADA, sous l'empire de l'Acte uniforme relatif au droit des sociétés commerciales du 17 avril 1997, l'inscription en compte n'était pas obligatoire. Elle était une possibilité ouverte aux seules sociétés anonymes faisant appel public à l'épargne qui le désiraient. Désormais, depuis l'adoption de l'Acte uniforme révisé sur les sociétés commerciales du 30 janvier 2014, toutes les valeurs mobilières sont obligatoirement dématérialisées et inscrites en compte. L'on est donc passé d'une simple faculté à une obligation qui s'impose pour toutes les valeurs mobilières. Dans l'espace de la Communauté Economique et Monétaire de l'Afrique Centrale (CEMAC), la dématérialisation des titres résulte d'abord des dispositions de l'article 52-1 du Règlement n° 06/03 – CEMAC – UMAC du 12 novembre 2003 portant organisation, fonctionnement et surveillance du marché financier de l'Afrique Centrale et ensuite du Règlement n° 01/14-CEMAC-UMAC-CM du 25 avril 2014 portant institution d'un régime d'inscription en compte des valeurs mobilières et autres instruments financiers dans la CEMAC.

radical de support, passant désormais d'un support papier à une simple écriture comptable. Alors qu'auparavant, la transmission des valeurs mobilières s'opérait par la tradition, autrement dit de la main à la main, désormais cette transmission intervient par virement de compte à compte. A la suite de ces changements, ces titres ne pouvant plus faire l'objet d'une tradition et donc d'un gage, il est apparu nécessaire de faire émerger une sûreté mieux adaptée à ce nouveau contexte. Cet effort d'adaptation de la sûreté sur titres aux exigences des professionnels et des milieux d'affaires s'est fait, en France, par vagues successives[457] et a abouti à la consécration du nantissement de compte-titres[458], dénommé, dans l'espace de l'OHADA, nantissement de compte de titres financiers.

Le nantissement de compte de titres financiers est largement utilisé dans la pratique. En effet, cette sûreté est souvent constituée pour sécuriser des opérations de financement et en particulier dans les financements structurés[459]. Tel est le cas dans les montages de *leveraged buy* out (LBO), autrement dit des acquisitions d'entreprises, avec effet de levier, par recours à un endettement massif et l'emploi de fonds propres souvent résiduels. L'on sait que les fonds de *private equity* ou de capital investissement ont largement recours au LBO. Les acquéreurs sont, dans un tel montage, amenés à nantir leurs comptes de titres au bénéfice des banques pourvoyeuses de fonds.

Sûreté assortie d'une dépossession par entiercement[460] et sans transfert de propriété[461], le nantissement de compte de titres financiers est caractérisé par sa souplesse et sa flexibilité. En effet, l'Acte uniforme[462] permet au débiteur, en accord avec le créancier, de poursuivre la gestion du portefeuille remis en gage, faculté qui n'était pas prévue sous l'empire de l'AUS du 17 avril 1997.

---

[457] Sur l'évolution législative en France, v. A. Couret, H. Le Nabasque et alii, *Droit financier*, Dalloz, 2008, n°1177, p. 705 et s.

[458] Art. L. 211-20 du Code monétaire et financier.

[459] Z. Sekfali, Droit des financements d'entreprise, RB édition, 2018, n°52, p. 109 ; R. Allouche et R. Richard, Les garanties dans les financements à effet de levier, Actes pratiques & ingénierie sociétaire, juil.-août 2008, p. 24.

[460] M. Cabrillac et C. Mouly, *Droit des sûretés*, 9ème éd., Litec, 2010, n° 796, p. 601.

[461] Tel est également le cas en droit français, principale source d'inspiration de l'OHADA : v. F. Auckenthaler, Nantissement de compte-titre, JurisClasseur Banque-Crédit-Bourse, Fasc. 2130, 2016, n°4, p. 3.

[462] Art. 151 AUS.

Enfin, l'on peut souligner tout l'intérêt tiré de la simplicité du mode de réalisation du nantissement de compte de titres financiers. En vue d'assurer l'efficacité de la sûreté et son attrait pour les banques et autres institutions financières, l'Acte uniforme[463] a institué un droit de rétention au bénéfice des créanciers nantis, qui porte sur les titres financiers et sommes en toute monnaie figurant au compte nanti. Il y a là une indéniable avancée, qui peut se mesurer dans l'hypothèse de l'ouverture d'une procédure collective d'apurement du passif[464].

Toutefois, au-delà de l'intérêt que présente cette nouvelle sûreté et après près de dix ans d'application des textes y afférents, des incertitudes et imperfections sont relevées qui compromettent son plein essor. Or, les utilisateurs ne pourront pleinement et durablement en tirer avantage que si le régime mis en place leur garantit la lisibilité des règles, leur cohérence, leur efficacité ainsi que la sécurité juridique. Il semble que sur ces points, le doute soit permis[465].

En consacrant le nantissement de compte de titres financiers, le législateur a pris le parti de maintenir en l'état, à ses côtés, un dispositif existant, qui est le nantissement des droits d'associés et valeurs mobilières[466]. Dans la mesure où les valeurs mobilières sont considérées à l'article 146 précité comme faisant partie des titres financiers et donc de l'assiette du nouveau nantissement de compte de titres financiers, le choix opéré de laisser coexister deux catégories de nantissement visant les valeurs mobilières, donc les titres financiers, parait pour le moins discutable, eut égard aux risques de confusion, à l'incertitude sur la nature des biens formant l'assiette du nouveau nantissement et à l'insécurité juridique que ce choix porte en germe. L'on est conduit à s'interroger sur les réelles motivations du législateur, sur l'opportunité et la pertinence du choix opéré.

S'il est vrai que la réforme introduit des modalités souples de constitution du nantissement de compte de titres financiers (I),

---

463 Ibid.

464 M. Cabrillac et C. Mouly, *Droit des sûretés*, 9ème éd., Litec, 2010, n° 796, p. 601.

465 M. Brou Kouakou, Le nouvel Acte uniforme portant organisation des sûretés et l'accès au crédit dans l'espace OHADA, Juris Ohada 2012, n°1, p. 3., Ohadata D-12-09, p. 37 et s.

466 Art. 140 et s. AUS.

souplesse qui se révèle également dans son fonctionnement et ses effets (II), l'on relèvera, dans le même temps, une certaine ambivalence du mécanisme puisque, par ailleurs, les confusions et incertitudes grèvent l'existence de ce nantissement, alimentant ainsi une certaine insécurité juridique et rendant nécessaire une redéfinition des contours de cette sûreté (III).

I. Constitution du nantissement de compte de titres financiers

La constitution du nantissement de compte de titres financiers suppose préalablement établies l'assiette de la sûreté (A) et les modalités de constitution (B).

A. L'assiette du nantissement de compte de titres financiers

L'article 146 AUS donne une première orientation sur les contours de l'assiette du nantissement du compte de titres financiers, en visant « un compte » auquel sont affectés « des valeurs mobilières et autres titres financiers ».

A ces mentions, il convient d'ajouter les dispositions de l'article 148 AUS pour pouvoir déterminer le contenu de l'assiette du nantissement.

Le compte nanti est une universalité [467] qui contient des titres financiers inscrits en compte, les sommes en toutes monnaies qui en découlent sous forme de fruits ou de produits ainsi que les titres financiers qui viennent par la suite compléter l'assiette initiale.

L'article 148 AUS dispose en effet : *« Les titres financiers figurant initialement au crédit du compte nanti, ceux qui leur sont substitués ou les complètent de quelque manière que ce soit ainsi que leurs fruits et produits sont compris dans l'assiette du nantissement ».*

---

[467] D. R. Martin, Du gage d'actifs scripturaux, D. 1996, chron. p. 263 ; D. Robine et S. Praicheux, Nantissement de compte-titres, Joly Bourse, 3-2009, p. 7.

Dès lors, l'assiette du nantissement comprend des titres financiers (1), des sommes d'argent représentant leurs fruits et produits (2) ainsi que des actifs qui viendront se substituer ou compléter l'assiette initiale (3).

1. Les titres financiers ne sont pas définis en droit OHADA, ni même simplement énumérés. L'on est, dès lors, en présence d'incertitudes pour les cerner et, partant, déterminer avec précision la composition de l'assiette du nantissement de compte de titres financiers.

   En dépit du silence du texte, comment déterminer les titres financiers susceptibles d'intégrer le portefeuille nanti ?

   La détermination de l'assiette de la sûreté prend en compte, indéniablement, les valeurs mobilières, puisqu'elles sont visées à l'article 146 AUS. Les caractéristiques essentielles des valeurs mobilières sont énoncées à l'article 744, alinéa 4 AUDSCGIE ainsi qu'il suit : « *Les valeurs mobilières confèrent des droits identiques par catégorie et donnent accès directement ou indirectement à une quotité du capital de la société émettrice ou à un droit de créance général sur son patrimoine. Elles sont indivisibles à l'égard de la société émettrice* ».

   Toutes les catégories de valeurs mobilières identifiées dans l'Acte uniforme relatif au droit des sociétés commerciales ont vocation à figurer dans l'assiette du nantissement. Il s'agit d'abord des valeurs mobilières traditionnelles que sont les actions[468] et les obligations[469]. Les actions se subdivisent en actions ordinaires et en actions de préférence[470]. La catégorie des valeurs mobilières s'est élargie avec la consécration, dans l'Acte uniforme révisé relatif au droit des sociétés commerciales, des valeurs mobilières composées, dont l'émission est réservée aux seules sociétés par actions. Les valeurs mobilières composées sont définies à l'article 822

[468] Art. 748 et s. AUDSCGIE.
[469] Art. 779 et s. AUDSCGIE.
[470] Art. 778-1 et s. AUDSCGIE.

AUDSCGIE comme *« des valeurs mobilières donnant accès au capital ou donnant droit à l'attribution de titres de créance »*. Il pourra notamment s'agir d'obligations convertibles en actions, d'obligations avec bons de souscription d'actions, d'obligations échangeables contre des actions, d'obligations remboursables en actions, d'actions avec bons de souscription d'actions, etc.

Si, comme nous le voyons, les valeurs mobilières sont bien identifiées et définies dans l'AUDSCG, en revanche, en l'absence de précision du législateur, il peut se révéler délicat de déterminer les « autres titres financiers » susceptibles de figurer dans le compte nanti. Cela rend le régime du nantissement de compte de titres financiers quelque peu bancal.

Néanmoins, à défaut d'une définition des titres financiers, leurs caractéristiques communes sont connues. Outre le fait qu'ils procèdent d'un contrat d'émission[471], les titres financiers se distinguent d'une part par la sécurité de leur mode de représentation, qui est une inscription en compte, et d'autre part par leur négociabilité et leur circulation par virement de compte à compte.

En France d'ailleurs, le législateur n'en fait pas mystère à l'article L. 211-3 du Code monétaire et financier : « *Les titres financiers émis en territoire français et soumis à la législation française, sont inscrits dans un compte-titres* » tenu soit par l'émetteur, soit par un intermédiaire financier habilité. Ces dispositions sont complétées et renforcées par celles de l'article R. 211-1 du même code : « *Les titres financiers ne sont matérialisés que par une inscription au compte de leur propriétaire* ».

L'article 146 AUS est également sans équivoque lorsque, pour définir le nantissement de compte de titres financiers, il vise « *les valeurs mobilières et autres titres financiers figurant*

[471] T. Bonneau, P. Pailler, A.-C. Rouaud, A. Tehrani, R. Vabres, *Droit financier*, LGDJ, 2017, n° 718, p. 430.

dans ce compte ». Il s'agit là, à n'en pas douter, d'une exigence d'inscription en compte desdits titres.

Le groupe d'experts ayant assisté le Secrétariat Permanent de l'OHADA dans le cadre de la révision de l'Acte uniforme sur les sûretés place l'inscription en compte au cœur de la notion de titre financier : « *La notion de titre financier, très générale, couvre les titres inscrits sur un compte spécial tenu, soit par l'émetteur desdits titres, soit par un intermédiaire financier. Ces titres doivent également être négociables et transmissibles par virement* »[472].

Les valeurs mobilières, dont les caractéristiques traditionnelles alimentent la notion de titre financier, sont, en France, depuis très longtemps[473], obligatoirement inscrites en compte et donc dématérialisées.

Dans l'espace de l'OHADA, sous l'empire de l'Acte uniforme relatif au droit des sociétés commerciales du 17 avril 1997, les valeurs mobilières, qu'il s'agisse des actions ou des obligations, pouvaient déjà être inscrites en compte[474]. En effet, l'article 747 de l'AUDSCGIE, qui énonçait « *la constitution en gage de valeurs mobilières inscrites en compte* », ne distinguait pas selon les valeurs mobilières. L'inscription en compte visée à cet article concernait donc aussi bien les actions que les obligations. Cet article 747 faisait partie d'un chapitre I relatif aux dispositions communes aux valeurs mobilières. Dans le même chapitre, l'article 745, relatif à la forme des titres, précisait bien que les titres visés dans ledit chapitre étaient aussi bien les actions que les obligations. Il s'ensuivait que les dispositions du chapitre entier s'appliquaient, en toute logique, aux actions comme aux obligations[475].

---

472 P. Crocq (dir.), L. Black Yondo, M. Brizoua-Bi, O. Fille Lambie, L.-J. Laisney, A. Marceau-Cotte, *Le nouvel Acte uniforme portant organisation des sûretés*, éd. Lamy, 2012, n° 352, p. 245.

473 Art. 94-II de la loi n° 91-1160 du 30 décembre 1981.

474 Art. 747 et 764 AUDSCGIE.

475 Contr. Y. R. Kalieu Elongo, A la recherche du particularisme du nantissement de compte de titres financiers en droit OHADA, Revue Togolaise des Sciences

Cependant, l'inscription en compte était une simple faculté[476] et non une obligation. Cette possibilité était réservée aux seules sociétés anonymes faisant appel public à l'épargne qui le désiraient et dès lors, dans ces seules sociétés, la transmission des titres pouvait s'opérer soit selon les modes traditionnels soit, en cas de choix du système de l'inscription en compte, par virement de compte à compte[477]. Il faut rappeler que dans l'Acte uniforme initial du 17 avril 1997, ces sociétés faisant appel public à l'épargne pouvaient aussi bien procéder à une émission d'actions qu'à un placement d'obligations par appel public à l'épargne[478] et que dès lors, en l'absence d'interdiction formelle ou de principe, l'on ne voit pas sur quelle base aurait pu être refusée l'inscription en compte des obligations émises par des sociétés faisant appel public à l'épargne.

Désormais, depuis l'entrée en vigueur, le 5 mai 2014, du nouvel Acte uniforme relatif au droit des sociétés commerciales, l'inscription en compte est obligatoire pour toutes les valeurs mobilières, y compris celles émises par des sociétés ne faisant pas appel public à l'épargne. En effet, l'article 744-1 alinéa premier de ce texte énonce : « *Les valeurs mobilières, quelle que soit leur forme, doivent être inscrites en compte au nom de leur propriétaire. Elles se transmettent par virement de compte à compte* ».

En se référant à leurs caractéristiques essentielles, les titres formant l'assiette du nantissement de compte de titres financiers peuvent ainsi être les suivants :

- Les actions (actions ordinaires et actions de préférence);

Juridiques N°7, janv.-juin 2015, p. 6, pour qui « (…) l'inscription en compte de titres ne concernait, en droit des sociétés OHADA, que les actions émises par les sociétés faisant appel public à l'épargne ayant opté pour cette modalité d'émission des titres ».

476 Art. 764 AUDSCGIE.

477 Ibid.

478 Art. 841 et s. AUDSCGIE, relatif au placement d'obligations.

- Les obligations ordinaires, visées aux articles 779 et suivants de l'AUDSCGIE ;
- Les valeurs mobilières composées visées aux articles 822 et suivants de l'AUDSCGIE ;
- Les bons et obligations du trésor assimilables, dont la nature de titres financiers ne fait pas de doute. Ainsi, dans l'espace de la CEMAC [479] comme dans celui de l'UEMOA[480], la réglementation communautaire[481] prévoit très clairement que les bons du Trésor assimilables (BTA)[482] et les obligations du Trésor assimilables (OTA équivalent des OAT françaises) sont dématérialisés, inscrits en compte et librement négociables ;
- Les titres de créance négociables : ces titres ne sont pas des valeurs mobilières [483]. En effet, alors que les valeurs mobilières se singularisent par leur fongibilité, les titres de créance négociables sont émis à l'unité et non par stocks fongibles. En revanche, leur nature juridique n'est pas discutable puisqu'ils sont définis comme des titres financiers. En Afrique Centrale, l'article 2 du Règlement n° 04/CEMAC/UMAC/CM du 27 mars 2015 relatif au Marché des titres de créance négociables de la CEMAC les définit en effet comme « *des titres financiers émis au gré de l'émetteur, négociables sur un marché réglementé ou de gré à gré, qui représentent chacun un droit de créance...* ». L'article 24 du même texte prévoit leur inscription en compte obligatoire auprès d'un teneur de compte ;
- Les parts ou actions d'organismes de placement collectif : ces instruments d'épargne collective sont placés sous la

479 Communauté Economique et Monétaire de l'Afrique Centrale.

480 Union Economique et Monétaire Ouest-Africaine.

481 CEMAC : art. 3 Règlement N°03/08/CEMAC/UMAC/CM du 6 octobre 2008 relatif aux titres publics à souscription libre ; UEMOA : Art. 12 Règlement N° 06/2013/CM/UEMOA sur les Bons et Obligations du Trésor émis par voie d'adjudication ou de syndication avec le concours de l'Agence UMOA-Titres.

482 Il a été jugé, en France, que les bons du Trésor en compte courant sont représentatifs d'une créance sur l'Etat ; ils peuvent faire l'objet d'une inscription en compte ; ils confèrent des droits identiques par catégorie et doivent être regardés comme des valeurs mobilières : Rouen, 11 févr. 2003, Rev. dr. banc. et fin. 2004, n°39, obs. Delleci.

483 Art. 744 AUDSCGIE qui exclut les titres du marché monétaire de la catégorie des valeurs mobilières.

supervision des autorités de régulation des marchés financiers. Les actions de SICAV ne soulèvent pas de difficulté particulière relative à leur nature juridique, étant bien compris qu'il s'agit de valeurs mobilières et donc de titres financiers. Pour les parts de fonds, dans l'espace de la CEMAC, le Règlement communautaire du 25 avril 2014 portant institution d'un régime d'inscription en compte des valeurs mobilières et autres instruments financiers range les actions et parts d'organismes de placement collectif en valeurs mobilières parmi les valeurs mobilières[484]. Dès lors, leur nature de titres financiers n'est pas discutable. En droit français, l'article L. 211-2 du Code monétaire et financier considère les organismes de placement collectif comme des émetteurs de titres financiers.

La plupart des titres mentionnés dans cette liste sont des valeurs mobilières. Comme nous l'avons vu, pour définir le nantissement de compte de titres financiers, l'article 146 AUS vise « *les valeurs mobilières et autres titres financiers* » figurant dans le compte nanti. De même, l'article 744, alinéa premier de l'AUDSC dispose : « *Les sociétés anonymes émettent des valeurs mobilières ainsi que d'autres titres financiers* ».

La filiation entre les titres financiers et les valeurs mobilières doit d'autant moins surprendre que plusieurs caractéristiques essentielles des titres financiers, telles par exemple la création par voie d'émission, l'inscription en compte et la négociabilité, sont également déterminantes de la notion de valeur mobilière[485].

2. En vertu des dispositions de l'article 148 AUS, l'assiette du nantissement comprend également les fruits et produits en toutes monnaies des titres financiers figurant initialement au crédit du compte nanti. Les fruits comprennent notamment les intérêts sur titres obligataires et les dividendes tirés des actions. Les produits comprennent notamment les sommes issues du remboursement, de l'amortissement ou de la vente de

---

[484] Art. 3 Règlement N° 01/14/CEMAC-UMAC-CM du 25 avril 2014.

[485] A. Reygrobellet, La notion de valeur mobilière, Thèse Paris II, 1995 ; T. Bonneau, P. Pailler, A.-C. Rouaud, A. Tehrani, R. Vabres, *Droit financier*, LGDJ, 2017, n° 718, p. 430 et s.

titres. Ces fruits et produits venant s'ajouter à l'assiette initiale, il en résulte qu'aucune somme d'argent n'est comprise dans ladite assiette initiale, qui ne comprend que des titres financiers. Dans la mesure où le texte vise les fruits et produits des titres financiers inscrits en compte, il semble qu'aucune somme d'argent ne pourra être ajoutée sans justifier d'un lien avec les titres financiers remis en garantie.

3. L'assiette du nantissement de compte de titres financiers comprend également, outre les titres financiers initiaux, ceux qui leur sont substitués ou les complètent de quelque manière que ce soit[486]. Faut-il y voir une autre conséquence de la nature juridique du compte nanti, qui est une universalité ? Une réponse positive paraît s'imposer. En effet, la sûreté ne portant pas sur des titres financiers particuliers mais sur un compte dans lequel sont compris des éléments divers, le législateur permet de faire évoluer l'assiette, notamment par substitution de nouveaux titres financiers aux titres initiaux[487]. Cette substitution est une application de la subrogation réelle[488], qui pourra trouver une illustration dans le cadre d'opérations de fusion ou d'échange de titres ou encore dans les nombreuses hypothèses de conversion ou d'échanges de valeurs mobilières composées.

L'assiette du nantissement est également étendue aux titres complémentaires qui pourront venir s'ajouter, notamment en cas d'augmentation de la créance garantie. L'addition de titres complémentaires intervient souvent en application d'une « clause d'arrosage », laquelle oblige le débiteur à assurer le maintien de la valeur du gage et à éviter toute dépréciation de valeur des titres engagés. L'Acte uniforme précise que les titres ainsi ajoutés postérieurement à la date de la déclaration constitutive du nantissement « *sont réputés avoir été remis à la*

---

[486] Art. 148 al. 1er AUS.

[487] P. Crocq (dir.), L. Black Yondo, M. Brizoua-Bi, O. Fille Lambie, L.-J. Laisney, A. Marceau-Cotte, *Le nouvel Acte uniforme portant organisation des sûretés*, éd. Lamy, 2012, n° 352, p. 246.

[488] F. Auckenthaler, Nantissement de compte-titre, JurisClasseur Banque-Crédit-Bourse, Fasc. 2130, 2016, n°34, p. 9.

date de ladite déclaration »[489]. Il en résulte qu'en cas de diminution du montant de la créance garantie, certains titres financiers pourront être retirés à due concurrence du compte nanti et ainsi entraîner une réduction de l'assiette du nantissement.

B. Les modalités de constitution du nantissement de compte de titres financiers

Conformément aux dispositions de l'article 147 AUS, le nantissement de compte de titres financiers est constitué tant entre les parties qu'à l'égard de la personne morale émettrice et des tiers par une déclaration signée par le titulaire du compte. Cette déclaration constitue une véritable condition d'opposabilité aux tiers et de validité du nantissement de compte de titres financiers. Pour être valable, la déclaration doit être datée et signée par le titulaire du compte. En outre, elle doit contenir, à peine de nullité, un certain nombre de mentions, à savoir, la désignation du créancier, du débiteur et du constituant du nantissement, le nombre et la nature des titres formant l'assiette initiale du nantissement, le montant de la créance garantie, sa durée et son échéance, ainsi que des éléments d'identification du compte spécial nanti.

Compte tenu de ces exigences légales, peut-on envisager un nantissement de compte de titres financiers en l'absence de déclaration préalable de nantissement ? A notre connaissance, la CCJA de l'OHADA n'a pas eu à trancher, à ce jour, la question. Une réponse négative paraît, néanmoins, s'imposer. Les dispositions de l'article 147 AUS semblent sans équivoque, car elles consacrent la déclaration comme l'acte sans lequel le nantissement n'est pas constitué, donc l'élément sans lequel le nantissement devrait être considéré inexistant.

La jurisprudence française a, elle, été amenée à se prononcer sur la validité d'un nantissement en l'absence de déclaration y afférente. En effet, la chambre commerciale de la Cour de cassation en France a récemment jugé qu'en l'absence de déclaration du titulaire du compte comportant les mentions légales, le nantissement n'est pas constitué et

---

[489] Art. 148 al. 2 AUS.

ne peut donc pas être opposé à l'établissement bancaire teneur de compte[490].

Compte tenu des énonciations de l'article 147, cette dernière position doit prévaloir également dans l'espace OHADA. Ainsi, il y a lieu de considérer que faute de déclaration, le nantissement de compte de titres financiers n'est pas valable. Qui plus est, il ne pourra pas être soumis, du seul fait de l'absence de déclaration, aux règles du gage de droit commun dans la mesure où la constitution d'un nantissement sur des titres financiers inscrits en compte ne peut s'opérer qu'au moyen d'un nantissement de compte de titres financiers tel qu'envisagé aux articles146 et suivants de l'AUS.

Par ailleurs, dans la mesure où le compte de titres financiers présente, par essence, un caractère évolutif et que les différents actifs qui y sont inscrits sont susceptibles de varier dans leur nature et leur valeur, l'Acte uniforme, dans un but de protection des créanciers, prévoit la délivrance « sur simple demande » d'une attestation de nantissement[491].

En effet, s'il le désire, le créancier nanti peut, à tout moment et sur simple demande, obtenir du teneur de compte une attestation de mise en nantissement, document ayant pour principale fonction d'établir la consistance du compte à la date de sa délivrance. Cette attestation comporte un inventaire des titres financiers et sommes en toute monnaie inscrits en compte à la date de sa délivrance.

Le rôle de l'attestation de nantissement n'est pas véritablement défini. Cette attestation est-elle une condition de validité du nantissement ou un instrument de preuve ? La doctrine y voit tantôt un moyen de preuve que le gagiste peut se constituer pour faire valoir sa garantie, tantôt un document à vocation purement informative[492].

Cette attestation étant avant tout destinée à établir la consistance de l'assiette du compte nanti à la date de sa délivrance et sachant que des changements pourront affecter la composition du compte nanti, il y a

---

[490] Cass. com. 23 janv. 2019, n° 16-20.582.
[491] Art. 148 al. 3 AUS.
[492] A. Couret, H. Le Nabasque et alii, *Droit financier*, 2008, n°1185, p. 714 et s

lieu d'y voir essentiellement une formalité à vocation probatoire et non une condition de validité du nantissement.

Une autre question se pose : en dépit du caractère obligatoire de la déclaration de nantissement et des mentions qui y sont prescrites à peine de nullité, la rédaction d'une convention de nantissement de compte de titres financiers s'impose-t-elle aux parties ?

L'Acte uniforme [493] exige expressément l'établissement d'une déclaration pour rendre valable le nantissement de compte de titres financiers. Le législateur de l'OHADA ne pose, en revanche, aucune exigence de conclusion d'un contrat préalable. Cela semble accréditer le caractère facultatif du recours au contrat entre les parties. L'on doit, toutefois, considérer que même si la déclaration de nantissement s'impose comme une formalité obligatoire de constitution du nantissement, elle n'est pas suffisante[494]. En effet, acte unilatéral par essence, la déclaration n'exprime que la volonté du débiteur et n'établit pas l'acceptation du créancier. La déclaration ne peut donc pas, en tant que telle, suppléer au consentement des parties à la constitution du nantissement. Dès lors, il y a lieu de considérer qu'en dépit de l'exigence d'une déclaration et du mutisme du législateur de l'OHADA concernant l'opportunité du recours à un contrat, une convention de nantissement doit toujours être conclue entre le créancier et le constituant du nantissement. Au demeurant, la rédaction d'un contrat en bonne et due forme entre les parties s'avère utile pour préciser les modalités du nantissement, encadrer, quelquefois dans le détail, les relations entre les parties, préciser les modalités de fonctionnement du compte nanti et ainsi, conformément aux dispositions de l'article 151 AUS, définir les conditions dans lesquelles le titulaire du compte nanti peut disposer des titres financiers et des sommes en toute monnaie figurant dans ce compte.

Une difficulté à laquelle pourrait se heurter la constitution du nantissement de compte de titres financiers est représentée par

---

[493] Art. 147 AUS.

[494] D. R. Martin, Gage d'instruments financiers, Dictionnaire Joly, Bourse et produits financiers, 1997, n° 22 ; F. Auckenthaler, Nantissement de compte-titre, JurisClasseur Banque-Crédit-Bourse, Fasc. 2130, 2016, n°4, p. 7 et s. ; D. Robine et S. Praicheux, Nantissement de compte-titres, Joly Bourse, 3-2009, p. 16 ; A. Couret, H. Le Nabasque et alii, *Droit financier*, 2008, n°1185, p. 710 et s.

l'éventualité de l'existence d'une clause d'agrément ou de préemption statutaire ou extra-statutaire. L'hypothèse n'est pas purement anecdotique, surtout depuis la consécration, en 2014, des conventions extra-statutaires[495]. La constitution d'un nantissement de compte de titres financiers peut-elle être entravée ou compromise par l'existence d'une clause statutaire d'agrément des cessionnaires de titres financiers ? Il convient de rappeler que, malgré le principe de libre transmissibilité des actions fixé à l'article 764 de l'AUDSCGIE, les statuts ou les conventions extras-statutaires peuvent toujours, en effet, prévoir des limitations à la transmission des actions. Dès lors, la réalisation d'un nantissement pourrait-elle être compromise par l'existence de telles stipulations ?

L'article 772 AUDSCGIE soumet le projet de nantissement au consentement préalable de la société émettrice des actions, lequel consentement emporte agrément du cessionnaire en cas de réalisation des actions nanties, la société ayant toutefois la possibilité d'écarter cette voie et de procéder elle-même au rachat des titres en vue d'une réduction de son capital. L'article 773 alinéa premier AUDSCGIE consacre la consultation préalable de la société : *« Le projet de nantissement doit avoir été préalablement adressé à la société... »*. Il n'y a ainsi aucun doute sur la question de la consultation préalable de la société en cas de projet de nantissement. La société doit être consultée et elle doit donner son accord préalable, car à défaut d'un tel accord, le projet de nantissement lui sera inopposable[496]. Au surplus, en vertu des dispositions de l'article 772 alinéa 3 AUDSCGIE, même si, pour une raison quelconque, la société n'a pas pu émettre son consentement au projet de nantissement, le transfert de propriété des actions intervenant dans le cadre de la réalisation d'un nantissement est soumis à son agrément. Néanmoins, cet article 772 alinéa 3 semble semer la confusion. Il semble induire la possibilité d'une absence de consultation préalable de la société sur le projet de nantissement, en admettant la possibilité d'arriver au stade de la réalisation des titres, au mépris des dispositions précitées de l'article 773 AUDSCGIE.

Une autre question concerne la constitution de nantissements successifs sur un même compte. L'Acte uniforme n'a pas prévu une

---

495 Art. 2-1 AUDSCGIE.
496 Art. 772 al. 2 AUS.

telle hypothèse. Pourtant, le cas n'est pas rare en pratique. Le nantissement de second rang sur un compte de titres financiers présente de nombreux intérêts. Il permet notamment au débiteur d'obtenir un crédit supplémentaire en affectant en garantie le même compte de titres financiers. Il peut arriver, en effet, que l'assiette de la sûreté excède le montant de la créance garantie, laissant ainsi une marge au constituant du nantissement. Interdire les nantissements successifs pourrait avoir pour conséquence d'entraver la poursuite normale de l'activité du constituant. L'absence de disposition expresse dans l'Acte uniforme sur les sûretés ne saurait être interprétée comme une prohibition. En effet, rien ne s'oppose strictement à la constitution de nantissements successifs sur le même compte. Toutefois, l'on ne saurait faire abstraction du droit de rétention légal[497] dont bénéficie le créancier de premier rang sur les titres financiers et sommes en toute monnaie figurant au compte nanti. Aussi, pour se prémunir contre tout risque de contestation, le contrat initial de nantissement devrait prévoir la possibilité de nantissements successifs sur le compte nanti. Une autre solution pourrait consister à solliciter l'accord préalable du créancier de premier rang lorsqu'est envisagé un nantissement de second rang sur le même compte[498].

II. Effets du nantissement de compte de titres financiers

L'existence et le fonctionnement du nantissement de compte de titres financiers donnent lieu à l'ouverture d'un compte spécial (A) dont la gestion optimale permet d'assurer des modalités de réalisation efficace de la sûreté (B).

A. Compte spécial

L'Acte uniforme prévoit que les titres financiers sont isolés des autres actifs du titulaire de compte du fait de leur virement obligatoire sur un compte spécial[499]. Ce compte spécial est tenu soit par la personne morale émettrice des titres soit par un intermédiaire financier.

---

497 Art. 151 al. 1er AUS.
498 A. Couret, H. Le Nabasque et alii, *Droit financier*, Dalloz, 2008, n°1198, p. 717.
499 Art. 149 AUS.

L'Acte uniforme impose, par ailleurs, une ségrégation des actifs composant le compte nanti, lequel se décompose d'une part, en un compte spécial dédié aux titres et, d'autre part, en un compte spécial espèces dédié à l'encaissement des fruits et produits. En vertu des dispositions de l'article 150 AUS, lorsque le teneur du compte de titres financiers n'est pas habilité à recevoir des fonds du public, les fruits et produits sont inscrits sur un compte spécial espèces, ouvert au nom du titulaire du compte nanti, dans les livres d'un établissement habilité distinct du teneur de compte de titres financiers. Parce que le compte nanti constitue une universalité, le compte spécial « espèces » est réputé faire partie intégrante du compte nanti à la date de la déclaration de nantissement[500].

Même si certains auteurs ont semblé douter de la pertinence ou de la raison d'être des dispositions de l'article 150 AUS[501], en ce qu'elles prévoient le recours à des teneurs de compte de titres financiers non habilités à recevoir des fonds du public, il y a lieu d'observer que ces dispositions visent notamment le cas des intermédiaires en bourse sur les marchés financiers de l'espace OHADA, à savoir les sociétés de bourse dans la zone CEMAC et les sociétés de gestion et d'intermédiation (SGI) en zone UEMOA. Ces intermédiaires sont habilités à fournir le service de tenue de compte de titres financiers. Mais, bien qu'ils participent à la collecte de l'épargne publique dans le cadre des opérations par appel public à l'épargne, ils ne sont pas autorisés à conserver les fonds du public, lesquels sont versés dans des comptes bancaires.

Outre la personne morale émettrice et l'intermédiaire financier, le compte spécial peut-il être tenu par un dépositaire central de titres ? L'Acte uniforme ne le prévoit pas expressément. D'aucuns pourraient être tentés d'inclure le dépositaire central dans la catégorie des intermédiaires financiers visés à l'article 149 précité de l'AUS. Mais une telle approche n'emporterait pas la conviction. En effet, aussi bien dans l'espace UEMOA[502] que dans celui de la CEMAC[503], les

---

500 Art. 150 al. 2 AUS.

501 M. Brou Kouakou, Le nouvel Acte uniforme portant organisation des sûretés et l'accès au crédit dans l'espace OHADA, Juris Ohada 2012, n°2, Ohadata D-12-09, p. 35.

502 Art. 20 et s. Règlement général relatif à l'organisation, au fonctionnement et au contrôle du marché financier régional de l'UMOA.

dépositaires centraux sont des organismes de marché assurant, sous le contrôle de l'autorité du marché, des missions d'intérêt général. Ils sont soumis à l'agrément et au contrôle de l'autorité de régulation du marché financier[504]. Le dépositaire central a notamment pour fonction d'enregistrer dans un compte l'ensemble des titres financiers composant chaque émission admise à ses opérations. Pour ce faire, il ouvre des comptes courants à ses adhérents, en grande partie des intermédiaires de marché (sociétés de bourse, sociétés de gestions et d'intermédiation et autres teneurs de comptes). Comptable du montant des émissions de titres, le dépositaire central s'assure alors, en permanence, que le montant de chaque émission enregistré dans sa comptabilité est rigoureusement équilibré par le nombre de titres financiers enregistrés aux comptes de ses adhérents. Compte tenu de ses fonctions, le dépositaire central gère une ou plusieurs plates-formes techniques lui permettant d'assurer la circulation des titres financiers par virement de compte à compte, ainsi que la fonction de règlement-livraison. On le voit, le dépositaire assure, sous le contrôle de l'autorité de régulation du marché, une mission d'intérêt général lui permettant d'être un maillon essentiel pour la sécurité du marché et la stabilité du système financier.

Si comme on l'a vu, l'Acte uniforme est muet et ne reconnait pas expressément la possibilité pour un dépositaire central de tenir le compte spécial nanti visé à l'article 149 AUS, la réglementation des marchés financiers semble plus favorable. En effet, en zone CEMAC, un règlement communautaire[505] attribue au dépositaire central des titres du marché financier régional une fonction de « *tiers-gagiste des valeurs mobilières et autres instruments financiers faisant l'objet d'un nantissement* ». En d'autres termes, le dépositaire central se voit ainsi reconnaître la possibilité d'assurer une fonction de teneur de compte des titres financiers de ses affiliés ou adhérents, faisant l'objet d'un nantissement. Il convient, à cet égard, de rappeler que, dans le cadre de ses fonctions, le dépositaire central, notamment en zone CEMAC,

---

[503] Art. 46 Règlement n° 06/03 – CEMAC – UMAC du 12 nov. 2003 portant organisation, fonctionnement et surveillance du marché financier de l'Afrique Centrale.

[504] Art. 45 Règlement n° 06/03 – CEMAC – UMAC du 12 nov. 2003.

[505] Art. 46 du Règlement n° 06/03-CEMAC-UMAC du 12 novembre 2003 portant organisation, fonctionnement et surveillance du marché financier de l'Afrique Centrale.

prend en charge aussi bien des titres cotés que non cotés en bourse, tels ceux émis dans le cadre d'opérations de placement privé. Un des intérêts majeurs de cette fonction, en ce qui concerne les titres cotés, est de permettre au dépositaire central de sécuriser le processus de dénouement des transactions sur le marché, à travers la mise en place d'un système de garantie des opérations de règlements-livraison effectuées par ses adhérents[506].

Une bonne prise en compte des exigences relatives à la tenue du compte nanti s'avère généralement un impératif qui détermine la réalisation efficace du nantissement de compte de titres financiers.

B. Réalisation du nantissement

La réalisation du nantissement intervient suivant des modalités particulières, lesquelles varient en fonction de la nature des actifs inscrits en compte (2°). Cela suppose, cependant, le respect d'exigences préalables (1°).

1. Les conditions de la réalisation

Les conditions de réalisation ne soulèvent pas de difficulté particulière. Conformément aux dispositions de l'article 152 AUS, trois conditions doivent être réunies pour pouvoir réaliser le nantissement : une créance certaine, liquide et exigible, une mise en demeure et l'observation d'un délai.

En effet, compte tenu de son caractère accessoire, le nantissement de compte de titres financiers ne peut être réalisé que sous réserve de l'existence d'une créance non contestée, connue dans son montant et impayée à son échéance. Eu égard à la particularité de ce nantissement et à la souplesse qui lui est reconnue, la réalisation doit-elle nécessairement intervenir à l'échéance de la créance garantie ? Une réponse négative s'impose. La confiance étant un élément déterminant de la relation de crédit, le créancier peut librement choisir de différer la réalisation de la sûreté et ainsi laisser le débiteur poursuivre la gestion du portefeuille nanti.

---

506 A. Couret, H. Le Nabasque et alii, *Droit financier*, Dalloz, 2008, n°1193, p. 714.

La seconde condition est la mise en demeure. Pour pouvoir réaliser le nantissement, le créancier nanti devra adresser une mise en demeure au débiteur. Acte formaliste, la mise en demeure doit, à peine de nullité, reproduire intégralement les mentions visées à l'article 153 AUS. La mise en demeure doit, ainsi, mentionner que faute de paiement, le nantissement pourra être réalisé par le créancier dans les huit jours ou à l'échéance de tout autre délai préalablement convenu avec le titulaire du compte nanti. La mise en demeure doit, en outre, mentionner que le titulaire du compte nanti peut, jusqu'à l'expiration de ce délai, faire connaître au teneur de compte l'ordre dans lequel les sommes ou titres financiers devront être attribués en pleine propriété ou vendus, au choix du créancier. Il faut en déduire, logiquement, que l'absence de l'une ou l'autre de ces mentions entraînera la nullité de la mise en demeure.

La mise en demeure est remise en main propre ou adressée par courrier recommandé au débiteur. Elle doit être également notifiée au constituant du nantissement lorsqu'il n'est pas le débiteur ainsi qu'au teneur de compte lorsque ce dernier n'est pas le créancier nanti. Même si l'Acte uniforme ne le prévoit pas expressément, il faut considérer que la mise en demeure doit être également, le cas échéant, notifiée au teneur du compte spécial espèces visé à l'article 150 AUS précité.

La mise en demeure est déterminante pour pouvoir réaliser la sûreté. Il a été jugé que l'absence de mise en demeure fait obstacle à la réalisation du nantissement et le créancier nanti est, de ce fait, tenu de restituer au débiteur l'intégralité des titres indûment réalisés[507]. A notre connaissance, la CCJA ne s'est pas, à ce jour, prononcée sur cette question.

Enfin, la réalisation du nantissement suppose l'observation d'un délai, qui court à compter de la mise en demeure. Nous l'avons vu, le délai est en principe de huit (8) jours. Les parties ont cependant la possibilité de stipuler un délai différent.

Les conditions de réalisation du nantissement étant fixées, il reste à en déterminer les modalités.

---

[507] Cass. com., 18 ov.2008, n° 07-21.975, JurisData n° 2008-045896.

2. Les modalités de réalisation

Les modalités de réalisation du nantissement de compte de titres financiers sont fixées à l'article 154 AUS. Ces modalités varient en fonction de la nature des biens composant l'assiette du nantissement.

La réalisation s'opère dans la limite du montant de la créance garantie et, si un ordre a été indiqué parmi les biens composant le portefeuille, il devra être suivi.

Pour les sommes en toute monnaie figurant dans le compte nanti, la réalisation s'opère directement par transfert en pleine propriété de ces biens au créancier nanti.

Pour les titres financiers admis aux négociations sur un marché réglementé[508], autrement dit les titres cotés en bourse, que le titulaire du compte nanti ou, à défaut, le créancier nanti a désignés, la réalisation s'opère par vente sur un marché réglementé ou attribution en propriété de la quantité déterminée par le créancier nanti. Cette quantité est déterminée sur la base du dernier cours de clôture disponible sur ledit marché.

Fort curieusement, l'article 154 de l'AUS révisé n'a pas prévu de modalités de réalisation des titres financiers non cotés. Cette anomalie a été corrigée à l'occasion de la révision en 2014 de l'Acte uniforme relatif au droit des sociétés commerciales. En effet, le nouvel article 747 alinéa 2 de ce dernier texte dispose : « *La réalisation du nantissement de compte de titres financiers intervient, pour les titres autres que les titres financiers admis aux négociations sur un marché réglementé, conformément aux dispositions des articles 104 et 105 de l'Acte uniforme portant organisation des sûretés* ». Autrement dit, pour les modalités de réalisation applicables aux titres non cotés, il est renvoyé aux règles de réalisation du gage de meubles corporels.

---

508 Un marché est dit réglementé lorsque sa gestion, son animation et son fonctionnement sont assurés par une entreprise de marché. L'espace OHADA compte deux (2) marchés réglementés. Celui de l'UEMOA géré par la Bourse Régionale des Valeurs Mobilières (BRVM), établie à Abidjan et celui de la CEMAC géré par la Bourse des Valeurs Mobilières de l'Afrique Centrale (BVMAC), initialement établie à Libreville (Gabon) et désormais à Douala (Cameroun) à la suite de sa fusion avec la Douala Stock Exchange (DSX).

Revenons-en aux modalités de réalisation des titres cotés. Comment comprendre que malgré la consécration, à l'article 154 AUS, comme nous l'avons vu, de dispositions spécifiques, que l'article 145 AUS qui traite de la réalisation du nantissement des droits d'associés et valeurs mobilières, prévoit, concurremment, la possibilité pour « *les institutions financières et les établissements de crédit (...) de consentir des prêts à trois mois sur valeurs mobilières cotées que le créancier gagiste peut, à défaut de remboursement, faire exécuter en bourse...* » ? Alors même que les valeurs mobilières cotées sont envisagées à l'article 154 AUS dans le cadre d'un compte de titres financiers et sont, en principe, justiciables du seul nantissement de compte de titres financiers, le législateur autoriserait-il, dans le même temps, la constitution en gage de valeurs mobilières cotées spécifiques et affranchies de toute idée de compte de titres qui, en cas de non respect de ses obligations, par le débiteur ou le constituant dudit gage, seraient exécutées en bourse ? L'explication est vraisemblablement liée au fait qu'avant la révision, en 2014, de l'Acte uniforme sur le droit des sociétés commerciales, l'inscription en compte des valeurs mobilières n'était pas obligatoire et était réservée aux seules sociétés anonymes faisant appel public à l'épargne qui le désiraient. L'article 747 de l'Acte uniforme relatif au droit des sociétés du 17 avril 1997 organisait le nantissement des valeurs mobilières inscrites en compte. Quant aux valeurs mobilières non inscrites en compte, conformément aux dispositions de l'article 64 de l'Acte uniforme sur les sûretés du 17 avril 1997, soit avant sa révision intervenue en 2010, elles pouvaient faire l'objet d'un nantissement conventionnel ou judiciaire. Cependant, ce nantissement conventionnel ou judiciaire ne portait pas sur un compte compris comme une universalité mais avait pour objet des valeurs mobilières particulières ou isolées, c'est-à-dire, celles visées à l'article 145 AUS précité.

Avec la révision de l'Acte uniforme sur les sociétés commerciales et la consécration, à l'article 744-1 dudit texte, de l'inscription en compte obligatoire, les valeurs mobilières cotées ne peuvent être réalisées que suivant les modalités prévues à l'article 154 AUS. Dès lors, l'article 145 de l'AUS paraît désormais sans raison d'être. Le législateur devrait en tirer toutes les conséquences.

Conformément aux dispositions de l'article 151 AUS, le créancier nanti bénéficie en toute hypothèse d'un droit de rétention sur les titres financiers et sommes en toute monnaie figurant au compte nanti. La consécration d'un tel droit au bénéfice du créancier nanti constitue une mesure de protection essentielle[509] lors de la réalisation de la sûreté et plus particulièrement en cas de procédure collective. En effet, dans l'hypothèse de l'ouverture d'une procédure collective, ce droit de rétention permet au créancier nanti de bénéficier sans contestation de la primauté sur les créanciers de la procédure.

En dépit de l'introduction de divers éléments de souplesse et d'efficacité dans le régime du nantissement de compte de titres financiers, l'on relève des pesanteurs et incohérences qui rendent nécessaires une redéfinition des contours de cette sûreté.

III. Redéfinition des contours du nantissement de compte de titres financiers

Le nantissement de compte de titres financiers présente, nous l'avons vu, des atouts indéniables. Cependant, pour être optimal, le recours à cette sûreté ne saurait s'accommoder de confusions avec des techniques voisines, d'incertitudes sur le régime applicable à certains titres et d'imprécisions sur la nature des biens susceptibles de composer le portefeuille nanti. En outre, l'absence de définition, ni même d'énumération des titres financiers par le législateur OHADA est un facteur réel d'insécurité juridique.

L'examen des caractéristiques essentielles des titres financiers permet, on l'a vu, d'en saisir les principaux contours et d'envisager, sinon la consécration, par l'OHADA, d'une définition générique, à tout le moins une option pour la technique de l'énumération. Le recensement des titres financiers opéré dans la présente étude s'inscrit modestement dans ce cadre.

En outre, la consécration malencontreuse de deux mécanismes voisins, qui sont l'ancien nantissement des droits d'associés et valeurs

---

[509] D. R. Martin, Du gage d'actifs scripturaux, D. 1996, chron. p. 267 ; F. Auckenthaler, Nantissement de compte-titre, JurisClasseur Banque-Crédit-Bourse, Fasc. 2130, 2016, n°54, p. 13.

mobilières prévu aux articles 140 AUS, d'une part, et le nouveau nantissement de compte de titres financiers prévu aux articles 146 et suivants du même texte d'autre part, est un autre facteur de confusion et d'insécurité juridique en raison d'une mauvaise articulation de ces deux dispositifs. Ces lacunes conduisent à rechercher les fondements d'une articulation plus cohérente des régimes de garantie sur titres.

L'Acte uniforme sur les sûretés, en consacrant ces deux régimes de nantissement a engendré une surprenante redondance, qui appelle à envisager un travail de correction.

Aux termes des articles 140 et suivants de l'AUS, les droits d'associés et valeurs mobilières peuvent faire l'objet d'un nantissement conventionnel obéissant à certaines conditions de forme. En effet, sous peine de nullité, le nantissement des droits d'associés et valeurs mobilières doit être constaté dans un écrit comportant des mentions obligatoires[510].

La sûreté visée à l'article 140 de l'acte uniforme a donc pour assiette les droits d'associés et valeurs mobilières. De quoi s'agit-il ?

Les droits d'associés se décomposent en actions et en parts sociales. Il s'agit des titres sociaux visés à l'article 51 de l'Acte uniforme relatif au droit des sociétés commerciales et du groupement d'intérêt économique, lequel dispose :

« *La société émet des titres sociaux en contrepartie des apports faits par les associés. Ils représentent les droits des associés et sont dénommés actions dans les sociétés par actions et parts sociales dans les autres sociétés* ».

Si les actions sont émises par les sociétés anonymes et les sociétés par actions simplifiées, les parts sociales sont, elles, émises par les sociétés en nom collectif, en commandite simple et à responsabilité limitée.

L'article 140 AUS vise, aux côtés des droits d'associés, les valeurs mobilières. Les actions, déjà incluses, comme nous venons de le voir,

---

[510] Art. 141 AUS.

dans les droits d'associés, sont en même temps une catégorie traditionnelle de valeurs mobilières. Elles paraissent donc doublement visées, car le législateur évoque « *les droits d'associés* *et* *les valeurs mobilières* ». Les actions appartiennent en effet aux deux catégories. C'est ainsi qu'apparaît, ici, une certaine redondance.

Sur un autre plan, en droit OHADA, l'ensemble formé par les valeurs mobilières comprend les actions, les obligations et, désormais, les valeurs mobilières composées[511], catégorie nouvelle consacrée dans l'Acte uniforme révisé relatif au droit des sociétés commerciales.

Si, ainsi que l'énonce l'article 51 de l'Acte uniforme relatif au droit des sociétés commerciales, les actions sont bien comprises dans les droits d'associés, dans la mesure où elles sont émises en contrepartie des apports effectués par les associés ou actionnaires et elles représentent une quote-part du capital social de la société émettrice, en revanche, les autres valeurs mobilières, telles que les obligations, n'en font pas partie, car elles sont des titres de créance ne constituant pas une quote-part du capital social mais représentant plutôt la quote-part d'un emprunt global. Les obligations sont des titres remis à des prêteurs en contrepartie d'un prêt consenti à une société ou autre groupement.

On le voit, le système mis en place rend les détenteurs d'actions justiciables aussi bien du nantissement des droits d'associés et valeurs mobilières des articles 140 et suivants AUS que du nantissement de compte de titres financiers des articles 146 et suivants AUS. Sans un aménagement du régime de ces sûretés, les détenteurs d'actions pourraient être placés dans l'embarras et même en situation d'insécurité juridique quant au choix de la formule à même d'assurer la meilleure protection de leurs intérêts.

En organisant une coexistence de ces deux formes de nantissements, le législateur a-t-il voulu, comme d'aucuns l'ont fait remarquer[512], réserver le nantissement de compte de titres financiers visé à l'article

---

511 Art. 822 et s. AUDSCGIE.

512 A. Sunkam Kamdem, Le nantissement de compte de titres financiers dans l'espace OHADA : regard sur une sûreté nouvelle dans un contexte d'émergence des marchés financiers, Revue de l'Ersuma, Droit des affaires-Pratique professionnelle, N°3, sept. 2013, p. 2 et s.

146 AUS aux seules valeurs mobilières ou titres admis aux négociations sur un marché réglementé, autrement dit cotés en bourse, et le nantissement des droits d'associés et valeurs mobilières de l'article 140 AUS aux seuls titres non cotés ? Cette interprétation semble s'appuyer sur les dispositions de l'article 154 AUS relatives aux modalités de réalisation du nantissement de compte de titres financiers. En effet, l'article 154 AUS n'a prévu des modalités de réalisation que pour les sommes en toute monnaie figurant dans le compte nanti et pour les titres admis aux négociations sur un marché réglementé. Ce texte a tout simplement ignoré les modalités de réalisation applicables aux titres non cotés, engendrant ainsi une forme de vide juridique[513]. Cette lacune a été corrigée à l'occasion de la révision en 2014 de l'Acte uniforme relatif au droit des sociétés commerciales. Le nouvel article 747 alinéa 2 AUDSCGIE dispose : « *La réalisation du nantissement de compte de titres financiers intervient, pour les titres autres que les titres financiers admis aux négociations sur un marché réglementé, conformément aux dispositions des articles 104 et 105 de l'Acte uniforme portant organisation des sûretés* ». Autrement dit, et comme nous l'avons vu, pour les modalités de réalisation applicables aux titres non cotés, il est renvoyé aux modalités de réalisation du gage de meubles corporels. Ainsi, dorénavant, tous les titres financiers, qu'ils soient cotés ou non cotés, peuvent faire l'objet d'un nantissement de compte de titres financiers au sens des dispositions de l'article 146 AUS.

Les opinions conduisant à opérer une dichotomie entre les valeurs mobilières selon qu'elles sont cotées ou non cotées n'emportent pas la conviction, notamment sur le plan de l'efficacité économique, objectif assigné à l'AUS révisé. En effet, réserver le nantissement de l'article 146 aux seuls titres cotés conduit à limiter substantiellement son impact économique car, dans le contexte des pays membres de l'OHADA, les sociétés cotées représentent un très faible pourcentage et un poids économique résiduel. Le succès du nantissement de compte de titres financiers ne paraît pas tributaire, comme d'aucuns le font observer[514], de l'essor des marchés financiers de l'espace OHADA mais plutôt d'une bonne vulgarisation du mécanisme dans

---

[513] Y. R. Kalieu Elongo, A la recherche du particularisme du nantissement de compte de titres financiers en droit OHADA, Revue Togolaise des Sciences Juridiques n°7, janv.-juin 2015, p.11.

[514] A. Sunkam Kamdem, art. préc., P. 11 ; Y. R. Kalieu Elongo, art. préc, p. 12.

les milieux d'affaires et notamment auprès des petites et moyennes entreprises qui, pour la plupart, ne sont pas cotées en bourse et constituent généralement la majeure partie du tissu économique des pays membres de l'OHADA. En pratique d'ailleurs, dans les pays européens, qui ont une expérience reconnue du nantissement de titres, les banques ont très souvent recours au nantissement de comptes-titres à travers notamment les « avances sur titres » qu'elles pratiquent d'ailleurs aussi bien avec leurs clients commerçants que non commerçants, et dans la plupart des cas en marge des marchés financiers[515].

L'aménagement souhaitable des régimes de nantissement de titres devrait se traduire par des rapprochements entre les mécanismes des articles 140 et 146 AUS. Cela devrait conduire principalement à extraire les valeurs mobilières des dispositions de l'article 140 AUS, lesquelles seraient, dorénavant, limitées aux seules parts sociales.

Il conviendrait ainsi, pour remplacer le « *nantissement des droits d'associés et valeurs mobilières* » des articles 140 et suivants de l'AUS de consacrer le « *nantissement des parts sociales* » et de le dédier aux parts des sociétés en nom collectif, en commandite simple et à responsabilité limitée. Les valeurs mobilières étant obligatoirement inscrites en compte et étant, par essence, des titres financiers, elles relèveraient dorénavant, exclusivement, du nantissement de compte de titres financiers, lequel serait ainsi dédié à l'ensemble des titres susceptibles d'être inscrits en compte.

En effet, nous l'avons vu, le législateur de l'OHADA a consacré l'inscription en compte obligatoire pour toutes les valeurs mobilières « *quelle que soit leur forme* », autrement dit qu'elles soient nominatives ou au porteur et qu'elles soient cotées ou non cotées. Dès lors, les valeurs mobilières étant désormais des valeurs scripturales[516], et qui, comme on l'a vu, sont par définition des titres financiers, il conviendrait, dans un souci de cohérence et de lisibilité, de les rattacher uniquement à la catégorie juridique qui, compte tenu de leur nature, leur est naturellement dédiée, en l'occurrence, le nantissement de compte de titres financiers.

---

[515] M. Cabrillac et C. Mouly, *Droit des sûretés*, 9ème éd., Litec, 2010, n° 794, p. 599.
[516] D. R. Martin, La théorie de la scripturalisation, D. 2005, chron., p. 1702.

Désormais, le nantissement de compte de titres financiers doit être considéré comme l'unique mode de constitution d'une sûreté sur des actifs scripturaux ou des titres inscrits en compte. Continuer à ignorer ces caractéristiques essentielles participe d'un renforcement de la confusion et des risques d'insécurité juridique.

******

Au moment de clore notre réflexion, il convient de souligner que le nantissement de compte de titres financiers a constitué une réforme essentielle du droit des sûretés sur titres et spécialement sur les valeurs scripturales, guidée par des objectifs de souplesse et d'efficacité. Alors qu'auparavant, l'OHADA, à travers des dispositions éparses, contenues dans les Actes uniformes sur le droit commercial général[517], le droit des sociétés commerciales[518] et le droit des sûretés[519], limitait l'assiette du nantissement à des titres particuliers, isolément nantis, dorénavant, depuis la réforme intervenue en 2010 et la consécration du nantissement de compte de titres financiers, l'objet du nantissement porte sur un compte, constituant une universalité, susceptible de comporter une diversité d'éléments interchangeables, un compte constituant un ensemble évolutif, puisqu'il rassemble non seulement les titres initialement inscrits mais aussi ceux qui leur sont substitués ou les complètent ainsi que leurs fruits et produits en toute monnaie. Une autre illustration de la souplesse offerte par le nantissement de compte de titres financiers tient au fait qu'il permet une gestion active des biens remis en garantie puisque le titulaire du compte nanti pourra être autorisé par le créancier nanti à disposer des titres financiers et des sommes en toute monnaie figurant dans ce compte.

En dépit des indéniables atouts attachés à cette sûreté, l'on peut déplorer l'absence d'une définition légale ou même d'une énumération des titres financiers qui en constituent l'objet. En effet, en s'abstenant de consacrer une définition des titres financiers ou même une simple énumération de ces instruments, le législateur n'a t-

[517] Art. 44 et 45 AUDCG.
[518] Art. 322, 747, 772 et 773 AUDSCGIE.
[519] Art. 64 à 68 AUS.

il pas, par la force des choses, fait le lit de l'insécurité juridique, des incohérences et confusions ? Il lui était pourtant loisible, en s'appuyant sur les caractéristiques essentielles reconnues aux titres financiers, d'en dresser une liste même non limitative.

Les rédacteurs de la réforme du droit des sûretés intervenue en 2010 avaient notamment reçu pour mission de présenter un nouveau texte adapté aux besoins des agents économiques, moderniser les concepts et introduire de nouvelles sûretés[520]. Le sujet, il faut le rappeler, est, depuis plusieurs années, au centre de discussions majeures sur l'amélioration du climat des affaires, l'appui au secteur privé et l'accès des entreprises au crédit. Pour l'essentiel, il faut souligner que la réforme a engendré de réels progrès, à travers notamment un effort de modernité, de souplesse, d'efficacité et la consécration de nouvelles sûretés. Peut-on pour autant en déduire que les instruments nouveaux mis en place répondent aux aspirations et besoins des opérateurs économiques ? Après neuf ans d'application du nouveau régime des sûretés du droit OHADA, sans doute est-il venu le temps de dresser un bilan de l'effectivité et de l'efficacité des nouveaux mécanismes introduits.

En ce qui concerne plus particulièrement le nantissement de compte de titres financiers, objet de la présente étude, il convient d'introduire davantage de cohérence, d'une part, dans le droit des titres en général, à travers un travail de conceptualisation ou, plus modestement, une énumération des biens entrant dans la catégorie générique des titres financiers et, d'autre part, entre les différentes garanties sur titres, afin d'éliminer les interférences, les risques de confusion et l'insécurité juridique. C'est à ce prix que les objectifs assignés à cette nouvelle sûreté pourront être pleinement atteints. Pour l'heure, il est à craindre que la construction soit plutôt jugée inachevée.

[520] P. Crocq (dir.), L. Black Yondo, M. Brizoua-Bi, O. Fille Lambie, L.-J. Laisney, A. Marceau-Cotte, *Le nouvel Acte uniforme portant organisation des sûretés*, éd. Lamy, 2012, p. 26 et s.

Les défis de la structuration des financements de projets d'infrastructures de production d'énergie en Afrique

Boris MARTOR
Avocat Associé
Bird & Bird[521]

Depuis le début du XXIème siècle, la croissance du produit intérieur brut des pays d'Afrique subsaharienne évolue entre 5 et 6% chaque année, c'est-à-dire à un niveau supérieur à celui de l'économie mondiale sur la même période[522]. Ce siècle est aussi marqué par une mutation démographique grandissante du continent liée à la baisse de la mortalité et au rajeunissement de la population. Cette croissance durable et le développement exponentiel de la région rendent encore plus indispensable le besoin de pallier les retards accumulés dans le déploiement et le renouvellement des infrastructures et plus particulièrement dans le secteur de l'énergie.

Sans énergie, le développement social et économique des populations ne peut intervenir[523]. L'accès à l'énergie est un facteur capital pour la poursuite de l'émergence du continent africain et celui-ci joue un rôle essentiel dans la réalisation d'un développement durable significatif. En 2014, seulement 5% de la population subsaharienne avait accès à l'énergie et la consommation d'électricité par habitant était estimée quant à elle à un sixième de la population mondiale[524].

---

[521] L'auteur remercie Anissa Akentour pour son aide précieuse dans la préparation et la relecture de cet article.
[522] Institut Montaigne, *Prêts pour l'Afrique d'aujourd'hui*, Rapport Septembre 2017 p. 9.
[523] « Infrastructure Financing in Sub-Saharan Africa », Boston Consulting Group, mai 2017.
[524] *Who will fund the renewable solution to the energy crisis?* – The Guardian, 5 juin 2014.

En 2016, à l'échelle mondiale, le montant investi dans les énergies renouvelables était de 241 milliards USD pour une installation de 161GWh, soit une hausse de 10% par rapport à 2015[525]. Malgré ces investissements, plus de 620 millions de personnes demeurent sans accès à l'électricité en Afrique. Comme certains l'indiquent, « c*'est le moment d'agir pour le développement durable en Afrique* »[526]. Dans la région subsaharienne, le secteur de l'énergie est encore plus en retrait et demeure insuffisamment développé pour permettre aux États de répondre aux besoins des populations locales et à l'émergence des secteurs secondaire et tertiaire. L'économie énergétique régionale se caractérise par une très faible consommation d'énergie par habitant et une forte dépendance aux énergies primaires et fossiles. Aujourd'hui, les biomasses traditionnelles telles que le bois ou le charbon répondent majoritairement aux besoins principaux des populations ce qui constitue un décalage avec les enjeux environnementaux actuels. L'approvisionnement énergétique est encore inefficace, peu fiable et encore moins écologique ce qui contribue à la dégradation de l'environnement[527]. Un des défis du développement de la région et de la croissance économique de l'Afrique subsaharienne doit être fondamentalement orienté sur l'accès à l'électricité[528]. Sans la mise en place de moyens de production favorisant le développement de ce secteur, de nombreux services tels que la santé, l'éducation ou le développement d'entreprises compétitives ne peuvent voir le jour[529].

Pendant longtemps, la politique et la régulation énergétique dans la région n'étaient pas une priorité pour les gouvernements mais depuis ces dernières années, des équipes de ministères et des autorités de régulations spécialisées dans ces secteurs ont vu le jour. Le développement énergétique est un pendant majeur des discours politiques en faveur de la lutte contre la pauvreté et se retrouve plus souvent au cœur du développement des économies nationales.

---

525 *Prêts pour l'Afrique d'aujourd'hui* – Institut Montaigne - Rapport Septembre 2017.

526 Discours d'ouverture de Patricia Espinosa et Salaheddine Mezouar lors de la COP 22 à Marrakech du 2 novembre 2016.

527 *Eastern Africa Resource Base*: GTZ Online Regional Energy Resource Base: Regional and Country Specific Energy Resource Database: IV - Energy Policy - GTZ (2007).

528 *Groupe de la Banque Africaine de Développement : http://www.afdb.org.*

529 *http://www.banquemondiale.org/fr/topic/energy/publication/independent-power-projects-in-sub-saharan-africa.*

Une politique harmonisée, la mise en place d'un cadre institutionnel qui érige l'accès aux services énergétiques comme priorité essentielle afin de favoriser le développement des populations et l'élaboration de programmes d'investissement dans le secteur de l'énergie sont des vecteurs nécessaires pour parvenir au développement de l'accès aux services énergétiques[530]. Les besoins vitaux mais aussi les enjeux environnementaux, notamment dans le sillage de la COP21, amènent à s'interroger sur les outils disponibles pour promouvoir des moyens de production d'énergie renouvelable et sur les questions périphériques telles que le coût et le stockage ou la capacité d'obtenir une connexion au réseau qui sont des enjeux majeurs en Afrique[531].

L'Afrique bénéficie de nombreux atouts pour relever les défis posés par la COP21 avec une capacité d'ensoleillement record qui en fait « le candidat rêvé » des entreprises de production photovoltaïque. En effet, le soleil brille plus entre les tropiques, ce qui est une aubaine pour l'Afrique puisque cela peut lui conférer une énergie abondante, gratuite en termes de source d'approvisionnement et en principe inépuisable. Mais l'énergie solaire ne représente qu'une seule des solutions adaptées aux spécificités de l'Afrique puisque ce continent bénéficie d'autres atouts grâce au potentiel hydroélectrique[532], éolien[533] ou géothermique très conséquent et dont elle peut se targuer.

Pour combler son déficit de production qui s'ajoute aux difficultés d'accès aux réseaux existants[534], les financements publics et les entreprises de services publics africaines ne peuvent être seules

[530] Agence française de développement: http://goo.gl/c8wNXY.

[531] Rapport World Bank *Electricity access in Sub-Saharan Africa; Uptaken reliability, and complementary factors for Economic Impact* Moussa P. Blimpo and Malcolm Cosgrove-Davies, Africa Development Forum, 2019.

[532] Au Cameroun le projet hydroélectrique de Nachtigal sera l'une des prochaines infrastructures à voir le jour sur le fleuve Sanaga. En RDC, on peut citer Inga sur le fleuve Congo qui a lui seul pourrait alimenter très largement le continent. On peut également citer le barrage Renaissance en Ethiopie, celui de Batoka ou de Ruzizi en Zambie et au Burundi.

[533] Au Sénégal, le futur parc éolien de Taiba Ndiaye doté d'une capacité installée de 158,7 MW et composé de 46 éoliennes est en cours de construction.

[534] Selon la dernière World Bank Living Standards Measurement Study, seuls 57% des ménages vivant dans des zones désservies en électricité sont connectés au réseau.

mobilisées. De plus en plus de projets de production indépendante d'électricité sont proposés en Afrique reposant sur des initiatives et des financements privés. Ces projets seront, par les capacités de production qu'ils représentent, les seuls à même de résoudre le manque d'électricité même si les petits projets *off grid* devraient prendre plus d'importance dans le mix énergétique africain futur.

À ce jour, on dénombre 126 projets de production d'énergie indépendante appelées aussi *Independent Power Project* (IPP) dans 18 pays d'Afrique subsaharienne, soit 13% du total du sous-continent en capacité installée, si l'on exclut les capacités installées en Afrique du Sud. Reposant sur des financements privés et un déploiement rapide du fait de l'incitation des investisseurs et développeurs dans le cadre des techniques de financement de projets, les IPP permettent de répondre efficacement au manque de capacités. Il s'agit de projets qui contribuent par leur taille au défi d'accroitre les capacités de production d'énergie indépendante en Afrique[535].

Dans le cadre de cette étude, centrée sur les projets IPP connectés aux réseaux électriques, nous verrons comment structurer ces projets en financement de projets par le secteur privé et comment les décideurs peuvent développer les facteurs favorables à un climat d'investissement sain[536] pour relever les défis africains auxquels ils sont confrontés pour l'accroissement des moyens de production d'énergie.

Nous verrons que les montages structurés demeurent complexes et nécessitent une fine gestion des risques liés à l'écosystème africain pour réussir à déployer plus de sources de production (I). Ce développement demeure toutefois encore tributaire de politiques nationales ou régionales africaines encore insuffisamment dynamiques ainsi que de systèmes d'attribution des droits de production organisés par les États (II) qui pourraient être modernisés.

---

[535] « Shaping the Future of Africa. Markets and Opportunities for Private Investors », rapport de l'International Finance Corporation (en collaboration avec l'Africa CEO Forum), mars 2018.

[536] *Independent Power Projects in Sub-Saharan Africa : Lesson from five key Countries* by Anton Eberhard, Katharine Gratwick, Elvira Morella and Pedro Antmann, World Bank Group.

I. Le montage de projets sous forme d'IPP en financement de projet pour résoudre le manque de capacités de production

Les IPP ne peuvent être financés uniquement par le financement public car ils nécessitent des capitaux importants pour permettre la conception, la construction et l'exploitation de moyens de production d'énergie capables de résoudre la pénurie actuelle.

Si un État veut financer sur fonds propres des projets, il devra passer des marchés publics pour acheter ces moyens de production et s'appuyer sur des comptes publics solides pour financer ses projets sur son budget et souvent par des emprunts auprès de tiers (notamment institutions de financement multilatérales, bilatérales, marchés de capitaux). Le coût du financement varie selon la source de celui-ci et la solvabilité de l'État. Si l'État dispose de fonds suffisants, ce financement est attrayant et permet d'éviter la coordination de nombreux acteurs. Toutefois le plus souvent en Afrique, le financement public est indisponible ou insuffisant et les marges budgétaires inexistantes. Outre le financement par voie d'échanges avec des ressources qui ont éclos au cours de ces quinze dernières années par le biais des investissements chinois[537], d'autres alternatives existent comme le recours aux procédés dits de financement de projets[538].

En effet, les développeurs de projets aussi appelés sponsors auront généralement les moyens de structurer des projets mais pas d'intérêt

---

[537] L'État d'accueil accordera des droits sur les ressources naturelles et la société verra son activité remboursée par la vente ou l'utilisation des ressources naturelles. Cette structuration du financement a pour avantage de causer moins de problèmes de coordination, les délais sont plus courts entre la conception et la mise en œuvre du projet. En outre, aucune liquidité de la part de l'État ne sera requise. À l'inverse, la difficulté d'un tel projet est d'évaluer la valeur des droits sur les ressources naturelles qui constituent la contrepartie gagée pour une durée souvent longue. L'État renonce aux potentiels bénéfices que vont générer la production de ces ressources. Ce type de structure d'échanges ou troc a été de plus en plus mise en œuvre dans le cadre de partenariats avec la Chine en particulier au cours de ces quinze dernières années.

[538] E. R. Tescombe, Principles of Project Finance, Academic Press, 2002.

ou de capacités suffisantes pour assumer seuls le financement et les risques des projets sur fonds propres [539].

A. Modalités de la structure en financement de projet

1. Modalités organisationnelles

Le financement de projet permet à un État d'octroyer certains droits de concession relatifs à la construction, la propriété et l'exploitation d'un projet à une entité (société de projet ou *special purpose vehicle* ou SPV dans la pratique) qui a pour seule vocation de concevoir, construire, financer et exploiter l'ouvrage pendant une certaine durée. Dans ce cas, les prêteurs avancent la plus grande partie des fonds nécessaires, généralement autour de 80% du total requis par la société de projet sur la base d'un financement dit sans recours ou à recours limité, les 20% restant étant généralement apportés par les sponsors. Les prêts sont garantis par tous les actifs de la société et généralement par un nantissement sur les actions de la société de projet. La création d'une société de projet distincte permet d'assurer que la capacité de l'emprunteur à honorer ses obligations de remboursement de la dette ne soit pas affectée par ses activités non liées au projet.

Cette structuration juridique et financière sera plus ou moins chère selon le coût du capital, la disponibilité du financement, le niveau des fonds propres investis dans le projet (gearing) et la répartition des risques effectuée. Cette option a pour avantage de ne pas nécessiter d'apports publics, même si la coordination et la structuration seront complexes et les délais de structuration seront[540], généralement de l'ordre de six à vingt-quatre mois[541].

Le schéma ci-après décrit la structuration sociétaire et contractuelle usuelle d'un IPP sous forme de financement de projet.

---

[539] Z. Sekfali *Droit des financements structurés*, Revue Banque Edition, collection Droit et Fiscalité, 2004.

[540] Comprendre les Contrats d'achat d'électricité, http://go.usa.gov/FBzH.

[541] Z. Sekfali, *Droit des financements structurés*, Revue Banque Edition, collection Droit et Fiscalité, 2004.

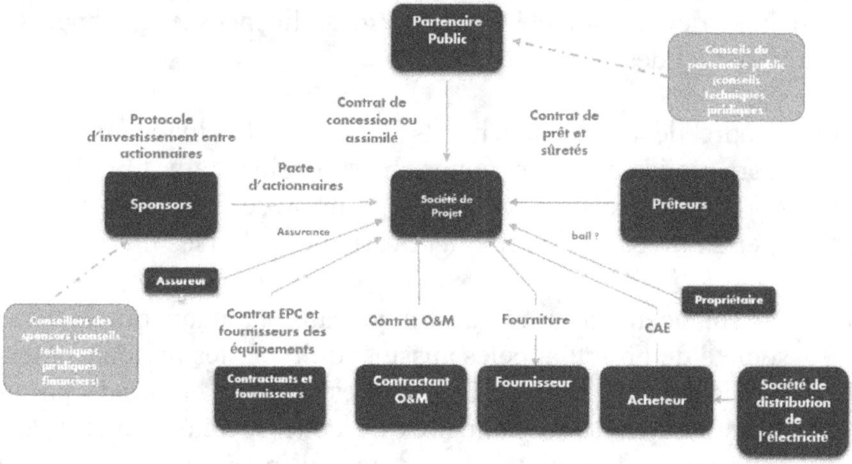

2. Modalités contractuelles

Pour la candidature auprès d'un État en vue de produire de l'énergie, la première grande étape de la structuration contractuelle d'un projet sera souvent la création d'un consortium entre opérateurs qui préfigurera la composition de la société de projet. Un protocole d'investissement puis un pacte d'actionnaires seront négociés et finalisés lorsque la société de projet sera créée ou peu de temps avant.

Les parties prenantes vont s'allier pour candidater et négocier en vue de conclure les contrats clés, comme ceux liés aux études de faisabilité ou d'ingénierie, à l'approvisionnement et à la construction (EPC) ou la maintenance (O&M). Cette première répartition des risques préfigure la formation de la société de projet, qui est normalement constituée pour financer, construire et exploiter la centrale. Lorsque le consortium ou le promoteur du projet a déjà conclu des contrats ou obtenu des autorisations pour le développement, ceux-ci seront généralement transférés à la société de projet.[542]

3. Modalités financières

Dans ce type de montage, la société de projet n'ayant aucun bilan ou historique ou aucun autre actif que le contrat d'exploitation de la centrale, les revenus du projet sont le principal atout des prêteurs : ici

[542] *Power projects : development phase*, Practical Law Energy.

la vente d'électricité pour rembourser la dette et rémunérer les actionnaires de la société titulaire des licences ou concession d'exploitation et des prêts souscrits.

Dans le cadre de ces financements de projet, le financement de la centrale sera réalisé grâce aux emprunts souscrits et aux fonds propres apportés à la société de projet et répartis avec un levier financier (gearing) et un niveau d'endettement variables selon les projets :

- les financements issus de l'appel aux capitaux propres de la société de projet, appelés aussi « equity » ; les prêteurs amenés à financer le projet exigeront des apports en fonds propres effectués par les actionnaires de cette société (développeurs, constructeurs, mainteneurs, fonds d'investissements le plus souvent) par souscription aux actions émises par la société ou par apport en compte courant c'est-à-dire de prêts à la société ;
- les financements issus de l'endettement ; il s'agit des fonds prêtés par les banques accordant un prêt à la société. Un rang spécifique sera généralement octroyé à chaque type de dette bancaire qui fixera son niveau de priorité applicable au remboursement de celle-ci par rapport aux autres sources de financement.

Dans la plupart des projets IPP en Afrique, sauf à ce que l'État bénéficie de prêts directs et choisisse de faire construire la centrale pour son compte par le biais de marchés publics, la structure en financement de projet est celle qui sera privilégiée.

B. Les prérequis à la mise en œuvre du financement de projet

Pour parvenir à développer des projets d'IPP sous forme de financement de projet avec succès, il est important de s'assurer de la réunion de certaines conditions critiques. Nous reprendrons les principales.

1. Développeur expérimenté

Les développeurs du projet sont chargés des étapes préalables à la construction et au financement du projet. S'agissant généralement de sociétés ayant des projets en développement dans différentes parties du globe, ils peuvent financer les besoins de la société de projet durant la phase préliminaire. Selon la taille et la complexité du projet, cette phase préliminaire peut prendre de nombreuses années. Ils sont parmi les acteurs principaux du projet dès lors qu'ils négocient avec les autres parties du projet. Ils effectuent des études de faisabilité et obtiennent les concessions. Avant la mise en place du financement du projet, le développeur, qui aura initié le projet ou répondu à un appel d'offres, supporte les risques et les coûts de développement initiaux et financera souvent son activité sur fonds propres parfois avec d'autres investisseurs. Si le développeur et la société de projet parviennent à boucler le financement du projet et se voir octroyer l'exploitation, ces coûts sont souvent répercutés dans le tarif et donc pris en charge par l'Etat ou les usagers dans le tarif. Vu le nombre de développeurs actifs avec plus ou moins d'expérience et de capacité à construire et financer, il sera important de s'assurer que le développeur dispose d'une connaissance fine du marché, du projet, de l'environnement et de solides expériences passées pour s'assurer du succès du projet.

2. Sécurisation des sites

Afin de s'assurer de la bonne mise en place du projet, la sécurisation des sites, le développeur du projet devra déterminer quels types de garanties et quel cadre légal et réglementaire en matière de propriété foncière seront nécessaires pour lui permettre d'aménager et d'utiliser le site dans le cadre de la mise en place du projet. Cela dépendra de la nature des activités qui seront menées sur le site de production choisi par l'IPP ou proposé par l'État au cours des différentes étapes du développement et de l'exploitation du projet.

Le promoteur du projet doit alors se procurer les garanties et les droits de propriété nécessaires lui permettant d'exploiter convenablement le site. Il peut être amené à négocier avec plusieurs propriétaires fonciers lorsque le site couvre des terrains en propriété multiple ou si le promoteur souhaite obtenir des droits sur plus d'un site dans le cadre de sa stratégie.[543]

En effet, en matière foncière, la règlementation relative à l'obligation d'obtenir des droits sur le terrain sur lequel le projet va voir le jour

[543] *Power projects: development phase*, Practical Law Energy.

peut varier d'un État à un autre. Le système foncier constitue un véritable « challenge » en Afrique du fait du manque de registres et de la pratique de la cession de titres d'occupation ou d'usage « au porteur » alors même que la propriété des terres est quasi toujours celle d'une entité publique. En effet, outre des difficultés relatives à l'origine de propriété, des sujets non prévus par les textes nationaux ou à l'inverse une multiplication des textes d'origine foncière, agricole ou domaniale, il convient de tenir compte du fait que, dans de nombreux pays africains, les terrains seront pris à bail. La durée de ces baux devra alors être coordonnée avec les contrats de partenariat public-privé.

Compte tenu des incertitudes foncières et de la traçabilité difficile des titres en Afrique, la question de la sécurisation des sites et de l'identification de l'origine de la propriété ou du droit sur ces sites sera clef. Des garanties devront être, à ce titre, conférées à la société de projet par l'État.

3. Le soutien de l'État

Au-delà de la mise en place d'un environnement attractif[544], les États se doivent d'offrir d'autres outils afin de soutenir le développement des opérations en IPP sur le marché. En effet, la crainte des acteurs privés et des institutions de financement porte sur l'allocation des risques relatifs notamment aux obligations de paiement de l'énergie par des opérateurs historiques nationaux souvent insolvables ce qui fragilise la lisibilité des versements de sommes dues pour rémunérer l'énergie produite ou indemniser dans les cas de résiliation.

Les États devront, par conséquent, le plus souvent, apporter des garanties en cas de résiliation, des indemnisations en cas de défaut et également mettre en place des lettres de crédit ou moyens visant à assurer la lisibilité des revenus issus de la vente d'électricité pour rassurer les prêteurs.

Sous l'impulsion des Nations Unies, certains produits de garantie se sont développés à l'échelle africaine à l'initiative de certaines chambres de commerce et avec le soutien d'institutions de

---

[544] *https://www.energy-for-africa.fr/files/file/Etude_2050/e.book.pdf.*

développement telles que KfW [545] et de la Banque Européenne d'investissement. C'est le cas aussi de l'Africa Energy Guarantee Facility avec SE4All et de la Regional Liquidity Support Facility[546].

Au-delà de ces garanties et compte tenu de la fragilité du secteur, il est courant que l'État doive aussi garantir les opérateurs contre les risques « régulatoires » liés au secteur de l'énergie, c'est-à-dire les changements de lois, les restructurations d'opérateurs ou tout autre élément qui pourrait empêcher la société de projet de percevoir les revenus de l'électricité pour toute la durée des contrats.

C. Les principaux contrats dans le cadre du financement de projet

De nombreux contrats[547] seront passés dans le cadre du montage en IPP sous forme de financement de projet. Quelques-uns d'entre eux sont décrits ci-dessous.

1. Le contrat d'exploitation concession ou PPP

Les moyens pour conférer à la société de projet le droit de produire et de vendre de l'électricité en concevant, construisant, finançant et maintenant une centrale sur une longue durée varient d'un État à un autre. Généralement, il s'agira de conférer un contrat global de longue durée de type partenariat public privé emportant les droits pour réaliser l'IPP et organisant des obligations pour assurer l'ensemble des prestations.

Il existe une forte tendance dans beaucoup de pays à la multiplication des outils relatifs à l'octroi des droits permettant de réaliser des projets IPP. Dans beaucoup de pays africains francophones, on trouve souvent un cadre historique de délégation de service public de production d'électricité sous forme de concessions, un cadre plus moderne sous forme de lois BOT et plus récemment un cadre lié aux contrats de partenariats avec paiements public et/ou privé. Il existe

---

545 Kreditanstalt für Wiederaufbau *(Établissement de crédit pour la reconstruction) une institution de droit public allemande.*

546 *http://www.ati-aca.org//wp-content/uploads/2017/10/RLSF-FAQ-11-07-2017-2.pdf.*

547 cf schema de structure supra.

aussi souvent des modalités issues directement des lois relatives au secteur de l'énergie permettant également d'octroyer des droits de produire sous forme de licences ou de concessions dans ce secteur[548].

Nous retiendrons pour les besoins de notre étude le vocable général de PPP qui vise ici un contrat global conclu entre la société de projet et l'État ou une de ses entités affiliées.

Le contrat de PPP ou concession pour la production d'énergie sera le plus souvent structuré de la manière suivante : stipulations encadrant la concession notamment objet, durée, régime des biens, obligations du concédant et du concessionnaire, régime financier et fiscal, contrôle de la concession, modification et fin de la concession, stipulations finales et annexes.

Dans ce contrat global, de nombreux points seront traités tel la description des obligations de chaque partie en termes de réalisation du projet, de délivrance des autorisations ou de caractéristiques des ouvrages. Seront également traités, par exemple, les moyens et conséquences de l'expropriation si des populations sont localisées dans la zone de production ou autour et les garanties sur la sécurisation du foncier tel qu'évoquées ci-dessus.

La répartition des risques entre les parties sera clef comme nous le verrons ci-après, de même que le transfert de propriété de la centrale en fin de contrat ou les problèmes liés à la force majeure politique ou aux questions éventuelles de nationalisation, confiscation ou encore de réquisitions.

La société de projet opérateur et l'État s'engageront à respecter les principales dispositions de la loi du pays concerné et le contrat de PPP qui formera la loi du projet. Toutefois, au cours de l'élaboration du projet ou de son exploitation, la loi peut faire l'objet de modifications dans le temps. Le concept de changement législatif suivra un régime qui sera négocié dans le cadre de ce PPP et devra tenir compte de l'introduction d'une loi nouvelle, la modification de lois existantes et/

548 Voir par exemple, loi n°2011/022 du 14 décembre 2011 régissant le secteur de l'électricité au Cameroun.

ou la modification de l'interprétation de celle-ci mais aussi par l'émergence d'instruments juridiques nouveaux.

De même, les évolutions et les réformes fiscales peuvent avoir des conséquences majeures sur le contrat et sur les revenus du projet par la création d'un nouvel impôt, l'annulation d'avantages fiscaux ou encore le coût des opérations de maintenance ou d'exploitation.

La société de projet est responsable de l'obtention des autorisations nécessaires pour la construction, la propriété et l'exploitation du projet tels que le permis de construire, les licences environnementales, les permis d'exploitation. Elle est également responsable de leurs enregistrements, dépôts ou autres. Toutefois le contrat devra prévoir que l'Etat se doit de faciliter l'obtention de l'ensemble de ces autorisations, la complexité de l'enchevêtrement de l'ensemble des outils indispensables à la viabilité du projet amène les intervenants à s'entourer de professionnels et de conseils à mêmes de comprendre les aspects techniques, économiques, commerciaux et juridiques de l'opération.

2. Le contrat EPC

Pour réaliser le projet et démarrer les phases de conception, construction puis d'exploitation, la passation d'un contrat dit EPC ou « *Engineering Procurement Construction* » sera souvent privilégiée. Il s'agit ici d'un contrat clefs en main couvrant le design, la construction et la livraison de la centrale de production. Ce type de contrats est conclu entre l'entrepreneur « EPC » et la société de projet aux fins de déterminer les termes et les conditions de la conception, de l'ingénierie, de la fourniture des matériaux et des équipements, de la construction et de la mise en service de l'infrastructure productrice d'énergie.

Les contrats EPC dit « turnkey contracts » interviennent durant la phase de construction du projet en amont de la phase pour laquelle le développeur est en charge de la construction des centrales alliant les aspects d'ingénierie, d'achat, de logistique et de construction. Le concept du « contrat clé en main » est le suivant : une fois le projet terminé et prêt à être remis à l'utilisateur, il ne nécessitera qu'à celui-ci de l'exploiter. En vertu de ce type de contrats, un niveau élevé de report des risques et de responsabilité issus du contrat de PPP est imposé par la société de projet à l'entrepreneur et une obligation limitée pour le promoteur du projet de participer aux travaux (autre que la surveillance essentielle). Cela permet à la société de projet de limiter son exposition financière et juridique en cas de retard ou de défaut et de pouvoir se retourner contre le titulaire du contrat dans de tels cas[549].

Ce type de contrats doit être comparé à des contrats de construction ou d'ingénierie plus traditionnels où les risques et les responsabilités (y compris en matière de conception) sont plus également répartis entre l'entrepreneur et son client. Ce dernier, par l'intermédiaire de ses représentants, peut avoir une participation plus conséquente dans la prise de décision pendant toute la période de construction.[550]

3. Les contrats O&M

Un contrat de maintenance appelé le plus souvent O&M ou « *Operation and Maintenance* » couvrira quant à lui les obligations de maintenance pour la durée de l'exploitation de la centrale de production d'énergie. Ces contrats visent à assurer une assistance technique au contrat d'exploitation sous forme de concession ou PPP et comprennent l'entretien complet de la centrale de production d'énergie.

Ces contrats O&M conclus entre la société de projet et l'exploitant des installations d'une centrale[551] couvrent la maintenance curative et préventive de la centrale et impliquant généralement un personnel majoritairement local pour gérer, exploiter et entretenir un projet. Le rôle de l'exploitant/opérateur est de s'assurer que le projet est correctement exploité conformément aux exigences contractuelles prédéfinies par le contrat principal d'exploitation liant la puissance publique à la société de projet. La nature précise des services que

---

[549] M. Lyonnet du Moutier, Financement de projet et partenariats public-privé, Edition EMS management & société.

[550] *Power projects: development phase*, Practical Law Energy.

[551] Comprendre le financement de projets d'énergie – Facilité Africaine de Soutien Juridique de la Banque Africaine de Développement et le programme de Développement du Droit Commercial du Département du Commerce des Etats-Unis.

l'opérateur/l'exploitant est tenu de fournir varie en fonction de la spécificité du projet et du type de productibles.[552] Comme dans le cas du contrat EPC et ici encore sous l'influence des prêteurs qui chercheront à ce que la société de projet porte le moins de risques possible, l'opérateur O&M se verra souvent reprendre à sa charge tous les risques issus du contrat d'exploitation principal ou PPP.

4. Les contrats d'achat d'électricité ou « Power purchase agreement »

Dans le cadre du projet d'IPP, le revenu principal ou unique de la société de projet sera assuré par la vente de l'électricité. Le contrat d'achat d'électricité ou « *Power purchase agreement* » ou « PPA » sera donc d'une importance capitale. Il s'agit d'un contrat conclu entre deux parties, dont l'une produit ou génère de l'électricité en vue de la vendre (la société de projet en charge de l'IPP) et l'autre achète cette électricité (généralement une société nationale d'électricité ou l'Etat). Ce contrat « PPA » différera selon certains points même si ces grands principes sont désormais largement établis par la pratique courante de ces vingt dernières années dans le secteur de l'énergie dans différentes régions.

Ces contrats essentiels signés par le partenaire privé et l'autorité publique[553], sont des contrats souvent de long terme par lequel est vendue l'électricité produite par une centrale pendant la durée d'exploitation du projet et qui permettent d'assurer les revenus principaux du projet. Ces contrats encadrent la vente de l'électricité, son prix, son volume et ceci pour une longue durée de 15 à 25 ans. En cas de manquement aux obligations, le contrat prévoit des pénalités pouvant être prononcées à l'encontre de l'investisseur ou de l'opérateur du secteur public. Le montant fixé dans ces contrats rémunère en totalité chaque kWh produit ou chaque kWh disponible si l'on se trouve dans un contrat dit « take or pay ».

---

[552] Thomson Reuters Practical Law.

[553] Compte tenu de la situation usuelle d'insolvabilité chronique de la plupart des entreprises nationales en leur qualité d'acheteur exclusif, une garantie de l'État ou d'une banque sera souvent requise pour couvrir les paiements de l'entreprise choisie pour produire l'électricité au titre de ce PPA.

Chaque projet ou source d'énergie présente ses propres particularités et ses propres risques. Toutefois, dans les projets IPP, les préteurs préfèreront avoir une disposition de « take or pay » (obligation ferme d'achat) de la part de l'acheteur public pour réduire considérablement les risques financiers liés au projet. Une obligation de « take or pay » signifiera que l'acheteur ou « offtaker » est tenu de payer pour l'électricité, que celui-ci en prenne livraison ou non. Les obligations d'achat fermes sont l'un des principaux moyens par lesquels la société de projet et ses prêteurs peuvent assurer une certaine prévisibilité des sources de revenus prévues pendant la durée du projet.[554]

D. Les risques dans la mise en œuvre de la structuration d'un projet

1. Schéma de la répartition des risques

L'un des défis essentiels dans la négociation des contrats structurant un IPP en financement de projets est l'identification des risques. Le pendant de ce défi réside dans la correcte allocation de ces risques aux différents participants d'une manière optimale. L'analyse des risques va permettre soit d'allouer le risque à un des acteurs le mieux à même de le maitriser soit de mettre en œuvre une stratégie d'atténuation des risques identifiés. Il ne s'agit pas de mettre tous les risques à la charge de la société de projet, qui d'une manière ou d'une autre répercutera leur prise en charge dans ses coûts et dans le tarif de l'électricité, mais de vérifier quelle partie est la plus idoine pour supporter chacun d'eux.

Bien que de nombreux risques peuvent être structurés, assurés ou encore identifiés dans une matrice de risques puis dans les différents contrats qui s'articulent dans le cadre de la structuration du projet, certains évènements ou circonstances peuvent affecter les performances économiques, la stabilité mais aussi la viabilité du projet. Il s'agira donc soit d'allouer les risques, soit de déterminer une stratégie d'atténuation pour les risques qui ne peuvent être alloués à l'une des parties au projet tel que le résume ce schéma.

[554] Ibid.

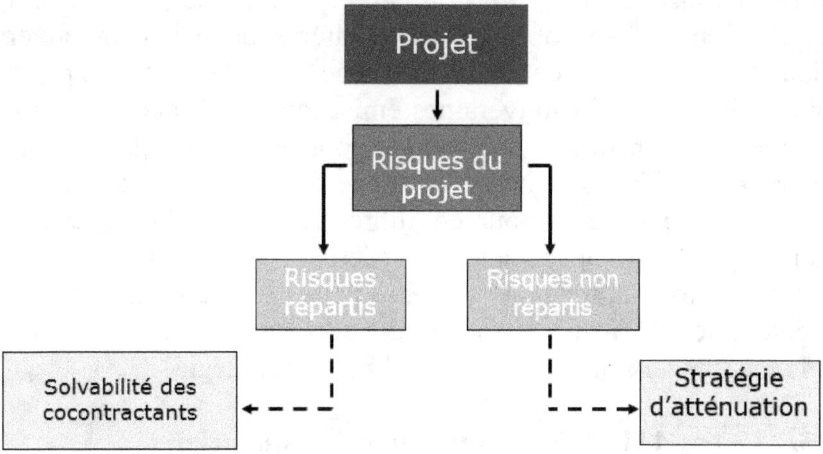

2. L'équilibre tarification et répartition des risques à trouver

Toutes les parties au projet se doivent de procéder à une évaluation préalable et détaillée permettant d'identifier tous les risques susceptibles de survenir dans le cadre du projet. Cela afin de permettre et de comprendre la façon dont les risques peuvent dès lors faire l'objet d'une répartition entre chacune des parties au projet et de tarifer ces risques c'est-à-dire d'évaluer leur impact sur le prix de l'énergie et le coût global du projet en corrélation avec le risque mesuré.

Par ailleurs, la volonté des prêteurs de financer le projet dépendra indubitablement de cette allocation sûre et certaine des risques ainsi que de la solvabilité de la société de projet. Le régime encadrant la solvabilité des entreprises n'est pas uniforme dans tous les États et certains pays d'Afrique ne disposent même pas de régime légal et règlementaire applicable au secteur[555].

Dans les projets d'IPP, les deux principaux risques sur lesquels les développeurs vont se concentrer pour assurer l'adhésion des prêteurs et assurer la bancabilité de leur projet sont souvent le risque politique et le risque de paiement. Le premier pèse généralement sur l'État d'accueil qui est le plus à même de conforter les opérateurs. Le second

[555] J. C. Bueno, The project and construction review, Law Business Research, Sixth edition.

vise le cas où l'acheteur (État ou entité publique le plus souvent) ne s'acquitte pas de ses obligations régulières de paiement envers la société de projet. Dans ce cas, il sera nécessaire de mettre en place des garanties bancaires ou souveraines émises par les États pour qu'ils se substituent ou substituent une banque pour payer. De tels mécanismes sont parfois difficiles à mettre en place dans des pays dépendant de financements extérieurs pour équilibrer leurs budgets[556]. D'ailleurs, certains grands projets dans le secteur énergétique tel que le programme hydraulique de l'Ethiopie ou géothermique du Kenya présentent de tels risques difficilement acceptables par le secteur privé que le recours aux financements publics est privilégié[557].

3. Le cas de la convertibilité des flux financiers

La plupart des pays d'Afrique utilisent des monnaies non convertibles ou instables ce qui peut générer des écueils. Ainsi, dans les pays dont la devise n'est pas convertible, les opérateurs du projet peuvent rencontrer des difficultés pour sécuriser leur accès à la devise étrangère dans laquelle l'investissement a été réalisé et sur la base de laquelle la dette qui doit être remboursée a été souscrite. Quand bien même, l'État s'engage à assurer la convertibilité de la devise pendant la durée du projet, le risque de convertibilité et de paiement persiste. En effet, d'une part, l'État peut être amené à violer son engagement relatif à la convertibilité et, d'autre part, les réserves de devises étrangères peuvent être insuffisantes pour faire face aux obligations de conversion [558]. Ce type de problématique revêtira une acuité particulière pour les flux financiers issus du contrat de vente d'électricité qui sera le véritable gage des créanciers prêteurs de la société de projet.

II. L'émergence d'un cadre institutionnel et règlementaire encore insuffisant pour la passation des projets

Dans un contexte où les financements de projets d'IPP doivent être encouragés, les États et les organisations communautaires contribuent à l'émergence progressive d'un cadre institutionnel et règlementaire

---

556 J. C. Bueno, The project and construction review, Law Business Research, Sixth edition.

557 L'énergie en Afrique à l'horizon 2050 – Etude de l'ADEA, p. 97.

558 Understanding Power Purchase Agreements – Power Africa.

favorable. Toutefois, celui-ci demeure encore insuffisant pour assurer le succès d'un plus grand nombre de projets sous forme d'IPP dans le secteur de l'énergie

A. Une harmonisation juridique en quête de maturité

1. Les initiatives régionales

Parce que seul on va vite ensemble on va plus loin, au cours de ces dernières années, l'émergence de politiques de réforme et de promotion du secteur de l'énergie au niveau régional a été favorisée. Plusieurs organisations régionales en Afrique procèdent à une harmonisation du cadre légal et règlementaire du secteur africain de l'énergie [559] pour assurer une harmonisation des normes et une coopération plus efficace entre les États.

Cette politique régionale permet de contribuer à l'intégration juridique et technique des Etats au sein de marchés régionaux interconnectés pour répondre aux sollicitations des prêteurs et des investisseurs dans le respect des standards internationaux en matière sociale et environnementale tels qu'exigés par des institutions comme la Banque Mondiale[560].

L'Union Economique et Monétaire Ouest Africains (UEMOA) entend ainsi « *instituer une coordination des politiques sectorielles nationales, par la mise en œuvre d'actions communes et éventuellement de politiques communes notamment dans les domaines suivants :* [...] *énergie, industrie et mines* ».[561]. L'UEMOA travaille d'ailleurs également à l'heure actuelle à l'élaboration d'une directive communautaire sur les énergies renouvelables.

En vertu de l'Acte additionnel n°04/2001 du 19 décembre 2001 portant adoption de la politique énergétique commune, l'UEMOA pose un cadre réglementaire qui permet aux États parties une interconnexion des réseaux nationaux, grâce à la gestion commune d'ouvrages entre plusieurs États, une gestion et le développement des

---

[559] C'est le cas de l'UEMOA, de la CEMAC ou de la CEDEAO par exemple.
[560] J. C. Bueno, *The project and construction review*, Law Business Research, Sixth edition.
[561] Article 4 du Traité révisé de l'UEMOA.

ressources énergétiques ainsi que la mise en place d'une base de données régionales permettant la rencontre entre les offres et les demandes dans le secteur de l'énergie[562]. Malgré l'encadrement des interconnexions dans la zone UEMOA, le développement des interconnexions et des réseaux reste limité dans de nombreux États et cette contrainte technique ralentit le développement des énergies éoliennes et solaires et entraîne l'augmentation des coûts de développement[563].

La Communauté Économique des États d'Afrique de l'Ouest (CEDEAO) pour laquelle « *Les Etats Membres conviennent de coordonner et d'harmoniser leurs politiques et programmes dans les domaines de l'énergie* [...] » [564] a quant à elle pris part à la coordination du projet du Gazoduc de l'Afrique de l'Ouest (le GAO) permettant d'assurer le transport du gaz naturel du Nigeria vers le Togo, le Bénin et le Ghana.

Dans le secteur de l'électricité, la CEDEAO a adopté le Protocole A/P4/1/03 sur l'énergie en 2003 permettant d'établir un cadre juridique favorable à une coopération durable dans le domaine de l'énergie au sein de l'espace commun de la CEDEAO afin de contribuer au développement du commerce de l'énergie et permettre ainsi d'accroitre les investissements dans la région. Toujours sur cette même lancée, la CEDEAO a adopté en 2013 la Directive C/DIR/1/06/13 sur l'organisation du marché régional de l'électricité qui a pour objet de définir les principes généraux d'un marché régional de l'électricité. Cette disposition doit permettre ainsi aux populations de la région un meilleur accès à l'électricité avec un approvisionnement fiable et régulier mais aussi à un coût concurrentiel.

En Afrique Centrale, le Pool Énergétique de l'Afrique Centrale (PEAC) qui est un organisme spécialisé de la Communauté Économique des États de l'Afrique Centrale (CEEAC) est chargé de la mise en œuvre de la politique énergétique, du suivi des études et de construction des infrastructures communautaires et de l'organisation des échanges de

---

[562] Acte additionnel n°04/2001 du 19 décembre 2001 portant adoption de la politique énergétique commune de l'UEMOA.
[563] L'énergie en Afrique à l'horizon 2050 – Etude de l'ADEA.
[564] Article 28 du traité révisé de la CEDEAO.

l'énergie électrique et des services connexes dans l'espace CEEAC. Celui-ci a par exemple permis l'adoption par la CEEAC d'un code régional de l'électricité[565] et un projet de code d'exploitation des réseaux interconnectés en 2012. Mais ces éléments n'ont pas encore favorisé un accroissement à grande échelle des moyens de production.

Ces différentes politiques demeurent lentes et insuffisantes pour créer des ressources de production et durablement satisfaire les besoins. En effet, les textes mettent souvent trop de temps à être adoptés et les réformes du cadre ou des acteurs au niveau national restent la plupart du temps trop limitées ou sans effet réel.

2. Les initiatives continentales

En parallèle au développement et à l'émergence de règles communautaires, d'un cadre institutionnel et règlementaire favorable à une harmonisation légale et juridique au niveau régional et continental, des initiatives telles que le programme « financement abordable à grande échelle » de l'Alliance Solaire International (ASI) ont vu le jour. Cette initiative lancée à l'occasion de la COP 21 œuvre à la promotion du développement de l'énergie solaire dans les pays émergents[566].
Dans le cadre de son programme « Financement abordable à grande échelle », l'ASI souhaite faciliter et « dé-risquer » les investissements solaires afin de répondre aux enjeux présentés ci-dessus. Le Bénin, le Burkina Faso, le Gabon, le Mali, le Niger et le Togo se sont ainsi récemment inscrits dans cette démarche en proposant la mise en place d'un cadre supranational collectif visant à la standardisation des procédures d'octroi des droits de production et exploitation et des contrats de projet auxquels pourrait être adjointe la mise en place de fonds régionaux (abondés par les États et des institutions financières) destinés à faciliter les mécanismes de garantie des paiements de l'électricité produite.

Cette approche fait suite à celle lancée il y a quelques années dans le cadre de la Terrawatt, initiative qui visait notamment à formuler des

---

[565] Décision n°15/CEEAC/CCEG/XIV/09 des Etats Membres de la CEEAC du 24 octobre 2009.

[566] Accord cadre portant création de l'Alliance solaire internationale signé à Marrakech le 15 novembre 2016.

contrats standardisés et bancables pour faciliter la structuration et le financement de projets de production d'énergie à grande échelle[567]. Des modèles de contrats ont été élaborés dans ce cadre pour standardiser les approches et permettre l'utilisation de documents « bancables » que les prêteurs peuvent accepter[568].

De telles démarches visant à assurer la convergence des règles nationales pour créer un cadre standardisé de mise en œuvre des projets pourraient supplanter les politiques d'harmonisation régionales. Reste à déterminer si leur destin montrera la voie pour développer un plus grande nombre d'IPP sur le continent dans le secteur solaire et au-delà.

Les politiques déployées doivent non seulement permettre la création de moyens de production connectés au réseau à grande échelle mais aussi l'éclosion de sites de production d'énergie indépendants connectés à des réseaux fiables sur le continent. Or, dans les zones urbaines mais surtout dans les zones rurales éloignées[569], des moyens non connectés au réseau dits « Off Grid » de distribution d'électricité, des projets de centrales photovoltaïques ou éoliennes se multiplient. Des kits solaires composés de panneaux photovoltaïques reliés à une batterie et des appareils électriques basse consommation accompagnent désormais de plus en plus souvent un appareil de stockage en batterie hors réseau permettant de combler les lacunes énergétiques liées aux difficultés de l'intermittence.[570] Ces unités de petites tailles raccordées ou non au réseau ne bénéficient pas encore d'un régime juridique clair sur l'autoconsommation et le net metering.[571] Même si ces capacités non raccordées ne pourront à elles seules combler les besoins de la population et des économies

---

[567] *https://terrawatt.org/.*

[568] https://opensolarcontracts.org/.

[569] https://www.agenceecofin.com/la-une-de-lhebdo/2604-65678-le-net-metering-pourrait-accelerer-la-course
de-l-afrique-vers-l-acces-universel-a-l-energie.
http://www.ieap*vps.org/fileadmin/dam/public/report/statistics/T9_NetMeteringAndPVDevelopmentInEmergingCountries_FR_Report.pdf*

[570] Institut Montaigne, *Energie solaire en Afrique: un avenir rayonnant ?* Note février 2019.

[571] Correspond à la politique de "facturation nette" en français mise en place par les États favorisant l'autoconsommation des particuliers.

africaines, elles doivent contribuer à l'accès à l'énergie.[572] Or, les cadres juridiques nationaux n'envisagent pas, ou ne sont pas adaptés, à ces moyens non connectés au réseau de telle sorte que leur développement et leur financement sont freinés.

L'Afrique constitue un terrain d'initiatives d'intégrations juridiques nombreuses en matière d'énergie. Pour autant, celles-ci n'ont pas pour l'heure permis de favoriser la construction d'un nombre suffisant d'IPP. Celles-ci ne sont pas non plus encore suffisamment matures et leurs effets ne sont pas tels que les politiques entreprises peuvent être considérées comme suffisantes.

B. La création d'agences de régulation de l'électricité performantes

Comme dans d'autres secteurs relatifs aux « utilities » ou services essentiels, les agences de régulation de l'électricité se sont développées sous l'impulsion des banques multilatérales demandant réformes et régulation du secteur électrique africain. La démarche tendant à créer des agences ou autorités chargées du bon fonctionnement du marché de l'électricité est sans aucun doute indispensable. Le régulateur reste un acteur important dans le cadre du secteur de l'énergie pour agir en toute indépendance et rassurer les acteurs du secteur et assurer que les décisions sectorielles sont prises en toute transparence[573]. Toutefois, la pratique montre que ces organismes mettent du temps à devenir totalement efficients sans parfois avoir tous les moyens propres à assurer leur indépendance. De même, les réformes sectorielles menées dans certains pays ayant conduit à des privatisations du secteur ou des mises en concession de la distribution n'ont pas été couronnées de succès.

Quoiqu'il en soit, la régulation prospère et l'on ne peut critiquer cette voie. La CEDEAO a créé par exemple en 2008 l'Autorité de Régulation Régionale du secteur de l'Electricité de la CEDEAO (ARREC) dans le cadre du Système d'Échange d'Énergie Électrique

---

572 https://www.agenceecofin.com/la-une-de-lhebdo/2604-65678-le-net-metering-pourrait-accelerer-la-course-de-l-afrique-versl-acces-universel-a-l-energie.

573 IPPs in Sub-Saharan Africa: determinants of success (Eberhard, A., Gratwick, K.N., 2011), Energy Policy 39, 5541– 5549. http://dx.doi.org/10.1016/j.enpol.2011.05.004.

Ouest Africain (EEEOA) pour la régulation du cadre juridique et institutionnel du marché de l'électricité dans la région. Cette autorité n'a pourtant démarré ses travaux, pour mettre en œuvre ce dispositif depuis son siège de Cotonou au Bénin, qu'en janvier 2018 soit près de dix ans plus tard.

Dans cette même dynamique de régulation, l'UEMOA a adopté la Décision n°02/2009/CM/UEMOA du 27 mars 2009 portant création du Comité régional des régulateurs du secteur de l'énergie des États membres de l'UEMOA. Le comité a pour mission d'accompagner et d'assister la Commission de l'UEMOA dans l'élaboration et l'application des textes communautaires et de développer la coopération entre les différentes autorités de régulation exerçant dans la région. Cette autorité de régulation spécifique aux énergies permet une harmonisation de la législation et des politiques internationales qui devrait favoriser la mise en place et la construction des projets d'IPP.

Les autorités de régulation nationales du secteur telles que l'ARSEL au Cameroun ou l'Autorité nationale de régulation du secteur de l'électricité (ANARE) pour la Côte d'Ivoire sont des autorités dotées de prérogatives importantes dans le secteur national de l'énergie[574]. Leur objectif est de réduire la dépense énergétique nationale en augmentant la capacité d'énergie installée. Au Maroc, pays modèle dans le développement énergétique du continent, après dix ans de modernisation du cadre juridique et règlementaire, la mise en place de projets majeurs tel que le Projet Noor est emblématique du succès d'une politique suivie et focalisée sur le déploiement de nouvelles capacités solaires pilotée par le MASEN qui cherche d'ailleurs à se développer également sur l'ensemble du continent africain[575].

Face à toutes ces initiatives de régulation, les acteurs de la structuration de projets ne peuvent qu'être enthousiastes face à la volonté et les initiatives de régulation des États. Pour autant le chemin à parcourir pour finaliser l'établissement de régulateurs nationaux ou

---

[574] La réforme du secteur de l'énergie intervenue par la loi n°13-09 du 11 janvier 2010, a permis une libéralisation du marché et s'accompagne d'un rôle fort de l'ONEE.

[575] Projet d'énergie solaire dont la capacité totale est de 2000 MW cf http://masen.ma/fr/presentation/.

régionaux reste encore long avant de parvenir à une réelle maturité du secteur. Des formations intensives à grande échelle des acteurs locaux et régionaux aux conditions de structuration des projets IPP en financement de projet pourraient accroitre les chances de succès car si les équipes nationales sont formées, les projets pourront aboutir plus facilement compte tenu de la connaissance acquise des enjeux et modalités.

C. Les mécanismes d'attribution des contrats de vente d'électricité

Pour favoriser l'émergence de moyens de production d'énergie sous forme de financement de projets, plusieurs voies et moyens sont à la disposition des États qui demeurent souverains pour attribuer le droit de produire et de vendre l'électricité dans leurs pays mais la question des moyens d'attribution des contrats permettant la vente d'électricité doit certainement être revisitée.

1. Les appels d'offres en matière d'énergie

Le secteur de l'énergie est un secteur compétitif et le mécanisme de l'appel d'offres figure comme l'un des moyens considérés comme les plus transparents, les plus efficaces et parfois à moindre coût en faveur du développement de ce secteur. L'un des principaux apports du mécanisme de l'appel d'offres est de pouvoir sélectionner, sur la base de critères objectifs, des acteurs compétents et de permettre de révéler le prix et le coût global des projets grâce à une mise en concurrence tout en permettant au secteur privé de développer des opportunités profitables.

Ainsi, l'autorité publique adjudicatrice, généralement l'État, représentée par le Ministre de l'énergie, informe l'ensemble des intervenants susceptibles d'intervenir sur le marché d'un projet spécifique au développement de l'énergie. Le processus décisionnel du choix de l'opérateur répond à plusieurs étapes de la pré-qualification en passant par la remise d'une première offre puis de l'offre définitive avant de finir par la signature des contrats. En effet, les opérateurs du secteur privé sont invités à déposer leurs offres financières, les informations commerciales et sociales afin de développer ledit projet. Le gagnant à l'appel d'offres sélectionné signe alors un contrat de concession avec l'autorité publique ou se voit octroyer une licence pour produire l'énergie pour une durée déterminée à charge pour l'opérateur de retourner à l'État les installations en fin de contrat. Un autre contrat indissociable est également signé pour vendre l'électricité sur le réseau. Comme décrit dans les développements ci-dessus, ce contrat sera généralement signé avec l'entreprise publique nationale en charge de la distribution[576].

Le système de l'appel d'offres permet aussi d'élaborer une stratégie d'implantation du réseau par l'autorité qui pourra planifier le développement du réseau, la connexion des centrales ainsi qu'une meilleure prédictibilité de la production. Toutefois, le mécanisme de l'appel d'offres présente des inconvénients tels que son coût élevé tant pour la personne privée que pour la personne publique ainsi que la lourdeur et l'importance des préparations exigées pour répondre à l'appel d'offres. Ensuite, les délais peuvent parfois paraître longs entre la pré-qualification et la phase de construction et d'exploitation du projet. Par ailleurs, la possibilité de sous-estimation des coûts par la personne du secteur privé ou d'offre agressive pour remporter l'appel d'offre peut rendre le projet non profitable. Enfin, ce mécanisme peut amener à limiter l'entrée de nouveaux acteurs ou de petits entrants souhaitant se lancer dans le secteur.

Des appels d'offres au format standardisé tels que ceux lancés en Afrique il y a plusieurs années par Scaling Solar ont vocation à accélérer le déploiement de projets[577]. Toutefois, à ce jour, seul le programme lancé en Zambie semble avoir porté ses fruits pour sélectionner et mettre en œuvre des projets.

En Afrique, compte tenu de la taille des nombreux projets qui demeure souvent inférieure à 50MW par centrale, des coûts de développement et de l'urgence à équiper en nouvelles unités, le système de l'appel d'offres devient difficile à suivre. Il faut noter d'ailleurs que de plus en plus fréquemment dans certains pays d'Afrique, l'appel d'offres suit la remise d'une offre spontanée, c'est-à-dire non sollicitée par la personne publique, que l'opérateur aura

---

576 M. Lyonnet du Moutier, Financement de projet et partenariats public-privé, Edition EMS management & société.

577 https://www.scalingsolar.org/wp-content/uploads/2018/05/Scaling-Solar_pr%C3%A9sentation-externe_Mai-2018.pdf.

formulée. Dans une telle situation, le défi sera de permettre une analyse de cette offre tout en protégeant son contenu pour éviter que les éléments de propriété intellectuelle de l'opérateur initiateur soient remis aux candidats qui seraient sollicités suite à la remise de l'offre spontanée[578]. Il faut distinguer ce cas de la situation de passation en gré à gré limitée à certains cas précis.

2. Le mécanisme de la procédure de gré à gré en matière d'énergie

La procédure de gré à gré est une procédure négociée sans publicité ni mise en concurrence par laquelle l'État négocie directement de gré à gré avec les opérateurs économiques, entreprises nationales ou étrangères de son choix.

Cette procédure peut présenter un risque juridique dans l'hypothèse où un tiers investisseur lésé ou qui pourrait avoir manifesté son intérêt au projet conteste l'octroi du marché, de la licence ou de la concession par ce biais.

La possibilité de recours à une telle procédure est généralement encadrée par les textes, permettant ainsi de justifier ce choix. En effet, les textes de nombreux pays africains[579] prévoient la possibilité pour les opérateurs de formuler des offres spontanées ou de procéder à des passations de gré à gré pour développer des projets d'infrastructures ou d'énergie dans les cas d'urgence ou de pénurie d'électricité par exemple. Il est vrai qu'en pratique, ce système offre un avantage de gain de temps mais il ne permet pas forcément de développer la concurrence sur les tarifs et oblige l'État à garantir contre les risques de recours ou d'annulation des procédures ce qui peut constituer un enjeu financier important si le risque se réalise.

3. Le mécanisme du guichet en matière d'énergie

Les contrats de vente d'électricité peuvent être aussi attribués grâce au mécanisme dit du guichet. Dans cette hypothèse, l'État fixe un prix

---

[578] Cf par exemple décret 2014-024 au Burkina Faso ou décret 2018-358 en Côte d'Ivoire ou encore loi 2014-09 au Sénégal.

[579] Comme par exemple au Sénégal, Côte d'Ivoire, Ghana, Kenya, Afrique du Sud, Tanzanie.

d'achat de l'électricité produite et de fait il régule le marché pour ouvrir les capacités de production quand bon lui semble. Ce montant fixé en amont sera alloué à tout projet répondant aux exigences de faisabilité. Cette technique permet d'attirer les porteurs de projets et de produire un volume important d'électricité. Cependant, ce mécanisme d'attribution des contrats de production d'électricité peut conduire au paiement d'un tarif trop élevé ou trop bas par les usagers ou l'État qui rémunérerait trop ou trop peu les prestations globales assurées par la société tenant le rôle d'IPP avec, dans un cas, une électricité trop chère et, dans l'autre cas, une absence de concurrents. En effet, l'hypothèse d'un prix trop bas proposé peut rendre les critères d'éligibilité dissuasifs. Ce système de guichet pourrait toutefois être pertinent à déployer pour des petites unités en de multiples points des pays africains.

Quel que soit le système choisi, à l'exception de la procédure de gré à gré dont la procédure amène l'État à interagir directement avec les opérateurs, il conviendra d'établir des procédures de passation claires, transparentes et équitables pour être concurrentielles et éviter longueur et lourdeur qui renchérissent les coûts des projets d'IPP. En ce sens un cadre supranational dérogatoire, bien identifié et rapide pourrait faire la synthèse des moyens de passation décrits pour standardiser les procédures.

D'autre part les défis de la régulation, de la réforme institutionnelle et de l'amélioration de la passation ne doivent pas cacher la nécessité pour les États de refondre totalement des entreprises publiques nationales et de se doter d'une véritable politique de planification de leurs besoins en nouvelles capacités de production pour crédibiliser et structurer leurs marches vis-à-vis des prêteurs et des acteurs dans les projets IPP.

* * *

Dans les prochaines décennies, le continent devra faire face à une augmentation majeure de sa démographie et une population de plus en plus urbanisée. La demande en énergie sera exponentielle et il conviendra de répondre à ces demandes croissantes. Ainsi, l'AEI estime que 1624 milliards de dollars devront être investis dans le secteur électrique sur la période 2014-2040 dont environ 78%

bénéficiera à l'Afrique subsaharienne. La production électrique devrait atteindre les 820 TWh en 2050[580].

Aujourd'hui, des actions doivent être entreprises par l'amélioration de la gestion commerciale par le prisme des systèmes de distribution, de facturation et de recouvrement. Dès lors, le secteur privé pourra contribuer aux investissements sur ce secteur. Des mesures en faveur du développement des systèmes d'information disponibles sur le marché permettant d'améliorer la planification énergétique, la gestion des réseaux et de faire face aux potentiels pannes doivent être prises et devront accompagner le renforcement du cadre juridique et la rédaction des garanties élaborés par l'État.

Ainsi, afin de structurer des projets sous forme de financement de projets avec l'appui de parties privées, les États doivent poursuivre la conduite de réformes mais également accélérer leur intégration pour acquérir une taille critique et éviter de multiplier les efforts de modernisation isolés. Ils doivent se doter d'instruments standardisés pour mettre en place des conditions de passation efficaces et rapides leur assurant des contreparties. Les acteurs du secteur doivent se réunir et favoriser la création de mécanismes de garantie de paiement des revenus des projets à l'échelle continentale qui soient adaptés aux projets de toute taille.

Le développement des infrastructures électriques est un défi du développement économique du continent qui passe par l'abaissement du coût de l'électricité pour catalyser le rôle des secteurs productifs et pour cela, les énergies renouvelables figureront comme un outil de développement important pour les prochaines décennies[581].

Les États font face à de nouvelles urgences ou à des pénuries d'électricité auxquelles il est impératif de répondre compte tenu du besoin urgent d'accroitre la capacité de production d'électricité. Les besoins de financement du secteur de l'électricité dépassent largement les finances publiques des États et ceux-ci pourraient percevoir des revenus plus importants si les opérateurs électriques mais aussi économiques pouvaient générer une croissance des produits intérieurs

[580] L'énergie en Afrique à l'horizon 2050 – Etude de l'ADEA.
[581] L'énergie en Afrique à l'horizon 2050 – Etude de l'ADEA.

bruts plus importante grâce au soutien que l'accès à l'énergie peut apporter aux économies africaines. C'est pourquoi il est indispensable d'intégrer un volume d'investissements privés importants afin d'accroître la capacité de production d'électricité et d'améliorer l'approvisionnement de cette énergie produite sous forme d'IPP.

Le bail à usage professionnel dans l'espace OHADA : Un régime juridique spécifique visant la protection du fonds de commerce et des preneurs professionnels

Roger MULAMBA KATAMBA
Avocat au Barreau de Kinshasa/Matete (RDC)
Arbitre à la CCJA/OHADA
Associé-Gérant au Cabinet d'Avocats RMK & Associés

Introduction

L'immobilier ne cesse de trainer la réputation d'un investissement à valeur sûre ; ce qui explique l'engouement effréné vers la propriété immobilière dans beaucoup de pays africains, doublé de la montée vertigineuse des prix des immeubles ces dernières années.

Cependant, l'acquisition et le maintien d'un immeuble s'avèrent le plus souvent ardus suite à certains impératifs parfois difficiles à concilier et liés notamment au remboursement du prêt, à l'achat, aux impôts[582] mais aussi, à la maintenance technique des lieux qui exige parfois de grosses réparations. D'où, la nécessité de mettre en location l'immeuble en vue de le rendre rentable pour le propriétaire et en même temps, lui permettre de couvrir les charges.

Deux catégories des baux s'offrent donc au propriétaire d'un immeuble : le bail à usage civil et le bail à usage professionnel[583].

[582] En République Démocratique du Congo, un impôt foncier est prélevé sur les superficies des propriétés foncières bâties et non bâties et un impôt sur les revenus locatifs sur les loyers provenant de la location des bâtiments et des terrains.

[583] Dans l'Acte uniforme relatif au Droit commercial général adopté le 17 avril 1997, le législateur OHADA utilise le terme de bail commercial à l'article 71 de ce texte pour désigner le bail professionnel. Seul était concerné par ce contrat, le commerçant ainsi que son fonds de commerce. Par la suite, avec la révision du 15 décembre 2010, la terminologie a évolué ; le terme *Bail à usage professionnel* a été introduit au Livre VI. La protection s'est étendue à l'exploitant d'une activité

C'est donc cette dernière catégorie qui nous intéresse dans la présente étude.

Concernant le bail à usage professionnel, il met en présence deux opérateurs ayant des intérêts opposés. Il y a d'un côté, le bailleur qui tient à disposer librement de son immeuble et le rentabiliser en fixant le loyer aux conditions qui lui conviennent mais aussi, résilier éventuellement le contrat sans contrainte et de l'autre côté le preneur, qui est un opérateur économique ou un professionnel dont le reflexe premier et de minimiser les coûts d'exploitation de son activité, tout en s'assurant de sa pérennité dans ce lieu où il a fidélisé une clientèle. C'est dans ce contexte que naît le contrat de bail à usage professionnel.

L'intervention du législateur s'impose donc en vue de réguler et de protéger cette relation qui s'avèrera nécessaire pour la protection du fonds de commerce du preneur et par ricochet, la stabilité de son activité.

Nous examinerons dans cette étude, cette question liée à la protection du fonds de commerce et des preneurs professionnels par le bail à usage professionnel (I), les dispositions spécifiques de ce contrat (II) avant de considérer le contentieux qui peut en résulter (III) puis, nous tirerons notre conclusion.

I. Bail à usage professionnel : gage de protection du fonds de commerce et des preneurs professionnels

Afin de cerner en quoi le bail à usage professionnel du droit OHADA est un gage de protection du fonds de commerce et des preneurs professionnels, il importe d'analyser la situation de ce bail avant la création de l'OHADA (1.) et ses spécificités sous le droit OHADA (2.).

---

commerciale, industrielle, artisanale ou toute autre activité professionnelle. Sont ainsi protégés non seulement le commerçant et le fonds de commerce mais aussi, l'exploitant de toute activité professionnelle quelle que soit la nature de celle-ci.

1. Situation du bail à usage professionnel avant le Droit OHADA

Avant l'entrée en vigueur du Droit OHADA, les Etats membres de cet espace avaient chacun une législation nationale en matière de baux à loyer. Il convient de noter qu'à quelques exceptions près, ces législations, pour la plupart, ne réglementaient pas de manière spécifique, le bail à usage professionnel[584].

Ainsi, en République Démocratique du Congo (RDC), étaient applicables, les dispositions des articles 373 à 416 du Décret du 30 juillet 1888 portant Code civil congolais dont le titre V du livre III était consacré au contrat de louage. Il s'agissait de dispositions de portée générale, applicables tant au bail civil qu'au bail commercial[585]. Ces dispositions renvoyaient le plus souvent aux usages du milieu ; c'est ce qui a donné lieu à une multiplicité de législations et pratiques au niveau de chaque Province du pays[586].

Pour l'essentiel, ces textes ne font référence au caractère commercial de l'activité exploitée dans les lieux loués qu'en ce qui concerne le congé de résiliation du contrat de bail. En effet, si celui-ci est de trois mois pour le bail à usage résidentiel, il est porté à six mois pour celui à usage commercial et à douze mois lorsqu'il est à usage industriel[587].

Il s'ensuit que le preneur d'un bail à usage d'habitation était traité de la même manière qu'un commerçant ou un professionnel alors que ces derniers ont réalisé des investissements créateurs des richesses pour la société.

---

[584] La République du Mali avait déjà une législation sur les baux à usage commercial, industriel, artisanal ou professionnel à travers l'Ordonnance n° 37 CMUN du 15 octobre 1971.

[585] Le 31 décembre 2015 soit, trois ans après l'entrée en vigueur du droit uniforme, la RDC s'est dotée d'une véritable législation nationale sur les baux à loyer non professionnels par la Loi n° 15/025 du 31 décembre 2015.

[586] Pour ce qui est de la Ville-Province de Kinshasa, était applicable, l'Arrêté numéro SC/0118 /BVG/MI.AFUH/PLS/2013 du 27 mai 2013 du Gouverneur de la Ville portant règlementation des baux à loyer dans la ville de Kinshasa. Il convient aussi de rappeler l'Arrêté ministériel numéro 004/CAB/MIN.URB-HAB/LSIL/2007 du 29 juin 2007 portant instauration d'un contrat de location type en RDC.

[587] Voir l'article 10 de l'Arrêté ministériel numéro 004/CAB/MIN.URB-HAB/LSIL/2007 du 29 juin 2007 portant instauration d'un contrat de location type en RDC.

Ce régime s'est donc avéré moins efficace en ce qui concerne l'activité économique pour le simple motif qu'aucune sécurité n'était assurée à l'exploitant (commerçant ou professionnel) lequel reste exposé à tout moment aux risques de rupture contractuelle sans que le bailleur soit obligé de justifier sa décision ; la simple obligation étant pour lui de donner un congé au preneur. D'où la nécessité d'instaurer un véritable régime juridique du bail à usage professionnel capable de protéger le fonds de commerce et le professionnel.

2. Caractéristiques du bail à usage professionnel

Avec l'entrée en vigueur du Droit communautaire, l'espace OHADA a connu l'avènement d'un droit type applicable spécifiquement au bail à usage professionnel qui est réglementé dans l'Acte uniforme relatif au droit commercial général révisé (« AUDCG »), à travers ses articles 101 à 134 (Livre VI, Titre I). Ce bail est applicable dans tous les pays membres de l'OHADA.

L'AUDCG dote ce bail d'un véritable statut juridique. Le législateur OHADA a visé d'abord la protection du fonds de commerce du preneur-commerçant et ensuite, avec la révision du 15 décembre 2010, cette protection a été étendue à toutes les activités, pourvu qu'elles soient professionnelles[588].

Ainsi élaboré, le bail à usage professionnel protège non seulement les professionnels, personnes physiques ou morales de droit privé mais aussi, les personnes morales de droit public à caractère industriel ou commercial ainsi que les sociétés à capitaux publics ; ce qui importe ici c'est la qualité du preneur (commerçant ou professionnel) et la destination donnée aux locaux laquelle peut être commerciale ou professionnelle[589].

---

[588] A cet effet, l'article 103 de l'AUDCG dispose : « *Est réputé bail à usage professionnel toute convention, écrite ou non, entre une personne investie par la loi ou une convention du droit de donner en location tout ou partie d'un immeuble compris dans le champ d'application du présent Titre, et une autre personne physique ou morale, permettant à celle-ci, le preneur, d'exercer dans les lieux avec l'accord de celle-là, le bailleur, une activité commerciale, industrielle, artisanale ou toute autre activité professionnelle* »

[589] CA du Littoral (Cameroun), n° 39 du 08 janvier 2003, Ohada.com/Ohadata J-06-100.

Dans cette œuvre de protection de l'investissement, le bail à usage professionnel OHADA comporte une autre soupape de protection ; il s'agit du droit au renouvellement du bail consacré au profit du preneur. Ce droit s'applique invariablement que le bail soit à durée déterminée ou indéterminée, ôtant ainsi de la sphère du bail à usage professionnel la précarité tant décriée dans le bail civil. Le bailleur véreux s'expose ainsi au versement d'une indemnité d'éviction au profit du preneur victime d'une rupture sans motif valable du bail.

Il y a lieu de constater que la consistance du bail à usage professionnel par la consécration du droit au renouvellement constitue une véritable avancée législative dans beaucoup de pays de la zone OHADA qui, jadis avaient des lois discriminatoires laissant très peu de marge de manœuvre au preneur professionnel de poursuivre son activité, le bailleur pouvant y mettre fin en résiliant purement et simplement le contrat sans avoir à justifier d'un quelconque motif [590]. Le commerçant devait donc quitter les lieux et, à moins d'une réinstallation à proximité, risquait de perdre une part appréciable de sa clientèle. Le non-renouvellement était donc catastrophique pour lui[591].

On peut ainsi affirmer, sans risque de se tromper, que pareille législation non seulement ignorait la valeur attachée à l'investissement économique mais aussi, ne pouvait nullement contribuer à la promotion de celui-ci et par conséquent, à la compétitivité des entreprises.

La forte dose du caractère d'ordre public[592] constitue un autre trait marquant du bail à usage professionnel OHADA. Près de la moitié des dispositions qu'il comporte sont verrouillées par le législateur, les mettant ainsi hors de toute considération d'ordre personnel des parties contractantes.

---

[590] Tel est cas de l'article 393 du Décret du 30 juillet 1888 portant Code civil, livre III, de la République Démocratique du Congo qui prévoit la fin de plein droit d'un bail à durée déterminée, tout en soumettant la résiliation d'un contrat à durée indéterminée à la notification d'un simple congé au preneur. Il s'ensuit que le renouvellement relève de la seule volonté du bailleur.

[591] Y. Guyon, *Droit des affaires, T. 1 Droit commercial général et société*, 8ème édition, Economica, Paris 1994, p. 669.

[592]AUDCG, article 134.

En définitive, lorsqu'on considère les dispositions de l'Acte uniforme relatif au droit commercial général consacrées au bail à usage professionnel, il y a lieu de constater que l'objectif poursuivi par le législateur OHADA à travers cette codification obéit au souci qui a animé les pères fondateurs de cette Organisation à savoir, asseoir la sécurité juridique et judiciaire en vue de faire émerger un cadre propice à l'investissement[593].

II. Dispositions spécifiques du contrat de bail à usage professionnel du Droit OHADA

Il importe à présent d'examiner les contours liés à la conclusion du bail à usage professionnel (1.), avant de préciser les obligations réciproques des parties à ce contrat (2.) et enfin, les spécificités majeures de ce bail (3.).

1. Conclusion du contrat

La conclusion du contrat renvoie de prime à bord aux négociations entre parties prenantes lesquelles conviennent de la forme de l'accord (**1.1**) ainsi que la durée qu'elles entendent donner à leur relation contractuelle (**1.2**).

1.1. La forme du bail

Il ressort des dispositions de l'article 103 de l'AUDCG[594] que le législateur OHADA n'impose pas une forme sacramentelle à un contrat de bail à usage professionnel ; seul l'échange de deux volontés et de deux engagements peut conduire à la conclusion du contrat. Est donc instituée la liberté de forme, avec cette circonstance que l'existence du contrat peut être prouvée par tous moyens juridiques

---

593 Voir à ce propos, le préambule du Traité instituant l'OHADA et signé par les seize pays membres originaires, à Port-Louis (Ile Maurice) le 17 octobre 1993 et entré en vigueur le 18 septembre 1995.

594 L'article 103 de l'AUDCG dispose qu' *« est réputé bail à usage professionnel, toute convention, écrite ou non, entre une personne investie par la loi ou une convention du droit de donner en location tout ou partie d'un immeuble compris dans le champ d'application du présent titre, et une autre personne physique ou morale, permettant à celle-ci, le preneur, d'exercer dans les lieux avec l'accord de celle-là, le bailleur, une activité commerciale, industrielle, artisanale ou toute autre activité professionnelle »*.

admis. Ainsi, le contrat peut être le fruit de simples discussions en présentielles ou même par la voie des nouvelles techniques de l'information et de la communication ayant débouché sur un accord bilatéral entre preneur et bailleur. Dans ce domaine, les emails, les fax, les contacts téléphoniques peuvent être mis à profit par les parties en vue de conclure un bail.

Le consensualisme ainsi admis par le législateur nous parait être un facteur de protection non négligeable surtout pour les petites et moyennes entreprises, fer de lance des économies africaines lorsqu'on sait que la majorité des opérateurs de ce secteur ne sont toujours pas suffisamment outillés dans l'ingénierie contractuelle.

Ceci constitue une véritable avancée dans la zone OHADA ; le contrat de bail à usage professionnel même verbal est désormais régi par les dispositions de l'AUDCG et non plus de droit national [595]. Le formalisme de l'écrit n'étant pas exigé en matière de bail à usage professionnel, l'argument selon lequel un contrat de bail qui n'est ni paraphé, ni signé par l'une des parties, ni enregistré, est impropre à établir l'existence d'un lien contractuel entre les parties et ne peut les lier juridiquement doit être rejeté[596].

La durée du bail est également laissée à l'appréciation des parties au contrat.

1.2. Durée du bail

Le législateur OHADA laisse une pleine liberté aux parties de fixer la durée du bail qui peut être déterminée ou indéterminée.

Il importe toutefois de préciser que s'agissant d'un bail à usage professionnel, il serait préférable d'opter pour un contrat à durée indéterminée ; ce qui présente un avantage certain pour le preneur, dont le souci majeur est d'assurer la rentabilité de son investissement laquelle ne peut être possible que dans la durée.

---

[595] CA du centre (Cameroun) n° 68/DE, 4-3-2011 ; CJ c/ S.N.M., Ohadata J-12-74.

[596] T. Com. Pointe-Noire (Congo), n° 054, 19 juillet 2011, Mme I.A. c/ M. S.F et S.S., Ohadata J-13-80.

C'est ici qu'il y a lieu d'apprécier la large ouverture du législateur OHADA au contrat à durée indéterminée lorsqu'il affirme à l'alinéa 2 de l'article 104 de l'AUDCG qu'à défaut d'un écrit constatant le bail, celui-ci est réputé conclu pour une durée indéterminée. Il en est de même d'un bail dont le contrat le constatant reste muet ou incertain sur la durée[597]. Pareille position législative ne peut qu'être appréciée comme un facteur de protection de l'investissement qui est ainsi à l'abri de tout désagrément consécutif au défaut de précision de la durée du bail dans l'accord des parties.

Précisons qu'en principe, la durée du contrat de bail court à compter de sa signature par les parties. Toutefois, ces dernières disposent toujours de la liberté de fixer le moment auquel elles entendent débuter l'exécution de leurs obligations contractuelles. Cela se justifie en pratique car, l'entrée en vigueur peut être retardée par des circonstances liées par exemple à l'état des lieux préalable à l'occupation ou encore à l'exécution de certains travaux nécessaires à l'exploitation commode des locaux donnés en bail.

2. L'équilibrisme des obligations dans les relations entre les parties

Comme nous l'avons souligné précédemment, par une réglementation minutieuse du bail à usage professionnel, le législateur OHADA a voulu protéger l'investissement. Cependant, dans cette œuvre de protection il n'a nullement sacrifié le bailleur sans qui, ledit investissement n'aura pas un soubassement. Rappelons-nous que c'est lui qui acquiert l'immeuble ; il en supporte les différents impôts et s'occupe des grosses réparations nécessaires au maintien en bon état d'exploitation. Raison pour laquelle, autant le bailleur a des obligations, autant le preneur a les siennes.

2.1. Les obligations du bailleur

Celles-ci se résument principalement à l'obligation de délivrer les locaux loués et d'assurer les réparations nécessaires à leur maintien en parfait état locatif.

---

[597] Bobo-Dioulasso (Burkina Faso), Ch. Comm, n° 13/09, 10 juin 2009, Ohadata J-09-398.

1° La délivrance des locaux loués

Le bailleur est tenu de délivrer les locaux loués en bon état. Il en découle pour lui une obligation de mettre en état les locaux et ce, préalablement à l'occupation par le preneur. Cette obligation s'étend également aux accessoires indispensables à l'exploitation de l'activité du preneur. Il peut s'agir notamment des espaces ou hangars devant servir de parkings, des locaux accessoires abritant des dépôts, etc.

Ainsi, pour mettre les parties à l'abri des aléas juridiques, le législateur OHADA prévoit l'établissement d'un état des lieux préalable à l'occupation des lieux. Cette obligation incombe principalement au preneur car, la présomption de délivrance conforme joue en faveur du bailleur. C'est l'une des marques de l'équilibrisme des charges entre parties.

En effet, le preneur devra être particulièrement prudent pour éviter de voir ses droits mis à mal. La Cour d'appel de l'Ouest (Cameroun) a tranché dans ce sens en décidant que lorsque le preneur n'a pas pris soin de faire établir un état des lieux à son entrée en jouissance des locaux loués, le bailleur est présumé avoir livré le local en bon état et c'est à bon droit que les frais de réfection au moment de la rupture du contrat sont imputés au preneur qui est présumé avoir perpétré les dégradations nécessitant réparation[598]. Il y a là toute l'importance pour le preneur de faire procéder à l'état des lieux.
Cependant, même lorsque les locaux ont été livrés en bon état, la patine du temps occasionnera des travaux de réparation en vue de leur maintien en bon état locatif.

2° Les grosses réparations

Le bailleur a aussi l'obligation du maintien en bon état de location des locaux ; ainsi, il est tenu de procéder, à ses frais aux travaux de grosses réparations devenus nécessaires et urgents. Toutefois, le bailleur ne peut utiliser le prétexte de ces réparations pour apporter des changements aux locaux donnés en location. C'est notamment la réalisation de certains aménagements qui fera perdre ou restreindra,

---

598 CA de l'Ouest du Cameroun, n° 44, Civ, 22 juin 2011, Ohadata, J-12-66.

l'utilisation commode des espaces servant de parkings ou des aires de dégagement par exemple.

Ainsi, sont qualifiées de grosses réparations notamment, celles des gros murs, des voutes, des poutres, des toitures, des murs de soutènement, des murs de clôture, des fosses septiques[599]. Ces travaux s'opposent à ceux dits d'entretien prévus à l'article 114 qui eux doivent être exécutés par le preneur. C'est le cas par exemple des travaux de réparation du sanitaire, la peinture, le remplacement des ampoules d'éclairage, etc.[600]

Nous verrons plus loin les conséquences de droit attachées aux manquements du bailleur à cette obligation à laquelle la loi attache un caractère d'ordre public.

2.2. Les obligations du preneur

En contrepartie de la jouissance des locaux, le preneur a l'obligation de payer le loyer convenu et de maintenir les lieux loués en bon état.

1° Le paiement du loyer

La principale obligation du preneur est de payer le loyer suivant les termes convenus. En principe, le loyer est mensuel. Cependant, en pratique, les parties peuvent convenir d'un loyer trimestriel ou semestriel. Elles peuvent également convenir que celui-ci soit versé de manière anticipative.

Il convient néanmoins de préciser que le caractère essentiel du loyer dans un contrat de bail en fait une obligation substantielle dont la

---

[599] Sur ce point, la législation OHADA présente une avancée importante par rapport au droit congolais en donnant à titre indicatif ce qu'il faut entendre par grosses réparations. En effet, abordant cette question, l'article 377 du code civil congolais, livre III, énonce uniquement l'obligation faite au bailleur de procéder aux réparations ; ce qui a donné lieu aux controverses interprétatives devant les Cours et Tribunaux sur cette notion depuis plusieurs années, les juges et les parties ayant souvent été obligés de puiser dans leur talent imaginatif en vue de donner du contenu à ce qu'il fallait entendre par grosses réparations.

[600] CA de Ouagadougou (Burkina Faso), Ch. Com, n° 026, 5 mars 2010, Ohadata J-12-187.

violation peut justifier l'opposition du bailleur à la cession, au renouvellement du contrat ou même entrainer sa résiliation[601].

Quant à la fixation du loyer, celle-ci est laissée à la liberté des parties sous réserve des dispositions légales et règlementaires de chaque Etat partie. Notons toutefois que la fixation et la révision du taux du loyer peuvent donner lieu à des contestations entre parties. Nous examinerons ce contentieux au point III.2 de cette étude.

Le mode de paiement du loyer constitue aussi l'un des caractères de modernité du droit OHADA. En effet, le législateur communautaire a institué la possibilité du paiement du loyer par correspondance ou par voie électronique. Il en découle que le preneur peut actuellement recourir au service e-Banking et autres messageries électroniques alors que jusque-là l'utilisation de ces moyens ne relevait que de la pratique, parfois source de conflits entre parties en l'absence d'une codification.

L'occupation des lieux implique aussi une autre obligation pour le preneur à savoir, le maintien des locaux en bon état tel qu'il les a reçus du bailleur.

2° Le maintien des locaux en bon état

Le contrat de bail à usage professionnel emporte le droit pour le preneur de jouir des locaux en y exploitant son activité. Comme nous l'avons relevé, le bailleur a l'obligation de délivrer ces locaux en bon état d'exploitation ainsi qu'il a été convenu entre parties. Cela engendre l'obligation pour le preneur d'exploiter les locaux en bon père de famille ce, conformément à la destination prévue au contrat.

Le preneur sera donc tenu aux réparations d'entretien, tout en sachant qu'il répondra des dégradations ou des pertes dues à sa négligence. Il reste évident toutefois que le cas de force majeure ou la patine du temps peuvent toujours être invoqués par le preneur ; ce qui constituera en sa faveur, des circonstances élusives de sa responsabilité.

---

601 AUDCG, articles 120 et 127.

La spécificité du bail à usage professionnel est aussi liée à certaines dispositions majeures essentielles à la sécurisation de l'activité économique dans l'espace OHADA.

3. Spécificités majeures du bail à usage professionnel OHADA

Le bail à usage professionnel du droit OHADA est cessible par principe (3.1) ; son renouvellement revêtant un caractère d'ordre public est fortement encadré (3.2). Aussi, même lorsque sa résiliation s'impose, les parties sont tenues au respect d'une procédure rigoureuse (3.3).

3.1. La cession du bail

Le législateur OHADA consacre le bail à usage professionnel comme un élément du fonds de commerce ; à ce titre, il est cessible à la seule condition que le preneur qui voudrait le faire est tenu de notifier la cession au bailleur. Pour ce faire, l'AUDCG distingue deux situations :

- La cession du bail avec la totalité des éléments servant à l'exploitation (cas de la cession d'activités) de l'activité du preneur : dans ce cas, la cession s'impose au bailleur. Cependant, ce dernier dispose d'un délai d'un mois dès la notification pour manifester son opposition, laquelle peut trouver son fondement dans le manquement dument constaté du preneur à ses obligations contractuelles substantielles.

A cet effet, le non-paiement du loyer peut justifier la légitimité d'un tel refus.

- La cession du bail seul ou avec une partie seulement des éléments servant à l'exploitation de l'activité du preneur : en pareil cas, la cession requiert l'accord du bailleur qui dispose d'un délai d'un mois dès la notification pour manifester son refus ou son accord.

Notons que ces mécanismes constituent une innovation du droit OHADA ; la reconnaissance du bail comme un élément du fonds de commerce susceptible de cession devient un facteur de protection et de stabilité de l'investissement limitant ainsi les aléas dus aux caprices du bailleur qui ne peut s'opposer à cette cession sans justifier d'un motif sérieux et légitime.

Il s'ensuit qu'avec le régime du bail à usage professionnel OHADA, l'insertion d'office d'une disposition d'interdiction de cession dans le contrat est désormais inopérante.

Un autre facteur de stabilité introduit par le législateur OHADA est le droit au renouvellement du bail quel que soit sa durée déterminée ou indéterminée.

3.2. Le droit au renouvellement du bail

Dans le souci d'assurer la stabilité de l'activité du preneur dans les locaux loués, le législateur OHADA a ajouté aux droits reconnus à ce dernier, le droit au renouvellement de son bail.

Nous examinerons d'abord les contours du principe de renouvellement du bail, avant d'évoquer la procédure qui l'accompagne.

1°. Le principe du droit au renouvellement du bail

Le législateur OHADA pose ce principe à l'article 123 de l'AUDCG. En effet, le droit au renouvellement du bail à durée déterminée ou indéterminée est acquis au preneur qui justifie avoir exploité, conformément aux stipulations du contrat, l'activité prévue à celui-ci, pendant une durée minimale de deux ans.

Il se dégage de ce principe deux conditions essentielles que doit réunir le preneur en vue de prétendre au renouvellement de son bail par le bailleur. En premier lieu, le preneur doit justifier avoir exploité son activité dans les lieux pris en bail pendant une durée minimum de deux ans. En second lieu, cette exploitation doit s'être déroulée dans le respect des prescrits du contrat. Ces conditions étant cumulatives, l'absence de l'une d'elle peut donc donner droit au bailleur de s'opposer au renouvellement.

L'article 127 de l'AUDCG ajoute un autre motif du refus au bénéfice du bailleur lequel est fondé à s'opposer lorsqu'il envisage de démolir l'immeuble abritant les locaux loués en vue de le reconstruire. Dans tous ces cas de figures, le preneur peut avoir des motifs à valoir au non fondement du refus de son bailleur ; voilà ce qui peut donner lieu à un conflit entre parties. Nous examinerons ce contentieux dans la troisième partie de la présente de la présente étude.

Le droit au renouvellement ainsi consacré est d'ordre public. Il en résulte, que toute clause introduite au contrat pour l'écarter ou en limiter la consistance est inopérante à tout point de vue[602].

Ainsi, peu importe que le contrat soit à durée déterminée ou qu'un congé de préavis ait été donné au preneur pour un contrat à durée indéterminée, ce dernier conserve le droit de poursuivre l'occupation des locaux en demandant le renouvellement du bail. Cette faculté lui accorde ainsi une véritable illusion de propriété ; raison pour laquelle plusieurs auteurs le qualifient de « *propriété commerciale* »[603].

Cependant, tenant compte de ce caractère d'ordre public attaché au renouvellement du bail à usage professionnel, une question se pose et c'est celle de savoir si le preneur peut à son tour renoncer à son droit au renouvellement. L'AUDCG étant muet à ce propos, il convient de s'en référer à la doctrine qui s'est intéressée à cette question.

A ce propos, Éric Dibas- Franck donne une réponse affirmative. Néanmoins, le preneur doit faire connaitre sa renonciation au droit au renouvellement à un moment ultime car, tant que ce droit n'est pas encore né, il est impossible d'y renoncer. Cette renonciation doit donc résulter d' actes manifestant sans équivoque la volonté du bénéficiaire de renoncer à son droit[604]. Nous pensons que, *de lege ferenda* , le législateur OHADA devra fixer le délai dans lequel , le preneur peut renoncer à son droit à compter de la naissance de celui-ci.

En instituant ainsi le droit au renouvellement, le législateur OHADA a introduit une innovation majeure pour les pays de cette zone[605].

---

602 CCJA, 2ème Ch., n°5, 30 mars 2006, Juris-Ohada n°3/2006, p. 16.

603 É. Dibas- Franck, *Le renouvellement du bail à usage professionnel des pays de la zone OHADA*, Harmattan, Paris 2014, p. 30.

604 E. Dibas-Franck, Idem, p. 49.

605 En RDC, l'article 393 du code civil congolais, livre III, consacre le principe de la fin de plein droit du bail à durée déterminée. Le renouvellement est du ressort de la seule volonté du bailleur.

Examinons à présent la procédure de renouvellement du bail à usage professionnel.

2°. La procédure de renouvellement du bail

La procédure de renouvellement diffère selon qu'il s'agit d'un contrat à durée déterminée ou indéterminée.

a. Le bail à durée déterminée

Le preneur, bénéficiaire d'un contrat à durée déterminée qui remplit les conditions prévues à l'article 123 de l'AUDCG[606] et qui voudrait user de son droit au renouvellement est tenu de le signifier[607] au bailleur au moins trois mois avant l'expiration du bail. L'observation de ce délai est très importante car il y est attaché une sanction qui peut s'avérer fatale pour l'exploitant professionnel à savoir, la déchéance de son droit au renouvellement ; le bailleur se trouvant de ce fait fondé à poursuivre la résiliation judiciaire du contrat et son expulsion forcée.

Il convient de préciser qu'en application des prescrits de l'article 134 de l'AUDCG, l'article 124 revêt un caractère d'ordre public. Il en découle que son application écarte la tacite reconduction et cela, même dans l'hypothèse où les parties contractantes auraient inséré pareille clause dans leur contrat. Cela implique que le preneur doit être extrêmement vigilant sur ces termes et délais en vue d'éviter la forclusion.

La même observation vaut pour le bailleur qui reçoit la demande de renouvellement formulée par le preneur. L'alinéa 2 de l'article 124 précité lui impose donc l'obligation de faire connaitre sa réponse, un mois avant l'expiration du bail. Le silence du bailleur dans ce cas équivaut à l'acceptation du principe de renouvellement du bail. S'agissant d'un délai de rigueur, le bailleur qui aurait eu des motifs légitimes de s'opposer au renouvellement d'un bail peut voir ainsi son droit compromis par sa négligence.

---

[606] L'article 123 exige l'exploitation de l'activité prévue au contrat pendant une durée minimale de deux ans.

[607] Cette signification s'effectue par acte extrajudiciaire ou toute autre notification de nature à informer suffisamment le bailleur sur l'intention du preneur.

Cependant, qu'adviendra-t-il du silence du bailleur à une demande du preneur formulée hors délai ? Pareil silence ne peut être constitutif d'une acceptation tacite du principe de renouvellement, le bailleur n'étant soumis à l'obligation de répondre en vertu de l'article 124 qu'en cas de demande formulée dans le délai de trois mois avant l'expiration du bail[608].
L'acceptation tacite ou expresse du bailleur entraine le renouvellement du bail pour une nouvelle durée d'au moins trois ans.

La procédure est différente lorsque le bail est conclu pour une durée indéterminée.

b. Le bail à durée indéterminée

La caractéristique essentielle de ce type de contrat est que son terme n'est pas déterminé à l'avance par les parties ; il s'en suit que celui qui veut y mettre fin est tenu de notifier un congé à l'autre. Ainsi, le preneur qui reçoit ledit congé et qui entend exercer son droit au renouvellement devra s'y opposer. La durée du congé étant fixée à six mois minimum par le législateur OHADA, le droit d'opposition du preneur doit être exercé au plus tard, le jour de prise d'effet dudit congé. L'inaction du preneur est sanctionnée par la forclusion qui se justifie par le fait que le congé étant l'acte qui met fin au bail ; la réaction tardive du preneur ne saurait plus lui redonner vie.

Que dire de la fixation contractuelle par les parties d'un délai de congé plus court que celui prévu par l'article 125 de l'AUDCG. La Cour d'appel de Niamey, dans sa décision n° 57 du 4 avril 2003 indique qu'en vertu de l'article 1134 alinéa 1 du code civil, le respect du délai de six mois exigé à l'article 91 alinéa 1 (actuel article 123) n'est pas nécessaire dès lors que les parties ont volontairement et mutuellement accepté un délai d'un mois.

Prenant appui sur les prescrits de l'article 134 de l'AUDCG, nous pensons que cette décision bat en brèche le caractère d'ordre public attaché à l'article 123 et formulons le vœu de voir la haute Cour communautaire prendre position sur cette question.

---

608 CCJA, n° 030/2007, 22 novembre 2007,C.C.I. Golfe de Guinée C/ Marina Atlantic SARL, Recueil de jurisprudence, n° 10, Juillet-Décembre 2007.

L'une des caractéristiques de la modernité du droit OHADA dans ce domaine est le mode de notification des positions des uns et des autres. Aucune forme sacramentelle n'est exclusivement prévue ; les parties sont libres d'opter pour la signification par voie d'huissier de justice ou tout autre moyen, pourvu que la preuve de la réception par le destinataire soit établie.

Cependant, le caractère protecteur du régime du bail à usage professionnel du droit OHADA n'implique nullement la perpétuité de ce contrat. Chaque partie conserve toujours sa liberté contractuelle et peut y mettre fin par la résiliation.

3.3. La fin du bail à usage professionnel

De manière générale, le contrat fait naitre des droits et obligations à l'égard des parties prenantes. Le contrat de bail à usage professionnel n'échappe donc pas à ce vieux principe dégagé par l'article 1134 du code civil. En effet, le non-respect par une partie des clauses et conditions du contrat ouvre le droit à l'autre si elle le désire, de mettre fin à la relation contractuelle.

Toutefois, dans le cas du bail à usage professionnel, il convient de relever que cette liberté doit être encadrée afin d'éviter de vider ce contrat de sa substance. Considérons d'abord les évènements ne pouvant pas donner lieu à sa résiliation automatique, avant d'examiner la résiliation judiciaire.

1°. Les faits ne pouvant pas donner lieu à la résiliation du bail

Ils sont de deux ordres à savoir, la cessation des droits du bailleur et le décès de l'une des parties.

a. Le bail ne prend pas fin par la cessation des droits du bailleur

Cette hypothèse concerne notamment des cas de vente ou de mutation des droits de propriété par suite d'une donation ou d'apport en société sur l'immeuble abritant les locaux donnés en bail. Le nouvel acquéreur est substitué de plein droit à l'ancien bailleur et doit poursuivre le bail. Le législateur n'édicte aucune norme quant au mode d'information du preneur sur ce changement. Le preneur est ainsi mal fondé à exiger une notification écrite pour poursuivre l'exécution de ses obligations contractuelles à l'égard du nouvel acquéreur.

Ce principe de substitution constitue donc premièrement une exception à l'effet relatif des conventions en impliquant *le tiers extra nei* dans une relation contractuelle à laquelle il n'a pas été partie au départ mais aussi, cette disposition étant d'ordre public, le principe qu'elle dégage se trouve être hors de toute atteinte contractuelle.

En RDC, ce principe est méconnu dans le code civil, livre III. L'article 399 ne préconise la continuité du bail en cas de vente de la chose louée que lorsque le bail est authentique ou à durée déterminée. Aussi, même dans cette hypothèse, l'acquéreur peut toujours résilier le bail en versant des dommages-intérêts au preneur s'il s'était préalablement réservé pareil droit dans le contrat. La situation du preneur est encore alarmante lorsque le bail n'est pas authentique ; l'acquéreur pouvant y mettre fin sans dommages-intérêts. Quant au preneur d'un bail à durée indéterminée son sort était peu enviable car, soit le bailleur mettait fin immédiatement au contrat en donnant congé au preneur, soit c'est le nouvel acquéreur qui y procédait sans ménagement. La cessation des droits du bailleur était un véritable moment d'angoisse pour le preneur professionnel.

L'application du droit uniforme en RDC rend désormais inapplicables ces dispositions au bail à usage professionnel.

Parlons à présent du sort du bail en cas de décès de l'une des parties au contrat.

b. Le décès de l'une des parties

Le législateur OHADA privilégie la poursuite de l'activité professionnelle au-delà du décès du preneur. Cette position est d'autant plus essentielle qu'au-delà des intérêts des héritiers du *de cujus* ou des associés lorsqu'il s'agit d'une personne morale, il y a ceux des tiers (travailleurs, créanciers, trésor public, etc.) qui ne peuvent être efficacement protégés que par la continuation de l'exploitation.

Deux hypothèses sont envisageables à cet effet selon qu'il s'agit du preneur, personne physique ou morale :

- En cas de décès du preneur, personne physique, la résiliation de plein droit n'est pas automatique ; le bail se poursuit par le conjoint du *de cujus*, ses ascendants ou descendants en ligne directe. Pour cela, ces derniers doivent en formuler la demande au bailleur dans un délai de trois mois à compter du décès. Lorsque les héritiers ne se mettent pas d'accord et qu'il y a pluralité de demandes, le bailleur peut se faire désigner un successeur par le juge.

L'absence d'une demande dans le délai imparti de trois mois entraine la résiliation de plein droit du bail. Les héritiers ont tout intérêt à s'accorder rapidement sur la désignation d'un liquidateur de la succession ; cela, pour éviter la forclusion ou encore de se voir imposer un successeur au bail.

Quelques questions méritent cependant d'être posées notamment quant aux critères sur le fondement lesquels le juge saisi peut désigner le successeur. Aussi, ce dernier peut-il par la suite être contesté par le liquidateur de la succession désigné postérieurement conformément aux dispositions du droit interne [609]. Il s'agit là des situations embarrassantes et porteuses de germes de conflits qui méritent, *de lege ferenda*, l'attention du législateur communautaire.

- Lorsque le preneur est une personne morale, sa dissolution n'entraine pas automatiquement la résiliation du bail pris pour l'exploitation de ses activités. Ses obligations se poursuivent par le liquidateur qui prend de ce fait la place du preneur.

Toutefois, cette continuité du bail n'est pas automatique ; elle requiert l'assentiment du liquidateur. A cet effet, et en cas de silence de ce dernier, le bailleur est tenu de lui adresser une mise en demeure de soixante jours en vue de se prononcer, faute de quoi, le bail est réputé résilié de plein droit.
Comme on peut le constater, la poursuite du bail dans ces deux hypothèses est liée à un formalisme strict quant aux délais du reste

[609] En RDC, la question du liquidateur est réglée par les articles 794 à 799 du Livre IV du code de la famille.

fixes à respecter. Une veille juridique permanente dans le suivi du contrat s'avérera indispensable pour la protection de l'investissement.

Cependant, à l'instar de toute relation contractuelle, la poursuite du bail engendre parfois des conflits liés le plus souvent au non-respect par l'une des parties des clauses ou conditions contractuelles ; ce qui peut conduire la partie victime de cette violation à envisager la résiliation du contrat.

2°. La résiliation du bail

Les parties à un bail sont libres d'y mettre fin sans recourir au juge. Cela peut procéder soit d'une disposition du contrat soit, en dehors d'une clause spécifique, d'un arrangement à l'amiable ayant débouché sur une transaction[610]. Cependant, le cloisonnement des intérêts entre parties dans un contrat de bail aboutit fréquemment aux contestations inconciliables ; d'où toute l'importance de l'intervention du juge étatique pour les départager.

Le législateur OHADA renvoie toutes ces contestations non tranchées à la connaissance du tribunal du lieu de situation de l'immeuble donné en bail. Ainsi, l'objectif étant de manière générale la protection du fonds de commerce, la procédure est encadrée par l'intervention des mécanismes juridiques dont la violation emporte la nullité de celle-ci.

Tout doit commencer par une mise en demeure du preneur mais aussi, lorsque le fonds de commerce exploité dans les locaux loués est nanti, l'exploit introductif d'instance doit être notifié aux créanciers nantis.

---

610 Une opinion doctrinale considère qu'au regard du caractère d'ordre public attaché à l'article 133 de l'AUDCG, la résiliation du bail à usage professionnel est toujours judiciaire. Telle n'est pas notre position ; en effet, nous estimons que sur base de la bonne foi contractuelle, les parties au bail peuvent éviter le poids d'un procès en convenant de se séparer à l'amiable. Bien plus, un preneur mis devant ses responsabilités peut décider de libérer les lieux sans donner l'occasion à son bailleur de recourir au juge. Un autre argument en faveur de cette opinion est que le législateur de l'article 133 n'y attache explicitement aucune sanction pour les parties qui décideraient de procéder autrement que par la voie judiciaire.

a. Mise en demeure

La demande en justice doit être précédée d'une mise en demeure préalable à l'instance faite au cocontractant. A cet effet, l'article 133 alinéa 3 de l'AUDCG précise les mentions que doit contenir cet acte. En effet, doivent y être indiquées, les clauses et conditions du bail non respectées et l'information pour le destinataire qu'à défaut de s'exécuter dans un délai d'un mois à compter de sa réception, la juridiction compétente statuant à bref délai sera saisie aux fins de résiliation du bail et de l'expulsion, le cas échéant, du preneur et tout occupant de son chef.

Il s'agit des mentions substantielles prescrites à peine de nullité. Aussi, c'est à raison que les tribunaux assimilent à l'absence de mise en demeure, celle qui ne reprend pas les mentions de l'article 133 alinéa 3.

A cet effet, la jurisprudence OHADA est unanime à reconnaitre que si la résiliation a été prononcée à tort et l'expulsion du locataire ordonnée, la procédure de résiliation et l'ordonnance d'expulsion qui en ont résulté doivent être frappées de nullité et le locataire maintenu dans les lieux[611].

Une autre formalité légale s'impose au bailleur lorsqu'un fonds de commerce nanti est exploité dans les locaux loués.

b. Notification de l'exploit aux créanciers

Comme on le sait, le fonds de commerce peut faire l'objet de nantissement. Aussi, l'article 172 de l'Acte Uniforme sur les sûretés fait obligation aux créanciers nantis de notifier au bailleur de l'immeuble dans lequel est exploité ledit fonds, le bordereau d'inscription de cette sureté au registre de commerce et du crédit mobilier ou de modification de l'inscription initiale.

Il en découle, l'obligation pour le bailleur qui entend poursuivre la procédure d'expulsion à l'issue de la mise en demeure, de notifier aux

---

[611] CA d'Abidjan, n° 985, 31 octobre 2000, Ohadata J-03-198, Le Juris-Ohada, n°2/2003, avril-juin 2003.

créanciers qui s'étaient ainsi manifestés son exploit introductif d'instance. Cette mesure vise la protection du fonds de commerce qui bénéficie de la propriété commerciale à l'égard du bailleur.

Le législateur OHADA établit ainsi l'équilibre des obligations car, autant le bailleur a le devoir d'information à l'égard du créancier, autant celui-ci doit au préalable lui communiquer le bordereau d'inscription de sa sureté au registre de commerce et du crédit mobilier. C'est dire que l'obligation de l'article 133 de l'AUDCG faite au bailleur de notifier l'exploit aux créanciers nantis n'est valable que si au préalable ces derniers ont pris soin de signifier leurs privilèges au bailleur ; dans le cas contraire, ils ne pourront se prévaloir des prescrits de l'article 176 de l'Acte Uniforme portant organisation des sûretés.

c. La décision du juge

L'existence de créances nanties régulièrement notifiée oblige le juge à surseoir à prononcer la résiliation pendant une période d'un mois à compter de la date de la notification aux créanciers concernés.

Comme on peut le constater, la résiliation du bail à usage professionnel est soumise à une procédure assez rigoureuse qui vise à protéger non seulement les parties au contrat mais aussi et éventuellement, les tiers créanciers du fonds de commerce. De cette façon, la sécurité juridique des investissements recherchée par l'instauration d'un droit uniforme dans la zone OHADA devient une réalité.

Il convient cependant de constater qu'au cours de la vie contractuelle, des difficultés sont susceptibles d'émailler les rapports entre les parties, ce qui peut déboucher sur un contentieux. Les solutions données par le législateur OHADA marquent clairement sa volonté d'épargner aux parties les aléas judiciaires.

III. Le contentieux d'exécution du bail à usage professionnel

Ce contentieux peut découler notamment de l'exécution de grosses réparations (1.), de la fixation du loyer (2.), de la libération des lieux par le preneur à l'expiration du bail (3.) ou du renouvellement de celui-ci (4.).

1. Le contentieux des grosses réparations

Les grosses réparations constituent l'un des points de discorde les plus récurrents dans une relation bailleur-preneur. Comme nous l'avons vu au point II.2.1.2°, cette obligation contractuelle incombe au bailleur en vertu de l'article 106 de l'AUDCG. Celui-ci doit maintenir en bon état de location les locaux donnés en bail ; il est tenu à cet effet de procéder à ses frais, aux travaux des grosses réparations devenus nécessaires et urgents.

En pratique, il arrive souvent que le bailleur et le preneur ne s'accordent pas ; le premier estimant qu'il revient au second, exploitant effectif de réparer les dégâts survenus aux locaux durant son occupation, oubliant ainsi qu'il s'agit d'une obligation qui lui incombe de droit. Le preneur qui tient à garder les lieux où il a déjà fidélisé sa clientèle est ainsi contraint de faire profil bas en réalisant ces réparations à ses frais et sans espoir d'être remboursé. C'est ici où l'intervention du législateur communautaire s'est avérée protectrice du preneur professionnel.

En effet, si le bailleur refuse d'assumer les réparations devenues nécessaires, le preneur qui a intérêt à poursuivre l'exploitation dans les meilleures conditions pourra exécuter les travaux qui s'imposent pour le compte du bailleur. Pour ce faire, il doit obtenir l'autorisation du juge qui, par sa décision, fixera le montant desdites réparations et les modalités de remboursement des impenses.

Cette disposition assure ainsi un équilibre certain entre les intérêts du bailleur et de son preneur ; le premier ne pouvant se dérober de son obligation légale tandis que le second ne peut pas non plus profiter indûment [612] de l'avantage lui étant accordé par le législateur, l'intervention du juge jouant un rôle régulateur.

---

[612] Par la fixation du montant des réparations et les modalités de remboursement des impenses, le législateur limite ainsi, la tentation du preneur à gonfler les dépenses par lui exposées.

Un autre mérite du droit uniforme tient au fait que le preneur bénéficie de la réduction du loyer en proportion des jours pendant lesquels il a été privé de la jouissance des lieux. Bien plus, le contrat peut aussi être purement et simplement suspendu lorsque les travaux entrepris rendent impossible la jouissance des lieux par le preneur. Là aussi, l'intervention du juge peut être sollicitée en cas de désaccord des parties sur la durée de la période de suspension.

La fixation du loyer constitue une autre source de conflit dans la relation contractuelle.

2. La fixation du loyer

Les parties conviennent librement du montant du loyer. En disposant ainsi à l'article 116 de l'AUDCG, le législateur OHADA consacre une fois de plus le principe du consensualisme dans la fixation du loyer entre les parties.

A cette liberté contractuelle dans la fixation du taux du loyer, l'Acte uniforme accorde un tempérament lequel renvoie à l'application des dispositions légales et réglementaires de droit interne en la matière et relevant bien entendu de chaque Etat partie.

A cet égard, en RDC, il conviendra de se référer à la Règlementation des changes[613] qui prévoit que les transactions sur le territoire national s'expriment et se déroulent en monnaie nationale. Mais aussi et sauf disposition contraire de cette réglementation, elles peuvent également être libellées et se dérouler en monnaies étrangères suivant l'accord des parties.

L'article 2 de cette règlementation énumère de manière limitative les opérations qui doivent exclusivement se réaliser en monnaie nationale. Il s'agit des loyers des baux d'immeubles à usage d'habitation, des crédits à court terme octroyés aux ménages par les établissements de crédit, des frais scolaires et académiques ainsi que des frais ayant trait aux soins de santé, à la consommation d'eau et d'électricité à usage domestique.

---

[613] La réglementation du change de la Banque Centrale du Con go du 25 mars 2014.

Cette liste limitative exclut de son champ d'application, les loyers des baux à usage professionnel ; ce qui implique donc la liberté des parties à un tel bail de fixer son taux dans une monnaie ou unité de compte de leur choix pourvu que celle-ci soit cotée par la Banque Centrale du Congo.

La liberté reconnue aux parties dans la fixation du loyer s'étend aussi aux conditions de sa révision au cours de la relation contractuelle. C'est ce qui ressort du principe dégagé par l'AUDCG à l'alinéa 2 de l'article 116.
En pratique, si la fixation du loyer à la naissance de la relation contractuelle ne pose généralement pas de problème, sa révision en revanche est souvent source de difficultés. En effet, le preneur qui a accepté sans encombre le taux du loyer de départ se trouve ensuite confronté aux réalités du marché et négocie le nouveau taux du loyer en conséquence ; c'est cela qui génère des conflits lorsqu'on sait que le bailleur tient à rentabiliser son immeuble aux conditions les plus avantageuses .

Cette question manque d'intérêt lorsque les parties conviennent, d'un commun accord, de la périodicité de révision du loyer et des modalités de fixation du nouveau taux de celui-ci. Cependant, en cas de carence d'une telle clause au contrat, la relation contractuelle peut être durement éprouvée en l'absence d'un compromis ultérieur. Le législateur OHADA a trouvé un palliatif à cette difficulté en renvoyant la détermination du nouveau taux du loyer au juge.

A cet effet, la législation OHADA présente un avantage certain car le juge saisi n'y procèdera pas de manière forfaire. Il devra tenir compte des éléments d'appréciation matériels limitativement énumérés par le législateur à savoir, la situation des locaux, leur superficie, l'état de vétusté et les prix des loyers similaires pratiqués dans le voisinage. Le bailleur et le preneur sont ainsi mis à l'abri de l'arbitraire ; les éléments subjectifs tenant notamment à la personne de ce dernier ou aux bénéfices générés par son activité étant exclus du champ d'appréciation du nouveau taux du loyer.

La libération des lieux à la fin de la relation contractuelle peut aussi générer un conflit entre parties.

3. La libération des lieux à l'expiration du bail

En effet, que le bail prenne fin par un arrangement à l'amiable ou à l'issue d'une procédure judiciaire, le preneur a l'obligation de libérer les lieux occupés ; cette opération se traduit généralement par la remise des clés au bailleur après éventuellement l'élaboration de l'état des lieux. Les parties peuvent recourir aussi à un procès-verbal de remise et reprise des lieux.

Il arrive cependant qu'alors que le contrat est résilié, le preneur traine les pas à partir soit de mauvaise foi ou encore faute d'avoir trouvé un nouveau lieu d'accueil pour ses activités, hypothèse récurrente surtout dans les agglomérations urbaines où l'offre ne suit toujours pas de manière proportionnelle la demande.

Pareil comportement du preneur est sanctionné par le versement en faveur du bailleur de l'indemnité d'occupation laquelle est égale au montant du loyer. Signalons que cette indemnité n'est pas à confondre avec les dommages et intérêts que peut solliciter le bailleur pour tout autre préjudice qu'il aurait subi. Toutefois, le preneur dispose d'un argument élusif de toute responsabilité à savoir, justifier la poursuite de l'occupation par l'attente du versement de l'indemnité d'éviction prévue à l'article 126 de l'AUDCG.

Le droit au renouvellement constitue aussi un pan important du contentieux du bail à usage professionnel.

4. Les difficultés liées au renouvellement du bail

Comme nous l'avons précédemment indiqué, l'une des innovations majeures du droit OHADA du bail à usage professionnel est l'introduction du droit au renouvellement en faveur du preneur, peu importe que le contrat soit écrit ou verbal, à durée déterminée ou indéterminée.

La spécificité de ce droit est telle que son application peut être une source de conflit entre bailleur et preneur, le premier voulant à tout prix et le plus vite possible récupérer ses locaux et le second qui se maintient, encensé par l'illusion de propriété que lui donne le droit au renouvellement.

Face à cette prérogative du preneur, le bailleur dispose de deux options ; soit il répond favorablement soit, il oppose son refus. Dans le premier cas, le contrat est renouvelé et le preneur poursuivra l'occupation tandis qu'en cas de refus, il sera dans l'obligation de verser à son cocontractant l'indemnité d'éviction. La difficulté majeure nait souvent de la contestation du montant de l'indemnité entre parties.

Il appartiendra donc à la partie la plus diligente de saisir la juridiction compétente en vue de voir le juge en fixer la hauteur. Sur ce point, le droit uniforme offre l'avantage d'avoir déterminé de manière limitative, les éléments à prendre en compte pour le calcul de cette indemnité. Il s'agit du chiffre d'affaires du preneur, de la valeur des investissements réalisés, de la situation géographique des lieux ainsi que des frais occasionnés par le déménagement.

Si les deux derniers éléments d'appréciation ne posent généralement pas de problème pour leur évaluation, les deux premiers peuvent nécessiter le recours à une expertise. Il peut s'agir de prendre en compte les états financiers du preneur à la seule condition que ceux-ci soient tenus conformément au référentiel comptable OHADA[614].

Cependant, le bailleur peut légitimement refuser le renouvellement du bail en faveur du preneur sans avoir à lui verser l'indemnité d'éviction dans les cas ci-après :

- s'il justifie d'un motif grave et légitime à l'encontre du preneur (l'exemple le plus fréquent est le non-paiement du loyer). Pareil motif ne peut être retenu que si les faits évoqués se sont poursuivis ou renouvelés pendant plus de deux mois après une mise en demeure notifiée au preneur pour les faire cesser ;

- s'il envisage de démolir l'immeuble en vue d'en reconstruire un autre ; dans ce cas, le bailleur est tenu à l'obligation de justifier la nature et la description des travaux projetés. Le

[614] Pour servir de preuve, les états financiers doivent être authentiques c'est-à-dire, satisfaire aux exigences de régularité et de sécurité (Voir l'article 14 de l'Acte uniforme portant organisation et harmonisation des comptabilités des entreprises).

preneur bénéficiant d'un droit à la priorité de se voir attribuer un bail dans le nouvel immeuble, ces justificatifs devront lui permettre d'apprécier à l'avance la conformité des nouveaux locaux à la nature de son activité ou, à défaut, de se voir allouer l'indemnité d'éviction ;

- lorsqu'il s'agit des locaux d'habitation accessoires aux locaux principaux, dans l'hypothèse où il envisage les habiter lui-même ou ses proches ; sauf pour le preneur de prouver que cette reprise porte préjudice à la jouissance des locaux principaux.

De ce qui précède, il y a lieu de constater que le bail à usage professionnel dans l'espace OHADA s'accompagne d'un contentieux suffisamment codifié tant en la forme qu'au fond, doublé d'une forte dose de protection pour le preneur professionnel.

Conclusion

L'analyse du bail à usage professionnel nous a permis d'apprécier l'effort déployé par le législateur communautaire dans l'espace OHADA en vue de doter les pays membres de cette zone d'un régime moderne de bail à même de garantir la stabilité et la permanence de l'activité économique.

Aussi, ce régime se veut largement favorable au preneur qui voit, par l'introduction du droit au renouvellement du bail un moyen d'assurer la pérennité de son activité qu'il soit à durée déterminée ou indéterminée, ôtant ainsi de la sphère du bail à usage professionnel, la précarité tant décriée dans le bail civil.

Comme nous l'avons relevé, la consécration du caractère d'ordre public du droit au renouvellement en faveur du preneur offre à celui-ci une véritable illusion de propriété ; ce qui fait du bail à usage professionnel dans l'espace OHADA, une « *propriété commerciale* ».

Enfin, l'un des mérites essentiels de ce régime est celui issu de la révision de l'AUDCG du 15 décembre 2010 par laquelle, le champ de protection du bail vise sa finalité à savoir, l'usage professionnel.

Les défis de conciliation des intérêts : le cas des associés et des créanciers de la SARL après la réforme du droit des sociétés OHADA de 2014

Sylvie NGAMALEU DJUIKO
Chargée de Cours
Université de Yaoundé II

Après plus d'une quinzaine d'années d'application, le législateur OHADA a entrepris de réformer son droit des sociétés commerciales. Cette réforme s'imposait d'autant plus que le droit apparaissant de plus en plus comme un élément important de la compétition économique[615], même si la quantification de cette importance n'est pas toujours aisée, il fallait apporter une réponse aux mauvais classements des pays membres de l'OHADA dans les rapports « *Doing business* » de la Banque Mondiale. Cette réforme peut donc être perçue comme la manifestation de la volonté du législateur OHADA d'apporter des réponses aux critiques qui ont été formulées par rapport aux difficultés de création des sociétés dans cet espace[616].

---

[615] A ce sujet, un auteur écrit : « on *savait que les entreprises, les religions et, depuis peu, les universités étaient en lutte... Voici donc que les droits sont en lutte !* » (L. Usunier, « Le rapport DB 2012, la concurrence des systèmes juridiques et l'attractivité du droit français des contrats », *Rev. des contrats*, n° 2, 1er avril 2012, p. 575). Sur la question, on peut lire avec intérêt les intéressants articles de M. Favero, « *La standardisation contractuelle, enjeu de pouvoir entre les parties et de compétition entre les systèmes juridiques (l'exemple du contrat du Loan Market Association)* », *RTDcom.*, juill./sept. 2003, pp. 429-443 ; et de M. M. Salah, « *La mise en concurrence des systèmes juridiques nationaux : réflexions sur l'ambivalence des rapports du droit de la mondialisation* », *RIDE*, n°3, 2001, pp. 251-302.

[616] Difficultés auxquelles l'on attribue les mauvais rangs occupés par les pays de l'espace OHADA dans les classements « *Doing business* » de la Banque Mondiale. En 2013, par exemple, sur les 185 pays concernés par le classement, il y avait 4 pays membres de l'OHADA parmi les 5 derniers (RCA, TCHAD, CONGO et RDC). Malgré les vives critiques que ces rapports ont suscitées, notamment de la part des pays de tradition civiliste, ils donnent quand même une certaine indication de l'attractivité des pays. Sur les critiques, voir, entre autres, *Les droits de tradition civiliste en question À propos des Rapports Doing Business de la Banque Mondiale*,

Pour opérer la réforme, le législateur se devait de concilier certains intérêts en présence.

En effet, quel que soit le domaine du droit, la tâche du législateur consiste presque toujours à choisir ou à arbitrer entre différents intérêts : en s'en tenant uniquement à des intérêts particuliers[617], intérêts du débiteur et ceux du créancier[618] en droit des obligations et en matière de voies d'exécution, intérêts de l'enfant et ceux du couple en droit des personnes et de la famille, intérêts de la victime et ceux de l'auteur en droit pénal, intérêts de l'assureur et ceux de l'assuré en droit des assurances.... Dans le domaine du droit des sociétés, les intérêts généralement en présence sont ceux de la société, ceux des associés et ceux des créanciers sociaux. La présente contribution a pour but d'examiner si la « réforme de 2014 »[619] a opéré la conciliation entre ces intérêts en présence dans le cas de la SARL, et spécialement entre ceux des associés et ceux des créanciers sociaux. La question est d'autant plus importante que de la réussite de cette conciliation peut dépendre l'atteinte des objectifs poursuivis par l'OHADA, à savoir attirer les investisseurs.

Cela dit, en quoi a consisté la réforme pour la SARL ? Globalement, elle peut être considérée comme ayant porté sur deux principaux points, à savoir l'intervention du notaire et le seuil minimum du capital social. Pour le premier point, la question était de savoir si l'obligation de recourir au notaire pour l'établissement des statuts devait être maintenue ou pas et, pour le deuxième point, si la question

---

Association Henri CAPITANT des amis de la culture juridique française, Société De Législation Comparée, Paris, 2006 ; B. du Marais, « Mesurer le droit ? Ou plutôt l'évaluer ? Quelques réflexions sur les limites méthodologiques des rapports Doing Business », *RDAI/IBLJ*, n°5, 2006, pp.675-679 ; B. du Marais (Dir.), Mesurer le droit ? Les limites méthodologiques des rapports Doing Business, Paris, *La documentation française*, 2006, 156 p. ; M. Haravon, « Le rapport Doing Business et la Banque mondiale : mythes et réalités d'un rapport sans nuances », *JCP* éd. E, n° 41 du 13 oct. 2005, pp. 1680-1682 ; L. Usunier, *« Le rapport DB 2012, la concurrence des systèmes juridiques et l'attractivité du droit français des contrats »*, Rev. des contrats, 1er avril 2012, n° 2, op. cit.

[617] C'est-à-dire en faisant abstraction des intérêts publics.

[618] Auxquels peut s'ajouter l'intérêt d'un tiers.

[619] Il s'agit ici non seulement de la réforme opérée directement par le législateur OHADA, mais aussi des mesures prises par les législateurs nationaux à la suite de cette réforme.

pouvait se poser de savoir s'il doit y avoir un seuil minimum du capital, elle s'est plutôt posée en termes de savoir quel doit être ce seuil. Le projet initial de la réforme envisageait de rendre la première facultative [620], d'abaisser le seuil du capital social minimum et d'admettre une libération partielle des apports en numéraire. Faute d'accord lors des réunions du Conseil des Ministres, seule la libération partielle a été directement consacrée par le législateur OHADA[621]. Pour le reste, ce dernier a dû recourir à des dispositions supplétives en donnant compétence aux législateurs nationaux pour déroger aux règles qu'il a prévues[622]. Si la réponse à donner aux deux questions intéressait indiscutablement la marge de manœuvre des associés à la création de la société, c'est la deuxième qui mettait véritablement en exergue la préoccupation relative à la conciliation des intérêts des associés et des créanciers sociaux. S'agissant donc du capital social,

---

[620] Alors que l'article 10 du projet de réforme de l'Acte uniforme relatif aux sociétés commerciales et du groupement d'intérêt économique (AUDSCGIE) disposait que « Les statuts sont établis par acte notariés ou sous seing privé », le texte adopté dispose que « ***Sauf dispositions nationales contraires***, les statuts sont établis par acte notarié ou par tout acte offrant des garanties d'authenticité dans l'Etat du siège de la société déposé avec reconnaissance d'écritures et de signatures par toutes les parties au rang des minutes d'un notaire » (sur la question, lire A. R. Akono, « De la simplification de la création d'une SARL », *Actualités du droit*, droits nationaux, Wolters Kluwer, 14 septembre 2018 ; A. Akam Akam, « Simplification des règles de création des SARL au Cameroun et au Gabon », *LEDAF*, n° 03 du 1er mars 2017, p.1). En ce qui concerne le capital social minimum de la SARL, l'article 311 alinéa 1 du projet était ainsi libellé : « Le capital social doit être de cent mille (100 000) francs CFA au moins » ; dans la version adoptée, l'article 311 dispose : « ***Sauf dispositions nationales contraires***, le capital social doit être d'un million (1 000 000) de francs CFA au moins ». Il convient de rappeler que dans le droit antérieur, les législateurs nationaux n'avaient pas la possibilité de fixer un niveau minimum inférieur puisque l'ancien article 311 disposait que : « Le capital social doit être d'un 1.000.000 FCFA au moins ».

[621] En vertu de l'article 311-1 alinéa 2, « Les parts représentant des apports en numéraire sont libérées lors de la souscription du capital de la moitié au moins de leur valeur nominale ».

[622] Ce renvoi par le législateur OHADA aux législateurs nationaux peut présenter aussi bien des risques que des avantages. Au rang de ces derniers, on peut estimer, compte tenu des disparités qu'il y a entre les pays membres, que le renvoi permet une meilleure prise en compte des réalités économiques de chacun d'eux. A l'inverse, le renvoi crée le risque d'une trop grande diversité si davantage les pays se livraient à une compétition par le droit. Ce risque se réaliserait si certains pays, par souci d'attractivité, fixaient un seuil trop bas ou lassaient les associés libres de déterminer le niveau du capital de leur SARL (en l'état actuel, il ne serait pas possible pour un pays de dispenser la société de l'obligation d'avoir un capital).

qui nous intéresse ici[623], plusieurs législateurs nationaux ont déjà fait usage de cette compétence. On peut les distinguer en deux grands groupes. Il y a, d'une part, ceux qui se sont contentés d'abaisser le capital minimum à cent mille (100 000) francs CFA[624] et, d'autre part, ceux qui ont carrément supprimé l'exigence d'un capital minimum en laissant la liberté aux associés de fixer le niveau de leur capital[625]. Pour cette dernière catégorie de pays[626], le droit OHADA ne connaissant pas (encore) « *les sociétés à capital zéro* »[627], les associés

---

[623] Par rapport à l'intervention du notaire, certains législateurs nationaux l'ont rendue facultative pour toute SARL alors que d'autres, comme le Cameroun, ne l'ont fait que pour certaines SARL en fonction de leur nature (unipersonnelle) ou de leur taille (saisie à travers le niveau du capital).

[624] C'est le cas du Cameroun (article 2 de la loi N. 2016/014 du 14 décembre 2016 fixant le capital social minimum de la SARL), du Sénégal (article 1er de la loi N° 17/2014 du 15 avril 2014 portant fixation du capital social minimum de la société à responsabilité limitée), du Togo (article 3 du Décret N° 2014-119/PR du 19 mai 2014 déterminant la forme des statuts et le capital social pour les sociétés à responsabilité limitée), du Gabon (article 2 de la loi n° 013/2016 du 5 septembre 2016 relative à la simplification de la création d'une SARL). Ce minimum était aussi fixé à 100 000FCFA au Burkina Faso (article 3 du Décret N° 2014-462/PRES/PM/MJ/MEF/MICA du 26 mai 2014 portant fixation des dispositions nationales applicables à la forme des statuts et au capital social pour les sociétés à responsabilité limitée au Burkina Faso). Depuis un décret du 3 mai 2016 (le décret N°2016-314/PRES/PM/MJDHPC/MINEFID/MCIA portant modification du décret N°2014-462 ci-dessus), il a été abaissé à 5 000 FCFA. Pour ce qui est de ce dernier pays, à la suite de nombreuses réformes initiées depuis une dizaine d'années (notamment la mise en place des centres de formalités des entreprises, des centres de gestion agréés, des guichets uniques du foncier et des tribunaux de commerce ainsi que la réduction du taux d'impôt sur les sociétés), le nombre de créations d'entreprises serait passé de 2581 en 2006 à 7564 en 2015 (cf. Newsletter OHADA du 19 mai 2016).

[625] C'est le cas du Bénin : selon le Décret N° 2014-220 du 26 mars 2014 portant modalités de création des SARL en République du Bénin, entré en vigueur le 5 mai 2014, les associés fixent librement le montant du capital social de la SARL (article 6). Ce texte prévoit aussi que les statuts de la SARL sont établis par acte sous seing privé (article 2).

[626] Le régime de la SARL se rapproche alors de celui des sociétés de personnes. Heureusement que la distinction des sociétés commerciales en sociétés de personnes et sociétés de capitaux a plutôt tendance à s'affadir, sinon ce rapprochement compliquerait encore davantage le rattachement de la SARL à l'une des deux catégories.

[627] Il faudrait signaler qu'à côté du capital zéro, certains défendent déjà l'idée d'un capital social négatif (voir J.-P. Chiffaut-Moliard, « Plaidoyer pour un capital social négatif », *JCP E* Semaine Juridique, n° 47, 20 nov. 2003, p. 1860). Par rapport aux interrogations sur le capital zéro ou le zéro capital, voir le colloque « *Quel avenir*

seront tenus de doter leur société d'un capital supérieur à zéro. Et les apports en industrie ne concourant pas à la formation du capital[628], celui retenu ne pourra être constitué uniquement de ce type d'apports[629].

Traditionnellement, deux fonctions sont assignées au capital sur le plan juridique. Une fonction, que l'on pourrait qualifier d'interne, et qui est de servir de clé de répartition des droits et devoirs. En vertu de cette fonction, la participation au capital est non seulement la condition, mais aussi la mesure des droits et du pouvoir que l'on peut avoir dans une société. Si cette fonction joue encore dans la plupart des formes juridiques, il convient de signaler que la financiarisation du droit des sociétés, qui est assez poussée en matière de société anonyme, a fait en sorte qu'elle soit de plus en plus relativisée dans cette dernière forme de société. Aujourd'hui, un actionnaire peut avoir plus ou moins de droits au sein de la société par rapport à son niveau de participation à la formation de son capital : si l'on prend le cas des droits de vote, par exemple, il pourrait avoir plus de droits de vote s'il a souscrit à des actions à vote double. A l'inverse, il pourrait avoir moins de droits de vote, s'il a souscrit plutôt à des actions sans droit de vote[630]. Si le capital social n'avait que cette fonction, les choses

---

pour le capital social, Dalloz, 2004) et, spécialement l'article de A. Pietrancosta, « Capital zéro ou zéro capital » (pp. 127 et s.).

[628] Ils sont même interdits dans la société anonyme (cf. article 50-1 alinéa 2 AUDSCGIE).

[629] Un auteur relève que « la valeur d'un apport en industrie ne peut pas être un élément constitutif du capital social quelles que soient la nature et l'importance des services techniques mis par l'associé à la disposition de la société ». Le capital social faisant partie du patrimoine de la société, cet auteur ajoute : « la force de travail en tant que telle ne peut faire partie du patrimoine ; elle est étroitement liée au corps humain qui est en dehors du patrimoine de l'entreprise dont la comptabilité décrit les variations de structure et de valeur » (F. Gore, « La notion de capital social », *in* Etudes offertes à René RODIERE, pp. 87 et 88). Si, comme les autres types d'apports, les apports en industrie donnent lieu à l'attribution de titres sociaux ouvrant droit au vote et au partage des bénéfices et de l'actif net, l'article 50-3 alinéa 1 AUDSCGIE précise bien qu'ils « ne concourent pas à la formation du capital social ». Ce qui montre bien la limite de présenter le capital social comme la somme des apports et traduit la déconnexion ou la non-connexion qu'il y a entre les apports et le capital social. Il y a en effet des apports capitalisés ou capitalisables et des apports non capitalisables.

[630] Sur la question en droit OHADA, voir A. Kenmogne Simo, « La désolidarisation entre participation au capital et source du pouvoir en droit OHADA », *BDE*, 2016/2.

seraient probablement plus simples puisque l'on serait dans l'ordre interne. Mais il a aussi un autre rôle qui, du fait qu'il est externe, pourrait être plus préoccupant[631] : il est le gage des créanciers sociaux[632]. Bien que cette deuxième fonction soit apparue postérieurement[633], elle a probablement supplanté la première à un moment donné tel que le démontre la panoplie de mesures prévues pour préserver cette garantie à la constitution de la société[634] et en cours de vie sociale[635].

C'est dire au total que la réforme est susceptible d'avoir des effets divergents sur les intérêts en présence concernés ici (I). Mais au lieu de s'arrêter sur ce constat, comme la réforme procède d'une intention louable, il serait bon de chercher des voies et moyens pour concilier ces intérêts (II).

[631] C'est certainement pour cela que le législateur a accordé plus facilement des marges de manœuvre aux associés en ce qui concerne la répartition de leurs droits et devoirs.

[632] Sur le capital social comme garantie des créanciers sociaux, voir, entre autres, S. Diomandé, Regards sur les fonctions attribuées au capital social (aspects de droit comparé : droit uniforme de l'OHADA et droit français des sociétés), thèse, Université de Caen Basse-Normandie, décembre 2012 ; M. Diop, L'intangibilité du capital social et la protection juridique des créanciers sociaux, Mémoire de Maîtrise, Université Gaston Berger de Saint-Louis, 2006 ; A. M. Zaki, Le capital social dans les sociétés commerciales OHADA, Mémoire de Maîtrise, Université Gaston Berger de Saint-Louis, 2007.

[633] En effet, dans l'ancien droit en France, on considérait que le capital n'avait d'intérêt que pour les associés et qu'il ne concernait pas le public. C'est la raison pour laquelle il ne figurait pas parmi les mentions que l'ordonnance de mars 1673 soumettait à l'obligation de publicité.

[634] En plus de l'exigence d'un capital minimum dont la non-atteinte empêche que la société soit valablement constituée (voir article 65 alinéa 2 de l'actuel AUSDCGIE), on peut citer les dispositions visant à éviter que le capital soit fictif (c'est ainsi qu'il était jadis exigé que le capital de la SARL soit entièrement souscrit et libéré avant la constitution de la société) et même si la déclaration notariée n'était pas prévue dans cette forme de société, des sanctions pénales étaient prévues en cas de fausse déclaration. Par ailleurs, l'évaluation des apports en nature devait être vérifiée par un commissaire aux apports et les associés pouvaient engager leur responsabilité pendant un délai de cinq ans en cas de fausse évaluation.

[635] On peut ranger ici l'interdiction de distribution de dividendes fictifs et l'encadrement de la modification du capital social.

I- Les possibles effets divergents de la réforme sur les intérêts des associés et des créanciers

Parler d'effets divergents sur les intérêts en présence revient à dire qu'ils seraient bénéfiques pour les uns et dommageables pour les autres. Si les effets bénéfiques pour les associés peuvent apparaître comme certains ou forts probables (A), ceux dommageables aux créanciers ne devraient être considérés que comme possibles car le risque auquel ils sont exposés peut être relativisé (B).

A) Les effets bénéfiques certains de l'abaissement du seuil du capital minimum de la SARL pour ses associés

Le premier avantage que pourrait procurer la réforme aux associés des SARL est la plus grande facilité de création de la société (ce qui constitue l'objectif principal recherché par la réforme). En effet, avec un capital social fixé à 100 000FCFA plutôt qu'à 1 000 000FCFA, il devient plus facile de créer une société. A la limite, même individuellement on pourrait rassembler le nouveau montant plus facilement. Ce qui lèverait même le possible obstacle d'avoir à se mettre avec d'autres. Avec l'ancien seuil, si on ne pouvait pas rassembler seul 1 million de francs, on était obligé de s'associer à d'autres. Ce qui pouvait constituer un obstacle pour ceux qui souhaiteraient être « *maîtres de leur affaire* ». Aujourd'hui, il est devenu plus facile de réaliser ce souhait. Donc, de manière générale, la création des SARL devrait être facilitée.

Un deuxième avantage de l'abaissement du seuil du capital social minimum est la réduction de la responsabilité des associés. En effet, dans la classification des sociétés commerciales, la SARL est rangée dans les sociétés à risques limités, c'est-à-dire qu'elle fait partie de ces sociétés dans lesquelles l'étendue de la responsabilité des associés est étroitement liée au niveau de leurs apports[636]. Dans ce type de société, les créanciers n'ayant pas en principe d'action sur le patrimoine individuel des associés, ceux-ci ne risquent que ce qu'ils ont apporté à la société. En leur permettant de fixer un faible capital, s'ils le font

---

[636] Ce qui pourrait constituer une motivation pour les associés de fixer un capital peu élevé afin de réduire leur responsabilité (voir à ce sujet L. Nurit-Pontier, « La détermination statutaire du capital social : enjeux et conséquences », 24, 2003, p. 24 et P. Etain, « Du zéro comme capital social », 186, 2011, p. 186).

effectivement, cela réduirait ce qu'ils peuvent perdre en cas de faillite de la société. Vu de cette manière, l'abaissement du seuil du capital minimum constitue une mesure bénéfique pour eux.

Mais étant donné que leur intérêt final est que la société se porte bien afin de pouvoir leur permettre d'avoir un bon retour sur investissement, la réforme ne peut véritablement être considérée comme leur étant bénéfique que si elle ne leur nuit pas par ailleurs. Or, les associés pourraient ne pas avoir intérêt à céder facilement à la tentation de fixer un capital social faible parce que cela réduirait aussi la possibilité de distribuer les dividendes ou le niveau de ceux-ci. En effet, si la société a peu de moyens pour son déploiement, cela aura des conséquences sur son résultat : à un faible investissement devrait correspondre un faible résultat[637]. Et surtout, il convient de relever qu'aucune distribution du bénéfice ne peut être faite aux associés lorsqu'à la suite de cette distribution, les capitaux propres sont ou deviennent inférieurs au montant du capital social augmenté des réserves obligatoires[638]. De ce fait, plus le capital social est bas, plus la possibilité de se retrouver dans une telle hypothèse est élevée. En fixant un niveau de capital peu élevé, si cela limite assurément l'étendue de leur responsabilité, les associés accroissent aussi le risque de non distribution de dividendes[639]. Le capital social a alors un rôle de garde-fou des actifs de la société.

Donc si la réforme est bénéfique aux associés, c'est à la condition que ceux-ci comprennent bien où se situe leur intérêt. Ce qui implique aussi que les créanciers, partenaires indispensables de la société, ne soient pas (trop) sacrifiés. D'où l'utilité d'apprécier aussi la réforme au regard de leurs intérêts.

---

[637] Mais il ne faudrait pas perdre de vue qu'il y a d'autres possibilités pour la société pour financer son développement.

[638] AUDSCGIE, article 143, alinéa 4.

[639] Il convient de rappeler que non seulement toute distribution serait nulle, mais aussi, elle équivaudrait à la distribution de dividendes fictifs qui est constitutive d'une infraction réprimée par l'article 889 AUDSCGIE.

B) Les effets possiblement dommageables de l'abaissement du seuil du capital minimum de la SARL pour ses créanciers

Dans les formes de société comme la SARL où les créanciers sociaux n'ont pas, en principe, le droit de poursuivre les associés sur leur patrimoine personnel, la question du lien entre le niveau du capital et la protection des intérêts des créanciers se pose avec plus d'acuité[640]. En effet, si du fait de l'engagement indéfini et solidaire des associés des sociétés à risques illimités les créanciers sociaux peuvent paraître comme assez protégés puisque pouvant poursuivre le recouvrement de leurs créances sur les patrimoines individuels des associés, la limitation de la responsabilité des associés à leurs apports dans les sociétés à risques limités expose leurs créanciers sociaux à des risques plus élevés. Dans le premier type de société, il suffit que les associés soient personnellement solvables pour que l'insolvabilité de la société ne nuise pas à ses créanciers[641]. C'est donc principalement pour les sociétés à risques limités que le capital pouvait être regardé comme le gage des créanciers sociaux[642]. C'est ce qui au départ a justifié pour ces sociétés l'institution d'un seuil minimum et la tendance à l'augmentation de ce seuil pendant un temps[643]. Mais depuis quelque temps, on assiste à un mouvement inverse[644] auquel le législateur dans

---

[640] Voir, F. Gore, *op. cit.*, pp. 92 et s.

[641] Il y a quelques années, un auteur affirmait d'ailleurs que « dans les sociétés à risques limités, la notion de capital social se trouve constamment au centre des préoccupations du législateur tant à l'origine de la vie sociale qui s'organise autour du capital en formation que durant l'existence de l'être social au cours de laquelle sont réprimées à la fois sur le plan civil et sur le plan pénal toutes les opérations qui tentent de porter atteinte à la garantie des créanciers » (cf. F. Gore, *op. cit.*, p. 92).

[642] Il faudrait néanmoins se garder de croire que le capital social ne présente aucun intérêt pour les créanciers des sociétés de personnes. En effet, même s'il a moins d'importance pour les tiers dans ce type de société, il demeure quand même important pour eux puisqu'ils ne subissent pas le concours des créanciers personnels des associés lorsqu'ils poursuivent le recouvrement de leur créance sur l'actif social.

[643] Cette tendance se retrouve encore dans les domaines spéciaux tels que les domaines des banques et des assurances (même s'il s'agit de domaines où la forme juridique principale est plutôt la société anonyme). En droit bancaire, par exemple, dans la zone CEMAC, le capital minimum des banques est passé d'un milliard à dix milliards de francs.

[644] Le mouvement des législateurs de l'espace OHADA par rapport au capital social de la SARL était consécutif à celui du législateur français qui, pour stimuler la création d'entreprises, n'imposait plus depuis la loi du 1er août 2003 sur l'initiative économique que le capital social soit de 7 500 euros au moins ; il dispose désormais que « *Le montant du capital de la société est fixé par les statuts* » (cf. C. com.,

l'espace OHADA vient de céder. Etant donné que l'une des fonctions que l'on assignait traditionnellement au capital social était la protection des créanciers sociaux[645], on pourrait alors légitimement se demander si cet abaissement du seuil minimum du capital social n'est pas de nature à fragiliser les droits des créanciers des SARL, d'autant plus qu'il est doublé de l'admission d'une libération partielle des apports en numéraire. Peut-on encore dire que le capital social continue à jouer un rôle important en tant que garantie des créanciers[646] ou doit-on, avec cette double réforme opérée par les législateurs OHADA et nationaux, prendre acte qu'il a aussi perdu de l'importance en la matière pour ce qui concerne la SARL[647] ?

Le fait que le capital social soit présenté depuis longtemps comme la garantie des créanciers sociaux fait en sorte que sa réduction apparaisse, même ne serait-ce que psychologiquement, comme étant un élément de fragilisation des droits des créanciers. Avec les impayés, l'insuffisance de fonds propres est fort probablement le mal de beaucoup d'entreprises, notamment de celles qui sont en difficulté[648]. Comme le signale un auteur pour ce qui est du cas de la France, il peut donc y avoir une certaine contradiction à se désoler, d'un côté, de l'insuffisance de fonds propres des entreprises françaises, de la vulnérabilité financière qui en résulte, et de l'autre, à

---

article L. 223-2). Mais bien avant, d'autres législations (comme la législation belge ou américaine) avaient déjà engagé ce mouvement (voir, J. M. Fernasez, « Capital social manifestement insuffisant lors de la constitution de la société : une initiative économique contrôlée en droit Belge », *LPA* 2004. 4. 5).

[645] A côté de cette fonction, peut-être convient-il de rappeler que le capital est aussi la source des droits et du pouvoir dans une société (voir F. Gore, « La notion de capital social », *op. cit.* ; G. Serra, « Les fondements juridiques du capital social à l'épreuve de la loi Dutreil du 1er août 2003. Chronique d'une mort annoncée ? », *Bull. Joly Sociétés*, juill. 2004, p. 915 ; A. Kenmogne Simo, « La désolidarisation entre participation au capital et source du pouvoir en droit OHADA », *op. cit.*, p. 2.

[646] Concluant sa contribution dans les Etudes offertes à René RODIERE, F. Gore affirmait : « si le capital social continue à jouer un rôle important en tant que garantie des créanciers, il tend à perdre de l'importance en tant que source de droits et de pouvoirs dans une société » (*op. cit*, pp. 96 et 97).

[647] Sur la relativisation des fonctions juridiques traditionnelles du capital social, voir S. Diomandé, *op. cit.* et N. e. Itsiembou Mabika, L'utilité du capital social : étude de droit français, thèse, Université d'Auvergne, décembre 2010.

[648] Voir A. Kenmogne Simo, « La prévention des impayés des établissements de microfinance », *in* L'effectivité du droit économique dans l'espace OHADA (ss. dir. de D. Hiez et S. Menetrey), L'Harmattan, p. 147.

créer les conditions de cette vulnérabilité en supprimant le coussin minimal de sécurité exigé à cet égard sous la forme d'un minimum légal[649]. Cela peut paraître d'autant plus contradictoire que le capital social constitue le principal élément des fonds propres[650], ne serait-ce que parce qu'il est obligatoire[651]. Si son niveau est peu élevé, il est possible que cela limite la possibilité que les autres éléments rentrant dans les fonds propres de la société soient élevés[652].

En conséquence, ce mouvement d'abaissement du capital social minimum des SARL pourrait entraîner une baisse de leurs fonds propres ; et cette baisse de leurs fonds propres pourrait être doublement nuisible pour les créanciers sociaux : d'abord, en cours de vie sociale car elle augmenterait le risque de leur non-paiement et, ensuite, à la dissolution de la société, elle amenuiserait leurs chances de désintéressement si d'aventure l'actif de la société n'était pas suffisant pour couvrir son passif.

Ce risque de non-désintéressement en cours ou en fin de vie sociale serait d'autant plus grand que certains apports peuvent être effectués en nature et que ces derniers peuvent être faits en jouissance et pour une période inférieure à la durée de la vie de la société. Or, en pareil cas, bien que l'apport cessera à l'expiration du terme prévu, le montant du capital demeurera quant à lui inchangé. Dès lors, les créanciers continueront à prendre en compte le capital annoncé au moment de la constitution de la société alors que celui-ci a connu une évolution à la baisse.

---

649 Dans une étude réalisée au Burkina Faso par la Maison de l'entreprise, certes avant l'abaissement du capital social minimum, il ressortait en 2011 qu'un très grand nombre des entreprises créées fermaient quelque temps après et, au nombre des entreprises fermées, 77,27% étaient des entreprises individuelles.

650 Voir A. Kenmogne Simo, « La prévention de la défaillance des entreprises dans les Etats africains parties à l'OHADA », Revue Juridique de l'Ouest (Rennes), 2018/02, p. 191.

651 Même s'il existe des réserves obligatoires, celles-ci ne sont à constituer que si la société a fait des bénéfices alors que dès sa création, la société est soumise à l'obligation d'avoir un capital, celui-ci devant d'ailleurs être indiqué dans ses statuts (cf. article 61 AUDSCGIE). Sans oublier, qu'assez souvent, le niveau de ces réserves obligatoires est plafonné à hauteur du capital de la société.

652 Comme indiqué dans la note ci-dessus, il y a généralement un lien entre le niveau du capital social et celui des réserves obligatoires, par exemple.

En demeurant dans la perspective classique qui considère le capital comme le gage des créanciers sociaux, il n'y aurait pas de doute que son abaissement fragilise les intérêts des créanciers. Mais il conviendrait de relativiser ce risque. D'abord, il est possible même de douter que le capital ait jamais eu une quelconque valeur protectrice pour les créanciers sociaux. Le doute est d'autant plus légitime que le capital social est, le plus souvent, dépensé dans les premières semaines pour l'investissement ou le démarrage de l'activité[653]. Ensuite, même en admettant que le capital social ait eu cette vertu protectrice des créanciers sociaux, cette fonction serait de plus en plus relativisée[654] au profit d'autres notions comme l'actif net[655], la situation nette ou les capitaux propres[656]. En effet, les caractéristiques du capital font en sorte que celui-ci apparaisse plus comme une notion théorique dans la mesure où entre le chiffre figurant au passif de la société et la réalité de sa solvabilité, il peut y avoir une marge non négligeable. Ce serait le cas par exemple si la société a fait des pertes pendant des exercices consécutifs. Tant que ces pertes n'auront pas fait passer les capitaux propres en deçà de la moitié du capital social, il n'y a pas d'obligation de reconstitution[657]. Et quand bien même on se retrouverait dans cette hypothèse, l'obligation ne concerne que la reconstitution jusqu'à hauteur de la moitié du capital social[658], et même, pour cette reconstitution, la société bénéficie d'un délai[659]. En

---

[653] Voir à ce sujet, l'exposé des motifs de la loi française du 1er août 2003 sur l'initiative économique.

[654] Au sujet de la loi française qui a levé le capital minimum pour les SARL, un auteur a pu affirmer que cette suppression « reflète un certain désenchantement législatif, une certaine désillusion, tout au moins quant à la fonction protectrice du capital » (A. Pietrancosta, *op. cit.*).

[655] Dans le rapport de l'Assemblée Nationale française, par exemple, il ressort que, plus que le capital social figurant au passif, c'est l'actif social qui constitue le gage effectif des créanciers, puisque seul il est constitué de biens saisissables (Rapport Ass. nat. n° 572, t. I, par H. Novelli et C. Vautrin).

[656] Selon A. Pietrancosta, « Qui veut évaluer la solidité de la structure financière d'une société s'intéresse moins à son capital qu'à ses « capitaux propres » ou à ses « fonds propres », dont le capital n'est qu'un élément », *op. cit.*

[657] Cf. AUDSCGIE, article 371.

[658] Le capital social apparaît donc, selon l'expression d'un auteur, comme un seuil d'alerte qui exige la reconstitution des capitaux propres lorsque ceux-ci deviennent inférieurs à la moitié du capital (F. Dannenberger, « Capital social », *EJS* 2015).

[659] Selon l'article 371 cité ci-dessus, à compter de l'approbation des comptes qui ont fait apparaître la perte, le gérant ou, le cas échéant, le commissaire aux comptes dispose d'un délai de 4 mois pour consulter les associés sur l'opportunité d'une

vertu de l'intangibilité du capital consacrée à l'article 67 alinéa 1er AUDSCGIE[660], c'est la valeur initiale qui va continuer à figurer au bilan pendant ce délai alors qu'elle ne correspond plus à la réalité. Vu comme cela, on pourrait penser que réduire le seuil minimum ne compromet pas la situation des créanciers sociaux, surtout si le fonctionnement de la société lui permet d'avoir un actif conséquent. Ce qui peut être le cas si la société mobilise des sources de financement autres que le capital, provenant des associés[661] ou non[662].

Avec le perfectionnement et la diversification des techniques de financement des entreprises, le capital apparaît comme une notion secondaire et vieillie[663] qui ne reflète pas l'état de santé réel de la société et n'offre aux partenaires de l'entreprise qu'une apparence de protection[664].

---

dissolution anticipée de la société. Et, en vertu de l'article 372 alinéa 1er, si la dissolution est écartée, la société est tenue dans les deux ans qui suivent la date de clôture de l'exercice déficitaire, de reconstituer ses capitaux propres jusqu'à ce que ceux-ci soient à la hauteur de la moitié au moins du capital social.

660 Selon cette disposition, le capital social est fixe. Il convient néanmoins de signaler que depuis la réforme opérée en 2014, le droit OHADA a instauré une dérogation à cette règle en admettant la possibilité d'un capital variable pour certaines sociétés. Selon l'alinéa 2 de l'article 67, par dérogation au premier alinéa, le capital peut être variable dans les conditions prévues aux articles 269-1 et suivants. Et selon l'alinéa 1 du premier de ces articles, « il peut être stipulé dans les statuts des sociétés anonymes ne faisant pas appel public à l'épargne et sociétés par actions simplifiées que le capital social est susceptible soit d'augmentation par des versements successifs des associés ou l'admission d'associés nouveaux, soit de diminution par la reprise totale ou partielle des apports effectués ».

661 Cela peut être le cas des apports non capitalisés comme les comptes bloqués d'associés.

662 C'est le cas des emprunts à long terme, par exemple.

663 S'il demeure une référence forte aussi bien pour les comptables que pour les juristes (cf. présentation de l'ouvrage collectif *Quel avenir pour le capital* ?, *op. cit.*), certains affirment que le capital est une notion dépassée, même si on ne peut pas encore parler de sa mort.

664 Voir C. Champaud et J. Paillusseau, *Cours de droit commercial et de droit des affaires,* Faculté de Droit de Rennes, 1970. 231 : la notion de capital est « tout à fait secondaire, sa fixité et son intangibilité ne constituent que des apparences trompeuses. Ce sont des principes sans portée pratique ». Voir également, T. Bonneau, « La diversification des valeurs mobilières : ses implications en droit des sociétés », *RTDCom.*, 1988. 584, n° 12 ; M. Germain, « Le capital de la société commerciale », *RJCom.*, n° spéc., nov. 1987, p. 28 ; D. Caramalli et E. Cafritz, « Le mythe du capital social. Le bien-fondé d'une réforme », *Banque et Droit*, n° 94, mars-avril 2004, p. 3.

En dépit de la légitimité de la préoccupation qui la sous-tend, la tendance actuelle (réduction du seuil du capital minimum et/ou accroissement de la liberté des associés dans la fixation du capital social) crée un risque de sous-capitalisation des SARL et, de ce fait, peut paraître de nature à fragiliser les droits de leurs créanciers dans la mesure où le faible capital va entraîner le recours à des apports non capitalisés[665] et que les créanciers sociaux n'ont pas sur ces apports les mêmes droits qu'ils ont sur le capital[666]. Il semble donc transparaître que les effets de la réforme pourraient être bénéfiques pour les associés et nuisibles pour les créanciers de la SARL. Mais étant donné qu'il s'agit d'une réforme qui poursuit un but louable, il ne serait pas question de l'abandonner. Il faudrait plutôt chercher comment la faire en conciliant les deux intérêts ci-dessus.

II- Les moyens de conciliation des intérêts en présence

Même si la réforme entreprise ou encouragée par le législateur OHADA ne visait pas à favoriser la création d'entreprises sous-capitalisées et, par nature, dangereuses pour le tissu économique[667], mais plutôt à « *dédramatiser* » l'acte de création d'une entreprise en le déconnectant de la recherche des fonds nécessaires au financement de son activité[668], il y a quand même un risque non négligeable dans le contexte OHADA que cela aboutisse à diminuer les fonds propres de la société. Ce qui à coup sûr exposerait les créanciers. Pour atténuer ce risque, il faudrait non seulement aménager cette solution d'abaissement du seuil du capital social minimum (A), mais aussi, et surtout, réduire les risques de mauvaise gestion (B).

[665] Apports en industrie et emprunts, notamment.

[666] Non seulement les apporteurs ici ont un droit permanent de reprise, mais en plus, à la dissolution de la société, les créanciers ne peuvent saisir ces biens.

[667] Pour emprunter les mots d'un auteur parlant du même mouvement en droit français, il faut être tellement oublieux des réalités économiques pour penser que « 1 euro pourrait suffire pour mettre en œuvre n'importe quel projet ».

[668] Ce qui permet d'adapter de manière plus fine le capital social aux besoins de chaque société (voir en ce sens, les recommandations contenues dans le rapport *Doing Business* 2004, p. 26).

A) L'utilité d'aménager l'abaissement du seuil du capital social minimum

Avec la possibilité d'une libération partielle des apports en numéraire désormais admise aussi pour la SARL [669], l'aménagement de l'abaissement du seuil minimum du capital social peut théoriquement consister à réduire le champ d'application de cet abaissement ou à raccourcir le délai de libération du surplus.

En ce qui concerne la réduction du champ d'application de l'abaissement du seuil, deux moyens présentant des difficultés d'inégale valeur peuvent permettre de parvenir à réduire le champ d'application du seuil abaissé : premièrement, et de manière plus directe, il est possible de réserver cet abaissement aux secteurs d'activité ne nécessitant pas une grosse consommation de capital et, deuxièmement, il peut être imposé aux sociétés adoptant le seuil réduit de libérer intégralement le capital à la constitution.

Quant au raccourcissement du délai de libération du surplus en cas de libération partielle, il faudrait indiquer qu'en vertu de l'article 311-1 alinéa 3, la libération du surplus doit intervenir en une ou plusieurs fois dans un délai de deux ans à compter de l'immatriculation de la société au registre du commerce et du crédit mobilier, selon les modalités définies par les statuts[670].

Ces différentes mesures soulèvent des difficultés de différentes natures (théoriques ou pratiques) et ampleurs (faciles ou compliquées). Si du fait que le législateur OHADA les autorise à déroger au seuil minimal du capital social des SARL, les législateurs nationaux peuvent régulièrement décider de n'appliquer le seuil réduit qu'à certains secteurs d'activité[671], il y a lieu de se poser la question

---

[669] Jusqu'à la réforme de 2014, la libération partielle n'était possible que pour les SA. Le capital de la SARL devait être intégralement libéré aussi bien en ce qui concernait les apports en nature qu'en ce qui concernait les apports en numéraire. Désormais, l'article 311-1 alinéa 2 cité ci-dessus autorise la libération de la moitié de leur valeur nominale.

[670] Ce plafonnement du délai de libération du surplus participe des efforts du législateur en faveur de la réalité du capital, c'est-à-dire pour faire en sorte que le capital annoncé soit effectif.

[671] La principale difficulté ici sera plutôt celle de la détermination des secteurs à inclure ou à exclure.

de savoir si cela leur confère le pouvoir d'exiger une libération intégrale en cas de rétention du seuil réduit et/ou de raccourcir les délais de libération du surplus. Etant donné que l'habilitation n'est contenue que dans l'article 311 qui concerne le seuil du capital social minimum, la réponse devrait être négative. Compte tenu de l'importance que pourraient présenter pareilles mesures, il y a lieu d'inviter le législateur OHADA à revoir sa copie pour conférer explicitement ces pouvoirs aux législateurs nationaux.

Par ailleurs, à l'instar du droit belge, il pourrait être prévu la possibilité d'engager la responsabilité des associés fondateurs si le capital social à la constitution était manifestement insuffisant pour assurer l'exercice normal de l'activité projetée pendant une certaine période (deux ans en droit belge). Ce qui imposerait d'exiger certains documents à la constitution de la société afin de pouvoir apprécier par la suite si le capital mis apparaissait suffisant ou pas. En Belgique, un plan financier doit être établi afin de permettre de vérifier quelle était l'activité projetée lors de la constitution de la société, et de quelle manière, elle devait être financée durant ses deux premières années. Il y aurait donc consécration d'un contrôle de la viabilité de la société pendant ses premières années de fonctionnement qui rapprocherait le droit commun du doit spécial applicable dans le domaine bancaire, par exemple[672], avec cette différence que le contrôle ici est permanent alors que dans la solution préconisée, il serait exercé uniquement pendant les premières années de la société. En effet, dans ce domaine, les prévisions d'activité et d'implantation font partie des pièces à fournir et qui permettent aux autorités compétentes pour la délivrance de l'agrément d'apprécier si le capital retenu est suffisant pour déployer l'activité telle qu'envisagée.

Cela dit, même si ces mesures peuvent accroitre la protection des créanciers de la SARL, elles ne sauraient suffire car le véritable intérêt de ces derniers est que la société se porte bien. D'où l'intérêt de réduire les risques de mauvaise gestion.

---

[672] Ce qui confirmerait le mouvement d'aller et retour ou d'influence réciproque entre le droit commun et le droit spécial avec un droit spécial qui se détache du droit commun et, après avoir été éprouvé suffisamment, revient influencer le droit commun.

B) La nécessité de réduire les risques de faillite

Plus que toute autre chose, la meilleure protection qui puisse être accordée aux créanciers sociaux est de faire en sorte que la société fonctionne normalement et se porte bien. Cela leur assure un paiement régulier de leurs créances et, en cas de dissolution de la société, augmente les chances que l'actif soit à mesure d'apurer le passif. De ce fait, plus que de fixer un seuil minimum de capital élevé, il serait certainement plus intéressant de réduire les risques de faillite. A ce sujet, si de nombreuses mesures peuvent y concourir, deux méritent que l'on s'y attarde pour le cas des SARL. Il s'agit des mesures d'aide à la gestion et d'aide au financement.

Pour ce qui est des mesures d'aide à la gestion, elles concernent principalement la question de la présence d'un commissaire aux comptes et la mise sur pied des centres de gestion agréés. S'agissant de ces derniers, ils constituent, avec les centres de formalités des entreprises, les principaux mécanismes instaurés par les pays membres de l'OHADA pour améliorer et faciliter la création et le développement des entreprises. Il suffit juste d'espérer que ces centres agréés soient bien dotés et fonctionnent eux-mêmes bien. Quant à la présence d'un commissaire aux comptes, la problématique ici est de savoir si elle doit être rendue obligatoire ou non. Après une période où les associés de SARL étaient libres de désigner un commissaire aux comptes ou non, le législateur consacre désormais une obligation pour certaines SARL. A l'observation, on peut se rendre compte que c'est l'effet taille qui gouverne la soumission à l'obligation d'avoir un commissaire aux comptes ou non. Ce qui explique son extension à certaines SNC, malgré la responsabilité illimitée des associés en nom. Par souci de protéger les créanciers, on pourrait aussi imposer à toute SARL dont le capital serait en deçà du minimum régional d'avoir un CAC. Si cela réduirait les risques de défaillance et, par à-coup, protégerait les créanciers, non seulement cela irait à contre-courant de ce qui se passe ailleurs[673], mais aussi, cela engendrerait des coûts.

---

[673] En France, par exemple, où il y a eu la même évolution, on assiste aujourd'hui plutôt à une tendance à accorder plus de liberté aux associés par rapport à la présence ou non d'un commissaire aux comptes. Le projet de loi PACTE (plan d'action pour la croissance et la transformation de l'entreprise) prévoit de supprimer pour les entreprises d'une certaine taille l'obligation d'avoir un commissaire aux comptes).

Tout ceci sans garantie que le résultat soit assuré. En effet, les conditions de désignation et d'intervention du commissaire aux comptes ne font pas de sa présence une garantie de réduction du risque de faillite[674]. C'est la raison pour laquelle, à tout prendre en considération, il vaudrait mieux assurer un bon fonctionnement des centres agréés de gestion dont l'apport à la réduction des risques de faillite pourrait se faire à moindre coût.

Pour ce qui est des mesures d'aide au financement, elles devraient permettre d'éviter que les entreprises créées ne disparaissent quelques années seulement après leur création faute de moyens et permettre plutôt leur croissance continue[675]. Or, il apparaît que l'insuffisance de fonds constitue l'une des principales causes de la défaillance des entreprises, même au-delà de l'espace OHADA. La question dès lors est de savoir comment faire pour que les promoteurs de SARL améliorent le financement de leurs entreprises. A ce sujet, une entreprise peut se financer par fonds propres ou par fonds d'emprunt. Il devrait donc s'agir d'améliorer l'une et l'autre voies de financement. Mais en ayant une conception purement juridique des fonds propres[676], la présente étude insiste plutôt sur les fonds d'emprunt dans la mesure où le mouvement d'abaissement du capital

---

[674] Sur le commissariat aux comptes dans l'espace OHADA, lire A. Kenmogne Simo, « Le choix du contrôleur légal des comptes en droit OHADA », *RLDA*, n° 121, décembre 2016, pp. 51 et s. ; « L'indépendance du contrôleur légal des comptes en droit OHADA », *Rev. ivoirienne de droit*, n° 49, 2016, pp. 103 et s. ; « Le mandat du contrôleur légal des comptes en zone OHADA », *RDBF*, n°1, janv.-fév. 2017, pp. 24 et s. et A. S. Algadi, « Commissaire aux comptes et prévention des difficultés des entreprises dans l'espace OHADA », *Revue Penant*, spécial procédures collectives, n°870, 2010, pp. 9 et s.

[675] Or, dans le cas du Burkina Faso (ce qui ne lui est pas particulier), il a déjà été signalé ci-dessus (note 32) que le « taux de mortalité » de ces jeunes entreprises est assez élevé.

[676] Il convient de signaler que l'approche juridique de la notion de fonds propres n'est pas la même que l'approche économique ou financière : alors que dans la première la notion renverrait uniquement à ce qui appartient véritablement à l'entreprise, l'approche économique et financière y ajoute ce qui est appelé à durer entre les mains de l'entreprise. C'est ainsi que les capitaux permanents (quasi fonds propres) sont assimilés aux fonds propres.

des SARL pourrait entraîner une diminution de leurs véritables fonds propres[677].

Pour ce qui est alors des fonds d'emprunt, si l'on met de côté ce que l'on peut qualifier de « *prêts internes* » (les comptes courants d'associés, par exemple) et le « *crowdfunding* »[678], qui doivent être encouragés également, il peut s'agir d'emprunts bancaires ou d'emprunts sur les marchés financiers. Alors que les conditions pratiquées sur ces derniers peuvent d'office exclure les SARL[679], ou tout au moins certaines d'entre elles[680], on note depuis longtemps une difficulté pour les PME[681] à accéder aux financements bancaires. Le système bancaire manifeste une certaine réticence à leur accorder des crédits en estimant qu'elles présentent un profil de risque assez élevé. Si on peut considérer que la diversification et l'affinement des sûretés issus de la réforme de l'Acte uniforme portant organisation des sûretés[682] et la prise en compte dans la réglementation bancaire des sûretés autres que l'hypothèque comme élément d'atténuation du risque[683] sont susceptibles d'atténuer cette difficulté, il y a lieu de

---

677 Sur les difficultés de financement des PME, voir M. Kenfack Koumetio, « L'obtention du crédit bancaire par les PME au Cameroun », *Afrique et Développement*, 2016, pp. 121 à 128.

678 Voir A. Kenmogne Simo, « De l'intérêt à légiférer sur le *crowdfunding* en Afrique francophone subsaharienne », *in* dossier consacré au financement participatif, *RISF*, Bruxelles, 2016/04, pp. 92 à 97.

679 C'est le cas, par exemple, lorsqu'on impose la forme de société anonyme.

680 Même lorsque l'accès au marché est ouvert aux SARL, si la capitalisation boursière exigée est très élevée ou s'il n'y a pas un second marché pour les petites entreprises, l'accès des SARL peut finalement ne pas être réellement possible. Ce risque va d'autant plus être possible que certaines raisons (protection des épargnants, par exemple) peuvent faire en sorte qu'il ne soit pas souhaitable d'éliminer certaines exigences imposées pour l'accès au marché (certification des comptes, par exemple).

681 Celles-ci se créent généralement sous la forme de SARL.

682 La réforme de cet Acte uniforme en 2010 a permis non seulement de consacrer formellement de nouvelles sûretés (transfert fiduciaire d'une somme d'argent, cession de créance à titre de garantie…), mais aussi d'améliorer les modalités de réalisation des sûretés classiques que sont l'hypothèque et le gage, avec notamment la consécration d'une possibilité de réalisation conventionnelle.

683 Que ce soit pour la pondération des risques ou pour le provisionnement des créances, la réglementation dans la zone CEMAC, par exemple, ne prenait en compte que l'hypothèque. Ce qui pouvait constituer un obstacle pour les PME dans la mesure où elles n'étaient pas assez souvent propriétaires d'un immeuble qu'elles pouvaient affecter en garantie des crédits bancaires qu'elles sollicitent. Et le

reconnaître aussi que cela n'est pas suffisant. Deux voies peuvent alors être empruntées : soit la mise sur pied d'une institution chargée d'apporter sa garantie pour les crédits accordés aux PME, soit carrément la création d'une banque des PME.

En ce qui concerne la première voie, même si ce type d'institution n'existe plus dans tous les Etats membres de l'espace OHADA, elle a été empruntée par la plupart d'entre eux au courant des années 70-80[684]. En apportant sa garantie, l'institution fait baisser le risque encouru par l'établissement de crédit ; ce qui non seulement facilite la décision d'octroi du crédit sollicité, mais aussi contribue à baisser le taux d'intérêt dans la mesure où celui-ci est sensible au risque. En dépit de son importance, cette voie peut ne pas enrayer la difficulté des PME à accéder au financement bancaire et assimilé. C'est la raison pour laquelle une solution plus hardie peut consister à instituer plutôt un établissement devant les financer directement.

Cette deuxième voie a été aussi empruntée et revient même à la mode après avoir disparu un moment[685]. Pour que cette voie soit viable et efficace, plusieurs conditions devraient être réunies. Parmi celles-ci, on peut citer le fait que, afin de ne pas être contraints d'avoir les mêmes pratiques que les banques universelles[686], ces établissements

---

banquier pouvait hésiter à admettre une autre sûreté dans la mesure où cela ne lui donnerait pas les avantages réglementaires que confère le recours à l'hypothèque (abaissement du poids du crédit dans la somme des risques pondérés pour le calcul du ratio des fonds propres et allongement de la durée maximale de provisionnement des créances en souffrance). Depuis la réforme, d'autres sûretés peuvent aussi impacter favorablement les règles applicables à un crédit. Cet état des choses avait limité le recours des PME essentiellement aux établissements de microfinance (EMF). Mais depuis que l'activité de ces derniers fait aussi l'objet d'encadrement réglementaire assez strict, ces PME vont aller au-delà des mêmes difficultés réglementaires de financement. Sur la question de l'adaptation des sûretés à l'activité des EMF, par exemple, lire A. Kenmogne Simo, « La prévention des impayés des établissements de microfinance », in *L'effectivité du droit économique dans l'espace OHADA*, L'Harmattan, 2016, pp. 55 et s.

[684] Au Cameroun, par exemple, il y a eu le FOGAPE (Fonds de garantie et d'aide aux petites entreprises).

[685] Au Cameroun, par exemple, une banque des PME a été créée depuis quelques années.

[686] Ce qui ne permettrait pas de résoudre le problème du faible accès des PME au financement bancaire.

spécialisés devraient obéir à des règles particulières[687]. Mais cette particularisation devrait se faire sans favoriser la défaillance de ces établissements eux-mêmes car ce serait vraiment dommage que des institutions supposées apporter des solutions à des problèmes fassent elles-mêmes faillite[688].

En conclusion, bien que l'abaissement du seuil du capital de la SARL favorisé par le législateur OHADA et opéré par la plupart des législateurs nationaux soit de nature à faciliter la création des entreprises dans l'espace OHADA, cela peut aboutir à une diminution de ses capitaux propres de nature, théoriquement, à fragiliser ses créanciers en accroissant le risque de leur non-désintéressement. Toutefois, ce risque peut être contenu par un sage aménagement de cette baisse et une réduction du risque de mauvaise gestion. Mais les mesures à prendre pour opérer cet aménagement et cette réduction ne dépendant pas toutes du législateur OHADA, il est nécessaire qu'il y ait un dialogue profond et courtois entre les sources variées du droit des affaires dans cet espace. Ce qui constitue le principal défi du droit des affaires OHADA. En effet, si chacun ne joue pas sa partition, il sera difficile, voire impossible, d'atteindre les résultats poursuivis par cette importante organisation[689].

---

[687] Ce qui sur le plan de la réglementation peut certes poser la question du respect du principe de l'égalité de traitement des assujettis.

[688] Sur ce plan, les éléments disponibles pour le cas de la banque camerounaise laissent plutôt croire qu'après à peine quelques années de fonctionnement, l'établissement se trouve déjà lui-même en difficulté.

[689] Le statut d'entreprenant peut en être une bonne illustration. Pour que ce statut soit suffisamment attrayant, il faudrait des incitations fiscales. N'étant pas compétent en la matière, le législateur OHADA ne peut que s'en remettre aux législateurs nationaux. Et si ces derniers ne jouent pas véritablement le jeu, l'attractivité du statut s'en ressentira et il n'y aura pas une foule d'entreprenants. Ce qui donnerait l'impression que l'institutionnalisation de ce statut était inutile.

Le directeur général adjoint de société anonyme : un dirigeant détenteur de pouvoirs délégués

Momoya SYLLA
Juriste Consultant

Le directeur général adjoint (DGA), est une personne physique dont la fonction essentielle consiste à assister le principal dirigeant, c'est-à-dire le directeur général (DG) ou le président-directeur général (PDG), dans la direction de la société anonyme avec conseil d'administration. Même si sa désignation est facultative, le DGA lorsqu'il est nommé, reste un mandataire social ayant le droit de représenter la société dans ses rapports avec les tiers. Le directeur général adjoint n'est pas à confondre avec les directeurs techniques[690]. Le premier est un proche collaborateur du directeur général, et qui peut agir au nom de la société, dans la limite de ses pouvoirs[691] ; les seconds, par contre, ne sont pas des mandataires sociaux, mais sont recrutés comme salariés, avec toutes les conséquences juridiques liées à leur statut et qui ont la charge d'assumer la fonction qui leur a été confiée. Ainsi, les directeurs techniques n'ont pas la qualité de représentant légal de la société, même s'ils sont promus fondés de pouvoirs avec délégation de pouvoirs dans des domaines bien délimités[692]. Contrairement aux directeurs techniques, le directeur général adjoint n'a pas besoin, de la part du dirigeant, d'un mandat spécial ou d'une délégation de pouvoirs, pour agir au nom de la société dans le cadre de ses activités : c'est dans ce sens que le tribunal de grande instance de MBOUDA (Cameroun), a dans un jugement du 5 février 2009, tranché que « *Le directeur général adjoint est un organe légal d'une société anonyme*

---

[690] Directeurs financiers, directeurs des opérations, directeur juridique…

[691] Définis conjointement par le conseil d'administration et le dirigeant (DG ou PDG).

[692] M. Cauzian, A. Viandier, F. Deboissy, *Droit des sociétés*, 30ème édition, LexisNexis, 2017, p. 349.

ayant la qualité pour représenter ladite société dans le cadre du recouvrement judiciaire d'un crédit alloué et non remboursé[693] ».

En France, le directeur général adjoint (DGA) est désigné par le législateur comme directeur général délégué (DGD). A part cette différence terminologique, le DGD et le DGA ont un statut similaire dans l'organisation et le fonctionnement de la société anonyme avec conseil d'administration.

Le DGA est un dirigeant particulier, aussi bien par son mode de désignation, qu'à travers les pouvoirs qui lui sont dévolus.

En droit OHADA, le législateur communautaire a consacré dix articles (470 à 479 AUDSCGIE [694]) au directeur général adjoint.

Nous essayerons de comprendre comment le directeur général adjoint est choisi par le dirigeant et nommé par le conseil d'administration (I) et comment il exerce les pouvoirs au sein de la société (II).

I – Le directeur général adjoint : un dirigeant choisi par le président-directeur général et nommé par le conseil d'administration

Le mode de désignation du directeur général adjoint est particulier, car contrairement aux autres mandataires sociaux, il est choisi par le dirigeant (A) et nommé par conseil d'administration (B).

A – Le directeur général adjoint : un dirigeant choisi par le président-directeur général

Aux termes de l'article 470 de l'AUDSCGIE, « *Sur la proposition du président-directeur général, le conseil d'administration peut donner mandat à une ou plusieurs personnes physiques d'assister le président-directeur général en qualité de directeur général adjoint.* »

---

693 TGI de MBOUDA, jugement n°01/CIV/TGI du 5 février 2009, publié dans le code bleu OHADA édition 2016, p. 329.

694 Acte uniforme relatif au droit des sociétés commerciales et du groupement d'intérêt économique.

Au regard de l'article précité, le choix du directeur général adjoint appartient au président directeur général ou au directeur général, selon le mode de direction de la société anonyme. Ainsi, il apparait clairement que le DGA doit être une personne de confiance du DG ou du PDG, qui est amené à assister ce dernier dans la direction des affaires sociales. Cette disposition est compréhensible dans la mesure où toute incompréhension ou tout malentendu entre les deux dirigeants (DG et DGA) se trouvant au sommet de la pyramide sociale peut entrainer facilement, soit un dysfonctionnement des organes de la société, soit une situation de blocage préjudiciable aux intérêts de la société. C'est pourquoi, le législateur a voulu que le directeur général adjoint soit proposé par le directeur général.

Nous pouvons comprendre que, même si le PDG ou le DG n'a pas, dans ses prérogatives, le droit de nommer son assistant (DGA), le directeur général reste néanmoins incontournable dans la procédure de désignation de ce dernier. Ainsi, la désignation du directeur général adjoint est facultative dans les sociétés anonymes avec conseil d'administration, mais lorsque la société opte pour sa nomination, le directeur général est obligatoirement associé au projet.

Il est important de souligner que, malgré l'importance de l'avis du directeur général dans le processus de désignation du DGA, le conseil d'administration assume seul le pouvoir de nomination et n'est aucunement lié par la proposition qui lui est faite sur la personne du DGA.

B – Le directeur général adjoint : un dirigeant nommé par le conseil d'administration

Le conseil d'administration est le seul organe habilité, sur proposition du PDG ou du DG, à donner mandat à une ou plusieurs personnes physiques avec le titre de directeur général adjoint. Ainsi, un autre organe de la société anonyme ne peut pas, sous peine de violer les dispositions de l'Acte uniforme, désigner le directeur général adjoint. C'est pourquoi la Cour Commune de Justice et d'Arbitrage dans un arrêt du 20 décembre 2012, a qualifié de « *mauvaise application et de violation des dispositions de l'article 485 et celles des articles 471 à 476 AUSCGIE, l'arrêt de la cour d'appel d'Abidjan qui a estimé que la nomination par le conseil d'administration d'un directeur général adjoint en dehors de l'assemblée générale extraordinaire statutairement compétente n'est pas acquise*[695] ». L'assemblée générale extraordinaire n'a pas, dans sa sphère de compétence, le pouvoir de nommer un dirigeant, ce pouvoir étant dévolu au conseil d'administration.

Le conseil d'administration en exerçant ce pouvoir de nomination du DGA ne doit pas s'écarter des dispositions légales : le directeur général adjoint doit être une personne physique choisie parmi les actionnaires ou en dehors d'eux, parmi les administrateurs[696] ou en dehors d'eux. Il convient de préciser que le nombre de DGA pouvant être nommés au sein d'une société n'est pas limité.

Conformément aux dispositions de l'article 471 AUDSCGIE, « *Le conseil d'administration détermine librement la durée des fonctions du directeur général adjoint. Lorsque celui-ci est administrateur, la durée de son mandat ne peut excéder celle de son mandat d'administrateur…* ».

Au regard de ce qui précède, le conseil d'administration d'une société anonyme fixe de manière souveraine, sans l'avis du directeur général, la durée des fonctions du directeur général adjoint. C'est là une différence avec le droit français qui prévoit que la durée du mandat du directeur général délégué est fixée par le conseil d'administration en accord avec le directeur général[697].

La durée des fonctions du DGA membre du conseil d'administration ne peut en aucun cas excéder celle de son mandat d'administrateur. Le mandat du directeur général adjoint est renouvelable et il n'existe aucun plafonnement du nombre de mandats pouvant être conjointement exercés par une seule personne sur le territoire d'un même Etat partie au traité OHADA, comme c'est le cas pour les autres mandataires sociaux (DG, PDG, PCA..). Le cumul du mandat de directeur général avec un contrat de travail est admis, à conditions que : le contrat de travail corresponde à un travail effectif, que les

---

695 CCJA, arrêt n°092/2012 du 20 décembre 2012, publié dans le Code bleu OHADA édition 2014, p. 241.

696 Lorsque le DGA est choisi parmi les administrateurs, l'administrateur désigné ne doit pas être un représentant permanent.

697 Code de commerce, article L.225-56.

deux fonctions (sociales et salariées) soient clairement distinguées et que la rémunération perçue au titre du mandat social soit différente du salaire versé pour l'exercice des fonctions techniques, et que la personne soit dans un état de subordination à l'égard de la société dans l'exercice de ses fonctions salariées. Cette possibilité de cumuler un mandat social avec un contrat de travail, a été affirmée par la CCJA dans un arrêt de 2012 qui a estimé que « *ne viole pas les dispositions de l'article 473 AUSCGIE la Cour d'Appel qui, pour déclarer abusif le licenciement du directeur général adjoint d'une société anonyme, estime que ce dernier n'avait pas la qualité d'administrateur, et n'était par conséquent pas astreint à faire la preuve de l'effectivité de l'emploi visé dans le contrat de travail qu'il a conclu avec la société, car même si ce DGA avait la qualité de mandataire social, l'exercice de ce mandat ne le prive pas du droit d'accomplir des prestations pouvant faire l'objet d'un contrat de travail entre lui et la société*[698] ».

La rémunération du directeur général adjoint ainsi que ses modalités de paiement sont déterminées par le conseil d'administration[699] selon les mêmes règles que celles applicables au directeur général. Lorsqu'il est membre du conseil d'administration, le DGA ne prend pas part aux délibérations du conseil devant se prononcer sur les questions relatives à sa rémunération.

II – Le DGA et l'exercice du pouvoir dans la société anonyme à conseil d'administration

Le directeur général adjoint ne détient pas de pouvoirs propres, mais de pouvoirs délégués par le conseil d'administration en accord avec le directeur général[700]. L'étendue des pouvoirs délégués au directeur général adjoint n'a aucune incidence pour les tiers, parce que le directeur général adjoint, dans l'exercice normal de ses fonctions, a les mêmes pouvoirs que le directeur général.

---

[698] CCJA, arrêt n°087/2012 du 4 décembre 2012, publié dans le Code bleu OHADA, éditions JURIAFRICA, 2014, p. 253.
[699] AUDSCGIE, art. 474.
[700] AUDSCGIE, art. 472.

A – Le DGA dans l'exercice des pouvoirs légaux

Le directeur général adjoint, dans ses rapports avec les tiers, a les mêmes pouvoirs que le directeur général. Il engage la société par ses actes, y compris ceux qui ne relèvent pas de l'objet social dans les conditions et limites fixées par l'Acte uniforme relatif au droit des sociétés commerciales et du GIE[701]. Les résolutions de l'assemblée générale, les dispositions statutaires ou les décisions du conseil d'administration limitant les pouvoirs du directeur général adjoint ne sont pas opposables aux tiers.

Dans ses relations avec les tiers, le directeur général adjoint, à l'image du directeur général, est investi des pouvoirs les plus étendus pour agir en toute circonstance au nom de la société dans la limite de l'objet social et à condition de ne pas empiéter sur les attributions que la loi confère aux autres organes de gestion, d'administration ou de direction. Les limitations statutaires des pouvoirs du directeur général lient ce dernier qui doit agir dans le respect de l'objet social. Cependant, dans l'exercice de ses pouvoirs, le directeur général adjoint engage, par ses actes, y compris ceux qui ne relèvent pas de l'objet social, la société anonyme à l'égard des tiers, sauf si la société démontre que le tiers savait que l'acte dépassait son objet social.

Toutefois, cette possibilité offerte au directeur général adjoint d'exercer les pouvoirs que la loi confère au directeur général pose un problème pratique, dans la mesure où la désignation du DGA n'est pas obligatoire mais facultative dans le fonctionnement des sociétés anonymes à conseil d'administration et où aucune disposition de l'Acte uniforme ne définit les attributions du DGA.

Les attributions du directeur général adjoint sont définies conjointement par le directeur général et le conseil d'administration.

B – Le DGA dans l'exercice des pouvoirs délégués

Le directeur général adjoint est un dirigeant qui n'est pas investi de pouvoirs propres, mais il est détenteur de pouvoirs délégués. Le conseil d'administration, en commun accord avec le directeur général,

---

701 AUDSCGIE, art. 472.

définit l'étendue des pouvoirs délégués au directeur général adjoint. Ainsi, le directeur général adjoint serait dépourvu de toutes attributions, si au moment de sa nomination son périmètre décisionnel n'est pas délimité.

Ce mécanisme de transmission de pouvoirs place le directeur général adjoint dans une situation difficile, dans la mesure où les pouvoirs à déléguer ne dépendent pas d'un seul organe : si le conseil d'administration et le directeur général ont des divergences sur la nature des attributions à confier au DGA, ce dernier pourrait demeurer sans pouvoir.

L'Acte uniforme ne prévoit pas de limite concernant le cumul de fonctions de directeur général adjoint. Cela peut s'expliquer facilement par le fait que le DGA n'est pas détenteur de pouvoirs principaux de fonctionnement de la société anonyme : c'est un assistant qui n'a pas la qualité de suppléant.

Lorsque le directeur général est empêché ou qu'il cesse d'exercer ses fonctions, le DGA peut être maintenu à son poste jusqu'au retour du DG (en cas d'empêchement) ou à la nomination d'un nouveau directeur général (en cas de cessation de fonctions de l'ancien), sauf si le conseil d'administration en décide autrement. En cas de changement de directeur général, il y a de fortes chances que le DGA soit révoqué sur proposition du nouveau dirigeant, parce que, comme nous l'avons vu, le DGA est généralement un homme de confiance du principal dirigeant de la société, qu'il s'agisse du PDG ou du DG.

Le cadre juridique du transport aérien dans l'espace OHADA, UEMOA ET CEMAC

Hamadi Gatta WAGUÉ
Maître de Conférences assimilé à l'Université Gaston Berger de Saint-Louis du Sénégal et enseignant à l'École d'ingénieurs ESME SUDRIA à Paris

Introduction Générale

Le ciel est longtemps resté une zone inaccessible au commun des mortels. Il a été à ce titre considéré comme un mystère pour l'Homme contrairement à la mer. Mais la dimension mystérieuse de cet espace inconnu n'a pas finalement eu raison de la curiosité naturelle de l'Homme. Ce dernier a fini par percer le mystère du ciel. Ainsi, l'exploitation du ciel est devenue par la force des choses à la portée de l'humanité grâce à la persistance et au génie créateur de l'Homme. En interrogeant l'histoire de l'aviation, les frères Montgolfier furent, avant la Révolution française, les premiers à voler. Ils ont étés suivis par les frères Wright en 1903[702]. Cette première aventure a ouvert une nouvelle page pour l'humanité. Ainsi, le droit, appelé naturellement à s'adapter à chaque évolution, n'a pas manqué l'occasion pour exercer son rôle naturel de réglementation[703].

Relevant du droit aérien, le transport par air a très tôt bénéficié de la réglementation internationale uniforme compte tenu de sa nature. Dès le début, l'uniformisation de la législation relative au transport

---

702 Ces derniers ont eu plus d'imagination que les frères Montgolfier, en faisant parcourir à leur biplan 250 mètres à « *quelques mètres d'altitude* ». Ils ont fini par réaliser un *« planeur à deux plans de sustentation équipé d'un moteur à exposition de 12 chevaux »*.

703 J. Naveau, *Liberté de l'Air : Grande illusion,* Bruylant 1996, p. 3. « *Chaque nouveau progrès des Sciences ou de la technique peut entraîner une modification totale et profonde du système juridique valable à une certaine époque".*

aérien a été la règle. La première Convention internationale, en l'occurrence celle de Varsovie de 1929, a fait sien ce principe, même si elle a fini par subir plusieurs modifications imputables au gré de l'évolution du transport aérien. Parmi tous les autres modes de transport, le transport aérien, de passagers et de marchandises, est celui qui a connu la plus précoce et la plus aboutie de son droit uniforme [704]. Cette Convention a opté pour une présomption de responsabilité du transporteur, sans manquer de lui accorder la limitation « *en cas de dommage subi par un bagage, une personne ou une marchandise, la responsabilité du transporteur est présumée*»[705]. Elle est toutefois « *limitée à 125000 francs or en ce qui concerne les personnes, à 25 francs or par Kilogramme de bagage enregistré ou de marchandise et 5000 francs or Poincaré par voyageur pour les objets que le voyageur conserve sous sa garde* ». La limitation précoce de la responsabilité du transporteur aérien international était liée à la protection de l'industrie naissante. Comme l'écrivait Juglart « *On considère donc alors que les compagnies aériennes devaient être protégées comme des enfants, contre les conséquences du risque de l'air et contre les dommages et intérêts qui eussent été trop élevés, compte tenu des finances de l'entreprise* »[706].

Mais l'unification initiale n'a pas tardé à connaître plusieurs déconfitures imputables à l'évolution du transport aérien et à l'attitude réfractaire et contestataire des États-Unis[707] vis-à-vis de la Convention de Varsovie de 1929[708]. Le premier amendement à la Convention de Varsovie avait eu lieu en 1955 avec le Protocole de la Haye, dont le but était de doubler le plafond de responsabilité en cas de dommages

---

[704] O. Cachard, *Le transport international aérien de passagers*, Académie de Droit international de la Haye 2015, p. 258.

[705] C'est-à-dire que le transporteur est responsable du dommage survenu en cas de mort, de blessure, ou de toute autre lésion corporelle subie par un voyageur, en cas de perte ou avarie de bagages enregistrés.

[706] Juglart, N. Du Pontavice, J. Dutheil De La Rochère, *Traité de droit aérien*, 2e édition, LGDJ, 1992, n° 2439, p. 944.

[707] G. Légier, « L'application de la Convention de Varsovie par les juridictions américaines », *RFDA* 1987, p 251. R. Mankiewicz, « La Convention de Varsovie devant la constitution des États-Unis d'Amérique », *RFDA* 1969, p. 256.

[708] C. Bedard, « Le système de Varsovie : complexités-Flexibilité », *Annales de droit aérien et spatial* 1977, V.II, p. 3.

corporels en le portant à environ à 22400€[709]. Depuis ce premier virement, la réglementation du transport aérien n'a pas cessé de subir des modifications tous azimuts. Le Protocole de la Haye a été suivi par d'autres instruments juridiques n'allant pas dans le sens de l'uniformisation. En 1961, la Convention de Guadalajara a vu le jour pour prendre en charge l'affrètement aérien ou la sous-traitance[710]. Ensuite, elle est suivie par le Protocole de Guatemala City du 8 mars 1971 non entré en vigueur, les quatre protocoles de 1975[711] et les accords de l'IATA de 1995 et 1996 qui ont clos le chapitre de la désunification[712]. Le législateur international a fini par élaborer une nouvelle Convention internationale transcendant ces micro-législations portant atteinte au droit matériel conçu dès les premières heures du transport aérien. Ainsi, est née la Convention de Montréal à la suite de la Conférence internationale de droit aérien du 28 mai 1999

---

709 S. Piedelièvre, D. Gencive-Tandonnet, *Droit des transports,* Lexis Nexis, 2013, p. 134.

710 M. Le Goff, « La Convention complémentaire de Varsovie et la Convention de Guadalajara », *RFDA*, 1963, p. 21 ; M. Pourcelt, « Transporteur contractuel et transporteur de fait dans la Convention de Guadalajara du 18 septembre, 1961 », *Mc Gill Law*, 1963, p. 317. H. G. Wagué, *Le transporteur de fait : contribution à la théorie du transport*, PUAM d'Aix-Marseille 2011.

711 G. Guillaume, « Les reformes apportées en 1975 au régime de responsabilité des transporteurs aériens de marchandises par le Protocole N°4 de Montréal », *RFDA* 1977, p. 11. **Les Protocoles 1 et 2** du 25 septembre 1975 entrés en vigueur le 15 février ont apporté quelques modifications à la Convention originelle de Varsovie et celle de la version amendée de la Haye de 1955. Ces deux instruments ont remplacé le franc-or-Poincaré par le droit de tirage spécial. Les limites de la responsabilité des personnes, dans la Convention de Varsovie, sont devenues 8.300 D.T.S et 16.600 dans le Protocole de la Haye. **Le Protocole n°3** a permis, d'une part, l'inclusion des DTS dans la Convention de Varsovie telle qu'amendée par les Protocoles de la Haye et de Guatemala City. D'autre part, il a fourni un mécanisme par lequel le régime de responsabilité amélioré du Protocole de Guatemala peut être mis en vigueur sans qu'il soit nécessaire de ratifier de Protocole. Le Protocole n°4 a simplifié les dispositions relatives à la documentation pour les marchandises, de façon à permettre l'automatisation et le traitement des documents par voie électronique dans le transport aérien. Le Protocole a préconisé également une responsabilité objective pour le transport des marchandises.

712« *Ces accords IATA consistent la renonciation au plafond de responsabilité de l'article 20 pour les accidents survenus aux voyageurs ; une renonciation au moyen de défense de l'article 20 pour la réclamation jusqu'à 100.000 DTS tandis que qu'au-delà de ce montant, le régime de responsabilité pour faute présumée et le moyen de défense de l'article 20 de la Convention sont rétablis ; le maintien des autres défenses énoncées par la Convention et d'un éventuel recours contributoire* ».

organisée par l'OACI à laquelle ont participé 544 délégués de cent vingt-deux États. Elle fut l'occasion pour finaliser la « *Convention pour l'unification de certaines règles relatives au transport aérien international* »[713]. La Convention est entrée en vigueur le 4 novembre 2003 [714], à savoir le soixantième jour pour mettre fin à la désuniformisation du droit positif international du transport aérien.

Le nouvel instrument a instauré un régime de responsabilité plus objectif que celui de Varsovie. Le transporteur demeure : « *responsable du dommage survenu, en cas de destruction, perte ou avarie de la marchandise par cela seul le fait qui a causé le dommage s'est produit pendant le transport aérien*»[715]. Il faut déduire à partir de l'esprit de l'article 18 que la responsabilité du transporteur aérien relève d'une simple présomption, susceptible d'être renversée par une preuve contraire[716]. En revanche, la responsabilité du transporteur aérien reste illimitée en cas de mort ou de lésion corporelle. Dans cette hypothèse, c'est-à-dire en cas de dommages résultant de mort ou de lésion corporelle d'un voyageur ne dépassant pas 113.100 DTS, la responsabilité du transporteur aérien ne peut être limitée[717], sauf si le transporteur apporte la preuve de son innocence [718]. Il incombe également au transporteur de verser d'avances de premiers secours permettant aux victimes de subvenir à leurs besoins économiques

[713] Préface A. Kotaite , ancien Président du Conseil de l'OACI, *RFADS* 1999, p. 379.

[714] P. Delebecque, « la Convention de Montréal du 28 mai 1999 pour l'unification de certaines règles relatives au transport aérien international », *Journal du Droit international*, avril-mai-juin, n°2, 2005, p. 281 ; K. Schiller, « De la Convention de Varsovie à la Convention de Montréal, quelques aspects nouveaux de Droit Suisse », *RFDA*, 1999, p. 439 ; M. G. Folliot, « La modernisation du système varsovien de responsabilité du transporteur », *RFDA*, 1999, p. 409 ; S. Gates, « La Convention de Montréal », *RFDA*, 1999, p. 439.

[715] Article 18-1 de la Convention de Montréal. Voir d'autres articles traitant de la responsabilité du transporteur aérien international article 21 à 13.

[716] «Toutefois, le transporteur n'est pas responsable s'il établit, et dans la mesure où il établit, que la destruction, la perte ou l'avarie de la marchandise résulte de l'un ou de plusieurs des faits suivants : a) la nature ou le vice propre de la marchandise ; b) l'emballage défectueux de la marchandise par une personne autre que le transporteur ou ses préposés ou mandataires ; c) un fait de guerre ou un conflit armé ; d) un acte de l'autorité publique accompli en relation avec l'entrée, la sortie ou le transit de la marchandise ».

[717] Article 21 de la Convention de Montréal.

[718] Article 20 et 21 de la Convention de Varsovie.

immédiats[719]. En cas des dommages subis pendant le retard, la responsabilité du transporteur est limitée à la somme de 4150 DTS par passager. Elle est de 1000 DTS par passager dans le transport de bagages, en cas de destruction, perte, avarie ou retard[720]. Dans le transport de marchandises, la responsabilité du transporteur, en cas de destruction, de perte, d'avarie ou de retard, est limitée à la somme de 17 DTS par kilogramme[721]. Cette limitation est susceptible d'être révisée[722].

La culture aéronautique ne s'est partiellement introduite en Afrique que pendant la période coloniale. Les premiers instruments juridiques ont été, dans leur immense majorité, élaborés pendant que l'Afrique était sous la domination coloniale. Néanmoins, pendant cette période de domination[723], l'Afrique a connu plus ou moins une certaine culture aéronautique liée aux nécessités de l'époque[724] consistant de prime abord à servir des liaisons postales entre la métropole et ses colonies au profit de colons[725]. L'aviation militaire[726]

---

719 Article 28 de la Convention de Montréal.

720 Article 22 de la Convention de Montréal.

721 Article 22.3 de la Convention de Montréal.

722 A. Lemarie, « Transport aérien : révision des limites de la Convention de Montréal », *RD transp.* n°4, avril 2010, étude 4.

723 Quatre puissances coloniales européennes ont été à l'origine de l'introduction du transport aérien en Afrique, à savoir l'Angleterre, l'Allemagne, la Belgique et la France.

724 Pour la compréhension des premières heures de l'aviation en Afrique, il faut se référer à l'ouvrage de F. Vital, *Du trimoteur au quadrijet : le transport aérien en Afrique noire francophone (1940-1961),* Éditions du Gerfaut, Aix-en-Provence, 2006, 255 p. Dans son ouvrage, *L'aviation en Afrique noire*, paru à Paris chez LGDJ en 1961, Rey disait que : « *l'aviation de cette époque améliorait les conditions de vie du Blanc en Afrique, en mettant fin aux isolements, en lui apportant les produits de l'époque, notamment les vivres frais, en autorisant le congé annuel... le niveau monétaire du noir exclut de prime abord une possibilité du transport aérien qui n'est réservé qu'à une petite minorité de commerçant, de notables et de fonctionnaires* ».

725 P. A. Ganemtore, *La position des États africains dans les organisations internationales du transport aérien,* Thèse Aix-Marseille III, 1985, p. 18. Selon le même auteur, dès septembre 1919, les lignes Latécotère relient Toulouse à Casablanca ; 1923, liaison Alicante-Oran ; 1925, liaison Casablanca-Dakar ; 1927, liaison Marseille-Alger et Toulouse-Dakar ; 1934, la régie Air Afrique effectue la liaison Alger-Brazzaville *via* Elogoléa, Gao, Niamey et Bangui ; 1935, la compagnie Aéromaritime, filiale de la compagnie Maritime des chargeurs réunis, effectue les liaisons Dakar-Cotonou et Dakar-Cotonou-Pointe Noire. L'auteur tient ces données

et civile fut introduite par l'ancienne métropole pour entretenir ses relations africaines. « *Elle accroît le prestige sur le plan militaire et technologique. Elle assure une supériorité sans conteste en cas de rébellion. L'aviation militaire pratique également le travail aérien : cartographie, photo aérienne ; elle défriche aussi les lignes pour permettre aux compagnies aériennes de les exploiter commercialement* »[727]. Dans le domaine de l'aviation africaine, les militaires furent les premiers à exploiter les avantages découlant de cette nouvelle révolution technologique, plus principalement en Afrique de l'Ouest[728].

C'est après la fin de la Seconde Guerre mondiale, plus précisément dans les années 1950, que la « culture aéronautique » a fait réellement son entrée triomphale dans le paysage africain à partir des métropoles coloniales du Nord. Dans le domaine des transports aériens, l'Afrique n'avait été effleurée que par la célèbre ligne de l'Aéropostale liant Nord-Sud Toulouse-Alicante-Casablanca-Dakar[729]. Air France avait le monopole de l'exploitation du réseau aérien africain[730]. Après la fin de cette guerre mondiale, a débuté une nouvelle période pour la navigation aérienne en Afrique. Entre 1946 et 1954, le monopole d'Air France cessa avec l'introduction de l'UTA dans le marché du transport aérien[731]. Il est important de souligner que les : "*États africains ont développé, leurs transports aériens dans des*

---

de Dachary « *Géographie du transport aérien* », Paris, Litec 1982, pp. 213-220. Après d'autres colonisateurs comme l'Allemagne, la Grande Bretagne et la Belgique en faisaient autant.

[726] Ainsi Pierre Georges Latécotère décide de prolonger sa ligne vers Dakar, le trajet du nouveau tronçon est soigneusement relevé par les militaires et le commandant Tulsane, chef de l'aviation militaire de l'AOF, effectue d'août à octobre 1922, une reconnaissance aéroterrestre du parcours mauritanien qui aboutit, le 3 mai 1923, à l'ouverture du parcours Casablanca-Dakar par trois avions sous les ordres du colonel Roig, ce qui fait progresser la ligne Latécotère de 755 kilomètres. En 1919, Bossoutrot s'envole vers la Mauritanie à bord d'un Farman Goliath reconverti en avion civil, il s'agit de démontrer qu'un avion d'arme peut facilement être transformé en avion civil. En 1918, la seule aviation française existante est militaire.

[727] P. A. Ganemtore, *op.cit.*, p. 19.

[728] Premier vol le 13 juin au-dessus de Bambey (Sénégal) : Farman du Capitaine Sido, puis le 12 février au-dessus de Thiès et de Dakar.

[729] P. Vellas, "le développement des transports aériens en Afrique", *Annales de Droit Aérien et Spatial* 1981 Vol VI, p 198.

[730] En 1945.

[731] L'UTA est créée en 1945 : Union Aéronautique de Transports.

conditions qui ont provoqué un déséquilibre grave dans les réseaux avec la très lourde prédominance des lignes Nord-Sud et avec une part très importante effectuée par les compagnies européennes qui ne cédaient que progressivement, parfois difficilement, leurs capacités de transport aux jeunes compagnies aériennes"[732]. Sur le plan de la navigation aérienne, l'ASECNA [733] fut créée pour répondre aux besoins d'une infrastructure cohérente et homogène destinée à prendre en charge des responsabilités jusqu'à là assurées par la France[734]. La dernière étape de l'histoire de l'aviation en Afrique avant les indépendances fut la création d'une compagnie commune aux « sociétés exploitantes » en 1950 par décret ; il s'agissait de la nouvelle Air-Afrique, future SODETRAF [735]. Au lendemain des indépendances africaines, c'est-à-dire vers les années 1960, l'ordre établi pendant la colonisation n'a pas connu un grand bouleversement. Les États nouvellement indépendants n'étaient dotés que « *de lignes aériennes peu nombreuses, essentiellement Nord-Sud, d'équipements et de services insuffisants, de personnel peu formé, et de règles juridiques souvent inadaptées à leurs besoins* »[736]. Mais la rupture fut vite consommée à travers la ratification des instruments de droit aérien international et la création de la Société Air-Afrique[737]. À cette première expérience d'une rare originalité, l'Afrique a désormais fait son entrée dans le monde aérien jusque-là réservé aux grandes puissances.

La législation communautaire, à travers certaines institutions africaines, a accueilli la législation internationale relative au transport aérien, en la mâtinant d'une variante régionale pour toucher plusieurs États en même temps. L'OHADA fait cependant exception pour plusieurs raisons. Elle a plus accentué sa politique d'acte uniforme sur le transport routier de marchandises que sur les autres modes de transport. En l'état actuel du droit positif de l'OHADA, le transport aérien brille par l'absence d'un acte uniforme le régissant. Mais la

---

[732] P. Vellas, *op.cit.*, p 224.
[733] Agence pour la sécurité aérienne en Afrique et à Madagascar.
[734] M. B. Monlau, *op. cit.*, p. 135.
[735] *Ibid.*, Société pour le Développement du Transport aérien en Afrique.
[736] P. Vellas, *ibid.*, p. 224.
[737] Le 8 mars 1961, onze États africains réunis à Yaoundé (Cameroun) décidèrent de confier à une seule compagnie aérienne l'exploitation de leurs droits de trafic. Seuls le Mali et la Guinée s'y refusèrent.

nécessité d'un acte uniforme continue de susciter un large débat au sein de l'organisation. Les tenants et les opposants d'un acte uniforme ne cessent d'étaler leurs points de vue sur la place publique. Il n'est plus exclu que le législateur communautaire prenne en compte les différentes thèses doctrinales plaidant ou réfutant un acte uniforme relatif au transport aérien. En revanche, un certain nombre d'États membres ont ratifié la Convention de Montréal en leur propre nom. Parmi les dix-sept de l'OHADA, la Convention de Montréal est entrée en vigueur dans les onze États membres selon l'OACI[738].

Au rebours de l'OHADA, les communautés économiques sous-régionales, comme l'UEMOA et la CEMAC, ont très vite tenu compte de la faveur accordée par le droit international qui leur facilite la ratification de la dernière Convention internationale du transport aérien à travers une "clause dite régionale". Les deux institutions ont intégré la réglementation internationale du transport aérien. Le choix de ces deux institutions sous-régionales est loin d'être fortuit. Il s'inscrit dans la logique du droit aérien dont la législation est par essence internationale. Dès 2002, l'UEMOA a commencé à consacrer plusieurs instruments juridiques concernant le transport aérien ; il s'agit des directives, des règlements et des lois. Le tout est finalisé par un code de l'aviation civile qui fait désormais autorité dans les États membres de la communauté. La compétence de l'UEMOA dans le domaine des transports aériens est devenue la règle à l'égard de ses membres au titre : " *des politiques sectorielles conformément au Protocole additionnel n° II des articles 6, 7 et 8"*[739]. Ainsi, il a été assigné au Conseil de l'Union : « *un schéma d'amélioration des infrastructures et des moyens de transports et de télécommunications reliant les États membres ainsi que les mesures nécessaires à sa mise en œuvre* »[740].

La CEMAC à son tour a adopté la même méthode en accordant une place importante à la réglementation du transport aérien. Elle a élaboré un code de l'aviation civile dès le 21 juillet 2000 qui renvoie

---

738 Le Bénin, la Côte d'Ivoire, le Burkina Faso, le Cameroun, le Congo, le Gabon, la Guinée équatoriale, le Mali, le Sénégal, le Tchad et le Togo.

739 I. K. Diallo, « L'UEMOA et le transport aérien », *in* le Bulletin du transport modal, n°1 : www.ohada.com. , D -05-17.

740 Article 7 du Protocole additionnel n°II relatif aux politiques sectorielles de l'UEMOA.

au droit international en vigueur à propos de la réglementation du transport aérien[741]. La CEMAC ne s'est pas trompée avec sa technique du renvoi, car la majorité des États qui la composent ont ratifié la Convention de Montréal[742], à l'exception de la Centre-Afrique qui a néanmoins signé l'instrument. La prise en charge du transport aérien au niveau de ces trois entités (OHADA, UEOMOA et le CEMAC) ne s'effectue pas de la même façon, eu égard à leur nature juridique. Elle est embryonnaire au sein de l'OHADA, alors que cette réglementation est effective dans l'UEMOA et la CEDEAO.

Il nous a paru d'abord logique de nous interroger sur les raisons de l'absence d'un acte uniforme du transport aérien au sein de l'OHADA dans la première partie (I). Dans une seconde partie, il sera question d'examiner la législation de l'UEMOA et de la CEMAC relative au transport aérien (II).

I) L'absence d'un Acte Uniforme de l'OHADA relatif au transport aérien

Le Traité donnant la naissance de l'OHADA a été signé à Port-Louis le 17 octobre 1993 [743] et est entré en vigueur le 1er janvier 1998. L'organisation est composée de plusieurs États : le Bénin, le Niger, le Mali, la Côte d'Ivoire, la Guinée, la Guinée Bissau, la Guinée Équatoriale, le Burkina Faso, la République Centrafricaine, le Sénégal, le Gabon, le Tchad, le Togo, le Congo[744], le Cameroun, le Comores et la République Démocratique du Congo. Le Sénégal est le dépositaire du Traité. Le Madagascar, sans ratifier le Traité, a tout de même aligné son code de commerce sur les normes de l'OHADA. En

[741] Voir ses articles 189 et 195.

[742] Le Cameroun a ratifié le 4/11/03, le Congo a ratifié le 17/12/12, le Gabon a ratifié le 5/4/14, la Guinée équatoriale a ratifié le 17/11/15 et le Tchad le 10/9/17 selon le site de l'OACI.

[743] L'organisation a fait l'objet de plusieurs études universitaires. Beaucoup de thèses y sont consacrées. M. Kirsch, « Historique de l'OHADA », *Revue Penant* 1998, p.108 ; Sawadogo, « Le Traité relatif à l'OHADA», *Annuaire français de droit international* 1994, p. 823.

[744] L'adhésion du Congo est achevée en 2010 ; Voir l'adhésion de la RDC à l'OHADA, Lettre d'information OHADA.com du 19/02/2010.

2008, à Québec, le Traité a subi quelques modifications[745]. Cette occasion aurait pu être mise à profit pour introduire le droit aérien ou du moins le transport aérien dans le dispositif de l'organisation, mais rien n'a été fait.

Le droit aérien des transports fait naturellement partie des compétences de l'OHADA, si on sonde sa mission de promotion de l'harmonisation des activités économiques des États membres[746]. Qui plus est, le transport aérien est au centre de l'économie contemporaine. À son actif, l'OHADA compte dix actes uniformes. Parmi ces actes uniformes, seul le transport routier de marchandises a fait l'objet d'une consécration[747]. L'absence d'un acte uniforme relatif au transport aérien n'est pas sans raisons **(A).** En même temps, la perspective d'un acte uniforme relatif au transport aérien se discute dans les coulisses, compte tenu de sa nécessité pour la promotion complète du droit des affaires au sein de l'OHADA (**B**). Par ailleurs, la jurisprudence de la *CCJA*, ayant trait au statut des succursales des compagnies aériennes étrangères, est constante (**C**).

A) Les raisons de l'absence d'un Acte Uniforme

L'absence d'un acte uniforme relatif au transport aérien pourrait être imputable à la modernité de la législation aérienne internationale. En effet, celle-ci offre un droit positif récent et complet dans le domaine du transport aérien à travers la Convention de Montréal de 1999 pour l'unification de certaines règles relatives au transport aérien international, signée à Montréal le 28 mai 1999. Cet instrument, de par sa modernité et de son uniformité, pourrait expliquer la réticence de l'OHADA à légiférer dans ce secteur. Cette première explication semble être partagée par certains spécialistes du droit des transports. Pour N. Lacasse et J. Putzeys : « *les transports maritimes et aériens dans la région sont principalement des transports internationaux et les États de l'OHADA actifs dans ces domaines sont signataires des*

---

[745] Amendement du traité original, la fin des mesures transitoires dites « Arrangements de N'Djamena » et la mise en place d'un mécanisme de financement indépendant.

[746] Voir l'article 1er de l'OHADA.

[747] http://www.ohada.com/actes-uniformes/891/acte-uniforme-relatif-aux-contrats-de-transport-de-marchandises-par-route.html. V-E. Bokalli, OHADA, *Droit des contrats de transport de marchandises par route*, Bruylant 2007.

conventions multilatérales régissant ces transports. Les règles des transports maritimes et aériens dans les pays de l'OHADA étant de facto pratiquement uniformisées, c'est à l'harmonisation du transport terrestre que l'OHADA a décidé de se consacrer»[748].

Mais cette approche est loin d'être pertinente pour justifier l'absence d'un acte uniforme. Elle l'est d'autant plus que beaucoup d'États de l'Afrique n'ont pas encore ratifié la Convention de Montréal, eu égard aux nouvelles mesures qu'elle a mises en place. La majorité des États africains appliquent encore la Convention de Varsovie de 1929, même si elle ne répond pas parfaitement à l'attente du transport aérien. La Convention de Montréal a certes modernisé le transport aérien international, mais sa réception par une communauté juridique comme l'OHADA reste problématique. Dans ses nouvelles contributions à la modernisation du transport aérien, la Convention de Montréal a mis en place une « *clause dite régionale* »[749] qui permet à une communauté économique régionale ou sous-régionale de ratifier le texte. Cette clause, bien qu'elle ouvre l'adhésion massive des États par le truchement de leur institution économique à cette Convention, constitue un obstacle dirimant excluant d'emblée cette possibilité à l'OHADA. Il suffit d'interroger un tant soit peu la nature juridique de l'OHADA pour détecter son incompatibilité avec ladite Clause régionale. En effet, l'OHADA n'est pas une communauté économique comme la CEDEAO ou l'UEMOA. Elle est plutôt une communauté juridique, dont l'objectif est de promouvoir l'harmonisation du droit des affaires dans ses États membres. À ce titre, il lui est juridiquement impossible de ratifier ou d'adhérer à la Convention de Montréal au nom de ses États membres, du moins au sens du droit international public[750]. Le rôle de l'OHADA est l'adoption d'actes uniformes[751].

---

[748] N. Lacasse, J. Putzeys, « L'Acte Uniforme relatif au contrat de transport de marchandises par route », Québec-Bruxelles, 1er décembre 2003.

[749] Article 53- 3 de la Convention de Montréal : « La présente convention est soumise à la ratification des États et des organisations d'intégration économique qui l'ont signée ».

[750] O. Cachard, « Le transport international aérien de passagers », De l'académie de droit international de la Haye 2015, p 34.

[751] E. Kenguep, « L'impact de la mise en œuvre de l'article 24 de la Convention de Montréal sur le droit des transports aériens en vigueur dans l'espace OHADA et CEMAC », *Rev .dr. com. mar. aérien et trans*, 2012, n°4, p 259.

La seule option qui reste pour l'OHADA est d'encourager ses États membres non signataires ou signataires à ratifier à titre individuel la Convention de Montréal[752]. Cette procédure est d'ailleurs facilitée par l'article 53-4 de la Convention de Montréal qui dispose :" *Tout État ou organisation régionale d'intégration économique qui ne signe pas la présente convention peut l'accepter, l'approuver ou y adhérer à tout moment*". En application de cette disposition, les États membres de l'OHADA n'ayant pas encore intégré ce texte international peuvent se placer sous l'empire de ses dispositions[753] et, par voie de conséquence, faciliter l'harmonisation tant souhaitée par l'organisation dont le but primordial est de promouvoir : « *une réglementation unique, identique en tous points, pour tous les États membres, dans laquelle il n'y a pas de place en principe pour des différences* »[754]. Les limites juridiques se dressant sur le chemin de l'OHADA seraient plus valables que la raison avancée pour justifier l'absence d'un acte uniforme traitant du transport aérien. Une institution comme l'OHADA, reconnue pour ses compétences en droit des affaires, ne peut passer sous silence le transport aérien. Le projet d'un acte uniforme est plus que nécessaire, quitte à reprendre directement le droit international dans ce domaine parce qu'il précède le droit communautaire et national.

B) La nécessité d'un Acte Uniforme

La décision de l'élaboration d'un acte uniforme relatif au transport aérien n'est pas absente dans la doctrine aérienne africaine. Elle fait de plus en plus l'objet d'un débat, ce qui démontre la volonté manifeste de combler cette lacune juridique. Pour la mise en place d'un acte uniforme, deux thèses sont en présence ; il s'agit de la thèse favorable **(1)** et la thèse défavorable (2). Chacune de ces thèses a su asseoir son argumentaire dans le débat actuel initié par l'ASECNA. L'avenir dira laquelle des deux thèses va triompher.

---

[752] Ils sont de nos jours au nombre de six qui n'ont encore ratifié la Convention.

[753] E. Kenguep, *op. cit.*, p 22.

[754] I. Sayegh « L'intégration juridique des États africains de la zone franc », *Revue Penant* 1997, p 5.

1) La thèse favorable

Le constat de l'inexistence d'un acte uniforme concernant le transport aérien dans le dispositif juridique de l'OHADA interpelle à plus d'un titre les acteurs du secteur. La remarque est très légitime, car il est paradoxal qu'une institution de la dimension de l'OHADA ne prenne pas en compte un domaine aussi important que le transport aérien, alors qu'il fait pourtant partie du champ d'études du droit des affaires. En consacrant un acte uniforme relatif aux contrats de transport de marchandises par route[755], la logique voudrait que les autres modes de transport suivent naturellement notamment le transport aérien, maritime et ferroviaire. À défaut de traiter du droit maritime, aérien et ferroviaire de façon complète, il eut été au moins logique de consacrer un acte uniforme à chaque mode de transport de ces matières. Il est vrai que le transport aérien, eu égard à sa nature internationale, est moins réceptif à la réglementation communautaire, voire locale.

Pour autant, l'ASECNA[756] n'a pas manqué d'attirer l'attention des acteurs du secteur en organisant un débat du 21 au 23 septembre 2010 à Douala[757]. L'objectif de cette rencontre était de remettre au goût du jour la nécessité d'un acte uniforme prenant en charge le transport aérien au sein de l'OHADA. Dans la vision de l'ASECNA, l'élaboration d'un acte uniforme peut être porteuse ou créatrice d'un environnement efficace permettant au transport aérien de la zone OHADA d'être plus visible et plus compétitif[758]. L'idée émise par l'ASECNA, une agence connue pour son sérieux dans le domaine de la navigation aérienne au point de sévir de modèle dans le monde, est importante. Elle trouve ses défenseurs dans l'opinion publique. Les

[755] http://www.ohada.com/actes-uniformes/891/acte-uniforme-relatif-aux-contrats-de-transport-de-marchandises-par-route.html.

[756] H. G. Wagué, « L'évolution juridique de l'ASECNA : de la Convention de Dakar de 1974 à la Convention de Libreville de 2010 », *RFDAS* 2013, p. 115 ; Abou Mahamane Goge, « *L'Agence pour la sécurité de navigation aérienne en Afrique et à Madagascar* », thèse Université d'Aix-Marseille 3, 1982, 328-78 p. (thèse de 3e cycle) ; J.DE Lanversin, *L'Agence pour la sécurité de la navigation aérienne en Afrique et à Madagascar* (ASECNA) », Comac, 1971, 131 p.; J. P. Penette et C. Penette Lohau, *Le livre d'or de l'aviation malagasy*, 2005, p. 75.

[757] *Revue Africaine des Affaires Maritimes et des Transports*, janvier 2011, n°3, p. 80

[758] R. Kangou Eric, « Navigation aérienne : le ciel africain en quête d'une performance », 22 septembre 2010.

premiers tenants de l'ouverture de l'OHADA au transport aérien souhaiteraient cependant la limiter qu'à quelques aspects du droit aérien africain comme : « *la concurrence qui comporte, dans sa fonction d'introduire le marché et défendre celui-ci contre les comportements d'entreprise qu'il engendre, des mécanismes dont l'application, sur la base de la théorie de l'effet, a une vocation extracontinentale* »[759].

D'une part, cette thèse a sa raison d'être, même si elle réduit les capacités de l'OHADA selon certains juristes africains. La concurrence évoquée a besoin d'être renforcée dans l'espace OHADA, car elle est gage d'une meilleure gestion du transport aérien. Celui-ci est le plus souvent perturbé par une concurrence déloyale imputable à l'asymétrie des moyens de compétition entre les compagnies aériennes africaines et étrangères. Le constat se vérifie sur le terrain. Les compagnies étrangères se taillent la plus grande part du marché du transport aérien au détriment des compagnies locales. Elles exploitent quatre-vingt pour cent du marché local. Seuls vingt pour cent reviennent aux compagnies africaines. Sur un autre plan, l'adoption d'un acte uniforme relatif à la concurrence est d'actualité. Les montages illicites en droit de la concurrence comme l'entente, les abus de position dominante et les regroupements sont sanctionnés différemment en Afrique[760]. Jusque-là, aucun des traités élaborés n'a résolu les questions du droit de la concurrence. L'apport de la Décision de Yamoussoukro à cette question à travers son article 7 est très limité, voire inappliqué[761]. Certaines régions de l'Afrique ont développé leurs propres règles en matière de droit de la concurrence. Ce phénomène est susceptible d'encourager : « *la création des blocs régionaux et sous-régionaux* »[762].

---

[759] *Revue Africaine des Affaires Maritimes et des Transports,* janvier 2011, n°3, *op.cit.,* p. 81. Voir le lien : http://www.ohada.com/actualite/1048/reflexion-sur-le-debat-qu-a-organise-l-asecna-a-douala-du-21-au-23 septembre-2010-sur-la-necessite-d-unifier-certaines-regles-de-transport-aerien-international-a-travers-l ohada.html.

[760] M. Masoanama Muanamosi, art. précité.

[761] « *Les États parties veillent à offrir, sans discrimination les mêmes opportunités aux compagnies aériennes africaines désignées pour qu'elles puissent effectivement participer à la fourniture de services de transport aérien dans leurs territoires respectifs* ».

[762] M. Masoanama Muanamosi, art. précité.

Cette thèse réductrice, bien qu'elle ne se limite qu'à la réglementation de l'aspect concurrentiel du transport aérien a ses adeptes. Elle est suivie par une autre qui estime que : « *l'adoption d'un Acte Uniforme relatif au transport aérien ne devrait pas donner naissance à un marché unique africain parce qu'un Acte Uniforme ne crée pas une communauté de droit mais se limite à régir un domaine précis dans une communauté de droit préexistante* » [763] . Cette deuxième thèse n'est pas contre un acte uniforme, mais préfère le limiter à un domaine précis. Il est possible de déduire à partir de cette deuxième thèse que les craintes liées à l'élaboration d'un acte uniforme relatif au transport aérien ne soient pas forcément fondées. Le but d'un acte uniforme n'est pas forcement de créer « *un marché unique du transport aérien* ». Il peut juste consister à prendre en charge un domaine bien particulier comme le transport aérien dans une communauté juridique sans métamorphoser celle-ci. Cette thèse a fait l'objet d'une réserve dans la doctrine à travers la plume de Martin Ndende. Pour ce dernier, un acte uniforme peut être bicéphale ; « *Il peut non seulement contribuer à la réglementation des matières déterminées et à la création d'une communauté juridique autour de l'OHADA, même s'il ne s'agit pas de créer des marchés au sens économique du terme* ».

La conception de Martin Ndende pour l'élaboration d'un acte uniforme est plus large. En effet, elle va au-delà d'un acte uniforme parcellaire. L'auteur trouve que les deux arguments principaux, à savoir : « *la réglementation du droit de la concurrence et l'accès au marché du continent* » en faveur d'un acte uniforme relatif au transport aérien sont réducteurs « *des potentialités normatives de l'OHADA* ». L'auteur souhaite que les débatteurs aient une vision large en intégrant d'autres aspects du droit aérien comme : « *l'immatriculation des aéronefs, droits réels et crédits sur les aéronefs : hypothèques, privilèges, saisie, nantissement de matériels et équipements, responsabilités des exploitants d'aéronefs, contrats de transport aérien, activité des auxiliaires, société de Handling, ravitaillement en vivre et carburant.* »[764]. La thèse de Martin Ndende permettrait, en un mot, de traiter de façon complète le droit aérien. Nous trouvons que les souhaits de Martin Ndende sont d'une grande pertinence. Le droit

---

[763] *Ibid.*, p. 81.

[764] *Revue Africaine des Affaires Maritimes et des Transports*, janvier 2011, n°3 *ibid.*

aérien ne se réduit pas qu'au transport aérien ou à la concurrence, une conception faussement répandue dans l'opinion. Partant de cette thèse, il est possible d'élaborer un acte uniforme général qui n'omettra aucun pan de l'aviation civile en s'inspirant du droit international en vigueur. Dans ce domaine, il est connu qu'aucune communauté juridique ne peut se départir du droit aérien international, car il précède les autres droits.

Au-delà de ces arguments, il est du rôle naturel de l'OHADA d'élaborer des actes uniformes. Cette prérogative lui est dévolue par le traité fondateur, qui donne d'ailleurs compétence au Conseil des Ministres de s'en charger. Le terrain est déjà balisé pour un acte uniforme à travers l'article 2 du traité qui fait mention du droit des "transports" [765]. À ce titre, il n'existe aucun obstacle juridique empêchant un acte uniforme régissant le transport aérien au sein de l'OHADA. Pour Kenguep Ebénézer, trois propositions militent déjà fermement en faveur d'un nouvel acte uniforme : « *l'appartenance du droit des transports au domaine du droit des affaires, la nécessité d'une intégration juridique par harmonisation des législations et les grandes mutations liées à l'entrée en vigueur de la Convention de Montréal de 1999 sont des éléments catalyseurs* »[766]. Il ne reste que la volonté manifeste de l'institution de prendre la décision.

2) La thèse défavorable

Bien qu'un acte uniforme demeure nécessaire pour ne pas dire indispensable, certains acteurs de l'aviation civile n'y sont pas très favorables. La première réticence est à mettre sur le compte de la non-exécution de la Décision de Yamoussoukro de 1988 censée libéraliser le transport aérien africain[767]. Cette première expérience, à vocation

---

[765] Pour l'application du présent traité, entre dans le domaine du droit des affaires l'ensemble des règles relatives au droit des sociétés et au statut juridique des commerçants, au recouvrement des créances, aux sûretés et aux voies d'exécution, au régime du redressement des entreprises et de la liquidation judiciaire, au droit de l'arbitrage, au droit du travail, au droit comptable, au droit de la vente et des transports, et toute autre matière que le Conseil des Ministres déciderait, à l'unanimité, d'y inclure, conformément à l'objet du présent traité et aux dispositions de l'article 8.

[766] Kenguep, *op. cit.*, p. 26.

[767] J. Dodelin-Julien, « Analyse juridique de la déclaration de Yamoussoukro », *Revue juridique et politique indépendance et coopération*, 1989, p. 40-44. À l'issue

communautaire, non aboutie, ou du moins qui tarde à être concrétisée, a brisé les élans pour la mise en place d'un nouvel instrument juridique prenant le destin de plusieurs États dans le domaine du transport aérien. Mis à contribution lors du débat organisé par l'ASECNA, le cabinet *Henno Law Firm*[768] a émis quelques réserves à propos d'un acte uniforme. Ce cabinet s'est interrogé sur la portée d'un acte uniforme susceptible d'être inscrit dans la logique du Traité d'Abuja, c'est à dire le respect de ses articles 4 et 61 qui militent en substance pour « *une harmonisation des politiques nationales et sous-régionales sur le transport aérien* », et ce sous la bénédiction de l'Union africaine[769]. La réserve est justifiée. En effet, dans la pratique, la prise en compte de ces principes émanant du traité d'Abuja pourrait être problématique.

La crainte du Cabinet *Firm law* se corrobore sur un autre terrain. En élaborant un acte uniforme, l'OHADA risque d'ouvrir un boulevard facilitant l'accès des États non membres au marché du transport aérien, et ce en application de l'article 53 du Traité qui consacre cette faveur[770]. Le marché du transport aérien qui souffre déjà d'une concurrence déloyale ne pourrait pas de nouveau supporter l'arrivée de nouveaux concurrents. Les conclusions du Cabinet *Firm law* ne sont pas très favorables à un acte uniforme. Pour le cabinet, la présence d'un État tiers pourrait rendre la situation plus que délicate au sein de l'institution. Elle bouleversera sans doute les règles applicables au transport aérien. La particularité du droit aérien fait que le transport aérien, du moins sa gestion, se déroule entre États. Or, l'introduction d'un État-tiers ou non africain dans le paysage juridique de l'OHADA convoque les sources naturelles de droit aérien, dont la convention de Chicago de 1944 et les accords de Bermudes, conçus pour réguler les

---

d'une conférence Régionale des Ministres chargés de l'aviation civile tenue à Yamoussoukro en Côte d'Ivoire du 3 au 7 octobre 1988, est née une la Déclaration relative à la nouvelle politique aéronautique africaine.

[768] www.Ohada.com.

[769] *Africaine des Affaires Maritimes et des Transports*, janvier 2011, n°3 *ibid.*

[770] Le présent Traité est, dès son entrée en vigueur, ouvert à l'adhésion de tout État membre de l'OUA et non signataire du Traité. Il est également ouvert à l'adhésion de tout autre État non membre de l'OUA invité à y adhérer du commun accord de tous les États Parties.
A l'égard de tout État adhérent, le présent Traité et les actes uniformes adoptés avant l'adhésion entreront en vigueur soixante jours après la date du dépôt de l'instrument d'adhésion.

accords bilatéraux entre États. Ce scenario pourrait facilement écarter l'acte uniforme.

L'élaboration d'un acte uniforme peut davantage élargir le fossé entre États africains. L'OHADA est, par essence, une institution à vocation sous-régionale. Sa couverture juridique ne concerne qu'une partie du continent. Un nouveau texte pourrait contribuer au fractionnement du ciel africain. Le constat de Ganemtore est très édifiant à ce sujet. Il écrivait que : « *la cohésion du régionalisme aérien africain est entamée par l'existence des forces centrifuges d'origine diverses : conflits idéologiques, politiques, économiques ou de personnes. Chaque État africain brandit l'étendard de l'unité africaine mais pratique en réalité le ''chacun pour soi'' et le statut quo...* ». Ces différentes organisations régionales et sous-régionales s'approprient souvent des compétences qui auraient dû être du ressort de l'UA. En conséquence, une concurrence « sauvage » et non justifiée s'installe entre ces différentes entités et l'Union africaine. « L'Afrique aérienne morcelée » devrait céder la place à « l'Afrique aérienne unie ». Pour reprendre Loïc Grard, « *l'Europe aérienne n'avait pas attendu l'Europe communautaire pour se mettre en route* ».

C) La constance de la jurisprudence de la CCJA relative aux succursales des compagnies étrangères

L'OHADA, à travers la CCJA, maintient une jurisprudence constante concernant le statut des succursales des compagnies aériennes étrangères. Elle assimile *de facto* celles-ci à des « *sociétés soumises à un régime particulier* »[771]. Par un avis récent[772], l'OHADA

[771] B. Mator, « L'Essentiel droits des affaires », février 2017 n°2. Le deuxième numéro de la nouvelle *Revue de droit des affaires en Afrique* s'est fait l'écho d'un avis de la CCJA portant sur le droit des sociétés, plus précisément sur le statut juridique des « *succursales des compagnies aériennes étrangères* ». Il relève de cet avis que celles-ci sont assimilées *de facto* à « *des sociétés soumises à un régime particulier* ». Cette décision, bien que sa portée soit singulière, demeure un avis, ce qui atteste *a priori* son caractère non obligatoire, du moins selon la doctrine dominante. Ces dernières années, certaines plumes autorisées de la doctrine n'ont pas manqué de gloser sur cette catégorie de droit qualifié de « mou », de « doux », de « gazeux », ou de *soft law* selon l'appellation anglaise. Au sens classique, un avis juridique relève plutôt de cette nouvelle catégorie. Ce nouveau droit a la particularité d'être dépourvu de sanction, même si le Conseil d'État, dans son rapport de 2013, a commencé à s'interroger sur sa portée juridique en proposant son intégration dans le

a davantage précisé le statut juridique des succursales des compagnies aériennes étrangères. Cet avis a été rendu sur la base de la saisine du Conseil des Ministres de l'OHADA, ce qui lui donne un cachet particulier[773]. Sur la valeur juridique de cet avis, le nœud gordien a été tranché. Il devient alors naturel de faire l'économie de la doctrine récurrente, classant l'avis dans la catégorie du droit mou et non sanctionné. En conséquence, cet avis de la CCJA est obligatoire. Son apport au droit des sociétés, dans l'espace OHADA, est d'une importance capitale. Ainsi, sur la base et sur l'interprétation des articles 120 et suivant et 916 de l'AUSCGIE[774], la CCJA définit la « société soumise à un régime particulier » comme *: "toute structure juridique revêtant une des formes admises en droit OHADA et dont les activités ou la mission d'intérêt général sont soumises à certaines règles de droit sectorielles ou dérogatoires du droit commun des sociétés commerciales de l'OHADA*". Cette définition on ne peut plus claire est révélatrice de la spécificité des compagnies aériennes relevant d'un droit sectoriel, en l'occurrence le droit aérien dont les particularités sont connues. L'admission des succursales des compagnies étrangères au statut des « *sociétés à régime particulier* » leur donne d'emblée le droit de bénéficier de la dispense des

---

droit positif. Sous d'autres cieux, comme ceux de l'OHADA, un avis peut d'emblée revêtir un caractère obligatoire. Faut-il rappeler que la CCJA a trois missions quotidiennes qui sont : consultative, juridictionnelle et arbitrale. Sa première fonction de consultation vise juste à éclairer les États membres sur certaines questions relatives à l'interprétation du Traité de l'OHADA. Elle tire cette légitimité de l'article 14 alinéa 1 du traité portant sur la création de l'OHADA et qui dispose : « *…la cour peut être consultée par tout État partie ou par le Conseil des ministres sur toute question entrant dans les champs de l'alinéa précédent. La même faculté de solliciter l'avis consultatif de la cour est reconnue aux juridictions nationales* ». Pour la saisine de la CCJA, un avis peut être demandé par les États, par le Conseil des Ministres de l'OHADA et par les juridictions nationales. La portée des avis rendus par la CCJA est à géométrie variable. Lorsque la demande est formulée par le Conseil des ministres de l'OHADA, l'avis rendu a une portée obligatoire et s'impose dans les États membres. En revanche, lorsque la demande de la saisine relève du chef des États ou des institutions judiciaires, l'avis rendu n'est pas obligatoire.

[772] CCJA, avis n°002/2016, 18 octobre 2016.

[773] La saisine de la CCJA, par le Conseil des Ministres, est d'ailleurs indispensable avant toute adoption d'un acte uniforme. Le non-respect de cette procédure entraîne la non-adoption d'un acte uniforme.

[774] L'Acte uniforme relatif au droit des sociétés commerciales et du groupement d'intérêt économique.

dispositions de l'article 120 l'AUSCGIE[775]. C'est aussi une façon explicite de donner le feu vert à l'application des autres articles aux succursales des compagnies aériennes étrangères. Il s'agit des articles 117[776] et 916[777]. En revanche, l'Avis de la CCJA n'est pas favorable à l'application de l'article 908 de l'AUSCGIE[778] aux succursales des compagnies aériennes étrangères, parce que celles-ci n'ont pas des statuts, et de personnalité juridique propre. Elles dépendent de la société-mère dont *la lex societatis* n'est pas le droit OHADA[779]. Les sages de la CCJA, en tenant compte de la spécificité des compagnies aériennes, n'ont pas voulu empiéter sur les normes internationales qui régissent cette catégorie sectorielle. Mieux, ils ont démontré que les articles applicables aux sociétés soumises à un régime particulier ne sont pas en porte-à-faux avec le droit aérien international et, par ricochet, avec l'aviation civile. Cette décision, loin d'être inédite, s'inscrit dans la continuité d'un ancien avis rendu par la même CCJA

---

[775] « Quand elle appartient à une personne étrangère, la succursale doit être apportée à une société de droit, préexistante ou à créer, de l'un des États parties, deux (2) ans au plus tard après sa création, à moins qu'elle soit dispensée de cette obligation par un arrêté du ministre chargé du commerce de l'État partie dans lequel la succursale est située. Sous réserve des dispositions applicables aux sociétés soumises à un régime particulier, la dispense est accordée pour une durée de deux (2) ans, non renouvelable. En cas de non-respect des dispositions visées au premier alinéa du présent article, le greffier ou l'organe compétent de l'État partie procède à la radiation de la succursale du registre du commerce et du crédit mobilier, après décision de la juridiction compétente, statuant sur requête, à sa demande ou à celle de tout intéressé. La décision de radiation donne lieu à la diligence du greffier ou de l'organe compétent de l'État partie à une insertion dans un journal habilité à recevoir les annonces légales de l'État partie ».

[776] « La succursale n'a pas de personnalité juridique autonome, distincte de celle de la société ou de la personne physique propriétaire. Les droits et obligations qui naissent à l'occasion de son activité ou qui résultent de son existence sont compris dans le patrimoine de la société ou de la personne physique propriétaire ».

[777] « Le présent Acte uniforme s'applique aux sociétés soumises à un régime particulier sous réserve des dispositions législatives ou réglementaires auxquelles elles sont assujetties. Les clauses des statuts de ces sociétés, conformes aux dispositions abrogées par le présent Acte uniforme mais contraires aux dispositions du présent Acte uniforme et non prévues par le régime particulier desdites sociétés, sont mises en harmonie avec le présent Acte uniforme dans les conditions prévues à l'article 908 ci-dessus ».

[778] « Les sociétés et les groupements d'intérêt économique constitués antérieurement à l'entrée en vigueur du présent Acte uniforme sont soumis à ses dispositions. Ils sont tenus de mettre leurs statuts en harmonie avec les dispositions du présent Acte uniforme dans un délai de deux (2) ans à compter de son entrée en vigueur ».

[779] B. Mator, *op. cit.*, p. 4.

en 2004 : « *S'il est vrai que la société Air Afrique créée par le Traité de Yaoundé auquel sont annexés ses statuts, peut être considérée comme une société soumise à un régime particulier au sens de l'Article 916 de l'Acte uniforme relatif au droit des sociétés commerciales et du groupement d'intérêt économique, il n'est pas moins vrai que « constituée sous la forme d'une société anonyme de droit privée » comme l'indique l'Article 4 du Traité susmentionné, elle reste soumise aux dispositions applicables aux sociétés anonymes*»[780].

Il faut *in fine* inscrire à l'actif de cet avis la volonté ferme de la CCJA d'harmoniser davantage les dispositions traitant des sociétés soumises à un régime particulier dans l'espace OHADA. Cet avis montre que la CCJA, par le biais de l'interprétation, remplit sa mission, en implantant davantage le droit OHADA dans les États membres. En un mot : « *les avis donnés par la CCJA ont une valeur délibérante en lieu et place de la traditionnelle fonction consultative reconnue qui leur est attribuée* »[781]. Tous les avis rendus, jusqu'à là par la CCJA, sont sinon appliqués, du moins reconnus, par les parties concernées. Ils ont la même force que les décisions de justice. L'avis 2016 s'inscrit dans la continuité. Et la CCJA reste fidèle à sa ligne de conduite. C'est surtout dans la législation CEMAC et UEOMA que le transport aérien a bénéficié d'un grand traitement.

II) La législation de l'UEMOA et de la CEMAC relative au transport aérien

D'ores et déjà, il est important de souligner que l'OHADA n'a pas la même nature que l'UEOMA et la CEMAC. La première organisation est purement juridique. Son rôle est d'harmoniser le droit des affaires de ses États membres. En revanche, l'UEOMA et la CEMAC sont des institutions de nature économique, même si elles prennent souvent en charge le volet juridique de certaines problématiques annexes ou connexes aux affaires. Ainsi, la dimension juridique du transport n'a pas été ignorée par ces institutions sous-régionales à but économique.

---

[780] CCJA, n° 04/2004, 8-1-2004 : ATTIBA Denis et autres c/ Compagnie Multinationale Air Afrique et autres, le Juris Ohada, n° 1/2004, janvier-mars 2004, p. 23, note Brou Kouakou Mathurin ; *Recueil de jurisprudence de la CCJA*, n° 3, janvier-juin 2004, p. 44

[781] J. Gatsi, « La jurisprudence, source du droit OHADA », *Revue internationale de droit comparé,* vol 64, n°2012, p. 477-500, p. 493.

La législation relative au transport aérien est présente dans l'arsenal juridique de l'UEMOA **(A)** et de la CEMAC **(B)**. Le développement des communautés économiques régionales et sous-régionales a été fortement encouragé par le traité d'Abuja portant création de la Communauté Économique Africaine. Ces institutions économiques sous-régionales ont l'avantage de pouvoir ratifier la convention de Montréal de 1999 au nom de leurs États membres. Cette possibilité n'est pas ouverte à l'OHADA.

A) La législation UEOMA du transport aérien

Instituée par le Traité de Dakar de 1994 et modifiée en 2003, l'UEMOA [782] est un instrument d'intégration économique par excellence à vocation sous-régionale et non juridique. Elle est composée de huit États membres : le Bénin, le Burkina Faso, la Côte d'Ivoire, la Guinée Bissau, le Mali, le Niger, le Sénégal et le Togo. En vertu de son article 4, l'UEMOA a pour objectifs de créer : « *une union monétaire, de promouvoir la coopération, de renforcer la compétitivité des économies des États dans le cadre d'un marché ouvert et concurrentiel et dans un environnement rationalisé et harmonisé; assurer la convergence des performances et des politiques économiques des États membres; établir un marché commun entre les États membres; et coordonner les politiques sectorielles, notamment dans le domaine des transports; harmoniser les législations des États membres et particulièrement le régime de la fiscalité* ». Elle exécute ces tâches avec l'appui de la Conférence des Chefs d'État [783], du Conseil des Ministres [784], de la Commission [785], de la Cour de justice[786], de la Cour des comptes[787], du Comité interparlementaire[788], des Organes consultatifs[789] et des institutions spécialisées[790]. Au-delà de son rôle d'intégration économique, l'UEMOA aborde plusieurs volets juridiques, dont le transport qui a largement bénéficié de sa

[782] L. M. Ebriga, « L'UEMOA, une nouvelle approche de l'intégration économique régionale », *Africain Yearbook of International Law* 6(1998), p 23-64.
[783]Article 17 et suivants.
[784] Article 20 et suivants.
[785]Article 26 et suivants.
[786] Voir le Protocole additionnel I.
[787] Voir le Protocole additionnel I.
[788]Article 35 et suivants.
[789] Article 40.
[790] Il s'agit de la BCEAO et de la BOAD.

couverture. Elle a mis en place d'instruments juridiques relatifs au transport aérien (**1**). Elle a fini par harmoniser tous ces instruments pour créer un véritable code communautaire de l'aviation civile dans l'espace UEMOA (**2**). Elle demeure enfin la première CER en Afrique à conclure des accords relatifs au transport aérien au nom de ses États membres (**3**).

1. Les premiers instruments de droit aérien de l'UEMOA

Dès 2002, l'UEMOA a commencé à s'intéresser aux problématiques liées au droit aérien. Les Règlements, les Directives et les Décisions pris dans ce sens sont nombreux : le règlement relatif à l'agrément de transporteur aérien au sein de l'UEMOA[791]; le règlement relatif aux tarifs de passagers, de fret et de poste applicables aux services aériens au sein de l'UEMOA[792]; le règlement fixant les conditions d'accès des transporteurs aériens aux liaisons aériennes intracommunautaires[793]; le règlement relatif à la responsabilité des transporteurs aériens en cas d'accident[794], le règlement établissant les règles relatives aux compensations pour le refus d'embarquement des passagers et pour annulation ou retard important d'un vol[795] ; le règlement fixant les règles communes pour l'attribution des créneaux horaires dans les aéroports de l'Union[796]; le règlement relatif aux conditions de délivrance des licences, de formation et de contrôle des membres d'équipage de conduite avion[797]; le règlement relatif aux certifications de navigabilité des aéronefs civils[798]; le règlement relatif aux conditions médicales de délivrance des licences du personnel de l'aéronautique civile[799]; le règlement relatif aux conditions techniques d'exploitation d'un avion par une entreprise de transport aérien public[800]; le règlement relatif à l'agrément des ateliers d'entretien des aéronefs civils[801] ; le règlement relatif à la sûreté de l'aviation civile au

[791] Règlement n° 06/2002/CM/UEMOA DU 27 juin 2002.
[792] Règlement n° 07/2002/CM/UEMOA du 27 juin 2002.
[793] Règlement n° 24/2002/CM/UEMOA du 18 novembre 2002.
[794] Règlement n° 02/2003/CM/UEMOA du 20 mars 2003.
[795] Règlement n° 03/2003/CM/UEMOA du 20 mars 2003.
[796] Règlement n° 04/2003/CM/UEMOA du 20 mars 2003.
[797] Règlement n° 06/2005/CM/UEMOA du 16 septembre 2005.
[798] Règlement n° 07/2005/CM/UEMOA du 16 septembre 2005.
[799] Règlement n° 08/2005/CM/UEMOA du 16 septembre 2005.
[800] Règlement n° 09/2005/CM/UEMOA du 16 septembre 2005.
[801] Règlement n° 10/2005/CM/UEMOA du 16 septembre 2005.

sein des États membres de l'UEMOA[802]; la directive relative aux principes fondamentaux régissant les enquêtes sur les accidents et incidents d'aviation civile au sein de l'UEMOA[803]; la directive relative à l'accès au marché de l'assistance en escale dans les aéroports de l'Union[804]; la directive portant statut des administrations de l'aviation civile[805]; la décision portant adoption du programme commun du transport aérien des États membres de l'UEMOA[806], la décision portant adoption d'un mécanisme communautaire de supervision de la sécurité de l'aviation civile dans les États membres de l'UEMOA[807]; et la décision relative à la mise en œuvre des actions prioritaires du programme commun du transport aérien des États membres[808]. L'arsenal juridique de l'UEOMA en matière de transport aérien est très complet. Elle a fini par regrouper tous ces textes dans un code communautaire.

2. Le Code de l'aviation civile de l'UEMOA

Le code de l'aviation civile de l'UEMOA a été élaboré sur la base de l'esprit de la Convention de Chicago de 1944 et de la Décision de Yamoussoukro du 14 novembre 1999. Ce code répond à un besoin d'harmonisation des législations nationales en matière d'aviation civile dans les États membres de l'UEMOA. Il est aussi la conséquence des conclusions des audits de l'OACI[809] assorties des recommandations du 11 juin 2008 du Conseil des Ministres en charge de l'aviation civile. La naissance de ce code a nécessité un nouveau règlement portant son adoption[810]. L'UEMOA n'a réellement fini sa politique de codification que le 23 septembre 2013[811]. Le nouveau code unifie tous les textes dans le domaine de l'aviation de l'espace UEMOA au profit des États membres de cette entité communautaire. L'UEMOA est allée au-delà

---

802 Règlement n° 11/2005/CM/UEMOA du 16 septembre 2005.
803 Directive n° 05/2002/CM/UEMOA du 27 juin 2002.
804 Directive n° 001/2003/CM/UEMOA du 20 mars 2003.
805 Directive n° 01/2002/CM/UEMOA du 18 septembre 2004.
806 Décision n° 08/2005/CM/UEMOA du 27 juin 2002.
807 Décision n°13/2005/CM/UEMOA du 16 septembre 2005.
808 Décision n°15/2006/CM/UEMOA du 16 décembre 2005.
809 Effectués entre 2007 à 2012 dans la plupart des États de l'UEMOA.
810 Règlement n°01/2007/C/.2007 portant adoption du code communautaire de l'aviation civile des États membres de l'UEMOA.
811 Règlement n°08/2013/CM/UEMOA du 16 septembre 2013.

de sa vocation d'intégration économique, en élargissant son champ de compétences au droit aérien africain.

Composé de douze livres, le code de l'UEMOA n'exclut aucune question relative au droit aérien, et ce en parfaite corrélation avec le droit aérien international. Le livre I met l'accent sur les dispositions générales. Dès le deuxième livre, le code aborde l'organisation de l'aviation civile aussi bien au niveau communautaire qu'au niveau national[812]. Le troisième livre traite de façon complète les aéronefs[813]. Le quatrième est axé sur les aérodromes[814]. Le cinquième a trait au personnel de l'aéronautique civile[815]. Le sixième aborde un secteur vital du droit aérien en l'occurrence le transport[816]. Le septième étudie la sécurité et la sûreté de l'aviation[817]. Le huitième a trait aux enquêtes techniques sur les accidents et incidents d'aviation[818]. Le neuvième intègre l'environnement[819]. Le dixième est relatif aux assurances[820]. Le onzième met l'accent sur certaines dispositions particulières[821]. Enfin, le douzième est relatif aux dispositions finales[822].

L'architecture du code reste classique. Mais son mérite est d'avoir passé au crible tous les éléments concernant le droit aérien. Sa nouveauté se mesure surtout par la prise en compte du volet environnement. De plus en plus, les instruments juridiques, quel que soit le domaine, intègrent l'environnement. La réglementation du transport aérien dans le code de l'UEMOA est le reflet du droit aérien

---

[812] Voir article 7 à 10 du code.

[813] Du statut des aéronefs qui va de l'article 11 à 21; Hypothèques et privilèges qui vont de l'article 22 à l'article 39; saisie et ventes forcées des aéronefs qui vont de l'article 40 à 48 ; circulation des aéronefs qui va de l'article 49 à 60; droit d'atterrissage qui va de l'article 61 à 64; police de la circulation aérienne qui va de l'article 65 à 80; redevances qui va de l'article 82 à 84; dommages et responsabilité qui vont de l'article 85 à 90; déclarations d'accidents ou incidents qui vont de l'article 91 à 95; recherches et sauvetage qui vont de l'article 96 à 98; dispositions relatives à la répression des infractions vont de l'article 99 à 116.

[814] De l'article 117 à 153.

[815] De l'article 154 à 201.

[816] De l'article 202 à 237.

[817] De l'article 238 à 258.

[818] De l'article 259 à 270.

[819] De l'article 271 à 277.

[820] De l'article 278 à 279.

[821] De l'article 280 à 282.

[822] De l'article 283 à 285.

international. Le contrat de transport de personnes et de marchandises est soumis aux dispositions de la Convention de Varsovie, de Montréal ou tout protocole modifiant et applicable au transport dans les États membres [823]. Les notions de transporteur successif, transporteur contractuel et transporteur de fait sont régies par la Convention de Montréal de 1999. L'UEMOA, dans sa volonté d'exécuter la Décision de Yamoussoukro, prévoit que : « *l'exploitation de services réguliers ou non réguliers de transport aérien public au départ, à destination ou à l'intérieur du territoire communautaire est soumise à une autorisation préalable de l'administration de l'aviation civile, dans le respect des dispositions de la réglementation communautaire et de la Décision de Yamoussoukro* »[824]. Cette condition permet davantage de vulgariser la Décision de Yamoussoukro qui peine à s'affirmer en Afrique.

3. L'Accord de l'UEMOA avec l'UE

Il est de tradition en droit aérien que l'État négocie tous les accords bilatéraux et multilatéraux relatifs à l'exploitation de son espace aérien. Ce principe est reconnu par la Convention de Chicago de 1944. La communautarisation de la gestion de l'aviation civile a tendance à remettre en cause ce rôle jusque-là dévolu à l'État. En Europe, l'arrêt dit « *Nouvelles frontières* » rendu le 30 mars 1986 a complètement bouleversé cette disposition juridique de la Convention de Chicago[825]. À la suite de cette jurisprudence et à partir du 1er janvier 1993, le droit communautaire européen relatif aux liaisons *intra*-communautaires a valu le titre juridique pour les compagnies aériennes de l'espace européen[826]. Les huit arrêts de la Cour de Justice des Communautés Européennes rendus en 2002 en faveur de la Commission européenne ont fini par condamner le système bilatéral qui prévalait entre États membres de l'Union européenne [827]. Depuis le 5 novembre 2002,

---

823 Article 217 et 224 du code UEMOA.

824 Article 205. 2 du code UEMOA.

825 *CJCE* avr. 1986, Ministère Public c/Asjes, aff. 209 à 213/84, Rec., p 1457.

826 L. Grard, « L'Union Européenne et le droit international de l'aviation civile », *op. cit.*, p. 493.

827 L. Grard,« La Cour de Justice des Communautés Européennes et la dimension externe du marché unique des transports aériens », *Cah.dr.eur.*, 2002, p. 717 ; F. Dehousse et Macskovics, « Les arrêts *open skies* de la Cour de Justice : l'abandon de la compétence externe explicite implicite de la Communauté ? », *JTDE* 2003, p. 225.

l'Union est dotée du pouvoir de négocier au profit des États qui la composent.

L'UEMOA [828] s'inscrit dans le sillage de cette nouvelle dynamique. « *Elle demeure la première CER en Afrique à conclure comme un bloc un accord aérien avec l'UE* »[829]. Déjà, L. Grard avait prédit que le modèle européen pourrait rencontrer le même succès en Afrique. Ses prémonitions se sont en partie avérées. La formule classique de négociation de l'État à l'État, matérialisée par le bilatéralisme, cède la place aux unions qui deviennent les « porte-paroles » de leurs membres. Le 17 décembre 2009 l'UE et l'UEMOA ont signé un accord horizontal sur les services aériens[830]. Ce premier Accord a changé le schéma classique des accords bilatéraux ayant longtemps dominé les relations aériennes des États membres de l'UEMOA[831].

Que faut-il retenir de cet Accord d'un genre nouveau remettant en cause le dogme de la souveraineté des États sur leur espace aérien ? Il autorise : « *les compagnies aériennes européennes à assurer les liaisons entre un État membre de l'UE où elles ont un établissement et tous les États membres de l'UEMOA quels qu'ils soient, si des droits de trafic sont disponibles et ce inversement* ». L'objet de l'Accord était de faciliter le commerce aérien entre les deux unions à l'heure de la libéralisation. En conséquence, cet Accord remet en cause la « clause de nationalité » au profit de la « clause communautaire ». Désormais, la politique commerciale relève de la compétence de l'Union, ce qui lui donne le pouvoir de légiférer au niveau interne et de conclure avec d'autres États et organisations internationales des accords engageant

---

[828] A. Tankoano, « L'Union économique et monétaire ouest-africaine et l'Union européenne, la question du transport aérien », *in l'Europe des transports* : la Documentation française 2005, p. 519. « *Désormais, la politique commerciale relève de la compétence de l'Union. Ainsi, celle-ci est compétente pour légiférer au niveau interne et conclure avec d'autres États et organisations internationales des accords engageant l'Union et ses pays membres* ».

[829] M. Masoanana Muanamosi, « Le transport aérien dans le débat juridique sur la concurrence des organisations régionales en Afrique », *op. cit.*, p. 45. L'auteur a fait une étude complète sur la question.

[830] JOUE n° L156, du 6 mars 2010. L. Grard, « Accord aérien "horizontal" entre l'Union européenne et l'Union économique monétaire ouest-africaine : naissance du multibilatéralisme », *Rev.Dr.transp*, mai 2010, Comm.120. p. 35.

[831] Burkina, Bénin, Guinée Bissau, Côte d'Ivoire, Mali, Niger, Sénégal, et Togo.

l'institution communautaire et ses membres[832]. D'autre part, c'est une opportunité pour les États de l'UEMOA de profiter de cet atout pour non seulement accéder à l'espace européen avec une reconnaissance internationale, mais aussi d'améliorer davantage les règles de la sécurité et de la sûreté devenues très exigeantes dans le domaine. Les deux protagonistes de l'Accord ont d'ailleurs prévu ces points. Dans l'Accord, l'expertise sécuritaire de l'UE bénéficie aux États membres de l'UEMOA dans les domaines comme la navigation aérienne, la sécurité des aéroports, le renforcement de la capacité des autorités de l'aviation civile[833]. Un tel accord ouvre également la brèche à la libéralisation, même si celle-ci est horizontale[834]. Il est toutefois utile de souligner qu'il n'existe pas un accord général spécifique de libéralisation du transport aérien entre l'Union européenne et l'UEOMA[835].

Les spécialistes de la doctrine aérienne ne se sont pas privés de se prononcer sur la portée de cet « accord horizontal ». Loïc Grard s'est demandé : « *si ce montage juridique ne contribue pas davantage à aider la libéralisation du ciel africain qu'à libéraliser le ciel européen* ». M. Ndende, tout en partageant le même avis que L. Grard, est plus incisif quand il écrit : « *le dispositif instauré par l'accord favorise sournoisement les intérêts de l'UE et de ses compagnies aériennes au détriment des intérêts africains* ». Ces deux avis sont bien fondés. En effet, les deux unions n'ont pas les mêmes armes dans le commerce aérien. Cette asymétrie pourrait à court ou à long terme désavantager l'UEMOA. La question est aussi de savoir si l'UEMOA peut tenir longtemps devant la concurrence des compagnies des États de l'UE, eu égard à leurs outils commerciaux modernes et efficaces permettant de tirer le maximum de profits du commerce aérien. Sur ce point, il est impossible que la concurrence se fasse dans les règles de l'art.

L'Accord, nonobstant ses avantages pour les États de l'UEMOA, est peu compatible avec la Décision de Yamoussoukro qui veut donner

---

[832] A. Tankoano, *op. cit.,* p. 520.
[833] A. Tankoano, *op. cit.,* p. 531.
[834] En d'autres termes, un transporteur sénégalais pourra acheminer des passagers en France en provenance du Niger, pourvu évidemment qu'il ait un établissement au Niger.
[835] A. Tankoano, *op. cit.,* p. 28.

plus de visibilité au commerce aérien *intra*-africain. Certains spécialistes de la question ont souhaité la généralisation de la démarche à l'ensemble des États africains[836]. La « *clause de la nation plus favorisée* », bien qu'inédite en transport aérien, pourrait être la meilleure solution permettant d'étendre l'accord horizontal signée entre l'UEMOA et l'UE à l'ensemble du continent. Ce fut le cas de l'accord euro-méditerranéen qui énonce que : « *les mesures de libéralisation énoncées dans un accord conclu entre la Communauté et un État méditerranéen seront offertes à tout État méditerranéen ayant conclu un accord équivalent avec la même Communauté* »[837]. L'UEMOA et l'UE n'ont pas encore envisagé cette option. Les négociations allant dans ce sens devraient avoir lieu en vue de libéraliser les relations aériennes entre les États africains et l'UE. L'Union Africaine pourrait assurer ce rôle pour que les négociations se fassent en son nom et au profit du continent africain. La Tunisie a par exemple préféré un « accord global »[838] qu'un « accord horizontal » comme celui de l'UEMOA. Quid de la CEMAC ?

B) La législation CEMAC relative au transport aérien

La CEMAC a été instituée à N'Djamena (Tchad) le 6 février 1998. Elle a subi une légère modification le 25 juin 2008 dans le but de créer un Parlement pour la Communauté. Elle est composée de six États membres : le Cameroun, le Congo, le Gabon, la Guinée Équatoriale, la RCA et le Tchad. Elle s'attelle à atteindre des objectifs sous-régionaux suivants, à savoir : « *renforcer la compétitivité des activités économiques et financières des pays de la CEMAC, en harmonisant le cadre juridique; coordonner les politiques économiques et budgétaires pour assurer leur cohérence avec la politique communautaire; établir un marché commun, accordant la liberté de résidence et d'établissement, d'immigration et de libre circulation des biens et services; coordonner les politiques sectorielles, y compris les politiques du commerce et des transports; promouvoir la liberté de mouvement, de résidence et d'établissement* ». Au-delà de ses objectifs plus axés sur l'intégration

---

[836] M. Masoanana Muanamosi, « *Les relations aériennes entre l'Afrique noire et la Communauté européenne* » Université Libre de Bruxelles, 26 septembre 2007.
[837] L. Grard, Les accords de ciel ouvert, *op. cit.*, p. 279.
[838] COM (2008) 603 final, Bruxelles, le 3 octobre 2008.

économique comme les autres CER[839], la CEMAC a accordé une place importante au transport aérien. L'adoption d'un Code Communautaire de l'Aviation civile (**1**) et divers autres instruments relatifs à ce secteur (**2**) démontre l'attachement de cette CER aux questions juridiques relevant de l'aviation civile en général et le transport aérien en particulier

1. Le Code Communautaire de l'Aviation civile de la CEMAC

En 2001, la CEMAC a adopté un code prenant en charge l'aviation civile et traitant largement le transport aérien. Ce code tire sa base juridique d'un nouveau Règlement[840]. Par ailleurs, ce code ne s'applique « *qu'aux aéronefs civils. À moins de dispositions contraires, les aéronefs militaires et les aéronefs appartenant à l'État et exclusivement affectés à un service public ne sont soumis qu'à l'application des règles relatives à la responsabilité du propriétaire ou de l'exploitant* »[841].

Le transport aérien y est abordé de façon complète. Son Titre VII intitulé : « Transport aérien public » fait allusion à « *l'entreprise et service de transport aérien public, la licence d'exploitation et certificat de transporteur aérien, l'autorisation d'exploitation, la cession d'exploitations, le contrôle, la libre concurrence, la réquisition, les itinéraires, les aéronefs utilisés et le transport de courrier et colis postaux* »[842]. Le chapitre II du Titre VII du Code de la CEMAC prend en compte le « contrat de transport de personnes, bagages et marchandises », en le définissant comme : « *celui par lequel une personne physique ou morale, appelée transporteur, s'engage moyennant rémunération à acheminer par air d'un point d'origine à un point de destination soit de personnes avec sous sans bagages, soit des marchandises reçues d'un expéditeur pour être remises à un destinataire, soit du courrier* ». Il est important de

[839] Communauté Économique Régionale.

[840] Règlement n°10/100-CEMAC-0066-CM-04 portant adoption du Code de l'aviation civile de la CEMAC

[841] Dans les dispositions générales du Code.

[842] « Est réputée entreprise de transport aérien public, au sens du présent code, toute personne, physique ou morale, qui effectue habituellement le transport des aéronefs, moyennant rémunération ».

souligner que le code ignore le transport des bagages. De même, la notion de retard n'y est pas mentionnée.

Pour la réglementation du transport aérien, la CEMAC a opté pour la méthode du renvoi qui consiste à donner la primauté à l'applicabilité du droit international[843]. Le but même de la CEMAC était d'aligner le droit de l'Afrique Centrale sur la législation internationale car, « *les dispositions du Code s'inscrivent dans le cadre des conventions, Traités et Accords internationaux auxquels les États membres de la CEMAC font partie* »[844]. Ainsi, le code déclare applicable en son sein : « *les dispositions de la Convention de Varsovie du 12 octobre 1929 ou de tout autre convention ou protocole la modifiant ou la remplaçant, même si le transport n'est pas international au sens de cette Convention* ». Cette disposition, bien qu'elle accorde une place de choix au droit international et, par extension, à l'uniformisation, est en porte-à-faux avec la procédure classique de l'applicabilité d'une convention internationale. La question est de savoir si le renvoi est suffisant pour que le droit international du transport aérien soit applicable automatiquement dans les États membres de la CEMAC. La réponse à cette question provient des dispositions des articles 189 alinéas 2 et 195 de ce code, qui sont favorables à l'uniformisation au sein de cette institution économique. En se fondant sur l'esprit de ces deux textes, il est possible de déduire, compte tenu du caractère uniforme de la Convention de Montréal, que celle-ci soit applicable dans les États de la CEMAC. Tous les États membres[845], à l'exception de la République centrafricaine, ont ratifié la Convention de Montréal de 1999. L'uniformisation tant souhaitée est en passe d'être concrétisée. La République Centrafricaine, qui a signé la Convention[846], pourrait d'un moment à l'autre rejoindre les autres États membres. La Clause dite régionale est aussi moyen permettant à la CEMAC de ratifier une convention au nom de ses États membres.

---

[843] EKitio, « La responsabilité du transporteur aérien en zone CEMAC : étude d'une malheureuse politique d'intégration juridique sous-régionale », *Juris Périodique*, n°87, juillet-août-septembre 2011, p. 89.

[844] Article 4 du Code de l'aviation civile de la CEMAC cité pat Kenguep.

[845] Le Cameroun a ratifié le 4/11/03, le Congo a ratifié le 17/12/12, le Gabon a ratifié le 5/4/14, la Guinée équatoriale a ratifié le 17/11/15 et le Tchad le 10/9/17 selon le site de l'OACI.

[846] Le 25/09/01.

Le chapitre « L'Affrètement et Location »[847] est également abordé dans la Section 4 du titre VII du Code de la CEMAC. Ces deux contrats sont utilisés depuis des lustres pour l'exploitation d'aéronefs. Chaque contrat obéit en revanche à un régime juridique spécifique à sa nature. Selon l'article 201 du Code de l'aviation civile de la CEMAC, la location est : « *un contrat par lequel le loueur cède, moyennant rémunération, à une autre personne appelée locataire, l'utilisation de la capacité totale d'un aéronef sans équipage pour une durée déterminée* ». La définition de la CEMAC de la location reste classique. Elle ne fait que confirmer la conception traditionnelle de la location. En droit maritime, ce type de contrat est appelé « *affrètement coque nue ou location coque nue* ». Dans l'exécution de ce contrat, le locataire qui : « *assure la conduite technique de l'aéronef avec un équipage de son choix est considéré comme exploitant de l'aéronef et transporteur pour tous les contrats de transport auxquels il est partie* ». En revanche, le bailleur est tenu de mettre à la disposition du locataire un appareil qui répond aux normes en vigueur, et ce sur tous les plans[848]. Le Code de l'aviation civile CEMAC a pris en compte dans l'exécution du contrat de location « les relations avec les tiers » à son article 201 par la consécration d'une « *responsabilité solidaire* » de l'exploitant et le bailleur en cas de dommages causés au tiers. Cette responsabilité solidaire est discutable, si on la soumet à l'analyse de la théorie générale des obligations. La responsabilité du bailleur peut cependant être écartée sous deux conditions : « *s'il n'a mis que l'appareil au service du locataire sans autre intervention ; s'il n'a commis aucune faute engageant sa responsabilité délictuelle* ».

L'affrètement a fait l'objet de l'article 200 du Code de l'aviation civile de la CEMAC. La définition attribuée à ce contrat était déjà connue dans le droit positif et reprise par le Code de la CEMAC en termes suivants : l'affrètement est « *un contrat par lequel une personne appelée fréteur, qui a la disposition d'un aéronef, cède moyennant rémunération à une autre personne appelée affréteur l'utilisation de tout ou partie de la capacité de cet aéronef avec son équipage pour une durée déterminée* ». La liberté contractuelle est la caractéristique principale de ce contrat. Il revêt traditionnellement

[847] Pelichet, « *Responsabilité civile en cas d'affrètement ou de location d'aéronef au regard des Conventions internationales* », thèse, Lausanne, 1963, p. 20.

[848] Les modalités d'exécution du contrat de location dans le Code de la CEMAC se recoupent avec l'esprit de l'article 1732 du code civil français.

deux formes : l'affrètement au voyage et le l'affrètement à temps. Le premier est plus proche du contrat de transport. En transport aérien, le contrat d'affrètement est fréquemment utilisé. L'identification du transporteur dans ce contrat d'affrètement a fait l'objet d'un débat doctrinal et jurisprudentiel très dense en droit français et ailleurs[849]. Pour le Code de l'aviation civile de la CEMAC, « *si le fréteur conserve la conduite technique de l'aéronef et la direction de l'équipage sur lequel il conserve autorité, le fréteur est considéré comme exploitant de l'aéronef et l'affréteur comme le transporteur à condition que le nom de ce dernier figure sur les divers documents constituant des contrats de transports. Si l'affréteur assume toutes les obligations d'un exploitant aux termes du contrat d'affrètement et a le droit de donner des ordres à l'équipage pendant toute la durée de l'affrètement, l'affréteur est considéré comme exploitant et transporteur* »[850].

2. Les autres instruments de droit aérien de la CEMAC

L'entrée en vigueur du Code de la CEMAC n'a entamé en rien la production normative continue de la Communauté. Plusieurs autres instruments juridiques sont produits pour faire face aux nouveaux besoins de l'aviation civile en zone CEMAC. Ces instruments juridiques sont tantôt des Règlements, tantôt des Directives, tantôt des Décisions, tantôt des Actes Additionnels.

L'Accord n°6/99/CEMAC-003-CM-02 sur le transport aérien entre les États membres de la CEMAC. Cet Accord a une portée singulière à une période où la libéralisation du transport aérien est devenue la règle du jeu en Afrique à travers la Décision de Yamoussoukro. Son article 20 intitulé : « Coopération inter-compagnies » dispose que : « *pour une meilleure satisfaction des usagers, les entreprises désignées se concertent pour coordonner leur programme. Elles concluent librement, entre elles, des accords de coopération et de partenariat ou tous autres arrangements susceptibles d'accroître leur productivité et leur compétitivité conformément à la Déclaration de Yamoussoukro. Ces accords concernent notamment les domaines commercial et technique* ». Cet

[849] H. G. Wagué, précité.
[850] Article 200.1.2 du Code de la CEMAC.

Accord est la réponse à la promesse tenue par la CEMAC d'appliquer la Décision de Yamoussoukro. La plupart des CER intervenant dans l'aviation civile ont pris l'engagement de libéraliser le transport aérien dans le cadre de la Décision de Yamoussoukro.

Les Règles communes de la concurrence n°1/99/UEAC-CM-25 juin 1999. Dans le domaine de la réglementation des pratiques commerciales anticoncurrentielles, la CEMAC a jugé opportun de protéger les consommateurs. Il est de son devoir communautaire de comporter des dispositions applicables aux pratiques pouvant aboutir à une concurrence déloyale, notamment les ententes, les abus de position dominante, les concentrations. Ces pratiques ne sont pas absentes dans le secteur du transport aérien. Le Règlement adopté allant dans ce sens comprend cinq titres[851]. Le deuxième Titre est composé de trois chapitres relatifs aux ententes, aux concentrations et à l'abus de position dominante. Le troisième Titre comporte deux chapitres relatifs à l'organe de surveillance de concurrence et de la Cour arbitrale. Le Titre IV comprend deux chapitres faisant allusion « aux sanctions des ententes prohibées et des sanctions des concentrations prohibées ». Enfin, le Titre V concerne les autres dispositions.

Le Règlement n°06/07-UEAC-082-CM-15 sur le régime de responsabilité du transporteur aérien en cas de violation d'embarquement des passagers dans les États membres. La CEMAC s'est-elle inspirée de l'UE qui a adopté une série de mesures dans ce sens en 2004[852] ? Le Règlement, après avoir défini le champ d'application du texte autour de trois axes[853], a posé les modalités de compensation en cas de préjudice subi par un passager. Ces modalités sont énumérées aux articles 5 à 9 du Règlement. Selon l'article 9 : « *en cas de refus d'embarquement, le passager a le droit de choisir l'une*

---

[851] Le Titre premier est relatif aux définitions, le Titre II est relatif aux pratiques anticoncurrentielles, le Titre III est relatif au contrôle des pratiques anticoncurrentielles, le Titre IV est relatif aux sanctions et le Titre V sur les dispositions financières.

[852] Le 11 février 2004, le Parlement Européen et le Conseil ont établi des règles communes en matière d'indemnisation et d'assistance des passagers en cas de refus d'embarquement et d'annulation ou de retard important d'un vol et abrogeant le règlement (CEE) n°295/91.

[853] Le refus par une compagnie aérienne d'embarquer les passagers sur un vol pour lequel ils ont une réservation, un retard important et l'annulation du vol.

des compensations ci-après : le remboursement sans pénalité du prix du billet dans l'immédiat pour la partie du voyage non effectuée ; le réacheminement dans les meilleurs délais jusqu'à la destination finale du passager ; le réacheminement à une période ultérieure à la convenance du passager. Une compensation est également prévue: cent mille (100.000) FCFA au passager en classe économique et deux cent mille au passager en classe affaire pour les vols de deux mille cinq cent kilomètres; Quatre cent mille (400.000) FCFA au passager en classe économique et huit cent mille FCFA au passager en classe d'affaires pour les vols de plus de deux mille cinq cent kilomètre, compte tenu de la destination finale prévue au billet…». D'autres compensations sont prévues dans le cadre d'un voyage à forfait[854], en cas d'annulation d'un vol[855] et en cas de retard important de vol[856] *etc.* L'article 9 ajoute à la liste, des mesures de compensation : l'hébergement, la restauration gratuite et le coût d'une communication. Il est important de souligner que ces compensations n'empêchent pas une action en responsabilité civile ou contractuelle contre le transporteur.

Le **Règlement n°6/10-UAC-204-CM-21 sur la sûreté des transports aériens dans les États membres.** Ce Règlement vise à inciter les États membres de la CEMAC à tenir compte des instruments internationaux régulant la sûreté. Dans ce domaine, l'OACI a légiféré plusieurs textes destinés à tous les États. Depuis la Convention de Tokyo du 14 septembre 1963, l'institution internationale n'a jamais cessé d'intervenir dans le domaine de la sûreté pour répondre aux attentes liées aux changements imprévus. À l'actif de l'OACI, on peut citer cinq textes internationaux régissant la sûreté. Les règles prises par le Règlement sont déterminées par les articles 2 à 16. En substance, ces articles sont le reflet de la réglementation internationale en vigueur.

La Décision n°15/05-UEAC-163-CM-13 sur la mise en œuvre du projet COSCAP axé sur la sécurité des transports aériens et le maintien de la navigabilité des aéronefs; **la Décision n°13/05-UEAC-066-CM-13** portant création de la compagnie communautaire de

---

[854] Article 6 du Règlement.
[855] Article 7 du Règlement.
[856] Article 9 du Règlement.

transport aérien[857]; la **Décision n°3/086UEAC-66-CM-17** établissant un Comité directeur pour le lancement d'une compagnie de transport aérien dans la CEMAC; l'**Acte additionnel n°15/07-CEMAC-162-CCE-08** établissant une Agence de supervision de la sécurité des transports aériens en Afrique Centrale; **la Directive n°01/07-UEAC-082-CM-15** fixant le régime d'accès au marché des services d'assistance en escale dans les aéroports de la CEMAC ; **la Directive n°02/07-UEAC-082-CM-15 fixant le cadre juridique des créneaux horaires dans les aéroports des États membres**; **Règlement n°06/10 UEAC-204-CM-21** établissant l'accord relatif à la sécurité de l'aviation civile dans les États membres de la CEMAC; **la Décision n°08/10-UEAC-066-CM-2** fixant la composition et la répartition du capital de compagnie aérienne Air CEMAC; **le Règlement n°01/10-UEAC-066-CM-SE** portant établissement fiscal et douanier particulier Air CEMAC; **la Directive n° 03/07-UEAC-172-CM-15** portant adoption du cadre d'orientation général relatif à l'autonomisation des Administrations de l'aviation civile des États membres de la CEMAC.

Dans le domaine de l'aviation civile, la CEMAC n'a pas démérité. Elle a su, grâce à sa grande vision, doter la sous-région d'une législation moderne et en parfaite synergie avec le droit aérien international. Il reste en revanche un travail à parfaire pour harmoniser toutes les législations nationales des pays membres.

---

[857] « Par ailleurs, lors du dernier sommet de la CEMAC le projet de création d'une compagnie aérienne communautaire, Air CEMAC a été abandonné. La raison concerne les difficultés de démarrage d'Air CEMAC. Du coup, les chefs d'État, de gouvernement et de délégation ont décidé de renoncer à ce projet ». Le 3 août 2018 à Douala, les six ministres des Transports ont déclaré la liquidation définitive de la compagnie Air CEMAC et l'abrogation de tous les textes communautaires y relatifs. Ceci en application de la décision des conférences des chefs d'État du 6 mai 2015 à Libreville au Gabon et du 31 octobre 2017 à Ndjamena au Tchad.

CONCLUSION

La réglementation du transport aérien dans ces trois entités (OHADA, UEOMA et CEMAC) n'a pas bénéficié du même traitement. L'OHADA, qui est une communauté juridique par essence dont le rôle est d'élaborer les actes uniformes, n'en a pas encore conçu pour le transport aérien. Les débats en cours ont manifesté la nécessité d'un acte uniforme prenant en charge le transport aérien, compte tenu de son appartenance naturelle au droit des affaires, même si cette thèse rencontre des poches de résistance. Pour un acte uniforme, le terrain juridique est déjà balisé. Il n'existe aucune contrainte empêchant l'OHADA de légiférer dans ce domaine. Il ne reste désormais que la volonté du législateur communautaire.

Par ailleurs, la CEMAC et l'UEMOA ont réellement construit une politique réglementaire régissant l'aviation civile en général et le transport aérien particulier. Ces deux entités ont opté pour la méthode du renvoi, c'est-à-dire, le rabattement sur le droit international quant à la réglementation du transport aérien. Elles sont parties du postulat que la législation internationale, porteuse de l'uniformisation et de la modernité, peut être directement prise en compte au niveau communautaire. De plus, « la Clause dite régionale » leur facilite la ratification de la Convention de Montréal de 1999. En un mot, ces micro-législations sous-régionales ne sont pas de nature à garantir l'unité aérienne de l'Afrique. La meilleure solution serait de déléguer toutes ces compétences à une entité opérant pour toute l'Afrique. La dernière décision de l'Union africaine de libéraliser le transport aérien est arrivée à point nommé. Espérons qu'elle sera appliquée rapidement.

L'exécution forcée sur les meubles appartenant au débiteur : la saisie-vente

Jérémie WAMBO
Avocat
Juriste Référendaire CCJA – OHADA

La saisie-vente est une mesure d'exécution forcée qui consiste à rendre indisponibles, au moyen d'un titre exécutoire, les meubles appartenant au débiteur. En réalité, la mise en œuvre de la saisie-vente exige un titre exécutoire constatant une créance. Ledit titre exécutoire permet de pratiquer la saisie-vente ou de convertir une saisie conservatoire en saisie-vente[858]. Aux termes de l'article 91 de l'Acte uniforme portant organisation des procédure simplifiées de recouvrement et des voies d'exécution (l'AUPSRVE), « *Tout créancier muni d'un titre exécutoire constatant une créance liquide et exigible peut, après signification d'un commandement, faire procéder à la saisie et à la vente des biens meubles corporels appartenant à son débiteur, qu'ils soient ou non détenus par ce dernier, afin de se payer sur le prix* ».

Il ressort de cette disposition que l'exécution de la saisie-vente nécessite un titre exécutoire (I) en vertu duquel il est procédé à un commandement (II). A l'issue du délai imparti par ledit commandement, il est procédé aux opérations de saisie (III) dont les suites déterminent le sort de la créance dont l'exécution est poursuivie (IV). Des incidents de nature à affecter la saisie peuvent s'élever (V).

I – Le titre exécutoire

Il sera question de ce qu'il peut être convenu d'appeler titre exécutoire de droit commun, qui se démarque d'autres titres exécutoires, à l'instar de l'avis à tiers détenteur.

---

[858] AUPSRVE, art. 69.

L'article 33 de l'AUPSRVE qui traite des titres exécutoires n'en donne pas une définition, mais énumère les différents titres susceptibles d'être qualifiés d'exécutoires. Aux termes dudit texte, ceux-ci se résument aux :

- décisions juridictionnelles revêtues de la formule exécutoire et celles qui sont exécutoires sur minute ;
- actes et décisions juridictionnels étrangers ainsi que les sentences arbitrales déclarées exécutoires par une décision juridictionnelle, non susceptibles de recours suspensif d'exécution, de l'Etat dans lequel ce titre est invoqué ;
- procès-verbaux de conciliation signés par le juge et les parties[859] ;
- actes notariés revêtus de la formule exécutoire ;
- décisions auxquelles la loi nationale de chaque Etat-partie attache les effets d'une décision judiciaire.

Au regard de ce qui précède, un jugement qui a reçu apposition de la formule exécutoire au vu d'un certificat de non appel attestant qu'appel n'a pas été relevé contre ledit jugement constitue un titre exécutoire pouvant valablement fonder une saisie attribution de créances[860].

S'agissant des actes notariés, ils ne peuvent être que ceux dressés par les notaires territorialement compétents ou habilités. C'est ainsi que la CCJA a dénié le caractère exécutoire à un acte notarié établi dans un pays hors espace OHADA[861].

Cela dit, pour être valablement menée, toute saisie attribution de créance doit avoir pour socle ou fondement un des titres exécutoires ci-dessus énumérés. Dès lors, c'est à tort qu'est invalidée une saisie attribution assise sur un acte notarié et constatant une créance liquide et exigible[862]. A contrario, doit être annulée une saisie attribution

---

[859] CCJA, 1ère Ch., arrêt n°113/2016 du 9 juin 2016, Recueil CCJA n°25, p. 376 : la Haute cour communautaire de cassation précise dans cette cause que le procès-verbal de conciliation signé par les parties et homologué par la Cour d'appel de Dakar, bien qu'étant un contrat judiciaire, constitue un titre exécutoire qui échappe au régime des contrats prévus par le code des obligations civiles et commerciales.

[860] CCJA, 1ère Ch., arrêt n°063/2017 du 30 mars 2017, inédit.

[861] CCJA, 1ère Ch., arrêt n°111/2016 du 9 juin 2016, Recueil CCJA n°25, p. 318.

[862] CCJA, 2ème Ch., arrêt n°075/2016 du 21 avril 2016, inédit.

opérée au préjudice d'un tiers au procès à l'égard de qui on ne peut opposer le titre exécutoire mis à exécution[863].

En outre, l'exigence du titre exécutoire ne souffre d'aucune dérogation, de sorte que toute exécution forcée qui ne l'a pas comme fondement est anéantie[864].

Le titre exécutoire produit les effets que la loi lui attache jusqu'à ce qu'il soit éventuellement modifié, le cas échéant. Ainsi, le simple fait d'avoir initié une procédure tendant à voir rétracter le titre exécutoire mis à exécution ne suffit pas pour lui ôter son caractère exécutoire et justifier la mainlevée d'une mesure d'exécution forcée[865].

Toutefois, bien que l'article 33 susvisé ne le dise pas, peut-on considérer l'énumération des titres exécutoires telle que faite ci-dessus comme exhaustive ? Il nous semble que non, cette énumération ne visant, à notre sens, que les titres susceptibles d'être soumis aux procédures d'exécution forcée mises en place par l'AUPSRVE. D'autres titres exécutoires existent qui, en raison de leur nature particulière, ont un régime particulier et ne relèvent pas de l'AUPSRVE[866].

L'article 33 n'établit aucune distinction entre un titre exécutoire par provision, donc susceptible d'être modifié ou annulé, et un titre exécutoire définitif, l'important étant que le titre comporte une formule exécutoire pouvant sous-tendre l'exécution forcée. Ainsi, une ordonnance de référé constatant une créance est un titre exécutoire susceptible d'être mis à exécution [867]. De même, un jugement exécutoire par provision constitue un titre exécutoire au sens de l'article 33[868].

---

863 CCJA, arrêt n°012/2002 du 18 avril 2002, Recueil CCJA numéro spécial janvier 2003, p. 53.

864 CCJA3ème Ch., arrêt n°034/2014 du 3 avril 2014, Recueil CCJA n°21, vol .1, p. 217.

865 CCJA, 2ème Ch., arrêt n° 170/2015 du 17 décembre 2015, Recueil CCJA n°24, p. 332.

866 Décisions exécutoires du juge administratif, avis à tiers détenteurs, etc.

867 CCJA, arrêt n°001/2004 du 8 janvier 2004, Recueil CCJA n°3, p. 79.

868 CCJA, 1ère Ch., arrêt n°006/2010, Recueil CCJA n°15, p. 115.

Mais, le texte fait du caractère exécutoire du titre une exigence capitale, car c'est ce caractère exécutoire qui justifie l'attribution des sommes saisies, le cas échéant. Cela pourrait-il laisser penser que le titre exécutoire doit obligatoirement comporter une obligation ou une créance chiffrée pour pouvoir être mis à exécution ?

La question a déjà été posée à la haute Cour de cassation communautaire qui avait donné un début de réponse. En effet, dans la cause soumise à la haute cour, un créancier avait sollicité et obtenu du juge des requêtes une ordonnance d'injonction de payer qu'il avait signifiée à son débiteur. Ce dernier ayant formé opposition hors délai, le jugement consécutif rendu l'avait déclarée irrecevable, mais avait simplement indiqué qu'il restituait à l'ordonnance d'injonction de payer attaquée *« son plein et entier effet »*. L'appel du débiteur contre ledit jugement avait également été déclaré irrecevable comme tardif.

Dès lors, muni de la grosse dûment en forme exécutoire de l'arrêt de la cour d'appel, et de l'ordonnance d'injonction de payer contenant les sommes réclamées mais non revêtue de la formule exécutoire[869], le créancier avait entrepris une saisie attribution au préjudice du débiteur qui avait aussitôt saisi le juge des référés (entendez ici le juge de l'exécution) en nullité de ladite saisie fondée sur l'absence de titre exécutoire au sens de l'article 33 de l'AUPSRVE. Le juge des référés avait validé la saisie avant de voir sa décision infirmée par la cour d'appel qui avait estimé que la saisie critiquée n'était pas fondée sur un titre exécutoire au sens de l'article 33 susvisé.

Cette position de la cour d'appel qui paraissait juridiquement justifiée avait été remise en cause par la haute cour qui, cassant sa décision, avait retenu que « *… l'absence de l'opposition à l'injonction de payer comme le fait pour les juges de n'avoir pas statué sur le fond de la contestation pour cause de forclusion des opposants, alors même qu'aucune faute ne peut être reprochée au créancier poursuivant, justifie l'apposition de la formule exécutoire sur l'ordonnance*

---

[869] En application de l'article 14 de l'AUPSRVE, dès lors qu'il y a eu opposition à ordonnance d'injonction de payer, celle-ci ne peut plus recevoir apposition de la formule exécutoire comme l'exige l'article 33 et ne peut par conséquent constituer un titre exécutoire.

d'injonction de payer ou sur le jugement qui vaut dès lors titre exécutoire »[870].

Cette décision qui consacrait le caractère exécutoire et l'exécutabilité d'un titre qui ne comporte pas de montant chiffré, mais concomitamment avec un titre non exécutoire mais chiffré, a récemment été révisée par la haute cour dans un arrêt suffisamment explicite. Cet arrêt qui permet désormais d'exécuter seul un titre exécutoire nc comportant pas créance chiffrée, martèle en effet que « *les mentions de cette décision, bien que ne contenant pas une condamnation formelle, permettent d'identifier le créancier et le débiteur et de déterminer une créance certaine, liquide et exigible du premier sur le second ; qu'il constitue dès lors un titre exécutoire au sens de l'article 33 de l'Acte uniforme portant organisation des procédures simplifiées de recouvrement et des voies d'exécution, susceptible de servir valablement de fondement à une mesure d'exécution forcée* »[871].

Toutefois, précise la Cour, bien que l'arrêt ci-dessus évoqué n'exige pas une condamnation formelle contenue dans le titre exécutoire, il convient de relever que si le titre ne comporte pas d'éléments permettant de fixer une créance liquide et exigible, le bénéficiaire d'une décision annulant simplement un titre exécutoire et renvoyant la cause devant une autre juridiction autrement composée ne peut s'en prévaloir pour réclamer la restitution des sommes perçues par le créancier en exécution de la décision désormais annulée, la décision litigieuse ne constituant pas un titre exécutoire au sens de l'article 153 de l'AUPSRVE[872].

Une interprétation a contrario de cette décision de la haute juridiction de cassation permet de déduire que si la décision d'annulation du titre exécutoire exécuté comportait des éléments précis sur la créance recouvrée à tort, notamment sur le montant, elle aurait pu constituer un titre exécutoire pouvant fonder une saisie attribution, même en l'absence de condamnation expresse. Une telle analyse nous rapproche de l'article 32 de l'AUPSRVE qui dispose que l'exécution

---

[870] CCJA, 3ème Ch., arrêt n°065/2012 du 7 Juin 2012, Recueil CCJA n°18, p. 171.
[871] CCJA, 1ère Ch., arrêt n°165/2015 du 17 décembre 2015, Recueil CCJA, n°24, p. 329.
[872] CCJA, 2ème Ch., arrêt n°072/2016 du 21 avril 2016, inédit.

d'un titre exécutoire par provision est poursuivie aux risques du créancier, à charge pour ce dernier, si le titre est ultérieurement modifié, de réparer intégralement le préjudice causé par son exécution. Toutefois, le préjudice s'entendant aussi bien des sommes à tort payées que du dommage éprouvé, il est évident que sa réparation intégrale ne pourra se faire que par une décision autre que celle qui a modifié ou annulé le titre.

Mais, la Cour de cassation française est très claire et précise sur la question. En effet, elle avait déjà adopté une position non équivoque consistant à dire qu'en cas d'invalidation du titre exécutoire, « *l'obligation de rembourser résulte de plein droit de la réformation du jugement de première instance* »[873] qui a permis de se faire payer les sommes qui se doivent désormais d'être répétées.

Cependant, soutient la haute juridiction communautaire de cassation, une ordonnance du président d'une cour suprême prescrivant la poursuite d'une exécution, bien que exécutoire, ne constitue pas un titre exécutoire au sens de l'article 153 : « *... la Compagnie COTRACOM se prévaut d'une décision du Président de la Cour Suprême de Côte d'Ivoire ayant constaté que la matérialité de la compensation évoquée par TOTAL CI n'était pas avérée et qu'elle pouvait poursuivre le recouvrement du reliquat de sa créance ; que cependant, cette ordonnance du président de la Cour Suprême de Côte d'Ivoire n'est pas un titre exécutoire au sens de l'article 153 de l'Acte uniforme susmentionné ...* »[874].

Enfin, la dernière catégorie de titre exécutoire n'étant pas davantage explicitée, on peut raisonnablement se poser la question de savoir ce que revêt l'appellation « *décisions auxquelles la loi nationale de chaque Etat-partie attache les effets d'une décision judiciaire* ». Il pourrait s'agir par exemple des contraintes qui sont des actes délivrés par l'Administration des finances ou des entités bénéficiant du privilège du trésor, et qui produisent tous les effets d'une décision de justice. Mais, la CCJA semble dire dans une espèce qu'une contrainte délivrée par une société nationale de recouvrement et rendue

---

873 Cass. Civ. 2ème, 8 mars 2007 : https://www.legifrance.gouv.fr/affichJuriJudi.do?oldAction=rechJuriJudi&idTexte=JURITEXT000007625794&fastReqId=1044131661&fastPos=1.

874 CCJA, 2ème Ch., arrêt n°026/2008 du 30 avril 2008, Recueil CCJA n°11, p. 65.

exécutoire par arrêté ministériel doit, pour être considérée comme un titre exécutoire au sens de l'article 33 susvisé, être signifiée[875].

La Cour a dénié le caractère de titre exécutoire à une décision prise par le Conseil des Télécommunications de Côte d'Ivoire, organisme chargé par l'Etat de Côte d'Ivoire d'une mission de conciliation préalable à tout recours arbitral ou juridictionnel. La Cour considérant que sa saisine ne pouvant faire obstacle à la saisine ultérieure par les parties d'une juridiction étatique ou arbitrale, dans le cadre du règlement de leurs différends, sa mission étant d'assurer avant tout recours arbitral ou juridictionnel le règlement des litiges, il s'ensuit que ses décisions ne mettent pas fin au contentieux[876].

Dans une autre espèce cependant, la CCJA a qualifié de titre exécutoire au regard de la loi nationale, un état de créance établi par une banque, lequel état de créance a permis d'enclencher une procédure de saisie immobilière[877].

II – Le commandement préalable

La définition et la forme du commandement (A) permettent de mieux appréhender son contenu et ses effets (B).

A- Définition et forme du commandement

Les dispositions de l'AUPSRVE relatives au commandement n'en ont pas donné une définition précise (1). Toutefois, la formulation de l'article 92 permet d'en déterminer la forme (2).

1 - Définition

Le commandement est un « *acte signifié au débiteur, par l'intermédiaire d'un huissier de justice, l'invitant à payer sous peine d'être saisi* »[878]. De cette définition, il ressort que le commandement

---

[875] CCJA, Ass. Plénière, arrêt n°045/2015 du 27 avril 2015, Recueil CCJA n°23, vol. 1, p. 120.
[876] CCJA, arrêt n°009/2008 du 27 mars 2008, Recueil CCJA n°11, p. 92.
[877] CCJA, 3ème Ch., arrêt n°026/2014 du 13 mars 2014, Recueil CCJA n°21, Vol. 1, p. 165.
[878] R. Guillien et J. Vincent, *Lexique des termes juridiques,* 13ème éd., Dalloz, p. 111.

n'est autre qu'un avertissement, mieux, une alerte prévenant le débiteur d'un danger devant atteindre son patrimoine.

L'article 92 de l'AUPSRVE dispose que le commandement de payer doit être signifié au moins huit jours avant la saisie au débiteur. Ledit commandement doit impérativement être signifié à personne ou à domicile et jamais à domicile élu[879].
La CCJA précise dans une espèce que le commandement de payer tel que régi par les articles 91 et 92 de l'AUPSRVE est différent du commandement de restituer en ce qu'il n'a pas pour finalité la vente des meubles dont la restitution est demandée[880].

2 – La forme du commandement

S'agissant de la forme du commandement de payer, il ne fait pas de doute qu'il est diligenté au moyen d'un exploit d'huissier ou d'agent d'exécution. Cela transparaît d'ailleurs des termes de l'article 92 qui précise que l'acte doit être « *signifié* » au débiteur. Concrètement, le créancier muni de son titre exécutoire avertit par le commandement le débiteur de ce que s'il ne s'acquitte pas de son obligation, il sera procédé à la saisie, suivie de la vente des biens meubles corporels lui appartenant.

L'article 94 indique par ailleurs que le commandement de payer peut être délivré dans « *l'acte de signification du titre exécutoire* ». Ce qui revient à dire que le créancier peut délivrer le commandement en même temps qu'il porte son titre exécutoire à la connaissance du débiteur. Dans ce cas il diligente un seul et même exploit qui pourrait s'intituler « *signification – commandement* ». Cette faculté d'accomplir deux formalités substantielles dans un seul et même acte offre l'avantage de réduire les frais engendrés par l'exécution.

Il découle de ce qui précède que le commandement ne peut être instrumenté par aucun autre moyen que ceux ci-dessus précisés. Dès lors, quels en sont le contenu et les effets ?

---

879 AUPSRVE, art. 94.
880 CCJA, 2ème Ch., arrêt n°011/2008 du 27 mars 2008, Recueil CCJA n°11, p. 43 et s.

2- Contenu et effets du commandement

Le contenu du commandement tel que prévu par les textes doit être scrupuleusement observé (a) afin que le commandement puisse produire ses effets (b).

a – Le contenu du commandement

Le commandement comportant les mentions exigées (a1) doit être signifié à la personne indiquée (a3). L'inobservation des mentions exigées est sanctionnée (a2).

a1 – Les mentions du commandement

L'article 92 de l'AUPSRVE dispose que le commandement précédant la saisie, qui doit être signifié au moins huit jours auparavant, doit contenir, à peine de nullité :
« 1° *mention du titre exécutoire en vertu duquel les poursuites sont exercées avec le décompte distinct des sommes réclamées en principal, frais et intérêts échus ainsi que l'indication du taux des intérêts ;*
2° commandement d'avoir à payer la dette dans un délai de huit jours, faute de quoi il pourra y être contraint par la vente forcée de ses biens meubles ».

L'on peut relever que ce texte ne fait pas cas des mentions relatives à l'identification des parties. Mais, bien que cela ne soit pas expressément mentionné, il est évident qu'un tel acte ne saurait être instrumenté sans qu'il y soit précisé l'identité des protagonistes, ainsi que d'autres éléments indispensables et incontournables pour la validité de l'acte, tels que la date, le nom de l'huissier instrumentaire etc… Ces mentions sont donc sous-entendues et doivent figurer dans l'acte.

Mais il est important de s'interroger sur le sens de l'expression « *mention du titre exécutoire* » contenue dans ce texte. S'agit-il simplement de l'énonciation du titre exécutoire ou alors de son adjonction à l'exploit de commandement ?

Nous pensons que la réponse à cette interrogation doit être nuancée. Ainsi, si le titre exécutoire a été auparavant signifié au débiteur, le commandement peut se contenter de le mentionner, tout en visant l'exploit de signification antérieur. Par contre, si la signification du titre exécutoire et le commandement sont instrumentés dans un seul et même acte, le titre exécutoire doit être non seulement mentionné, mais également joint à l'exploit. Tel est au demeurant le sens de l'article 94 susvisé.

a2 – Sanctions de l'inobservation des mentions exigées

Il ressort des dispositions de l'article 92 susvisé que tout commandement qui ne comporte pas les mentions obligatoires prescrites est nul et de nul effet. La sanction de nullité prévue ici s'explique par le caractère substantiel des mentions exigées dont l'inobservation vicie l'acte. Dès lors, tout exploit conforme à ces prescriptions ne peut être annulé[881].

Par ailleurs, on peut se poser la question de savoir si en dehors des cas de nullité ci-dessus prévus d'autres nullités peuvent être encourues, notamment lorsqu'il y a erreur sur le montant de la créance. La Haute cour répond par la négative dans une espèce en relevant que « ... *à l'analyse, ces dispositions ne laissant pas apparaître une cause de nullité relative à son montant, un commandement fait pour des sommes réclamées supérieures aux montants réels de la dette demeure ainsi valable jusqu'à due concurrence* »[882].

De même, ne peut être déclaré nul un commandement de payer dirigé contre deux débiteurs sous le prétexte que ces derniers n'ont pas été condamnés solidairement. La CCJA relève en effet dans une espèce que « ... *il ressort du dossier que X... est le cogérant de la Sté Y Sarl dont les intérêts sont juridiquement liés à ceux de ladite société ; qu'en conséquence, il existe entre la société et son gérant une solidarité de fait et de droit...* »[883].

---

[881] CCJA, 3ème Ch., arrêt n°025/2011 du 6 décembre 2011, Recueil CCJA n°17, p. 61 et s. ; voir également CCJA, 2ème Ch., arrêt n°250/2018 du 29 novembre 2018, inédit.
[882] Même arrêt.
[883] CCJA, Ass. Plénière, arrêt n°094/2013 du 22 novembre 2013, Recueil CCJA n°20, vol.2, p. 15 et suiv.

a3 – Signification du commandement

Sur un tout autre registre, l'article 94 de l'AUPSRVE spécifie que le commandement doit être signifié à personne ou à domicile et jamais au domicile élu. Seulement, ce texte ne prévoit aucune sanction devant affecter les commandements signifiés à domicile élu. Il reviendra à la haute juridiction communautaire de déterminer la sanction appropriée, certainement au regard de l'impact que le manquement a pu avoir sur la mise en œuvre de la saisie. Nous pensons pour notre part qu'un commandement servi à domicile élu ne devrait pouvoir faire courir le délai de huit jours que s'il est prouvé qu'il a été porté à la connaissance du débiteur.

Dans une espèce où une partie soulevait l'irrecevabilité du pourvoi motif pris de ce que non seulement l'arrêt attaqué n'avait pas été signifié, mais également le commandement avait été signifié à domicile élu, la Cour répondait qu'en dehors du fait que la recevabilité du recours n'est pas subordonnée à la signification de l'arrêt, la violation de l'article 94 « ... *ne peut non plus avoir une incidence sur la recevabilité du pourvoi en raison de ce qu'un commandement n'a pas les mêmes effets que la signification* ... »[884].

b – Effets du commandement

L'AUPSRVE fait du commandement de payer une formalité obligatoire préalable à toute saisie-vente. Son but est de « *provoquer, de la part du débiteur qui veut éviter les inconvénients et les frais engendrés par la saisie, un paiement total ou partiel ou, tout au moins, une offre de paiement échelonnée* »[885]. Il est question d'avertir le débiteur de l'intention de rendre indisponibles ses biens en vue de leur vente, les frais en étant à sa charge.

Un auteur a pu relever que si le législateur a prévu le commandement préalable qui est une information du débiteur, c'est qu'il considère qu'il est de bonne foi dans la mesure où, ayant oublié de payer sa dette, la menace du commandement pourrait le lui rappeler. Cependant, s'il est

---

[884] CCJA, 2ème Ch., arrêt n°002/2012 du 2 février 2012, Recueil CCJA n°18, p. 68 et s.

[885] S. Guinchard et T. Moussa, *Droit et Pratique des voies d'exécution*, Dalloz Action, 8ème éd., avril 2015, n°713.05.

de mauvaise foi, le délai de huit jours à lui imparti pourrait lui permettre d'organiser son insolvabilité[886].

En réalité, le commandement peut produire trois effets dont les conséquences peuvent avantageuses ou néfastes pour l'exécution envisagée. Ainsi, le débiteur pourrait :

- Payer sa dette ou manifester l'intention de payer et auquel cas s'approcher du créancier pour convenir avec lui des modalités de paiement. Cette réponse est avantageuse en ce qu'elle évite au créancier d'exposer les frais d'exécution et d'affronter les obstacles ô combien nombreux qui se dressent très souvent sur le chemin de l'exécution forcée Mais le titulaire du titre exécutoire doit éviter se laisser distraire par les promesses du débiteur qui pourrait aussi être en train d'user de ruse pour l'endormir et organiser en douce son insolvabilité. Il serait donc indiqué de, malgré les promesses de paiement, pratiquer la mesure pour rendre indisponible le bien, avant d'accéder aux éventuelles demandes de moratoire ou d'échelonnement.
- Rester tranquille et subir l'exécution forcée sur ses biens. Mais cette attitude est assez rare chez les débiteurs dans notre contexte. Elle se rencontre, par hypothèse, chez ceux qui ne disposent de rien qui puisse être saisi, ou alors ceux qui sont résignés parce que découragés ou ayant en face plusieurs créanciers sur un même bien.
- Organiser son insolvabilité. Le débiteur qui n'adopte aucune des attitudes ci-dessus citées s'organise pour sortir de son patrimoine tout bien de valeur susceptible d'être saisi.

En définitive, on peut s'interroger sur l'opportunité du commandement dans la mesure où il ne paraît pas forcément avantageux pour le créancier et en arrive à compromettre le recouvrement ou l'exécution. C'est pourquoi il est important de pratiquer des mesures conservatoires en temps opportun, pour les concrétiser par la suite, une fois en possession du titre exécutoire.

---

[886] J. Djogbenou, *L'exécution forcée droit OHADA*, Editions CREDIJ, 2ème éd., p. 196.

En outre, un effet d'indisponibilité des biens complèterait le caractère obligatoire du commandement et le rendrait plus efficace et utile. Mais étant donné qu'il ne vise pas les biens dont la saisie est projetée, il est difficile, voire impossible d'envisager ladite indisponibilité, à moins qu'une reformulation de l'article 92 n'impose d'énumérer les biens visés par la saisie. Quoiqu'il en soit, les opérations de saisie menées ne sont que la suite logique du commandement.

III – Les opérations de saisie

En application de l'article 98 de l'AUPSRVE qui dispose que « *A l'expiration d'un délai de huit jours à compter du commandement de payer resté sans effet, l'huissier ou l'agent d'exécution peut, sur justification du titre exécutoire, pénétrer dans un lieu servant ou non à l'habitation dans les conditions prévues par les articles 41 à 46 ci-dessus* », le créancier rend indisponibles[887] en mettant sous mains de justice les biens appartenant à son débiteur, en quelques mains qu'ils se trouvent. La saisie pourrait ainsi avoir lieu aussi bien entre les mains du débiteur même (A) qu'entre celles d'un tiers (B).

A- La saisie entre les mains du débiteur

Les opérations de saisie débutent par une demande verbale de l'huissier ou l'agent d'exécution, adressée au débiteur de payer, en l'informant qu'il est tenu d'indiquer les biens qui auraient fait l'objet d'une précédente saisie. C'est pour cela qu'il est important que le débiteur soit présent au moment de la saisie. Mais, même en son absence la saisie peut toujours avoir lieu. Dans ce cas, une copie du procès-verbal lui est signifiée lui impartissant un délai de huit jours pour faire savoir à l'huissier ou à l'agent d'exécution s'il y a eu une précédente saisie sur les mêmes biens[888]. Cependant, l'article 46

[887] Cette indisponibilité des biens du débiteur ne lui en retire pas non plus l'usage, sauf s'il s'agit de biens consomptibles et dans ce cas il devra, le moment venu, en fournir la contre-valeur. Le débiteur peut néanmoins perdre l'usage des biens s'ils sont remis à un séquestre désigné par la juridiction compétente (AUPSRVE, art. 103).
[888] AUPSRVE, art. 102.

alinéa 3 précise que la partie saisissante ne peut assister aux opérations de saisie[889].

Aux termes de l'article 100 de l'AUPSRVE, l'huissier ou l'agent d'exécution dresse un inventaire des biens saisis dans un procès-verbal qui doit contenir, « *...à peine de nullité :*

1° les noms, prénoms et domiciles du saisi et du saisissant ou, s'il s'agit de personnes morales, leurs forme, dénomination et siège social ; l'élection éventuelle de domicile du saisissant ;
2° la référence au titre exécutoire en vertu duquel la saisie est pratiquée ;
3° la mention de la personne à qui l'exploit est laissé ;
4° la désignation détaillée des objets saisis ;
5° si le débiteur est présent, la déclaration de celui-ci au sujet d'une éventuelle saisie antérieure des mêmes biens ;
6° la mention, en caractères très apparents, que les biens saisis sont indisponibles, qu'ils sont placés sous la garde du débiteur, qu'ils ne peuvent être ni aliénés ni déplacés, si ce n'est dans le cas prévu par l'article 97 ci-dessus, sous peine de sanctions pénales, et que le débiteur est tenu de faire connaître la présente saisie à tout créancier qui procéderait à une nouvelle saisie des mêmes biens ;
7° l'indication, en caractères très apparents, que le débiteur dispose d'un délai d'un mois pour procéder à la vente amiable des biens saisis dans les conditions prévues par les articles 115 à 119 ci-après ;
8° la désignation de la juridiction devant laquelle seront portées les contestations relatives à la saisie-vente ;
9° l'indication, le cas échéant, des noms, prénoms et qualités des personnes qui ont assisté aux opérations de saisie, lesquelles devront apposer leur signature sur l'original et les copies ; en cas de refus, il en est fait mention dans le procès-verbal ;
10° la reproduction des dispositions pénales sanctionnant le détournement d'objets saisis ainsi que de celle des articles 115 à 119 ci-après ;
11° la reproduction des articles 143 à 146 ci-après ».

---

[889] Cette mesure se justifie par la nécessité de permettre que la saisie se déroule dans la sérénité car la présence du créancier pourrait engendrer des troubles et même des rixes.

Les nullités prévues par ce texte pour quelque manquement opèrent de manière automatique et doivent être prononcées toutes les fois qu'il y a violation, sans qu'il y ait lieu de prouver un quelconque grief. Ainsi, un juge de fond qui relève une irrégularité tombant sous le coup de ce texte doit en tirer les conséquences qui s'imposent, notamment en invalidant l'exploit[890].

Sur l'indication relative à l'élection de domicile, la Cour considère que le défaut de sa précision lorsque les biens saisis se trouvent dans une autre localité vicie l'acte de saisie et l'expose à annulation. En outre, elle relève que l'élection de domicile résultant de la constitution d'un conseil ne peut substituer celle requise dans le cadre d'une saisie-vente[891].

Les points 6° et 7° de cette disposition exigent que certaines mentions soient en caractères très apparents, notamment celles relatives à l'indisponibilité des biens saisis, à leur garde, à l'interdiction de les déplacer sous peine de sanctions pénales, ainsi que celle relative au rappel au débiteur qu'il dispose d'un délai d'un mois pour procéder à la vente amiable des biens saisis. Il n'est cependant pas précisé les critères d'apparence qui permettent de dire que ces exigences sont remplies. Mais de manière générale, on peut penser qu'il s'agira pour l'huissier ou l'agent d'exécution de mettre en évidence, de quelque manière que ce soit, les mentions indiquées, en les distinguant des autres. Il a ainsi été décidé que lesdites mentions, écrites en gras, précédées du titre souligné « **TRES IMPORTANT** », qui les distinguent des autres mentions, répondent parfaitement aux exigences de la loi[892].

Par ailleurs, il ressort de l'article 104 de l'AUPSRVE que lorsque la saisie porte sur des sommes d'argent ou si au cours de la saisie des sommes d'argent[893] sont saisies, celles-ci sont consignées, au choix du créancier, soit entre les mains de l'huissier ou de l'agent d'exécution, soit au greffe. Mention en est faite au procès-verbal de saisie avec

---

[890] CCJA, arrêt n°012 /2004 du 18 mars 2004, Recueil CCJA n°3, p. 96 et s.

[891] CCJA, 3ème Ch., arrêt n°147/2018 du 7 juin 2018, inédit.

[892] CCJA, 3ème Ch., arrêt n°025/2011 du 6 décembre 2011, Recueil CCJA n°17, p. 61 et s.

[893] Il s'agit des sommes en espèce découvertes sur les lieux, dans un meuble ou dans un tiroir-caisse, ou même dans un coffre appartenant au débiteur.

indication, à peine de nullité, que le débiteur dispose de quinze jours à compter de la signification pour contester le procès-verbal devant la juridiction du lieu de la saisie qui est désignée dans ledit procès-verbal. En cas de contestation, la juridiction saisie peut ordonner, soit le versement desdites sommes au créancier, soit leur restitution au débiteur, soit enfin leur consignation entre les mains d'un séquestre. Mais si le débiteur n'introduit aucune contestation dans le délai à lui imparti, les sommes sont versées au créancier et viennent en déduction des sommes réclamées.

Il convient d'indiquer que, bien que le texte ne le précise pas, si le débiteur n'a pas formé de contestation, les sommes ne pourront être reversées au créancier qu'au vu d'un certificat de non-contestation, comme en matière de saisie attribution de créances.

Enfin, il nous paraît intéressant de souligner que la saisie-vente n'ayant pas forcément un grand impact sur le débiteur qui peut continuer à user du bien, le législateur a prévu la possibilité de lui en retirer l'emprise, mais beaucoup plus pour sécuriser le bien en le soustrayant aux risques de détérioration. C'est ainsi qu'il est possible d'obtenir l'immobilisation d'un véhicule saisi jusqu'à son enlèvement en vue de la vente[894].

Un exemple typique a trait à des véhicules de transport de passagers saisis, qui continuent à effectuer des parcours sur des axes routiers détériorés, ce qui les expose à une détérioration accélérée qui du coup les déprécie, de sorte qu'en cas de vente, le produit pourrait s'avérer insuffisant pour désintéresser le créancier. Plus est, la circulation peut également exposer les véhicules aux accidents[895] susceptibles de les mettre hors d'usage.

Cette immobilisation a l'avantage d'exercer plus de pression sur le débiteur qui, afin de continuer à avoir de l'emprise sur son bien qui peut être un matériel d'exploitation, peut, à défaut d'apurer sa dette, concéder un échéancier réaliste de paiement. Cela a aussi l'avantage

---

[894] AUPSRVE, art. 103, al. 3.

[895] Sous réserve de la subrogation qui pourrait être stipulée sur les indemnités à payer par l'assureur.

de voir si le débiteur est de mauvaise foi et ne veut pas payer ou s'il est simplement en difficulté.

Le même résultat pourra être atteint si, en application de l'article 103 alinéa 2 de l'AUPSRVE, le créancier fait désigner un séquestre entre les mains de qui remettre pour conservation les biens objet de saisie. Mais il faudra démontrer le bien-fondé de la demande, par exemple le risque de détournement qui, s'il n'est pas établi, entraîne le rejet[896]. A noter que le droit de gage du créancier sur le prix de vente du bien ne constitue pas un obstacle à la désignation d'un séquestre qui conserverait le prix de vente desdits biens[897].

B- La saisie entre les mains d'un tiers

Aux termes de l'article 105 de l'AUPSRVE, lorsque la saisie est pratiquée entre les mains d'un tiers, elle doit être autorisée par la juridiction du lieu où sont situés les biens.

Le tiers doit être entendu ici au sens de celui qui est détenteur et qui est tenu à une obligation de restitution. Cela revient à dire que le débiteur doit être lié à ce détenteur par un contrat : un contrat de dépôt par exemple, ou encore un contrat de réparation avec un garagiste. Il faut donc que le tiers détienne en vertu d'un pouvoir indépendant.

L'article 106 de l'AUPSRVE énumère les conditions préalables à réunir avant de procéder à la saisie entre les mains du tiers :

- l'autorisation du président de la juridiction compétente prescrivant la mesure. Cette autorisation doit être portée à la connaissance du tiers, de préférence jointe au commandement qui lui est présenté ;
- la présentation au tiers du commandement servi au débiteur huit jours plus tôt. Bien qu'il ne s'agisse pas ici d'une signification ou d'une notification, il serait idéal de laisser une copie dudit commandement au tiers ;

---

[896] CCJA, 1ère Ch., arrêt n°096/2015 du 23 juillet 2015, Recueil CCJA n°24, p. 348.
[897] CCJA, 2ème Ch., arrêt n°034/2010 du 3 juin 2010, Recueil CCJA n°15, p. 163.

- l'interpellation du tiers qui doit dire s'il détient des biens pour le compte du débiteur, les spécifier et dire si lesdits biens ont fait l'objet de saisie antérieure.

Sur ce dernier point, il y a lieu de préciser qu'en cas de refus de déclaration ou de déclaration inexacte ou mensongère, le tiers peut être condamné au paiement des causes de la saisie, sauf son recours contre le débiteur[898]. Mais pour que la condamnation puisse être prononcée, il faut, non seulement que la saisie subsiste[899], mais également qu'elle soit régulière[900].

Lorsque le tiers saisi déclare détenir des biens pour le compte du débiteur, l'huissier ou l'agent d'exécution en dresse procès-verbal, lequel, aux termes de l'article 109 de l'AUPSRVE contient, à peine de nullité :

« *1° la référence du titre en vertu duquel la saisie est pratiquée ;*
2° la date de la saisie, les nom, prénoms et domicile du saisissant ou, s'il s'agit d'une personne morale, ses forme, dénomination et siège social ; l'élection éventuelle de domicile ;
3° les nom, prénoms et domicile du débiteur ou, s'il s'agit d'une personne morale ses forme, dénomination et siège social ;
4° la mention des nom, prénoms et domicile du tiers ;
5° la déclaration du tiers et, en caractères très apparents, l'indication que toute déclaration inexacte ou mensongère l'expose à être condamné au paiement des causes de la saisie sans préjudice d'une condamnation à des dommages-intérêts ;
6° la désignation détaillée des biens saisis ;
7° la mention, en caractères très apparents, que les objets saisis sont indisponibles, qu'ils sont placés sous la garde du tiers, qu'ils ne peuvent être ni aliénés ni déplacés, si ce n'est dans le cas prévu par l'article 97 ci-dessus sous peine de sanctions pénales et que le tiers est tenu de faire connaître la présente saisie à tout créancier qui procéderait à une saisie sur les mêmes biens ;
8° la mention que le tiers peut se prévaloir des dispositions de l'article 112 ci-après qui est reproduit dans l'acte ;

[898] AUPSRVE, art. 107, al. 2.
[899] CCJA, 3ème Ch., arrêt n°096/2014 du 1er août 2014, Recueil CCJA n°22, p. 189.
[900] Même arrêt.

9° l'indication que le tiers peut faire valoir ses droits sur les biens saisis, par déclaration ou par lettre recommandée avec avis de réception ou tout moyen laissant trace écrite adressée à l'huissier ou à l'agent d'exécution du créancier saisissant ;
10° la désignation de la juridiction devant laquelle seront portées les contestations relatives à la saisie-vente ;
11° l'indication, le cas échéant, des noms, prénoms et qualités des personnes qui ont assisté aux opérations de saisie, lesquelles doivent apposer leur signature sur l'original et sur les copies ; en cas de refus, il en est fait mention dans le procès-verbal ;
12° la reproduction des dispositions pénales sanctionnant le détournement d'objets saisis ».

La saisie ainsi pratiquée est portée à la connaissance du débiteur par transmission d'une copie du procès-verbal, dans un délai de huit jours à compter de la saisie, avec indication, à peine de nullité, qu'il dispose d'un délai d'un mois pour procéder à la vente amiable des biens saisis.

Il convient de souligner que si le tiers se prévaut d'un droit de rétention ou de tout autre droit, il doit, en application du point 9° de l'article 114 de l'AUPSRVE, en faire état à l'huissier ou l'agent d'exécution soit au moment de la saisie, soit après la saisie, par lettre recommandée avec demande d'avis de réception. Le créancier dispose d'un délai d'un mois pour contester ledit droit de rétention faute de quoi il est réputé fondé[901].

IV – Les suites de la saisie-vente

Les suites de la saisie-vente instrumentée se résument à la vente amiable (A) ou à la vente forcée des biens rendus indisponibles (B).

A- La vente amiable des biens

La vente amiable des biens[902] ne peut valablement se réaliser que si deux conditions cumulatives sont réunies : l'accord du ou des créanciers et la consignation du prix.

[901] AUPSRVE, art. 115.
[902] Cette vente ne concerne que les biens mobiliers et ne s'applique nullement à la vente d'une concession : « … qu'en l'espèce, s'agissant d'une procédure de saisie-vente d'une concession, donc d'un bien immobilier, les dispositions de l'article 116

Dans la perspective de la vente amiable, il est imparti au débiteur un délai d'un mois à compter de la notification du procès-verbal de saisie pour procéder lui-même à la vente des biens saisis. Bien qu'il soit offert au débiteur la faculté de vendre lui-même les biens, il ne dispose pas d'une grande marge de manœuvre pour négocier les prix dans la mesure où les créanciers peuvent refuser les propositions faites par l'acheteur.

Le débiteur saisi doit en outre informer l'huissier ou l'agent d'exécution des propositions faites par les éventuels acquéreurs, décliner leurs identités et le délai promis pour consigner le prix. Ces informations sont portées par l'huissier à la connaissance du créancier saisissant et des créanciers opposants, lesquels disposent d'un délai de quinze jours pour accepter la vente amiable, la refuser ou se porter acquéreurs.

Le prix de vente est, au choix du créancier, consigné entre les mains de l'huissier ou de l'agent d'exécution ou au greffe. Le transfert de propriété ne peut avoir lieu que si ladite consignation a été effectuée.

On peut se poser la question de savoir si en dehors du débiteur, le créancier peut prendre l'initiative de la vente amiable. La réponse à cette question est, à notre sens, négative dans la mesure où il n'est permis au débiteur de procéder à la vente amiable que parce qu'il a encore une emprise sur les biens saisis, ceux-ci n'ayant pas été enlevés au moment de la saisie. Dès lors, lui seul bénéficie de ce droit qu'il peut mettre en œuvre à sa guise.

C'est d'ailleurs la position exprimée en 2005 par la Cour Suprême du Bénin dans une espèce où un créancier, après avoir demandé en vain à l'huissier instrumentaire qu'il avait mandaté de stopper la vente forcée parce qu'il voulait procéder à la vente amiable, avait sollicité et obtenu l'annulation de la vente forcée effectuée par ledit huissier, le juge estimant que la vente amiable était une prérogative réservée au seul débiteur[903]. Il convient toutefois de préciser que la nullité prononcée

---

n'ont pas vocation à s'appliquer… » : CCJA, 1ère Ch., arrêt n°036/2010 du 10 juin 2010, Recueil CCJA n°15, p. 77.

903 C. S. Bénin, arrêt n°042/CJ-CM du 13 mai 2005 cité par J. Djogbenou in *L'exécution forcée droit OHADA*, Editions CREDIJ, 2ème éd., p. 201.

l'a été pour vente de la chose d'autrui, par un mandataire qui se devait de se conformer aux instructions de son mandant.

Pour notre part, nous pensons que le débiteur saisi et le créancier saisissant peuvent s'accorder pour organiser et exécuter ladite vente aux mieux de leurs intérêts respectifs.

Enfin, à défaut de vente amiable à l'initiative du débiteur ou si les conditions pour l'effectuer ne sont pas réunies dans le délai d'un mois imparti, il est procédé à la vente forcée.

B- La vente forcée des biens

Si le débiteur ne réserve pas une suite à la saisie au terme du délai d'un mois à lui imparti, il est procédé à la vente forcée des biens saisis. La vente se fera aux enchères publiques par un auxiliaire de justice habilité par la loi nationale de l'Etat partie, au lieu où se trouvent les biens, dans une salle ou dans un marché public de façon à susciter la concurrence.

En cas de désaccord entre le créancier et le débiteur sur le lieu où doit s'effectuer la vente, la juridiction compétente, qui peut être saisie par la partie la plus diligente, statue en matière d'urgence dans le délai de cinq jours à compter de sa saisine.

Mais, préalablement à la vente, il doit être fait une publicité par des affiches apposées à la mairie du domicile ou du lieu où demeure le débiteur, au marché voisin, au lieu de la vente et tous autres lieux. Ces affiches, qui doivent être publiées au moins quinze jours avant la date de la vente, doivent renseigner sur le jour et l'heure de la vente, ainsi que sur la nature des biens objet de la vente[904].

L'huissier ou l'agent d'exécution certifie l'accomplissement de ces formalités et avise le débiteur par tout moyen laissant trace de la date de la vente. Il convient cependant de relever pour le regretter que le législateur communautaire n'a prévu aucune sanction au cas où l'huissier ou l'agent d'exécution viendrait à ne pas observer ces prescriptions.

---

904 AUPSRVE, art. 121.

De même, l'agent chargé de la vente doit vérifier la consistance et la nature des biens saisis et en dresser procès-verbal, certainement en vue de confronter les deux procès-verbaux et noter les biens manquants et ceux détériorés. L'inobservation de cette formalité ne semble pas non plus être passible de sanction, du moins au regard de l'article 124 de l'AUPSRVE.

La jurisprudence décide que lorsque toutes les formalités relatives à la vente ont été accomplies, il n'est plus possible d'en demander le sursis ou la restitution des biens, mais plutôt la nullité de la saisie, jusqu'à la vente[905].

L'adjudication est faite au plus offrant, après trois criées et le prix payé au comptant faute de quoi les biens sont revendus à la folle enchère. Il est ensuite dressé procès-verbal de la vente contenant désignation des adjudicataires, des biens vendus et des montants des adjudications. Dès lors, quid des incidents ?

V – Les incidents de la saisie

En application des articles 129 et suivants de l'AUPSRVE, la CCJA censure les ordonnances sur requêtes qui ont fait droit à des demandes du débiteur relativement à une suspension des poursuites, à un sursis à la vente et à une interdiction d'enlèvement des biens saisis en précisant qu'aucune de ces procédures n'est prévue au chapitre des incidents de la saisie-vente traités par les articles 129 à 146 de l'Acte uniforme portant organisation des procédure simplifiées de recouvrement et des voies d'exécution[906].

Dès lors, les incidents qui s'élèvent à l'occasion de la saisie ont trait à l'opposition des créanciers (A), aux contestations relatives aux biens saisis (B) et à la validité de la saisie elle-même (C).

[905] CCJA, arrêt n°003/2003 du 30 janvier 2003, Recueil CCJA n°1, p. 41.
[906] CCJA, Ass. Plénière, arrêt n°051/2014 du 23 avril 2014, Recueil n°21, vol. 2, p. 16.

A- L'opposition des créanciers

L'article 130 alinéa 1er de l'AUPSRVE dispose que « *Tout créancier réunissant les conditions prévues par l'article 91 du présent Acte uniforme peut se joindre à une saisie déjà pratiquée sur les biens du débiteur, par le moyen d'une opposition, en procédant, au besoin, à une saisie complémentaire* ». Les conditions contenues dans l'article 91 ont trait au titre exécutoire constatant une créance liquide et exigible et au commandement préalable. Cependant, l'opposition en question n'est pas possible si les biens saisis ont déjà été vérifiés[907] conformément à l'article 124 de l'AUPSRVE. L'opposant peut procéder à une saisie complémentaire s'il se trouve qu'il y a des biens qui ne sont pas concernés par la première saisie.

Aux termes de l'article 131 de l'AUPSRVE, l'opposition, qui est signifiée au créancier premier saisissant et au débiteur, est faite au moyen d'un exploit qui doit, à peine de nullité, contenir :

- l'indication du titre exécutoire en vertu duquel elle est formée ;
- le décompte distinct des sommes réclamées en capital, frais et intérêts échus ainsi que l'indication du taux d'intérêts.

Toutefois, nous pensons que le fait que le texte sus évoqué n'énumère pas comme devant figurer dans l'acte d'opposition les mentions relatives à l'identité des parties ne doit pas faire croire que lesdites mentions sont facultatives, car il s'agit d'un exploit comme les autres, devant comporter toutes les mentions substantielles exigées pour sa validité.

Le créancier poursuit seul la vente. Cependant, l'article 135 dispose que « *A défaut par le créancier premier saisissant d'avoir fait procéder aux formalités de la mise en vente forcée à l'expiration des délais prévus, tout créancier opposant, après sommation infructueuse d'y procéder dans un délai de huit jours, lui est subrogé de plein droit* ». Le créancier premier saisissant est alors tenu de mettre les pièces utiles à la disposition du créancier subrogé.

---

[907] AUPSRVE, art. 130, al. 1.

L'article 137 dispose que la nullité de la première saisie n'affecte pas les oppositions, encore moins la saisie complémentaire. Mais, ne peuvent prétendre au prix de vente que les saisissants et opposants s'étant signalés avant la vérification des biens.

B- Les contestations relatives aux biens saisis

Aux termes de l'article 139 de l'AUPSRVE, « *Les demandes relatives à la propriété ou à la saisissabilité ne font pas obstacle à la saisie mais suspendent la procédure pour les biens saisis qui en sont l'objet* ». Il ressort de cette disposition que les contestations sur les biens saisis peuvent aussi bien porter sur leur propriété (1) que sur leur saisissabilité (2).

1-Les contestations sur la propriété

Lorsque la saisie porte sur des biens n'appartenant au débiteur, deux situations peuvent se présenter, l'une relative à la nullité de la saisie et l'autre à la distraction des biens du tiers.

Dans le premier cas de figure, le débiteur peut demander l'annulation de la saisie litigieuse, en vertu de l'article 140 de l'AUPSRVE qui dispose que le débiteur peut demander la nullité de la saisie sur un bien dont il n'est pas propriétaire. Il lui revient dans ce cas de rapporter la preuve de la propriété du tiers sur les biens litigieux. Pour la CCJA en effet, les juges du fond disposent à cet effet d'un pouvoir souverain d'appréciation de la preuve produite par le débiteur[908].

De même, ne peut être annulée la vente des parts dont la cession qui était en cours n'a pu être réalisée de sorte que le vendeur potentiel en étant demeuré propriétaire, leur vente est parfaitement régulière[909].

Le deuxième cas de figure, fourni par l'article 141 de l'AUPSRVE, concerne la distraction du bien appartenant au tiers. Ce texte dispose en effet que le tiers qui se prétend propriétaire du bien peut demander à la juridiction compétente d'en ordonner la distraction à son profit.

[908] CCJA, arrêt n°006/2004 du 8 janvier 2004, Recueil CCJA n°3, p. 56.
[909] CCJA, 1ère Ch., arrêt n°048/2008 du 20 novembre 2008, Recueil CCJA n°12, p. 125.

Cependant, la demande doit, à peine d'irrecevabilité, contenir la preuve de la propriété alléguée, être signifiée au créancier saisissant et éventuellement au gardien, et être introduite avant la vente. Toutefois, si le tiers est reconnu propriétaire d'un bien vendu, avant la distribution du prix, il peut prétendre à la distraction du prix du bien.

Mais si la vente du bien a déjà eu lieu et le prix distribué, l'action en distraction n'est plus recevable, martèle la Cour qui rappelle dans ce cas que « ... *les termes de l'article 144 de l'Acte uniforme portant organisation des procédures simplifiées et des voies d'exécution ne permettent aucune action au débiteur, en vue de la restitution des objets saisis* »[910].

La Cour a récemment réitéré sa jurisprudence dans une espèce où une partie invoquait la caducité de la saisie conservatoire dont la conversion avait permis la vente des biens litigieux et la distribution du prix[911].

2-Les contestations sur la saisissabilité

Aux termes de l'article 51 de l'AUPSRVE, les insaisissabilités sont définies par la loi nationale de chaque Etat partie. Cette disposition qui pose le principe général de l'insaisissabilité laisse le soin à la loi nationale d'énumérer ce qui peut être saisi et ce qui ne peut pas l'être, de sorte que toute saisie opérée sur un bien déclaré insaisissable par la loi est nulle[912].

L'article 143 alinéa 1 de l'AUPSRVE dispose quant à lui que « *Les contestations relatives à la saisissabilité des biens compris dans la saisie sont portées devant la juridiction compétente par le débiteur, l'huissier ou l'agent d'exécution agissant comme en matière de difficultés d'exécution* ». L'alinéa 2 du même texte précise que si la saisissabilité est invoquée par le débiteur, la procédure doit être introduite dans le délai d'un mois à compter de la signification de la saisie.

---

910 CCJA, 2ème Ch., arrêt n°051/2013 du 12 juin 2013, inédit.
911 CCJA, 1ère Ch., arrêt n°070/2018 du 29 mars 2018, inédit.
912 CCJA, 1ère Ch., arrêt n°011/2006 du 29 juin 2006, Recueil CCJA n°7, p. 66.

Il résulte de ce texte que seuls le débiteur et l'huissier ou l'agent d'exécution peuvent élever des contestations relatives à la saisissabilité d'un bien. L'on peut comprendre que le créancier saisissant, qui ne peut pas remettre en question sa propre saisie, ne soit pas énuméré au rang de ceux qui ont qualité pour la contester. Cependant, l'huissier instrumentaire qui découvre après la saisie que le bien est insaisissable peut saisir la juridiction compétente de cette situation qui relève d'une difficulté d'exécution. Il en est de même du débiteur qui, après avoir excipé l'insaisissabilité en vain, est fondé à saisir le juge des difficultés d'exécution qui tranchera alors la contestation.

Dès lors, toute contestation de la saisissabilité initiée par des personnes autres que celles citées par l'article 143 susvisé est irrecevable. Il en est ainsi de l'action initiée par le tiers saisi, lequel n'ayant aucun intérêt à ce que la saisie soit invalidée, est du même coup dépourvu de qualité pour agir[913].

c- Les contestations relatives à la validité de la saisie

Lorsque la saisie recèle des vices ou des irrégularités, elle peut être annulée. L'article 144 de l'AUPSRVE dispose que « *La nullité de la saisie pour un vice de forme ou de fond autre que l'insaisissabilité des biens compris dans la saisie, peut être demandée par le débiteur jusqu'à la vente des biens saisis.*
Le créancier saisissant met en cause les créanciers opposants.
Si la saisie est déclarée nulle avant la vente, le débiteur peut demander la restitution du bien saisi s'il se trouve détenu par un tiers, sans préjudice des actions en responsabilité exercées dans les termes du droit commun.
Si la saisie est déclarée nulle après la vente, mais avant la distribution du prix, le débiteur peut demander la restitution du produit de la vente ».

Appliquant l'alinéa 1er de ce texte, la CCJA a pu décider que le débiteur qui n'avait pas demandé la nullité de la saisie jusqu'à la vente

913 CCJA, 1ère Ch., arrêt n°002/2013 du 7 mars 2013, Recueil CCJA n°20, vol. 2, p. 11.

ne pouvait plus le faire[914]. Cette position est d'autant plus justifiée qu'il est loisible au débiteur saisi de contester la saisie avant même que n'intervienne la vente, de sorte que toute inaction entraîne la déchéance du droit d'agir, la Cour considérant que les dispositions de l'article 144 de l'AUPSRVE sont d'ordre public[915]. C'est pourquoi elle censure pour violation de ce texte la cour d'appel qui annule la saisie et ordonne la restitution des biens alors que la vente était déjà intervenue et le prix distribué[916].

Cette position de la Cour était déjà affirmée dans plusieurs décisions[917] qui établissent désormais la constance de sa jurisprudence sur la question[918].

Enfin, lorsque la nullité de la saisie a été prononcée après la vente et la distribution du prix, il ne reste plus au requérant qu'une action en indemnisation, dans les termes du droit commun. C'est ce que précise la CCJA dans une espèce récente en ces termes : « ... *le litige dont il s'agit porte sur la réparation du préjudice découlant de la nullité des opérations de la saisie-vente pratiquée sur le matériel d'exploitation de la société Général Compagny ; que les juges du fond, nonobstant le fait qu'ils ont réitéré l'illégalité de ladite vente, déjà acquise par ordonnance non soumise à notre censure, ont principalement fondé la réparation allouée sur les dispositions du droit interne, notamment sur les articles 350 du code de procédure civile, commerciale, administrative et financière du Congo dédié aux biens insaisissables sur renvoi de l'article 51 de l'Acte uniforme portant organisation des procédures simplifiées de recouvrement et des voies d'exécution, lequel renvoie à la loi nationale de chaque Etat-partie pour la détermination des biens et droits insaisissables ; que du reste, l'article 144 de l'Acte uniforme précité indique clairement qu'une telle action en responsabilité est exercée dans les termes du droit commun* »[919].

---

914 CCJA, 3ème Ch., arrêt n°005/2015 du 26 février 2015, Recueil CCJA n°23, p. 259.
915 CCJA, 2ème Ch., arrêt n°012/2009 du 26 février 2009, Recueil CCJA n°13, p. 52.
916 CCJA, 3ème Ch., arrêt n°019/2011 du 6 décembre 2011, Recueil CCJA n°17, p. 120.
917 CCJA, 1ère Ch., arrêt n°060/2005 du 22 décembre 2005, Recueil CCJA n°6, p. 92.
918 CCJA, 3ème Ch., arrêt n°135/2017 du 8 juin 2017, inédit.
919 CCJA, 3ème Ch., arrêt n°195/2016 du 29 décembre 2016, inédit.

Structures éditoriales du groupe L'Harmattan

L'Harmattan Italie
Via degli Artisti, 15
10124 Torino
harmattan.italia@gmail.com

L'Harmattan Hongrie
Kossuth l. u. 14-16.
1053 Budapest
harmattan@harmattan.hu

L'Harmattan Sénégal
10 VDN en face Mermoz
BP 45034 Dakar-Fann
senharmattan@gmail.com

L'Harmattan Cameroun
TSINGA/FECAFOOT
BP 11486 Yaoundé
inkoukam@gmail.com

L'Harmattan Burkina Faso
Achille Somé – tengnule@hotmail.fr

L'Harmattan Guinée
Almamya, rue KA 028 OKB Agency
BP 3470 Conakry
harmattanguinee@yahoo.fr

L'Harmattan RDC
185, avenue Nyangwe
Commune de Lingwala – Kinshasa
matangilamusadila@yahoo.fr

L'Harmattan Congo
67, boulevard Denis-Sassou-N'Guesso
BP 2874 Brazzaville
harmattan.congo@yahoo.fr

L'Harmattan Mali
Sirakoro-Meguetana V31
Bamako
syllaka@yahoo.fr

L'Harmattan Togo
Djidjole – Lomé
Maison Amela
face EPP BATOME
ddamela@aol.com

L'Harmattan Côte d'Ivoire
Résidence Karl – Cité des Arts
Abidjan-Cocody
03 BP 1588 Abidjan
espace_harmattan.ci@hotmail.fr

L'Harmattan Algérie
22, rue Moulay-Mohamed
31000 Oran
info2@harmattan-algerie.com

L'Harmattan Maroc
5, rue Ferrane-Kouicha, Talaâ-Elkbira
Chrableyine, Fès-Médine
30000 Fès
harmattan.maroc@gmail.com

Nos librairies en France

Librairie internationale
16, rue des Écoles – 75005 Paris
librairie.internationale@harmattan.fr
01 40 46 79 11
www.librairieharmattan.com

Librairie l'Espace Harmattan
21 bis, rue des Écoles – 75005 paris
librairie.espace@harmattan.fr
01 43 29 49 42

Lib. sciences humaines & histoire
21, rue des Écoles – 75005 paris
librairie.sh@harmattan.fr
01 46 34 13 71
www.librairieharmattansh.com

Lib. Méditerranée & Moyen-Orient
7, rue des Carmes – 75005 Paris
librairie.mediterranee@harmattan.fr
01 43 29 71 15

Librairie Le Lucernaire
53, rue Notre-Dame-des-Champs – 75006 Paris
librairie@lucernaire.fr
01 42 22 67 13

www.ingramcontent.com/pod-product-compliance
Lightning Source LLC
LaVergne TN
LVHW011158061026
849535LV00003B/780
* 9 7 8 2 3 4 3 1 9 1 9 4 2 *